大乘起信論 海東疏 血脈記 6

元 曉 思 想 · 一 心 觀   大 乘 起 信 論 海 東 疏 血 脈 記

대승기신론 해동소 ___혈맥기
6

공파 스님 역해

운주사

The gift of Dharma excels all other gifts.

불법은 모든 선물 중에 가장 수승하다.

역해자의 변

담배 없이 못 산다는 사람에게 담배를 끊으라고 하면 영 언짢아한다. 그들은 아직도 가져야 할 것들이 많기에 그렇다. 그래서 흡연이 몸에 해롭다는 것을 잘 알고 있지만 쉽게 담배를 끊지 못한다.

그들이 모질게 담배를 끊어야 되겠다고 마음을 먹을 때는 지금보다 더 귀한 것들을 많이 가졌을 때다. 잘못하다가는 그것을 누리기 전에 먼저 병들어 죽을 수도 있다는 생각이 번쩍 들어야 금연의 결단을 독하게 일으킬 수 있다.

집착이 강한 사람에게 그 집착을 버리라고 하면 결코 그 말을 듣지 않는다. 집착이 잘못된 것이라는 것을 잘 알면서도 그것들이 시시해질 때까지는 절대로 놓지를 못한다.

딱 하나 놓을 수 있는 경우는 현재 집착하는 그것보다 더 귀하고 더 가치 있는 것을 가졌을 때라야 만이 그것들을 미련 없이 버릴 수 있다.

전자는 외적 업무와 내적 욕망에 쫓기는 사람이고 후자는 지혜가 부족해 세상 모든 것이 무상하다는 것을 알지 못하는 사람이다.

다시 말하자면 전자는 해야 할 일이 많아 자신의 건강을 돌보지 못하고 후자는 무엇이 자기에게 가장 가치 있는지를 모르고 있다는 것이다.

그래서 불교는 복과 지혜를 닦으라고 한다. 복이 생기면 삶에 허덕이는 일이 없어지고 지혜를 닦으면 정말로 가치있는 것을 찾을 수 있기에 그렇다.

이 **혈맥기**는 지금보다 더 풍요하고 안락한 세상을 알려주고 무엇이 이 세상에서 가장 귀하고 가치 있는 것인지를 정확히 깨닫도록 해 준다.

그러므로 누구든 이 **혈맥기**를 집어 드는 순간 그 사람은 이 세상의 부귀영화보다 더 나은 곳으로 나가게 되고 어리석음에 갇혀 단 한 번도 드러나지 않던 자신의 절대적 가치와 처음으로 마주하게 된다.

사두! Sadhu! 사두!

C. 진여훈습(5권에서 연속)

※ **혈맥기** 6권은 고려대장경판 **대승기신론해동소** 4권에 있는 진여훈습에 대한 원문을 풀이하는 대목으로부터 시작한다.

[海東疏] 眞如熏習中有三
진여훈습 중에 셋이 있다.

우리는 지금 대승불교의 교과서라 할 수 있는 **대승기신론**을 배우고 있다. **대승기신론**은 대승에 대한 믿음을 일으키도록 도와주는 논서라고 했다.

그 대승이 중생의 마음이다. 거기에는 불각이 들어 있고 본각이 들어 있다. 불각 쪽으로 나아가면 중생이 되고 본각 쪽으로 회귀하면 부처가 된다.

진여는 본각이다. 본각이 우리 마음의 진짜 주인이다. 그것이 본원으로 환원하고자 끊임없는 노력을 하고 있다. 그것을 진여훈습이라고 한다.

사람들은 태어날 때부터 이미 가지고 있는 것을 열망하고 있다. 그것들은 근원으로 향하려는 고유한 본능이다. 사물은 제자리로 돌아가려는 순환작용을 하고 중생은 근원으로 회귀하려는 환원작용을 하기 때문이다.

이것을 가르쳐 주시기 위해 부처님은 45년간 쉴 새 없이 광장설법을 해 주셨다. 그 요지가 바로 중생의 진여훈습이다.

대승불교 교리에서 이것이 빠지면 건물에 대들보가 없는 것과 같다. 그만큼 이 대목은 대단히 중요하고 무척이나 심오한 내용이라

할 수 있다.

一者擧數總標 二者依數列名 三者辨相 辨相中有二 一者別明 二者合釋

첫째는 수를 들어 모아서 표시하고, 둘째는 수를 의거해 이름을 열거한다. 셋째는 진여훈습의 상태를 분별한다. 거기에 둘이 있다. 첫째는 따로 밝히고 둘째는 모아서 풀이하는 것이다.

이 내용은 조론팔유 가운데서 두 번째다. 여래의 근본 뜻을 풀이해 주어 모든 중생으로 하여금 정확하게 이해해서 오류가 없도록 하기 위해 이 논서를 쓴다고 한 그 대목이다.

그것이 현시정의다. 현시정의는 중생들에게 부처님이 설하신 올바른 뜻을 나타내 보인다는 뜻이다. 그 올바른 뜻이 바로 우리 모두의 가슴에 진여훈습이 작용하고 있다는 것을 나타내 보이신 것이다.

그것을 지금 세 등분으로 나누어 집중적으로 설명해 주겠다는 거다.

海東疏 初別明中 先明自體熏習 於中有二 一者直明 二者遣疑

처음에 따로 밝힌 중에서 먼저 자체훈습을 밝힌다. 거기에 둘이 있다. 첫째는 직설적으로 밝히고 둘째는 의심을 버리게 한다.

먼저는 자체상훈습이 무엇인지 직설적으로 설명한다. 그 다음에 이 설명에 대해 질문을 받아 모호하고 의문스런 문제를 풀어준다.

이 자체상훈습의 내용이 들어 있는 훈습 부분은 **기신론**의 꽃이다.

그래서 인언중명이라고 하였다. 말로써 할 수 있는 가장 중요한 대목을 밝힌다는 뜻이다.

여러 사람들이 서슴없이 말한다. **대승기신론**을 보고 발심을 했다고 한다. **기신론** 어느 부분이 당신을 감동케 해서 발심하였느냐고 물으면 그냥 우물쭈물하면서 얼버무린다.

그들은 이 부분을 정확히 보지 못하였다. 이 진여훈습 부분만 정확히 보면 백만 장경이 한눈에 들어오고 천만 논서가 한눈에 드러난다. 그러면 신심을 일으키지 않을 수 없고 더 나아가 신행에 옮기지 않을 수 없다.

그만큼 이 대목이 중요하다는 것이다. 그래서 이것을 정확히 이해하면 그 질문에 대하여 어벌쩡한 상태로 있지도 않고 명확하게 대답을 못할 이유가 없다는 것이다.

海東疏 初中言具無漏法備有不思議業者 是在本覺不空門也
처음에 말한 무루법을 갖추고 부사의한 행업을 구비해 있다는 것은 본각 속에 불공문을 말한 것이다.

대승불교는 空으로 시작하고 不空으로 끝을 맺는다. 세상은 완전히 空하지만 열반은 철저히 不空하다는 것이다. 이것이 대승불교의 기본사상이다.

어느 이상한 사람을 미륵부처라고 떠받드는 가사 수한 여성을 보았다. 그 미륵불은 空을 꽉 참이라 하면서 기존 불법의 空사상을 평가 절하했다.

그러면서 기존 불법은 空만 알았지 꽉 참의 법문은 몰랐는데 자기들의 미륵불이 처음으로 그것을 설했으니 누구든 그 설법을 함부로 도용하거나 인용해서는 안 된다고 유튜브에서 경고하고 있다.

어리석은 사람이다. 이름이 있으면 성이 있고 성이 있으면 이름이 자동적으로 따라온다. 그러므로 완전한 空은 이미 완전한 不空이 되는 것이다. 완전치 못한 空은 空이라 할 것도 없고 완전한 空이라면 이미 不空이 되어 버리기 때문이다.

空而不空
不空而空

空하면서도 不空이고
不空이면서도 空하다.

그래서 空을 설명할 때 상태로 말하면 허공과도 같고 작용으로 말하면 거울과도 같다고 하는 것이다. 허공과 거울은 완전히 비어 있으면서 동시에 빈틈없이 가득 차 있기에 그렇다.

空의 원천은 본각이다. 그 본각에는 두 가지 기능이 있다. 부처는 이 두 가지를 가지고 온갖 중생을 구제한다. 하나는 진공이고 둘은 묘유다.

이 둘을 모으면 본각이 되고 벌리면 공덕과 지혜라 말할 수 있다. 그것이 내 속에 완전체로 살아 있다. 이제 그것을 드러내어 내 중생을 내가 직접 제도하는 것이다. 이 불공문은 묘유에 해당한다.

作境界之性者 是就如實空門境說也

경계를 짓는 성품을 구비하고 있다는 것은 여실공문으로 나아간 경계를 말한다.

이 대목은 진공이다. 진공은 진여 그 자체다. 진여는 진실되게 완벽히 비워진 상태다. 그러므로 묘유를 일으킨다.

거울은 비추고자 하는 본연성이 있다. 그러므로 언제 어디서든 사물을 만나면 즉시 반영한다. 그것은 그 자체가 완전 비워져 있기에 그렇다. 그것을 여실공문이라고 했다.

진여는 중생세계를 끝없이 드나들어도 중생의 오염에 조금도 물들지 않는다. 그 이유는 이런 여실공문의 성품을 가지고 있기 때문이다. 위 성정본각에서는 이것을 자유자재한 거울인 法出離鏡법출리경이라고 표현하였다.

海東疏 依此本有境智之力 冥熏妄心 令起厭樂等也

이 본각이 갖고 있는 경계와 지혜의 힘으로 망심을 그윽하게 훈습하여 염락이 고루 일어나도록 한다.

자신 스스로를 제도하는 행업을 여기서 경계라고 했다. 그것은 空이다. 지혜는 불공이다. 그러니까 지혜의 힘으로 자신을 위해 불가사의한 일들을 무량하게 벌이고 있다는 것이다.

진공은 지혜고 묘유는 자비다. 이 두 가지의 작용이 우리 마음에 들어 있다고 했다. 이것이 본각의 내용물이다.

그런 것들이 내 속에 빈사상태로 웅크리고 있다는 사실을 알고 그 것을 살려내기 위해 선근을 쌓으면 본각이 힘을 얻음과 동시에 망심 은 서서히 물러난다. 그때 염락이 일어난다. 염락은 염생사고구열반 락하는 절절한 마음이다.

그윽하게 라는 말이 있다. 무엇이든지 갑자기 힘을 가하면 부서지 거나 뒤틀릴 수가 있다. 그처럼 망심을 잘못 건드리면 격렬하게 반항 한다.

그것은 마치 거칠게 날뛰는 야생마에게 재갈을 물리는 작업처럼 위험하다. 그러므로 복의 힘으로 천천히 그윽하고 은밀하게 눌러 꺾 어야 한다. 그게 위 冥명 자의 뜻이다.

명훈가피력이라는 말을 들어봤을 것이다. 조석예불을 하고 난 뒤 마지막으로 발원하는 염불 속의 한 구절이다.

唯願 無盡三寶 大慈大悲 受我頂禮 冥熏加被力
願共法界諸衆生 自他一時成佛道

오직 원하옵나니 세상천지에 계시는 삼보님이시여.
머리를 조아리는 저의 예배를 대자대비로 받아주소서.
그리고 가피의 힘을 그윽하게 훈습해 주소서.
함께 살고 있는 법계의 모든 중생들 다 같이
일시에 불도를 이루었으면 정말 좋겠습니다.

부처님의 가피는 폭우처럼 쏟아진다. 그러나 여린 새싹들에게는 이슬비처럼 내려야 한다. 그것이 바로 그윽하게 훈습한다는 뜻이다.

성불도라고 했을 때 사람들은 불도를 이룬다고 하는데 그렇지 않다. 범부에게는 범부에 맞는 기원이 있다. 범부보고 부처가 되라고 기원하는 것은 참새보고 황새가 되었으면 좋겠다는 허황된 바람과 같다.

여기에서의 불도는 부처가 되는 도정을 말한다. 즉 부처가 되는 길을 佛道라고 한다. 그러므로 모두 다 십주의 지위에 올라갔으면 정말 좋겠다는 발원이다. 그것이 가능성 있는 발원이다.

"일반범부는 죽어도 십주에 오르지 못한다면서요?!"
"죽어도 못합니다. 단 한 가지 방법을 빼놓고는요."
"그 한 가지 방법이 무엇입니까?"
"그 방법을 가르쳐주려고 이렇게 계속해 나가는 겁니다."

고루라는 말은 처음부터 끝까지 라는 의미다. 사람들의 변덕은 죽 끓듯 한다. 달아오르는 냄비처럼 厭樂염락을 뜨겁게 일으키다가 식을 때는 언제 그랬냐는 듯 즉시 잊어버린다.

그리고 또 일으키고 또 잊어버린다. 그런 마음은 고루가 아니다. 고루는 꾸준히 그대로 처음처럼 한결같은 평형수행을 말한다.

海東疏 問曰以下 往復除疑 問意可知
묻겠다 한 그 이하는 왕복으로 의심을 제거해 주는 대목이다. 질문의 뜻은 알 수 있을 것이다.

이 대목은 **기신론** 원문 속에 있다. 거기에 이런 질문이 있다. 중생의 마음속에 진여가 있다면 일체중생은 모두 동시에 진여작용을 하고 있을 것이다.

그런데 어찌 그것을 믿는 자와 믿지 않는 자가 있을 수 있는가. 그리고 한량없는 전후의 차별이 있는 것인가 하는 질문이다.

사실 그렇다. 중생 모두에게 진여가 작용하고 있다면 어떻게 그것을 믿지 않을 수가 있겠으며, 어떻게 앞서서 수행하는 자가 있고 뒤따라가는 수행자가 있으며, 또 아예 수행을 하지 않는 자가 있을 수 있느냐 하는 거다.

海東疏 答中有二 初約煩惱厚薄明其不等 後擧遇緣參差顯其不等

답에는 두 가지가 있다. 처음은 번뇌의 후박을 잡아 똑같지 않음을 밝히고 뒤에는 우연의 참차를 들어 고루하지 않음을 나타내고 있다.

우리는 현시정의 속에서 아직도 생멸문을 공부하고 있다. 우리가 범부가 되어 온갖 죄업과 무지의 방황으로 생사의 고통을 받고 있다고 장구하게 설명해 왔다.

중생이 시작되는 시점과 중생이 되어서 받게 되는 고통과 원인, 그리고 조연에 이어 결과까지 모두 다 분석하고 탐색하였다.

그렇다면 거기서 끝이 나야 하는 것인가. 우리의 이 고통스런 삶을 죄업이라는 천형으로 받아들이고 계속 윤회를 하면서 끊임없는 생사를 받아야만 하는 것인가. 아니면 이것으로부터 벗어나는 방법이 있는 것인가. 방법이 있다면 그 방법은 무엇인가.

그래서 이 희망적인 문단이 나왔다. 결과에 묶여 버둥거리는 상태로 끝나는 것이 아니라 그것으로부터 적극 탈출하는 방법과 차제가 있다고 말해 주는 것이다.

번뇌의 후박은 번뇌가 두껍거나 얇은 근기를 뜻한다. 우연의 차별은 부처와 보살, 그리고 선지식을 만나는 인연이 가지런하지 않다는 말이다. 그래서 수행으로 나아가는 데 순서와 단계가 있게 되는 것이다고 하였다.

[海東疏] 初中言過恒沙等上煩惱者 迷諸法門事中無知 此是所知障所攝也

처음 가운데서 말한 항하사를 넘어가는 그 위의 번뇌라는 것은 모든 법문의 일에 대해서 미혹하여 알지 못하는 것을 말한다. 이것은 소지장 때문이다.

중생이 일으키는 번뇌의 수는 갠지스 강 모래보다도 더 많기만 하다. 그러다보니 중생은 부처의 세계도 모르고 자기들의 세계도 모른 채로 낚시 바늘에 꿰인 물고기처럼 한정된 시간을 살다 죽어간다.

중생의 삶이 힘들고 버거우면 중생에게서 대를 이어 배워 익힌 그 방법을 버리고 새로운 노선을 찾아야 한다.

그런데도 우리들은 그 길을 고수하고 있다. 그러다보니 나날이 살얼음판을 걷는 것 같은 불안감 속에서 인생을 다 허비해버린다. 그것은 중생 속에서 배우고 익힌 학문과 관습이란 소지장으로 살아가기 때문이다.

소지장은 내가 살기 위해 외부로부터 받아들인 지식이다. 그런데 그것이 도리어 나를 묶어버린다. 이것은 꼭 공자의 효경을 배운 사람과 같다. 그들은 한때 신체발부수지부모身體髮膚受之父母라는 사상 때문에 상투는커녕 수염조차 자르지 않았다.

시묘살이라는 것이 있었다. 유아기 때 보살펴 준 은혜를 갚는다는 의미로 돌아가신 부모를 3년 동안 모시는 풍습이다. 산소 주위에 움막을 짓고 부모가 살아 있을 때처럼 섬기는 이 시묘살이는 생각만 해도 숨이 막히고 끔찍하다.

효도를 하지 못해서 부모가 돌아가셨다는 죄스러움에 몸도 제대로 못 씻고 음식도 좋은 것을 먹지 못하면서 종일동안 누더기 같은 누런 상복을 걸치고 무덤 앞에 부복해 목이 타도록 곡哭을 했다.

조부와 조모가 사망했을 때도 일정기간 후손이 지켜야 할 도리와 금기시한 행동들을 지켜야 했다. 게다가 父 3년 母 3년의 시묘살이는 지금 생각해보면 정말 인생황금기를 송두리째 뺏어버리는 미친 짓거리인데도 그때는 그것이 오롯하게 효의 근본이라고 생각했었다.

지금도 그렇다. 아직도 홍동백서와 조율이시를 논하고 제사상 앞에 죄인처럼 엎드려 유세차維歲次하면서 제사축문을 읽는 불자들이 있다. 민속 고유문화라고 하면서 그 우스꽝스런 짓거리를 계속해서 이어가고 있다.

이런 소지장의 장애를 버리지 못하면 한 발자국도 제사 밖으로 뛰쳐나가지 못한다. 자기가 알면 아는 것만큼 그 이론과 논리 속에 굳게 갇혀버리기에 그렇다.

소지장은 스스로 털어버리기가 정말 어렵다. 그래서 세속학문을 많이 배운 사람일수록 자신에게 더 부자연스럽고 더 고루하기만 하다.

그래서 그들은 불교를 받아들이지 않는다. 불교는 자기가 알고 있는 소지장을 다 버릴 때 또 다른 노선이 있고 더 큰 도약이 있다는 것을 가르쳐주고 있기 때문이다.

海東疏 我見愛染煩惱者 此是煩惱障所攝也答意可知

아견과 탐애로 인한 오염된 번뇌라는 것은 번뇌장 때문이다. 답의 뜻은 가히 알 수 있을 것이다.

오염된 마음은 번뇌애가 된다고 했다. 마음이 오염되면 번뇌가 일어나 장애를 한다. 그러면 진여가 갖고 있는 근본지혜가 막힌다.

햇빛이 없으면 어둠이 활개를 친다. 근본지혜가 막히면 아견과 탐애의 곰팡이가 기승을 부린다. 그것이 오염된 번뇌고 그것이 우리의 의식이다. 그렇게 우리의 마음은 번뇌의 장막에 가려져 있다.

누가 장막을 쳐서 자신의 앞길을 막은 것이 아니다. 자신이 번뇌의 연무를 쉴 새 없이 일으켜서 가야 할 길을 보이지 않게 만들어 놓고 있는 것이다.

아견은 자존감을 내세우는 소견이고 탐애는 탐욕과 애욕이다. 이 둘은 자신의 진여를 혼탁하게 만든다. 진여는 **화엄경**에서

照明爲性

밝게 비추는 본성이다

고 하셨다. 술을 많이 마시면 자신의 의지와 분별력에 문제가 생기는 것처럼 아견과 탐애가 쌓이면 밝게 비추는 자신의 불성인 진여를 어둡게 만든다.

범부의 삶이라는 것이 계속 이 짓거리를 하고 있는 셈이다. 그러다 더 혼탁되면 멍청한 축생의 세계로 떨어진다. 그러니까 자신의 최대 약탈자와 최고 공격수는 이미 자신 스스로가 되어 있는 것이다.

海東疏 又諸佛以下 明緣參差 有法喻合 文相可見也

우제불 이하 문장은 인연이 한결같지 않음을 밝힌 것이다. 거기에 법과 비유와 결합이 있다. 문장을 자세히 보면 그렇게 드러나 있다.

원문에 모든 부처님이라고 한 그 이하 문장은 중생들이 불보살을 만나는 인연에 대하여 모두 다 똑같지는 않다는 것을 밝히고 있다.

법은 인연의 법을 말하고 비유는 나무를 들었다. 그리고 결합은 그처럼 중생도 또한 그러해서 라고 한 부분이 이에 해당된다.

나무는 불의 성품을 갖고 있지마는 절대로 혼자서 불을 만들 수가 없다. 반드시 불을 일으킬 수 있는 인연을 만나야 한다.

마찬가지로 중생은 모두 다 부처가 될 수 있는 불성을 갖고 있지마는 외부에서 그 불성을 일으키는 인연을 가해주지 않으면 그 불성은 혼자서 어떻게 하지를 못한다는 것이다.

그렇게 외부에서 작용해 주시는 분들이 부처와 보살이라고 했다. 그분들이 없으면 결코 내 스스로 불성을 작동시킬 수 없고 그 결과는 부처가 될 수 없다는 말씀이다.

20

文相可見이라고 할 때 相은 모양 相이 아니고 자세히 볼 相 자로 보아야 한다. 그리고 見은 볼 견이 아니고 드러나다는 뜻이다. 그러므로 文相可見은 문장을 자세히 보면 그 뜻이 그대로 드러나 있다는 말씀이다.

起信論 用熏習者 卽是衆生外緣之力 如是外緣有無量義

용훈습은 중생에게 가하는 외부 인연의 힘이다. 그와 같은 외연에는 무량한 뜻이 있다.

외부에서 가하는 힘은 외연이다. 문과를 지망하면 문과선생이 나타나고 이과를 지망하면 이과선생이 다가온다. 내가 어떤 마음을 먹느냐에 따라 그에 맞는 스승이 외부로부터 다가와 나에게 작용하는 것을 용훈습이라고 한다.

그래서 중생 쪽으로 나아가면 중생의 선생이 나타나고 부처 쪽으로 나아가면 수행자의 스승인 부처가 다가온다.

자체상훈습은 자신 속에서 진여의 본체가 살겠다고 꿈틀거리는 몸부림이라고 했다. 이 자체상훈습을 하게 되면 제불보살과 십지보살들의 용훈습이 자동적으로 나에게 작동한다. 나는 반사체고 그분들은 발광체이기 때문에 반드시 그렇게 상응하게 되어 있다.

그처럼 자체상훈습하는 자가 있다면 부처는 정확히 그 사람에게 나타나 용훈습을 하신다. 그것은 지극히 자연적이고 자동적이다. 그러므로 염법훈습하는 중생에게는 용훈습이 작동하지 않는다.

부처를 보고 싶은가. 그렇다면 자체상훈습을 하면 된다. 즉시에 부처와 보살이 나타나신다. 그때가 바로 우주가 하나의 수행자를 길러내는 순간이다. 그 광경에 시방천지가 감동하여 하늘에서 범부의 눈에 보이지 않은 꽃비가 쏟아진다.

起信論 略說二種 云何爲二 一者差別緣 二者平等緣

간략하게는 두 종류가 있다. 이를테면 어떻게 둘이냐 하면, 첫째는 차별연이고 둘째는 평등연이다.

차별연은 개인적으로 다가오는 인연이다. 내가 돈이 많으면 개인 과외선생을 부른다. 그러면 다른 학생들과 차별된 교육을 받을 수 있다. 말하자면 선택적 교육이다.

평등연은 모두에게 똑같이 다가오는 인연이다. 공부하고자 하는 학생들이 반을 편성하면 담임선생이 나타나 반 전체 학생을 훈육한다. 모두에게 공평하고 보편적인 교육을 한다. 그것을 평등연이라고 한다.

부처님께 차별연을 받고 싶으신가? 평등연을 받고 싶으신가?

起信論 差別緣者 此人依於諸佛菩薩等

차별연이라는 것은 모든 부처님과 보살들을 의지하되,

장님은 지팡이를 의지한다. 어린아이는 어른을 의지하고 등나무는 곧은 나무를 의지한다. 그리고 여행자는 가이드에 의지하는 것처럼 수행자는 반드시 불보살을 의지해야 한다. 그러면 그 신상이 편안하고 그 수행이 일진할 수 있다.

자체상훈습이 되면 그분들이 사무치게 그리워진다. 고향을 생각하면 할수록 부모의 정취가 진하게 느껴지는 것처럼 그분들의 가르침이 너무나도 간절해진다.

십지경에서는 이런 마음을 목마른 자가 냉수를 찾고 배고픈 자가 먹을 것을 생각하며 병자가 양약을 구하는 심정이라고 하셨다.

이런 간절한 마음을 가진 자들이 수행자다. 그런 분들이 부처님이나 보살들의 개인지도를 받는다. 시작점은 초발의다. 즉 정법훈습으로 나아가는 시점에서부터 수행자는 그분들의 보호를 받고 그에 맞는 교육을 받는다.

그분들은 수행자가 중도에서 그만두지 않는 한 절대로 그들을 임의로 포기하지 아니하신다. 부처가 될 때까지 그들을 보호하고 줄기차게 이끄신다.

起信論 從初發意始求道時 乃至得佛 於中若見若念
초발의로 도를 구하기 시작하여 부처가 될 때까지 그분들을 뵙고자 하거나 그분들을 생각하면,

삶에 지치고 번뇌에 허덕이는 자들은 정신적인 분야에 투자할 여유마음이 없다. 세속적인 인문학 강의조차도 쉽게 듣지 못한다. 그들에게 현재 필요한 것은 오로지 먹고 살 양식과 우선 써야 할 돈이 전부다.

그들은 자신의 주인인 마음에 대해 관심을 기울이지 않는다. 육신

과 집, 그리고 자동차와 즐길 수 있는 문화만을 추구한다. 그런 자들이 어떻게 출세속적인 부처님의 설법에 가슴을 열고 그분이 제시한 깨달음의 말씀에 깊이 엎드리겠는가.

그런 복 없는 범부들은 이런 가르침하고는 거리가 멀다. 그들 눈에는 오로지 중생들만 보인다. 설령 부처가 나타난다고 해도 부처가 제대로 보이지 않는다. 그들에게는 부처의 가르침도 필요가 없고 쓸모도 없다.

그러므로 복이 없어 자체상훈습을 하지 않는 자에게는 부처도 없고 보살도 보이지 않는 것이다.

起信論 或爲眷屬父母諸親 或爲給使 或爲知友
혹은 권속과 부모 친척 급사 친구가 되어주거나

짐승들은 먹이를 주면 선인이건 악인이건 가리지 않고 꼬리를 흔든다. 미숙한 어른들은 돈과 권력을 주는 자에게 머리를 숙인다. 완숙한 어른들은 도덕과 덕망이 있는 자들을 존경하고 따른다.

그 위 단계에 수행자가 있다. 그 분들은 자신들의 미혹을 일깨우는 분들을 스승으로 모신다. 정성을 다해 지성으로 받들면서 고귀한 가르침을 이어받는다.

이처럼 삶의 차원이 높은 사람들이라야 부처를 찾는다. 그런 자들은 이 세상보다 더 좋은 세상을 구하려고 한다. 그래서 부처를 직접 뵙기를 간절히 원한다. 그러면 부처는 간접적인 방법으로 그들에게 나타나신다.

왜 직접 나타나시지 않고 간접적인 방법을 쓰시느냐고 의아해 할 것이다. 부처는 박복한 중생들이 직접 뵐 수 있는 그런 보통의 생명체가 아니다.

태양은 불덩어리다. 눈을 보호하는 보안경으로 보지 않으면 크게 시력을 다친다. 부처는 태양 억 만 개보다도 더 찬란하고 더 혁혁하기에 그렇다.

그러므로 부처는 그 본체를 아무에게나 직접 나타내실 수가 없다. 그분을 직접 맞이할 정도로 눈동자가 덜 열려 있거나 마음이 크게 넓어져 있지 않을 때는 도리어 엄청난 부작용이 일어날 수 있다.

가끔가다 부처를 직접 목격했다는 자들의 행태를 보면 잘 알 것이다. 미쳤거나 아니면 좀 이상한 소리나 짓거리를 하는 부류들이 다 여기에 속한다.

그러므로 부처는 직접 나타나시지 않는다. 대신 석가모니불 같은 화현의 부처로 이 세상에 간간히 출현하셔서 인연있는 중생들을 제도하신다.

화현의 부처조차 친견할 수 없는 말세의 범부들은 그분을 따라 수행하는 스님들을 매개로 불법을 받아들인다. 그들은 부처도 만들어진 불상을 만나고 불법도 출가한 스님들에 의해 깨달음의 법을 전수받는다. 그것이 바로 부처가 용훈습을 쓰시는 방법이다.

당나라 때 단하丹霞라는 유명한 스님이 있었다. 출세를 하기 위해 어릴 때부터 열심히 글공부를 했다. 청운의 꿈을 안고 장안에서 열리는 과거시험을 보러 가던 중 스님 한 분을 만났다. 스님은 어디를 그렇게 급히 가느냐고 물었다.

"부귀영화를 누리려고 과거시험을 보러 가는 중이오."

"죽음의 올가미에 걸려 부귀영화를 누린다고요?!"

이 충격적인 한마디에 그는 과거장으로 가던 발걸음을 바꾸어 불교수도원으로 향했다. 그리고 그는 당대에 유명한 고승이 되어 가문에 묶인 영화를 벗어나 우주를 넘나드는 자유의 세계를 맛보게 되었다. 이것이 바로 부처가 한 스님을 통해 용훈습을 하신 경우다.

起信論 或爲怨家 或起四攝 乃至一切所作無量行緣

원수의 집이 되어주기도 하며 혹은 사섭을 일으켜 주기도 한다. 그런 일체의 무량한 행연을 지어주신다.

어떤 때는 불보살이 용훈습을 하기 위해 불구대천의 원수로 태어나 주신다. 불구대천은 같은 하늘을 머리 위에 이고 같이 살 수 없다는 뜻이다.

그러면 그 원수를 영원히 보지 않을 방법을 찾는다. 그 원수는 중생세계를 떠돌 것이니까 나는 깨달음의 세계에 가야겠다는 염원을 발한다. 그렇게 해서 수행의 장도에 나아가도록 하신다.

또 복덕을 짓는 인연을 만들어 주시고 중생을 내 몸같이 사랑하는 방법도 시현해 주신다. 그분들은 아주 다양한 방법으로 복 있는 자들을 수행의 세계로 나아가도록 하신다. 이런 인연들은 **기신론필삭기**에 잘 나온다.

사섭四攝은 중생을 자기 쪽으로 끌어당기는 네 가지 방법이라고 **혈맥기** 1권에 자세히 설명해 놓았었다.

起信論 以起大悲熏習之力 能令衆生增長善根
대비로 훈습하는 힘을 일으켜 중생들로 하여금 선근이 증장토록 한다.

제불과 보살이 중생을 이끌어 부처의 세계로 가는 힘은 대자대비다. 그 대자대비로 수행자에게 정법훈습하는 힘을 일으켜주신다. 그 힘으로 중생들은 선근이 증장되어 드디어 부처님을 보거나 부처님의 말씀을 듣게 된다.

여기서 매우 중요한 문제 하나가 밝혀졌다. 그것은 부처를 보거나 부처님의 말씀을 듣게 되는 조건이다. 물론 대승십지보살도 마찬가지다. 그 조건은 바로 선근이 증장되어져야 한다는 것이다.

선근이 증장된다는 말은 복덕이 갖추어지는 것을 말한다. 복덕이 구비되지 않으면 결코 부처와 보살들을 만날 수가 없다는 말씀이다. 이것은 절대적으로 분명하고 확실하다.

그러므로 복덕이 없는 범부가 불보살을 만난다는 것은 있을 수 없다. 그런데도 현재 한국불교는 불보살의 가피를 받기 위해 기도로 시작해서 기도로 끝내는 신행을 계속하고 있다.

참 소득없는 일이다. 그래서 신자들이 가파르게 줄어들고 있는지 모르겠다. 왜냐하면 이런 기복행위는 대승불교의 교리에 전혀 합당하지 않고 또 합리적이지도 않기 때문이다.

만약에 복덕이 없는 자가 다급한 마음에서 피를 토하는 심정으로 부처와 보살들에게 빌고 또 빈다면 어떻게 될까? 그분들의 가피와 그분들의 모습이 나타나실까?

起信論 若見若聞得利益故
만약에 그분들을 뵙거나 그분들의 음성을 듣게 되면 이익을 얻게 된다.

불보살의 모습과 그분들의 음성을 듣게 되면 엄청난 이익과 기쁨을 얻을 수 있다. 그것을 알고 복덕이 없는 자가 어떻게든 그분들을 뵙고자 하거나 그분들의 음성을 듣고 싶어서 천일 만일 기도로 매달린다면 어떻게 될까?

여러분들은 어떻게 생각하시는가? 불보살이 자비롭게 그들에게 나타나실 것 같은가. 너무 보기가 딱하고 가엾어서 꼭 나타나실 것 같으신가?

어림없는 일이다. 복이 있어야 이런 분들이 나타나신다고 했다. 꽃이 없으면 무슨 수를 써도 나비를 불러들일 수 없다. 그처럼 스스로 복덕의 꽃을 피우지 않으면 불보살은 결코 그 모습을 나타낼 수 없다.

그러므로 불보살을 만나려면 우선 복부터 지어야 한다. 기도하는 시간에 복을 짓고 기다려야 한다. 그러면 나타나지 말라고 해도 나타나시고 도와주지 말라 해도 도와주신다.

복 없는데도 이런 분들을 만나려고 애를 쓰면 사이비스승이 나타나 그들을 파멸시켜 버린다. 아니면 환영이거나 앞에서 말했듯이

魔마가 부처나 보살로 둔갑해서 나타난다. 이런 문제는 앞으로 나올 수행신심분에서 아주 잘 다뤄질 것이다.

起信論 此緣有二種 云何爲二 一者近緣 速得度故 二者遠緣 久遠得度故

이 외연에 두 종류가 있다. 이를테면 어떻게 둘이 되는가. 첫째는 근연인데 빨리 제도하는 것이고 둘째는 원연인데 오래 지나서 제도하는 것이다.

지은 복이 있어서 내면에 염생사고구열반락하는 마음이 간절히 일어나면 부처와 보살들이 도와주신다고 했다. 그 시기는 근연近緣과 원연遠緣이다. 물론 중생의 근기를 봐서 결정하신다.

근기가 약한 자에게는 자비를 급히 내리신다. 쉽게 포기하고 빨리 지루함을 느끼는 자들을 위하여 특단의 조치가 우선 필요하기에 그렇다.

형편이 넉넉하지 못한 자들은 적금을 넣어도 오랫동안 넣지 못한다. 단기간에 불어난 이익을 보여줘야 안심을 하고 다시 넣는다. 성격이 조급하고 진득하지 못한 자들에게 내려지는 적합한 자비다. 그것이 근연이다.

원연은 멀리를 본다. 예금도 장시간을 부어야 이자까지 복리로 붙어 마지막에 엄청난 이익을 얻는다. 그처럼 근기가 좋은 수행자는 장거리를 뛰는 마라토너처럼 꾸준히 옆에서 지켜보시면서 그 진전을 살피고 위호해 주신다. 그것이 원연이다.

起信論 是近遠二緣 分別復有二種 云何爲二 一者增長行緣 二者受道緣

이 근원 두 외연을 분별하면 다시 두 종류가 있다. 이를테면 어떻게 둘이 되는가. 첫째는 증장행연이고 둘째는 수도연이다.

근연은 증장행연을 시키고 원연은 수도연을 권한다. 증장행연은 바라밀을 계속해서 닦도록 하신다. 그것은 공덕을 더 갖추기 위해서이다.

원연은 불도의 도를 닦도록 하신다. 수도를 할 수 있을 정도로 충분한 양식이 쌓였다는 판단에서다.

양식은 복덕이다. 복덕이 구비되어야 다음 단계인 修道로 들어간다. 거기서 지혜를 일으킨다. 修道를 受道로 표현한 것은 수도를 받아들일 정도의 성숙함을 말한 것이다.

여기서 하나 더 분명한 것이 밝혀졌다. 누구든 범부가 복덕이 갖추어지지 않으면 수도에 임할 수 없다는 사실이다. 복덕을 갖추지 않고 만용을 부려 수도에 나아가면 틀림없이 중간에서 탈락하게 된다.

그러면 수도한 것만큼의 시간과 공력이 일시에 없어져버린다. 그때가 되면 자신은 물론 타인까지 邪道사도에 빠지도록 한다. 왜냐하면 그때까지 쌓아온 수행의 이력이 아까워서 어떻게든 그것을 써먹으려 하기 때문이다. 이 문제 역시 수행신심분에서 자세히 설명되어질 것이다.

起信論 平等緣者 一切諸佛菩薩 皆願度脫一切衆生 自然熏習恒常

不捨

평등연이라는 것은 모든 제불과 보살들은 일체중생을 도탈시키기 위해 서원을 세우신 분들이므로 자연히 훈습하여 항상 버리지 아니하신다.

부처와 보살들은 중생을 도와주시는데 차별연과 평등연을 쓰신다고 했다. 이제까지는 차별연을 말했고 지금부터는 평등연을 설한다.

우리에게 부처와 보살들은 과연 어떤 존재들인가. 그분들은 우리와 그 바탕본체가 같은 분들이다. 그래서 우리를 제도하려 하신다. 항차 육신을 낳아준 부모도 어떻게든 자식을 어려움으로부터 도와주시려고 하는데 생명이 같은 부처님이야 말할 것이 뭐 있겠는가.

그래서 그분들은 우리를 도탈度脫시키려고 무진 애를 쓰고 계신다. 度는 육도의 고해를 넘는 것이고 脫은 중생이 갖고 있는 모든 번뇌와 죄업의 그물을 벗겨주는 것이다.

다시 말하지만 제불과 보살들은 언제나 우리 곁을 떠나시지 않고 아주 다양한 방법으로 깨달음의 세계로 이끄신다. 그분들은 결코 우리를 버려두지 않으신다. 부모가 자식들의 안위를 포기하지 않는 것처럼 그분들은 무슨 일이 있더라도 우리를 방기하지 않으신다.

그분들은 그러한 마음을 끝까지 가지신다. 생사에 고통받는 중생을 보면 볼수록 더욱 더 그런 마음이 강해지고 견고해지신다. 그것이 바로 자연히 그런 마음을 훈습하신다는 뜻이다.

중생들은 형편과 기분에 따라 어려운 자들을 돕는다. 그러나 제불과 보살은 자연히 보살핀다.

그분들에게는 인위적이거나 감정적인 움직임이 없다. 부드럽고 따뜻하게 초목을 쓰다듬는 봄바람처럼 중생들을 다 같이 생육시킨다. 그것이 자연적인 훈습이다.

起信論 以同體智力故 隨應見聞而現作業
그분들은 동체와 지력을 써서 見聞을 따라 불사를 짓는 행업을 나타내신다.

그분들이 중생을 제도하는 데 쓰시는 도구는 동체와 지력이다. 동체는 위에서 말했다시피 같은 몸이다는 뜻이다. 같은 몸은 억지가 아닌 자연스런 자비를 일으킨다.

문제가 많은 자식을 보는 어미의 마음이 어떤 것이라고 아는 사람은 고해에 허덕이는 중생을 보는 부처의 심정을 이해할 것이다. 이것이 부사의업상인 최승업이다.

지력은 지혜의 힘이다. 자식이 아무리 배고프고 어렵다 하더라도 거기에 대한 적절한 제재를 가하지 않고 무조건 도와주기만 한다면 그 자식의 앞날은 희망적이라 볼 수 없다.

양약도 때를 맞추어 먹여야 하고 분량도 정확히 먹여야 효과를 본다. 약이 좋다고 무조건 퍼 먹이면 자식은 죽는다. 그것을 잘 알고 대처하는 능력이 바로 지혜다. 이것이 변지라는 것이다.

원효성사가 마명보살이 삼계의 중생들을 도탈시키기 위해 동체대비와 지혜지력으로 이 **기신론**을 쓰셨다고 한 말씀을 기억하시는지 모르겠다.

성사는 우리에게 마명보살의 혼신이 녹아 있는 이 **기신론** 한 권이면 삼장의 요지를 꿰뚫어볼 수 있고 마음의 근원으로 돌아갈 수 있는 방법을 다 익힐 수 있다고 강력히 추천해 주셨다.

그러므로 이 **기신론** 역시 보살이 중생을 위해 불사를 해 주신 것이 된다. 불사는 중생을 부처로 만드는 일이라고 했다. 그러므로 누구든지 부처가 되고자 한다면 이 가르침을 배우고 익혀야 한다.

그러면 고통의 세계를 떠나 열반으로 나아갈 수 있다. 그때 불보살은 핏덩어리 자식을 보살피는 친어미처럼 우리들을 기쁘게 포용하고 거두어 주신다.

起信論 所謂衆生依於三昧 乃得平等見諸佛故

중생은 삼매를 의거해서 평등심을 가져야 그런 모든 부처님을 볼 수가 있다.

그분들이 중생을 제도하시는 일은 범부들로서는 결코 알 수가 없다. 안다면 그는 범부가 아니다. 범부는 범부의 상식과 테두리에 머물기 때문에 범부의 영역을 벗어난 일은 상상하지 못한다.

어린아이가 대학에서 대학교수가 무엇을 가르치는지 알 수가 없듯이 범부의 식견으로는 부처님의 보살핌을 전혀 감지할 수가 없다. 어린이가 커봐야 대학교수를 만날 수 있듯이 범부도 범부 이상으로 성장해봐야 그분들을 뵙고 그분들의 자비와 가르침을 이해할 수가 있다.

그래서 마지막 줄에 삼매를 의거해 평등심을 가져야만이 그분들을 볼 수가 있다고 하였다. 범부에게 초인적인 능력이 나올 때는 삼매에 들어갔을 때다. 그 방법 외에는 단연코 부처와 보살을 제대로 만날 수 없다.

그럼 어떻게 삼매에 들어갈 수 있느냐 하고 물을 것이다. 그것 역시 다음 수행신심분에 아주 잘 나올 것이니 그때까지 기다려 보시기 바란다.

海東疏 用熏習中 文亦有三 所謂總標 列名 辨相
용훈습의 문단에 셋이 있다. 묶어서 표시하고 이름을 나열하며 작용을 가리는 것이다.

선생은 학생 전체를 상대로 평등연으로 교육시킨다. 하지만 학생의 부모는 특별히 자기 자식에게 더 많은 차별연의 관심을 가져줄 것을 기대한다.

선생은 평등연으로 학생을 가르치고 학생은 차별연으로 그 교육을 받아들인다.

평등연이 흡족하지 않으면 학생은 학원에 간다. 학원선생은 그 학생이 갖고 있는 특성을 살려내기 위해 개인지도를 한다. 교육과정은 같지만 그 학생에 적합한 선생이 바뀌었다. 그것을 차별연이라고 한다.

그렇게 하기 위해서는 돈을 많이 지불해야 한다. 그처럼 차별연을 원하는 자들은 다른 중생들보다 더 많은 복덕을 갖고 있어야 한다. 복덕이 없는 자가 차별연의 가피를 기대한다는 것은 있을 수 없기 때문이다.

海東疏 第二列名中差別緣者 爲彼凡夫二乘分別事識熏習而作緣也
두 번째로 이름을 나열한 중에 차별연이라는 것은 분별사식의 훈습을
쓰는 범부와 이승들에게 작용하는 외연이다.

차별연은 범부와 이승들에게 부처님과 십지보살, 그리고 삼현보
살이 내리시는 자비다.
범부들에게 삼현보살도 차별연의 작용을 하는가 라고 의아해 할
것이다. 부처에 비하면 삼현보살은 보잘것없는 수행자들이지만 범
부에게는 그래도 대단한 수준에 있는 분들이다.
부처를 부모로 보면 보살들은 큰 형제들이고 삼현보살들은 작은
형제들과 같다. 기억할 것이다. 옛날 형제가 많던 시절에 어린아이는
바로 그 위의 형과 누나가 업어 키웠다는 사실을 기억하면 이 의아심
은 쉽게 풀린다.

海東疏 能作緣者 十信以上乃至諸佛皆得作緣也
외연을 지을 수 있는 자는 십신 이상에서부터 모든 부처님에 이르기까
지 다 이런 외연을 짓는다.

십신의 범부를 지도할 수 있는 자들은 그럼 누구들일까. 지도한다
는 말은 외연을 짓는 자들이다. 즉 밖에서 범부를 도와주는 분들이다.
항상 해온 말이지마는 범부가 범부를 가르칠 수는 없다. 고작 가르

해석분 **35**

칠 수 있는 범위는 이미 범부가 경험한 획일화된 정보들로서만 가능하다. 그 외에 것은 범부가 넘볼 수 있는 차원이 아니다. 그것은 범부의 상식을 넘어선 넘사벽의 세계이기에 그렇다.

그러므로 범부를 가르칠 수 있는 자는 범부를 뛰어넘어야 한다. 초등학교에 가면 초등교사가 있고 중학교에 가면 중등교사가 있듯이 범부를 가장 가까운 데서 가르치는 분들은 삼현보살이고 그 위에 십지보살이 있다. 다시 그 위에 부처가 기다리고 있다.

의사를 잘 만나면 육신이 살고 교사를 잘 만나면 육신을 잘 거두게 된다. 둘 다 인생에 없어서는 안 될 귀중한 분들이지만 특히 의사는 생명을 다룬다는 의미에서 선생님이라는 호칭이 겹으로 붙는다.

한자로 보면 교사는 가르치는 스승이고 의사는 의술을 베푸는 스승이다. 다 같이 스승 師 자가 들어간다. 그런데 교사선생님이라고 하지는 않는다. 하지만 의사는 그 뒤에 선생님이라는 존칭을 또 붙인다. 그것은 생명은 그 무엇보다도 소중한 것이기에 그렇다.

여기서 한 수 더 나아가면 선지식의 세계가 있다. 선지식은 생명의 근원인 마음을 다룬다. 이 선지식을 잘 만나면 마음이 산다. 돈 없으면 유명한 의사를 만날 수 없듯이 복이 없으면 이런 선지식을 만날 수 없다. 선지식들은 다양하게 우리들을 훈육한다. **화엄경**에

1. 보디심에 머물게 하는 선지식.
2. 선근을 일으키게 하는 선지식.
3. 바라밀을 행하게 하는 선지식.
4. 일체법을 설해 주는 선지식.

5. 일체중생을 성숙시키는 선지식.

6. 결정한 변재를 얻게 하는 선지식.

7. 일체세간에 집착하지 않게 하는 선지식.

8. 수행에 게으르지 않게 하는 선지식.

9. 보현행에 맞게 수행시키는 선지식.

10. 부처님의 지혜로 들어가게 하는 선지식 등이 있다

고 하셨다. 이렇게 다양한 분들이 계시지만 우리는 이런 많은 분들 중에 단 한 분의 선지식조차 만나기가 어렵다.

각각의 분야에 권위있고 명망있는 전문가가 천지에 널려 있지만 다리 밑의 거지 아이에게는 또 다른 세상의 사람들이다.

거지아이가 그들에게 직접적인 교육을 받는다는 것은 행운 중에 대 행운이 되는 것처럼 범부로서 이런 선지식을 만난다는 것은 로또를 연속해서 1등하는 것만큼이나 대 행운이 되는 것이다.

海東疏 平等緣者 爲諸菩薩業識熏習而作緣也

평등연이라는 것은 업식훈습을 하는 모든 보살들이 이런 외연을 짓는다.

업식훈습을 하는 자들은 대승의 십지보살들이다. 그분들은 중생들을 상대로 원근이나 친소를 가리지 않는다.

우리 생활에서 엄청난 혜택을 주고 있는 전기는 형태도 없고 색깔도 없다. 그렇지만 우리에게 가장 가까이 있으면서 우리를 끝없이

도와주듯이 부처의 작용도 그와 같은 것이다.

도시로 나간 벽촌의 중학생이 선배사회에 적응하는 통과의례가 있었다. 그것은 100볼트 동그란 전기소켓 속에 손가락을 집어넣는 것이었다.

아이는 전기를 몰랐다. 한 번도 본 적이 없었기 때문이다. 그래서 짓궂은 형들이 전구를 빼고 그 속에다 손가락을 집어넣어 보라고 했다.

아이는 그 속을 들여다보았다. 아무것도 없고 노란딱지 같은 작은 것이 붙어 있었다. 아이는 저게 뭐기에 라는 의심을 하면서 거기다 손가락을 갖다 댄다.

그 순간 아이는 세상에 태어나 가장 크게 놀랄 일을 당한다. 정말 말로써는 결코 형용할 수 없는 상상 이상의 전율을 온몸으로 느낀다. 그렇게 시골아이는 도시의 문화사회에 적응하면서 성장한다.

업식훈습을 하는 모든 보살들은 전기처럼 언제나 우리와 함께하고 있다. 그분들을 잘 알면 무진한 이익을 보고 모르면 큰 손해를 입는다. 그것을 알게 하기 위해 선지식이 있다.

그 선지식의 가르침은 전기 같은 엄청난 충격을 준다. 이겨내면 불교 속에서 성장하고 이겨내지 못하면 선지식과 전기를 욕하고 죽음의 어둠 속으로 다시 들어가야 한다.

海東疏 能作緣者 初地以上乃至諸佛 要依同體智力方作平等緣故
그런 인연을 지을 수 있는 분은 초지 이상에서 모든 부처님까지다. 그분들은 동체와 지력을 중요하게 의거해 바야흐로 평등연을 짓는다.

비록 상근기라 하더라도 범부와 삼현은 평등한 마음을 가지지 못한다. 그래서 차별연의 마음을 가지고 분별사식을 쓰는 하근기의 범부를 담당한다.

그 위에 동체와 지력의 업식훈습보살들은 평등심을 가지고 중생을 제도하신다.

그분들은 10지의 초지인 환희지에서 구경지인 법운지까지의 대승 십지보살들이다. 그분들 정도가 되어야 차별연을 넘어서서 不二無差한 평등연의 자비를 내리실 수 있다.

물론 최종에는 부처님이 맡으신다. 삼현이 차별제도를 받으면서 복덕을 지어 올라가면 10지보살이 된다. 그때부터 평등연으로 중생을 제도한다. 그 공덕으로 부처가 된다. 그러니까 부처는 차별연과 평등연을 모두 다 쓰시는 셈이다.

그러니까 차별연은 보살들과 화신부처가 범부들에게 내리시는 자비이고 평등연은 보살들과 보신불이 일체중생을 위해 내리시는 자비라는 것을 알아 두면 된다.

海東疏 第三辨相中 先明差別緣 於中有二 合明 開釋

세 번째 작용을 가려보는 것 중에서는 먼저 차별연을 밝혔다. 거기에 두 가지가 있다. 합쳐서 밝히고 열어서 풀이한 것이다.

외연이 어떻게 작용하는지를 나눠서 풀이한 대목이 여기에 해당된다. 합쳐서 풀이한 것은 초발의부터 부처가 될 때까지 부처는 간단없이 중생을 제도하신다는 것이다.

열어서 풀이한 것은 권속과 부모 친척 원수가 되거나 하는 형식으로 그 뜻을 벌려서 풀이한 것이다. 친구가 된다는 말은 목련존자에게 사리불과 같은 존재고 원수의 집은 아사세왕자와 빔비사라왕 같은 집안이다.

원수의 집에도 두 가지가 있다. 하나는 가족 간의 문제고 또 하나는 집안끼리의 관계다. 가족도 철천지원수가 될 수 있고 집안도 대를 이은 견원지간이 될 수가 있다.

이럴 때 지은 복덕이 있으면 부처가 나타나 그들을 돕는다. 그렇지 않으면 세세생생 끊임없는 상호간의 복수극이 전개된다. 결코 피할 수 없는 피비린내 나는 살상관계로 이어진다.

海東疏 開釋中亦有二 先開近遠二緣 後開行解二緣

열어서 풀이한 것 중에서 또 두 가지가 있다. 먼저 근원의 二緣을 열고 후에 行解의 二緣을 연 것이다.

近遠근원은 빠른 시간과 긴 시간에 작용하는 외연이다. 그 두 가지를 二緣이라고 한다. 行解는 권하는 수행과 이해시키는 방법이다.

불교의 기도는 받는 쪽에서 무엇을 해달라고 다그치거나 종용하는 것이 아니다. 그것은 윗분에 대한 대단히 무례한 압박이고 은밀한 요구다.

부처님을 믿는다는 보통 신자들의 기도가 다 이렇다. 그들은 자기의 소원이 기일 내에 이뤄지도록 기도로 협박한다. 그것이 관철되지 않으면 크게 불평한다.

그리고 다시 기한을 정해주고 또 다시 압박한다. 그래도 응답이 없으면 심한 화풀이를 하다가 교회로 간다.

　분명히 알아야 할 것은 불교에서는 자기가 해야 할 일을 다 해놓고 삼세제불과 대승보살의 외연을 조용히 기다리는 것이다. 그 해야 할 일은 선근을 먼저 심는 것이다.

　그러면 감사와 기쁨이 충만한 상태로 그분들 앞에 엎드릴 수 있다. 거기에는 불평과 다급함이 없다. 천천히 아주 조용히 그분들의 움직임에 나의 사이클을 맞추어 나가는 것이다. 그게 불교의 기도다.

　이것이 바로 부처가 내리는 두 가지 외연을 받아들이는 수용의 자세고 부복의 몸가짐이다.

`海東疏` 增長行緣者 能起施戒等諸行故 受道緣者 起聞思修而入道故
증장행연은 보시와 지계 등의 모든 바라밀행을 일으키는 것이고 수도연은 문사수를 일으켜 불도에 들어가는 것이다.

　증장행연은 복덕을 쌓는 것을 말한다고 했다. 그리고 수도연은 聞思修를 일으켜 불도에 들어가는 것이라고 했다.

　聞思修는 듣고 생각하고 닦는다는 뜻이다. 이 말은 일단 먼저 듣고 배워야 한다. 배웠으면 생각해 보아야 한다. 거기에 타당한 이론이 들어 있다면 즉시에 수행으로 나아가야 한다는 것이다. **계초심학인문**의 한 말씀이다.

　- 마치 살얼음을 밟는 것처럼 귀와 눈을 기울여 현묘한 법음을

들어야 한다. 그러면 세속의 감정이 맑아져 그윽한 이치를 맛볼 수 있다. 법당에서 내려와서는 조용히 앉아 그 말씀을 되새겨야 한다. 거기에 의문이 있으면 먼저 배운 선배에게 묻도록 하라. -

여기에 聞思修가 다 들어 있다. 앞 문장은 법문을 듣는 마음의 자세고 중간에는 생각하는 과정이다. 그리고 의문이 있으면 그 의문을 푼다. 그것이 수행으로 이끌어 불도에 들어가도록 한다. 불도는 부처가 되는 길을 말한다고 했다.

海東疏 平等緣中有二 先明能作緣者 所謂以下 釋平等義

평등연 중에 두 가지가 있다. 먼저는 작용하는 외연자를 밝혔다. 소위 이하는 평등의 뜻을 풀이하였다.

바다는 일체의 강물에 지극히 평등하다. 어떤 강물이든지 다 받아들인다. 결코 강물을 분별하지 않는다.

하늘에 달은 모든 연인들에게 골고루 교교한 빛을 내려준다. 달은 연인을 구별하지 않는다.

그처럼 10지보살인 관세음보살은 어떤 중생이든지 다 받아들인다. 결코 중생을 차별하지 않는다. 그것이 평등연이다. 그런 보살에게 범부는 개인문제를 풀어달라고 매달린다.

우는 아이 떡 하나 더 준다는 것은 지극히 인간적인 감정의 발로다. 하지만 관세음보살은 인간이 아니다. 그러므로 그분을 인간의 감정수준으로 끌어내릴 수는 없다. 이런 사실을 모르고 기도에 올인

한다면 결국 헛다리 짚는 것으로 끝이 난다.

헛다리는 魔다. 魔는 그런 기회를 엿보고 있다. 그리고 은밀히 접근한다. 魔는 평등연이 아니라 차별연으로 달콤하게 유혹한다. 그 유혹에 빠지면 완전 패가망신한다. 자기는 물론 집안까지도 박살나 버린다.

海東疏 依於三昧平等見者 十解以上諸菩薩等

삼매를 의거해 평등연을 보는 자들은 십해 이상의 보살들이다.

원시인들이 불을 일으킬 때는 집중력을 다한다. 약간이라도 비틀어지거나 쉬게 되면 불은 일어나지 않는다. 인내심을 갖고 지속적인 속도로 계속해서 나무를 비벼야 불이 일어난다.

삼매도 마찬가지다. 삼매는 동요하는 마음의 정지다. 그 정지의 지속상태를 삼매라고 한다. 범부의 마음은 요동한다. 흔들리는 볼록 렌즈는 햇빛을 모으지 못한다. 그처럼 잠깐이라도 마음이 흔들리면 삼매에 들지 못한다.

삼매는 일차적으로 마음이 안정된 자에게 일어난다. 그러므로 복덕이 갖춰진 삼현보살부터 삼매를 일으킬 수 있다. 그 수준 정도 되어야 중생에게 외연으로 작용하는 불보살을 어렴풋이나마 볼 수가 있다.

그럼 범부는? 물론 범부도 부처를 볼 수 있다. 단 조건은 삼매에 들어갔을 때라야 만이 부처를 볼 수 있다. 하지만 범부가 삼매에 들어간다는 것은 코끼리가 냉장고에 들어가는 것만큼이나 어렵다는 것이다.

海東疏 見佛報身無量相好 皆無有邊 離分齊相 故言平等見諸佛也

그들은 보신불이 갖고 있는 무량한 상호가 모두 끝이 없어서 분제상을 떠나 있음을 본다. 그러므로 평등연을 하는 모든 부처님을 본다고 하였다.

미끈한 다리를 가진 신생아를 본 적이 있는가. 신생아는 오므라진 다리를 갖고 있다. 그러다 점점 성장함에 따라 날씬하고 튼튼한 다리를 갖게 된다. 그처럼 인간이 성장해 감에 따라 그 모습과 능력이 달라진다.

인간의 완성품인 부처는 한량없는 아름다움과 무량한 신비성을 갖고 계신다. 하지만 범부는 그분들의 몸을 볼 수가 없다. 범부가 갖고 있는 눈동자는 고작 1.2의 기준으로 초점을 잡고 있기 때문이다.

그분들의 실상을 본 자는 아무도 없다. 법당에 불상은 우리에게 보신부처가 있다는 사실을 간접적으로 보여주는 가상의 모습이다. 그것은 부처님이 아니다. 그 불상 너머에 계시는 부처를 보아야 한다.

부처가 범부의 눈에 띈다면 그 부처는 가짜다. 진짜의 부처가 갖고 있는 아름다운 육신을 보려고 한다면 적어도 인간의 시력이 10이 아니라 백 천은 넘어가야 그분들이 갖고 있는 무량한 상호를 약간이나마 볼 수 있다.

그러므로 부처를 보려고 한다면 범부의 시력과 상식의 사고를 뛰어넘는 삼매를 의거해서만 조금이나마 볼 수가 있다는 것이다.

[海東疏] 若在散心 不能得見如是相好離分齊相

산란한 마음으로는 그와 같이 분제상을 떠난 상호를 볼 수가 없다.

성사가 아주 정확히 짚어 주셨다. 산란한 마음을 갖고 있는 범부는 부처님의 진신을 볼 수가 없다. 그분들의 진신은 우리가 생각하고 있는 어떤 모습과 한계를 벗어나 있다.

분제상은 밖으로 드러난 특정한 모습이고 고정된 형상이다. 부처는 그런 분제상이 없다. 그러므로 부처는 천만 가지 모습으로 움직이고 작용한다.

그런데도 범부는 상상으로 여러 모양의 불상을 만들어 놓고 이 부처는 어떤 부처, 저 부처는 어떤 부처라고 분제상의 테두리에 가두고 있다. 할일 없는 사람들의 턱도 없는 놀음이다.

[海東疏] 以是故言依於三昧也 上來別明體用熏習竟

그래서 삼매를 의거하여 라고 말하였다. 여기까지가 體用훈습을 따로 밝힌 것인데 이제 그것을 마친다.

범부인 나조차도 사람을 대할 때 조건과 환경에 따라 다양한 태도를 보이고 상대하는 방식이 달라지는데 물심으로부터 완전히 벗어난 제불과 보살들이 어떻게 고정된 자세에 얽매이고 무슨 장신구에 속박되겠는가. 누가 물었다.

"관세음보살은 여성입니까?"

"여성 남성 중성 그 밖의 성별입니다."

"그런데 왜 여성의 몸으로 나타나 있습니까?"

여기에는 진실로 심오한 뜻이 들어 있다. 여성은 탄생의 바탕이다. 여성이 없다면 새 생명이 없다. 인간의 자궁으로 태어나면 우리 같은 중생이 된다. 중생의 고통이 싫다면 이제 성인의 자궁에서 태어나야 한다.

그 태어남의 자궁을 우리에게 빌려주시는 분이 여인상인 관세음보살이다. 그분에 의해 우리는 다시 태어나야 한다. 그분에게서 태어나면 여기가 아니다. 그분은 우리를 다른 곳에서 상징적인 해산을 할 것이다. 그곳이 극락세계다.

이 사실을 알고 그분의 자궁에 들어가려면 그분을 붙들고 늘어져야 한다. 거듭남이 아니라 새로 나는 것이다. 이 문제는 다시 7권에서 언급할 것이다.

진여훈습 가운데 있는 자체상훈습과 용훈습을 따로 나눠서 설명하였는데 여기서 그것을 마치게 된다.

起信論 此體用熏習 分別復有二種 云何爲二 一者未相應 謂凡夫二乘初發意菩薩等

이 체용훈습을 분별하면 다시 두 종류가 있다. 어떻게 둘이냐 하면 첫째는 미상응이다. 이를테면 범부와 이승, 그리고 초발의보살들이

미상응이라는 말은 불상응과 같이 상응하지 못한다는 뜻이다. 불

상응은 불각과 상응하지 못한다는 뜻으로 6염심을 설명할 때 다 설명하였다.

여기서의 불상응은 현재의 상태가 무엇과 전혀 맞지 않을 때를 말하는 것이고 미상응은 아직 맞지는 않지만 언젠가는 상응할 수도 있다는 가능성을 말하고 있다.

起信論 以意意識熏習 依信力故而能修行 未得無分別心 與體相應故

의와 의식으로 훈습하는데, 그들은 信力으로 수행은 하지만 무분별심을 얻지 못해서 자체상과 상응하지 못한다.

범부와 이승, 초발의보살들의 수행은 믿음의 힘으로 수행을 한다. 그래서 믿음수행이라고 한다. 이 믿음이 완성되면 10주에 오른다. 10주에 오른 자들이 초발의보살이라고 했다.

그들은 이 믿음을 성취하는 데 엄청난 공력을 들인다. 그 결과 가까스로 10주에 오른다. 그 많은 세월 동안 쌓아 온 복덕은 믿음 하나를 성취하는 것과 맞바꾸는 셈이다.

그리고는 다시 6바라밀을 닦아서 복과 지혜를 닦아 나간다. 그래도 아직 무분별심이 없다. 그들은 분별한다. 그래서 자기들의 자체상과 상응이 되지 않으므로 그 수행은 의식적으로 용을 쓰면서 힘들게 정진한다.

起信論 未得自在業修行 與用相應故

그래서 자재해야 하는 수행이 外用과 더불어 상응하지 못하는 것
이다.

　중생의 마음속에는 근본자리로 환원하고자 하는 시스템이 있다고
했다. 그것은 배워서 아는 것도 아니고 가르쳐서 알 수 있는 그런
성질이 아니다. 그것은 물고기가 헤엄을 치고 새가 하늘을 나는 것처
럼 자동적인 작동이라고 했다. 그것을 자체상훈습이라고 했다.
　그것은 책 저 너머에 있고 언어 저 건너에 있다. 그런데 그 자동시
스템이 꼭 녹슨 발동기처럼 녹슬어서 자체적으로는 작동되지 않게
되었다. 그러다보니 기름을 붓고 힘껏 돌려줘야 그 탄력으로 돌아갈
수 있다.
　그것이 십선행이다. 그들은 믿음을 바탕으로 어렵게 그것을 수행
해 나아간다. 그 수행은 자체상과 상응하지 못하기 때문에 노력수행
이라고 한다.
　그래서 그들은 아직도 밖의 작용을 전적으로 받아들이지 못한다.
밖의 작용은 물론 부처님과 보살들의 慈智와 외호다.

起信論 二者已相應 謂法身菩薩 得無分別心 與諸佛智用相應
둘째는 상응이다. 이를테면 법신보살은 무분별심으로 모든 부처님의
지용과 상응한다.

　상응하는 보살은 법신보살들이다. 그분들은 10지에 올라선 수행
자들이다. 그분들은 분별심이 없다.

TV 영상을 보고 분별하여 집착하는 자들을 바보라고 한다. 누가 말했다. TV를 바보상자라고. 완전 넌센스다. TV가 바보상자가 아니고 TV를 보고 그 영상이 진짜라고 생각하는 사람이 바보인 것이다.

그렇다면 마음이 만들어 낸 이 세상을 진짜라고 여겨 그 현상을 분별하고 집착한다면 뭐라고 해야 하나. 그런 자들을 범부라고 한다.

범부는 제불보살의 작용과 불상응하고 법신보살들은 그분들의 작용과 상응한다. 위에 6염심을 설명할 때와 완전 반대다. 거기서는 본각과 불상응하고 염심과 상응하는 자가 범부고 본각과 상응하고 염심과 불상응하는 분들을 보살이라고 했다.

범부가 분별해서 얻은 최상의 결과가 무엇인지 아는가. 바로 군사무기다. 모든 과학의 집합체가 서로 간의 살상무기로 나타나 있다. 나와 남을 분별하여 얻은 가공할 만한 결과물이다.

물은 분별이 없다. 그래서 모든 것과 화합하고 융해해 일체생명을 살린다. 분별을 쓰면 자신도 죽이고 중생도 죽인다. 무분별을 쓰면 자신도 살리고 일체중생도 살린다. 그래서 무분별을 쓰는 보살이 중생을 살리는 것이다.

보살은 부처님이 갖고 계시는 智用을 받는다. 자신의 물이 깨끗하면 다른 물을 거부없이 받아들이는 것처럼 그분들은 자체상과 용훈습을 동시에 작동한다. 그러므로 부처의 가피를 필요할 때마다 적절하게 받아들인다.

起信論 唯依法力自然修行 熏習眞如滅無明故

오직 법력으로 자연수행을 하는데, 그것은 진여를 훈습해서 무명을 멸하는 것이다.

그분들은 법력수행을 한다. 법력은 진여법의 힘이다. 중생의 마음
은 환원하고자 하는 본능을 갖고 있다고 했다. 진여가 제자리로 돌아
가려는 환원작용이 정상적으로 가동되면 자연수행이 이뤄진다. 그
것을 법력수행이라고 한다.

불은 연료에 의해 이어진다. 연료가 떨어지면 불은 꺼진다. 그러면
불빛도 사라진다. 불빛을 이어가려고 하면 계속해서 연료를 공급해
야 한다. 이것을 노력수행이라고 한다. 그런 수행을 하는 자들은 삼
현보살들이다.

하지만 법력수행은 그렇지 않다. 법력수행은 연료가 필요하지 않
다. 자연수행을 하기 때문에 외부에서 유입되는 연료는 더 이상 필요
치 않다. 자체동력을 갖고 발광하기에 그렇다.

그 발광의 빛 때문에 어둠은 물러난다. 즉 진여가 무명을 훈습하는
것이다. 이런 수행을 하는 자들은 관세음보살 보현보살 문수보살 같
은 십지 속의 대보살들이다.

海東疏 第二合釋體用 於中有二 總標 別釋
두 번째는 체용을 합해서 풀이한다. 거기에 둘이 있다. 모아서 표시하고
벌려서 풀이하는 것이다.

體用은 같이 움직인다. 거울이 體라면 사물은 用이다. 이것은 동
시에 작용한다. 體가 있는데 用이 없다는 것은 있을 수 없다. 그처럼

내가 수행을 할 때 부처가 도와주지 않는다는 것은 있을 수 없는 일
이다.

부처가 도와주고 안 도와주고는 내가 어떤 마음자세를 갖고 어떻
게 행하느냐에 따라 달라진다.

내가 진정으로 수행해서 본각진여로 환원하고자 한다면 부처는 절
대로 못 본 척하지 않으신다. 반드시 도와주시게 되어 있다. 왜냐하
면 體用은 같이 움직이기 때문이다. 그러므로 자체상훈습과 용훈습
은 동시에 작동한다는 것이다.

[海東疏] 別釋中 先明未相應中 言意意識熏習者 凡夫二乘名意識熏習
따로 풀이한 중에서는 먼저 미상응을 밝혔다. 그중에서 말한 의와
의식으로 훈습한다는 것은 범부와 이승의 의식훈습이다.

부모와 자식의 마음은 상응해야 한다. 그러면 집안에 문제가 없다.
그러나 부모의 마음과 자식의 마음이 따로 움직이면 불상응이 된다.
그러면 집안에 우환이 그칠 날이 없다.

몸을 이어주는 부모자식 간에도 서로간의 상응은 평화를 낳는데
어떻게 하물며 근원이 동일한 부처와 중생의 사이에서 불상응으로
안락이 도모될 수 있겠는가. 그러므로 중생이 고해에 빠져 허우적거
린다. 그 불상응이 여기서 말하는 미상응이다.

[海東疏] 卽是分別事識熏習
즉 분별사식훈습이다.

훈습 중에서 가장 혁명적인 몸부림이 바로 분별사식훈습이라고 했다. 이것이 우리가 마땅히 해야 하는 일 중에서 최고로 신성하고 최고로 가치있는 일이라고 했다.

머리 좋은 자들은 늘 분별사식을 한다. 하지만 그들은 염법 쪽으로 분별사식을 한다. 그래서 見愛를 일으키고 집착한다. 불난 곳에 기름을 붓는 격이다. 불은 번뇌고 거기에다 다시 분별사식의 연료를 퍼붓는다. 그래서 마지막에 다 타 죽는다.

진짜로 머리 좋은 범부는 불에 타 죽는 운명을 어떻게든 바꾸고자 한다. 새로운 패러다임의 삶을 찾는다. 그것이 바로 진여훈습 가운데 분별사식훈습을 혁명적으로 쓰는 것이다. 이럴 때 범부에게는 희망이 있고 부처에게는 환호가 있다.

海東疏 初發意菩薩等者 十解以上名意熏習 卽是業識熏習之義如前說也

초발의보살들은 십해 이상으로 의훈습하는 자들이다. 즉 업식훈습의 뜻인데 앞에서 말한 것과 같다.

초발의보살이라는 말에 주의해야 한다. 초발의를 초발심이라고 했다. 범부는 위에서도 말했지마는 초발심을 하지 못한다. 초발심을 하기 위해 복덕을 쌓는 과정에 있다. 복덕이 갖춰져야 수행의 장도에 나아간다. 그때 초발심을 하는 것이다.

양식이 완전하게 구비되면 목적지에 도달하는 데 문제가 없다. 하지만 양식이 떨어지면 중간에서 먹고 살기 위해 편법을 쓴다. 급기야는 배가 고파서 남의 것을 넘보거나 훔치게 된다.

남의 것이 무엇인가. 그들을 따르는 신자들의 마음과 재산이다. 그러면 초발심의 장도에 올라선 상태로 도둑질을 하는 죄과를 범하게 된다.

그래서 범부는 초발의 하기 전에 반드시 충분한 양식을 준비하여야 한다. 아니면 의도는 좋은데 결과는 의도보다 더 못해질 수가 있다. 이것은 꼭 충분한 돈도 준비되어 있지 않으면서 금광을 채굴하고자 하는 것과 같은 만용이 될 수 있다.

가끔 건축하다가 만 소형아파트라든지 오랫동안 유치권에 묶인 흉물스런 건물들을 보았을 것이다. 미관도 해칠 뿐만 아니라 많은 투자자들의 눈물을 흘리게 만드는 그런 것들은 충분한 자금 없이 무모하게 시작한 일이었기에 그렇다.

발심수행은 발심해서 수행하는 것을 말한다. 하지만 박복한 범부는 발심도 못하고 수행도 못한다. 발심은 복이 뒷받침이 되어야 하고 수행은 지혜가 있어야 하는 법이다.

복이 없어서 절에 복을 빌러 다니고 지혜가 없어서 불법이 무슨 뜻인지 알아듣지 못하는 사람들에게 발심을 말하고 수행을 말한들 무슨 소용이 있겠는가. 이 말을 듣는 사람은 기분 나쁠 것이다. 하지만 어쩔 수 없다. 복 없는 자들이 갖고 있는 턱없는 교만심과 나태심을 없애주기 위해서라도 이렇게 삽언澁言할 수밖에 없는 것이니 너무 타박하지 마시기 바란다.

別記 此中對彼法身菩薩 證法身時 離能見相 故說地前菩薩名意

熏習 以依業識有能見相故

이 중 법신보살에 대해 말할 것 같으면 그들이 법신을 증득할 때에 능견상을 떠난다. 그러므로 지전보살은 의훈습한다고 했다. 업식에 능견상이 있기 때문이다.

능견심은 나我라는 주체다. 허공은 주체성이 없다. 그러므로 허공은 모든 것을 다 포용한다. 내가 있으면 내 그릇만큼 가지고 내가 없으면 허공만큼 가진다.

"내가 없으면 허공 같은 마음을 가질 수 있습니까?"
"물론이지."
"그럼 죽어버리면 되겠네요?"
"범부는 못 죽는다는 거다. 육신만 죽는 것이지."

범부가 죽을 수만 있으면 얼마나 좋겠는가. 범부가 완전히 죽으면 삼현보살이 된다. 거기서 더 성장하면 법신보살이 된다.

그런데 범부는 백만 번 천만 번 죽어도 범부로 있다. 그 이유는 범부는 자신의 죄업을 완전 소멸하지 못하기 때문이다. 그래서 죽어도 끝이 아닌 또 다른 고통의 시작이라는 것이다.

別記 若依俗智見報佛義 則金剛已還皆有見相

속지로 보신불을 본다는 뜻은 금강이환이 되어서야 그분의 모습을 볼 수 있다는 뜻이다.

俗智는 세속적인 지혜다. 이것을 후득지라고도 한다. 이것을 일으킬 수 있는 자들은 십지보살들이다. 후득지는 근본지가 드러나야 발광하기에 그렇다. 그런 지혜라야 보신부처를 볼 수가 있다.

여행자들에게 좌표를 일러주는 북극성의 진짜 모습을 보려면 고강도의 천체망원경으로 봐야 제대로 볼 수 있다. 그처럼 중생들의 영원한 귀의처인 보신불의 진짜 모습을 보려면 금강이환의 지위에서 후득지로 보아야만이 가능하다.

그러므로 범부는 보신불을 볼 수가 없다. 보신불은 어느 특정한 장소에 계시는 인격체가 아니다. 그분은 우주를 움직이는 창조에너지의 집합체다. 그러므로 후득지가 없는 범부는 무소불변한 보신불을 볼 수가 없다.

범부가 보신불을 보려면 삼매를 의거해야 한다고 했다. 삼매에 들어가야 후득지가 나온다. 그러면 我라는 능견상이 없어진다. 능견상은 세상을 보는 주체적 나我라고 했다. 삼매에 들어가면 그 주체가 사라진다. 그래서 범부라도 보신불을 볼 수가 있다는 거다.

"그럼 삼매에 들면 되잖아요?"
"문제는 범부가 온전한 삼매에 들어갈 수 없다는 거다."

別記 通名業識熏習 如下說也
그래서 함께 업식훈습이라고 한다. 이 뜻은 아래에 설한 것과 같다.

불교예식 중에 반드시 언급되는 진언이 하나 있다. 이 진언을 빼

놓고서는 불교예식이 이뤄질 수 없다. 그것은 삼보를 그 법회에 모시는 보소청진언이다.

나무 보보제리 가리다리 다타아다야

삼보는 불법승이다. 만다라의 청정한 도량을 시설하고 삼보님께 공양을 올리려고 할 때 그분들을 초청하는 진언이 이것이다.

그런데 인간들의 입으로 그분들을 초청할 수가 없다. 인간들의 입은 무량겁 동안 죄업을 짓는 강력한 도구로 사용되어 왔기 때문이다.

인간의 입을 영어로 마우스라고 한다. 쥐가 마우스다. 둘의 공통점이 무엇이냐 하면 언제나 갉아 먹는다는 의미를 지니고 있다. 하나는 사물을 갉고 하나는 자신을 갉아먹기 때문에 발음이 같다. 재미있지 않는가.

그래서 삼보님을 모시려면 진언의 도움을 받아야 한다. 그분들을 여법하고 정중히 모시기 위해서는 어쩔 수 없이 이 방법을 써야 한다. 그 방법이 바로 위의 진언이다.

그분들을 의식儀式으로 모시는 데도 인간의 언어가 아닌 진언의 힘을 빌리는데 항차 그분들의 모습을 직접 뵙는 데야 말할 것이 뭐 있겠는가.

그래서 불보살을 만나기 위해서는 범부의 마음이나 눈으로써는 불가능하기에 반드시 삼매의 힘을 빌려야 그분들을 친견할 수 있다고 한 것이다.

금강이환은 업식훈습을 없애기 위한 마지막 선정이다. 그때서야 보신불이 거의 완벽하게 보이기 시작한다.

海東疏 未得無分別心與體相應故者 未得與諸佛法身之體相應故

무분별심으로 체상과 상응하지 못하기 때문이다는 것은 제불 법신의 체상과 상응하지 못한다는 뜻이고

마음의 근원으로 회귀하는 데는 말할 수 없이 험난하고 어려운 과정이 첩첩산중처럼 겹쳐져 있다. 그러므로 반드시 그분들의 도움이 절실하게 필요하다.

하지만 범부와 이승, 그리고 초발의보살들은 아직도 분별심을 가지고 있다. 그래서 제불이 갖고 있는 체상과 사이클이 맞지 않는다. 그래서 그분들의 도움을 전적으로 받아들이지 못한다.

海東疏 未得自在業與用相應者 未得與佛應化二身之用相應故

자재업이 用과 상응하지 못하기 때문이다는 말은 화신과 응신 두 佛身의 작용과 상응하지 못한다는 말이다.

수행자가 魔마의 함정이나 죄업의 장애에 허덕일 때 꼭 나타나 주시는 분이 화신불과 응신불이다. 그분들은 도로의 곡각지점에 세워진 큰 반사경과도 같이 우리가 나아가야 할 길을 안전하게 보여주신다.

반사경은 자동차를 운전하는 자를 위해 세워졌다. 돈이 없어서 차가 없거나 면허증이 없는 사람은 이 반사경하고는 아무 관계가 없다.

마찬가지로 복이 없거나 똑똑하지 않으면 불법의 세계로 들어가는 가르침하고는 상관이 없다. 그러므로 대자대비한 부처의 도움을 꼭

필요로 할 때 받을 수가 없다. 그래서 복 없는 범부는 두 佛身의 작용과 상응하지 못한다고 한 것이다.

海東疏 已相應中 法身菩薩者 十地菩薩 得無分別心者 與體相應故

상응하는 법신보살은 십지보살들이다. 분별심이 없다는 것은 체상과 더불어 응하므로 모든 부처님의 智用과 상응하게 된다.

서로 상응하는 자들은 십지보살들이다. 그분들은 부처와 코드가 맞게 움직인다. 그러므로 수행에 힘들거나 어려움이 없다. 그분들은 환원의 흐름을 탄 수행자들이기 때문에 수행을 하면 할수록 점점 더 쉬워진다.

길은 누구에게나 다 열려 있다. 하지만 무지한 자에게는 그 길이 보이지 않는다. 쉬운 길을 놔두고 꼭 어려운 길을 택해서 간다. 그래서 無知하면 손발이 고생한다고 한다.

중생이 딱 그렇다. 부처가 되는 쉬운 길을 놔두고 꼭 어려운 중생의 길을 가고 있다. 그것은 역류의 흐름이라서 마치 태아가 거꾸로 들어선 것과 같아 버티는 자신도 힘이 들고 보듬는 부처도 힘이 든다.

범부의 흐름은 서로 부딪히면서 죽음의 목적지로 간다. 죽어가면서도 서로가 원한을 짓는다. 하지만 정법훈습 쪽으로 방향을 돌리면 막힌 길이 뚫어지듯이 자연적으로 흐른다.

미국 가는 비행기만 제대로 탑승하면 비행기 속에서 가만히 있어도 비행기가 미국으로 데려다 주듯이 그 흐름을 타게 되면 가만히 있어도 목적지로 들어간다.

그처럼 마음의 근원으로 환원하는 레일에 제대로만 올라타면 용쓰지 않아도 열반의 세계로 들어가게 된다. 그것이 바로 자연수행이라는 것이다.

海東疏 與諸佛智用相應者 以有如量智故

모든 부처님의 智用과 상응할 수 있다는 말은 그분들은 여량지를 갖고 있기 때문이다.

智用은 부처님의 지혜와 작용이다. 즉 그분의 가르침과 자비다.

십지보살들은 근본지가 작동한다. 거기서 여량지가 나온다. 여량지는 후득지다. 부처님의 지용을 이해하는 것은 물론 현상계의 모든 생멸법과 그 연기를 아는 것이 이 지혜다.

이 지혜가 있어야 흐름이 열린다. 그러면 부처와 중생을 막아놓은 장막이 치워져 자연적인 흐름이 연결된다. 그것은 꼭 갇혀 있던 물에 물꼬가 터지는 것과 같다. 그러면 반드시 부처의 세계로 흐르게 되어 있다. 그래서 상응한다고 하였다.

海東疏 自然修行者 八地以上無功用故 因言重顯有五分中 第四別明二種熏習竟在於前

자연으로 수행한다는 말은 8지 이상은 공용이 없기에 그렇다. 인언중현에 다섯 부분이 있었는데 네 번째 따로 2종훈습을 밝힌 것은 앞의 설명으로 마친다.

어리석은 범부들은 이 환원의 흐름에 자신을 맡기는 것이 아니라 자꾸 이 중생세계에 머무르고자 한다. 삶은 흐름이다. 그 흐름을 타면 정법훈습이 되는 것이고 머무르면 염법훈습이 된다.

머물고자 해서 머물러지는 것이 아니다. 뒤에 태어난 다른 중생이 같이 머물겠다고 밀고 들어오는데 어떻게 그 자리에 그냥 있을 수 있겠는가. 그러다보니 반대인 염법훈습 쪽으로 밀려 흐르는 것이다.

8지 이상은 보살 중에서 대보살들이다. 그분들의 수행은 노력수행이 아니다. 시방법계 곳곳에서 중생들을 제도하시는 그 자체가 자연수행의 일환이다. 그분들 자신도 수행하고 중생들도 그분들의 도움을 받아 고통의 세계를 벗어나고 있다. 그것이 바로 자리이타의 행원이고 자연수행의 작용이다.

자연수행은 억지로 힘을 써서 수행하는 것이 아니다. 그래서 임운수행이라고도 한다. 거기에는 공용이 없기에 그렇다. 10지보살 중에서도 대보살들이 이런 수행을 한다.

2종훈습은 염법훈습과 정법훈습이다. 어느 쪽으로 흐를 것인지는 범부 스스로가 결정해야 한다.

起信論 復次染法從無始已來 熏習不斷
염법은 무시이래로부터 훈습하여 끊어지지 않는다.

중생은 언제 어느 곳에서든 연속해서 움직이고 있다. 멈춤이나 마침표는 오지 않는다. 그것은 언어와 문자 속에서만 있을 뿐 그 삶은 계속되고 있다.

재개발 사업을 하면 한 사람도 남지 않고 모두 떠난다. 그리고 인연따라 다시 그 자리에 모여든다. 그처럼 잠시 있던 자리에서 모습을 감출 뿐 그 잠재된 업에 의해 다시 태어나고 또 죽는 과정이 연속된다. 그러므로 중생은 이 우주에서 결코 끝나지 않는다.

나 또한 이 세상에서 없어지지 않는다. 어느 천지에 가도 나我라는 업을 갖고 그곳에 적응하면서 살아간다. 그리고 또 거기서 죽고 또 그 업에 맞는 세상 어디에서 또 다른 모습으로 태어난다. 결코 나의 삶은 단절되지 않는다.

생로병사하면서 무수한 고통을 받고 사는 중생의 이런 삶이 좋다면 이렇게 계속해서 살면 된다. 하지만 이제 이런 헛되고 고통스런 윤회의 삶이 정말 싫다면 부처가 되는 길을 찾아야 한다. 그것을 도와주는 것이 불법이다.

얼마 전에 있었던 일이다. 인도 뭄바이에서 직장생활을 하던 27살 라파엘 사무엘은 세상 살기가 너무 힘들었다. 그래서 내가 왜 이런 고생을 하면서 살아야 하나 라는 고민을 하게 되었다.

Why should I suffer?
Why must I work?
Why should I do anything when I don't want to?

그 원인은 결국 부모였다. 모든 고통이 자신의 의사를 묻지 않고 단지 쾌락을 쫓아 자신을 이 세상에 태어나게 한 부모 탓이라고 판단

했다. 그래서 부모를 상대로 손해배상 소송을 걸기 위해 나섰다고
BBC가 해외토픽으로 전했다.

불법을 따르지 않으면 누구나 이 청년과 같은 삐딱한 불만을 가질
수 있다. 자기가 그 부모를 택해 태어나 놓고 그 책임을 부모에게
돌리고 있기 때문이다.

불법은 모든 문제가 자신에게 있다고 가르치고 학문은 모든 문제
가 사회에 있다고 가르치고 있다. 그러므로 불법을 배우지 않으면
끝없이 타인을 원망하고 세상을 한탄하게 된다.

起信論 乃至得佛 後則有斷
부처가 된 후에야 끊어진다.

동물행동학자 리처드 도킨스는 인간은 유전자를 실어 나르는 도구
라고 했다. 그래서 나의 주인은 몸도 아니고 마음도 아니다. 그것은
내 몸 안에 있는 유전자라고 했는데 그 유전자가 바로 불각이다.

그 불각이 중생들 가슴에 들어 있는 한 중생은 중생으로 살아갈
수밖에 없다. 마치 옆으로 걷는 게가 옆으로만 걷는 것과 같이 중생
스스로 혁명적인 변화를 감행하지 않는 한 그 습성은 지속된다.

그래서 인간의 유전자를 게놈이라고 했다. 그것은 게처럼 직선으
로 가지 않고 언제나 삐딱하게 옆으로만 간다고 이름이 붙여진 것
이다.

그렇게 사는 것이 염법이고 그것이 중생의 삶이다. 그런 중생의
삶은 끝나지 않는다. 그 어떤 주재자나 심판자가 와도 끄떡없이 존

재한다. 우주폭발과 핵폭탄들이 일시에 터져도 중생은 없어지지 않는다.

윤회의 고통스런 사슬이 끊어져 부처가 될 때 가짜 나我는 완전히 사라진다. 마치 길고 긴 가면극이 끝나서 분장된 의상을 벗어버리고 자신의 원래 모습으로 되돌아가는 것처럼 그때서야 중생의 나는 완전히 없어져 버리고 부처가 되는 것이다. 그러면 나의 염법은 영원히 사라진다.

염법을 없애기 위해서는 불법을 배워야 한다. **보협경**에 보면 불법이 무엇인지에 대해 여덟 가지로 설명해 놓으셨다. 그중 첫 번째가 바로 생사의 흐름을 끊어 부처가 되도록 만들어 주는 것이 불법이다고 하셨기 때문이다.

起信論 淨法熏習 則無有斷 盡於未來 此義云何 以眞如法常熏習故
정법훈습은 미래세가 다하도록 끝남이 없다. 이 뜻이 무엇이냐 하면 진여법이 항상 훈습하면

정법훈습은 영원히 작용한다. 원문 한자에 無有라고 한 말은 있을 수 없다는 강조어라고 했다. 염법훈습은 끝남이 있지만 정법훈습은 끝남이 없다. 그 뜻을 강력하게 표현하기 위해 無有라는 글자를 넣었다.

정법훈습은 크게 보면 부처의 작용이고 작게 보면 중생의 요동이다. 부처들은 그 작용에 그침이 없다. 바다의 작용은 그침이 없다. 그 작용은 영원하다. 바다처럼 부처는 전 생명을 살리는 데 조금도

쉬지 않고 그침도 없다.

중생들도 마찬가지다. 환원의 도상에 올라섰거나 그렇지 못한 상태에 있거나 그들의 환원작용은 단절이 없고 그침이 없다. 그들의 요동은 제자리로만 돌아가려 하지 다른 곳으로 가려 하지 않는다. 단지 중생의 업이 그것을 막고 다른 곳으로 끌고 가고 있을 뿐이다.

정법훈습을 하게 되면 역으로 거스르는 삶을 살지 않는다. 그것은 있을 수 없다. 0시로 돌아가는 시계처럼 계속해서 앞으로만 나아간다. 그래서 단절이 없다고 한 것이다.

起信論 妄心則滅 法身顯現 起用熏習 故無有斷

망심은 없어지고 법신은 밝게 나타나는 작용의 훈습을 일으키기 때문이다. 그렇기 때문에 단절은 있을 수 없다.

진여법이 훈습하면 망심은 없어진다. 잠시 훈습하다가 말면 망심은 다시 고개를 내민다. 하지만 진여법이 계속해서 훈습하면 망심은 작용할 수가 없다. 그러므로 망심은 없어진다고 했다.

망심이 영원히 없어지는 조건은 진여법이 언제나 훈습되어야 한다는 것이다. 진여법은 밝음이다. 밝음이 계속되려면 끊임없이 자체상 훈습을 해야 한다. 그것이 정법훈습이다. 그것을 하는 부처는 영원함 속에서 끊임없이 중생을 제도하시는 것이다.

海東疏 此下第五明二種熏盡不盡義

이 문단은 다섯 번째로 두 종류의 훈습이 끝나고 끝나지 않음의 뜻을 밝힌 것이다.

훈습을 설명하는 데 다섯 문단이 있다고 했다. 이제 이 문단이 마지막 대목이다.

훈습은 크게 정법훈습과 염법훈습의 두 갈래가 있다고 했다. 염법훈습은 끝남이 있지만 정법훈습은 끝남이 없다는 뜻을 이 문단에서 밝히고 있다.

꿈은 끝남이 있지만 生時는 영원하다. 죽을 때 다 한마디씩 한다. 지나간 삶이 꿈같다고 한다. 하지만 그들은 그래도 꿈속에 있다. 꿈속에서 살고 꿈속에서 죽는다.

그리고 꿈속에서 다시 태어나 꿈속에서 인생을 살다가 또 죽는다. 그래서 중생 그 자체가 장몽이라고 한다.

그들은 단 한 번도 생시를 경험해 본 적이 없다. 생시는 깨어 있음이다. 그 속에 있는 분이 부처다.

그래서 부처는 꿈이 없다. 중생은 그 자체가 꿈인데 또 그 속에서 또 광대의 꿈을 꾸고 있다. 들리지 않는가. 꿈 좀 깨라는 부처의 천둥 같은 포효소리가. 사띠야나가 말했다.

화장을 지우자. 사람들아.
너무 오랫동안 화장을 덧칠해 왔다.
하는 사람도 지치고 보는 사람도 지겹다.
서로의 원래 모습이 그립지도 않는가.

海東疏 欲明染熏違理而起故有滅盡

염법훈습은 이치를 거슬러 일어나기 때문에 멸진이 있고

이치는 물이 위에서 아래로 흘러가는 도리다. 이것을 법이라고 한다고 했다. 그래서 **보살영락경**에서는 이치에 수순하는 것을 善이라고 하고 이치에 역행하는 것을 惡이라고 하셨다.

이치를 따르면 살고 이치를 거스르면 죽는다. 엎어놓은 유아는 죽는다. 바로 눕히면 산다. 눕히는 것은 같은데 어느 부분이 땅에 닿느냐에 따라 죽음과 삶이 갈라진다.

그처럼 사람이 죽는 것은 삶에 실패한 것이 아니다. 삶을 사는 방법 자체가 틀렸기 때문이다. 그러므로 이치에 맞서면 반드시 죽어야 한다.

그리고 다시 또 태어난다. 그리고 또 죽는다. 그러므로 아무도 이치를 거스를 수 없다. 그러므로 살려고 하는 자는 묻지도 말고 따지지도 말고 이 이치의 흐름을 타야 한다.

그러니까 염법훈습은 이치를 거슬러 억지로 사는 삶이다. 그것은 비정상적인 것이기에 자연법칙에 어긋난다. 살면 살수록 사태를 악화시켜 결국 지옥에 자신을 처박아 버린다. 그래서 그렇게 사는 중생을 불쌍하고 가엾다고 한다.

海東疏 淨法之熏順理而生 與理相應故無滅盡

정법훈습은 이치를 따라 일어나기 때문에 이치와 상응해서 멸진이 없다.

정법훈습은 밝은 길로 나아가는 삶이어서 이치를 따르는 삶이고 염법훈습은 어둠의 길로 나아가는 삶이어서 이치를 거스르는 삶이다고 했다.

어둠은 어렵게 더듬으며 나아가야 하고 밝음은 원래 트인 길이기에 어렵게 갈 필요가 없다. 그런데도 범부들은 탐험가처럼 꼭 어려움 속으로 파고든다.

밝음은 생명의 길이라서 꽃길이고 어둠은 죽음의 길이라서 가시밭 길인데도 범부는 경쟁하듯이 죽음의 길로 들어가고 있는 것이다.

지옥으로 들어가는 자들이 소수만 되어도 지장보살이 지옥문을 봉쇄해 버릴 수 있다. 하지만 떼로 몰려들기 때문에 설령 봉쇄한다 해도 그 문을 기어이 부수고 들어갈 것이다. 그런 꼴을 지켜봐야만 하는 지장보살의 눈물은 마를 날이 없다.

[海東疏] 文相可知
문맥의 양상을 보면 가히 알 것이다.

이제까지 살펴본 훈습에 대해 정리하자면 훈습에는 네 종류가 있었다. 정법훈습인 진여가 있었고 일체염인인 무명이 있었다. 그리고 망심훈습인 업식이 있었으며 마지막에 망경계훈습인 6진六塵이 있었다.

이 넷을 두 가지로 줄이면 염법훈습과 정법훈습이 된다. 염법훈습에 무명훈습과 망심훈습, 그리고 망경계훈습이다.

망경계훈습에는 증장념훈습과 증장취훈습이 있었고 망심훈습에

는 업식근본훈습과 증장분별사식훈습이 있었다. 그리고 무명훈습에
는 근본훈습과 소기견애훈습이 있었다.

정법훈습에는 망심훈습과 진여훈습이 있었다. 망심훈습에 분별사
식훈습과 의훈습이 있었으며, 진여훈습에는 자체상훈습과 용훈습이
있었다.

용훈습에는 차별연과 평등연이 있었는데, 그 인연에 또한 두 외연
이 있었다. 근연과 원연이다. 여기에 또 증장행연과 수도연이 있었
고, 체용훈습에는 미상응과 이상응이 있었다.

海東疏 顯示正義分內正釋之中 大有二分 第一釋法章門竟在於前
현시정의 분과 내에 정확히 해설해 준다는 부분이 있었다. 그중에
두 부분의 큰 대목이 있었는데 첫 번째가 법장문이다. 그 법장문은
앞의 설명으로 마친다.

현시정의는 부처님의 원초적인 말씀이다. 이 현시정의를 보지 않
고 불교를 논한다는 것은 바다를 보지 않고 바다를 말하는 것과 같다.

현시정의 속에 진여문과 생멸문이 있었다. 그 두 문이 부처의 세상
과 중생의 세상을 다 가지고 있다고 했다. 이 세계를 벗어난 구역은
세상 천지간에 없다.

진여문은 본각으로 부처를 말하고 생멸문은 부처를 안고 있으면서
불각으로 살아가는 중생을 말한다고 했다.

그러니까 우리 속에는 두 마음이 들어 있다. 하나는 순수한 부처의
마음이고 또 하나는 부처와 중생이 섞인 중생의 마음이다.

이 두 마음에 의해 우리는 때때로 야누스의 모습을 보이며 세상을 연극으로 살아간다. 이런 마음의 속성을 다 설명한 것이 바로 이제까지 설파한 법장문이다. 그것을 이제 마친다는 것이다.

海東疏 △此下第二釋義章門上立義中立二種義 所謂大義及與乘義

이 아래로는 두 번째로 의장문을 풀이한다. 위 입의분 중에 두 뜻이 있었다. 이른바 大의 뜻과 乘의 뜻이었다.

부처의 길은 본래 있는 것이다. 그러므로 새롭게 개척할 필요가 없다. 그 길만 찾으면 된다. 하지만 중생의 길은 끝없이 이어지는 밀림처럼 완전 깜깜절벽이고 오리무중이다. 그러므로 계속해서 자기 길을 개척하면서 나아가야 한다.

중생은 태생적으로 모험심을 갖고 있다고 어느 이상한 철학자가 말했다. 말도 안 되는 소리다. 모험심을 갖고 있는 것이 아니라 모험할 수밖에 없는 운명을 타고 났다고 해야 옳다.

그런 중생이지만 그 내면에는 아직도 대승이 살아 숨쉬고 있다. 대승은 근원으로 돌아가고자 하는 작용이라고 했다. 근원이 大인 부처고 작용이 乘인 것이다.

이제까지 법장문이라는 이름으로 大에 대해서 설명하였다. 이제부터는 의장문으로 들어가 작용인 乘에 대해서 말해 줄 것이다.

海東疏 今此文中 正釋大義 兼顯乘義

지금 여기 글 가운데서는 정확히 大를 풀이하고 겸하여 乘의 뜻을 나타내고 있다.

자동차는 타고 목적지로 가는 기능을 가지고 있다. 그렇다면 자동차가 어떤 것인지를 먼저 알아야 한다. 그것이 바로 우리 마음의 속성이 무엇인지를 大로 설명해 왔다.

이제 자동차가 어떻게 주인을 싣고 목적지로 가는지 그것을 알아야 할 차례다. 그것이 지금 의장문이다. 이 의장문은 大와 함께 乘의 뜻을 나타내고 있다.

海東疏 於中有二 一者總釋體相二大 二者別解用大之義
그 가운데 둘이 있다. 첫째는 體相의 두 大를 모아서 해석하고 둘째는 따로 작용하는 大의 뜻을 풀이한다.

기신론은 다섯 분과로 구성되어 있는데 둘째가 입의분이다. 입의분은 기신론에서 말하고자 하는 대의다. 이것을 해설한 것이 해석분이다.

거기서 우리 중생의 마음을 마하연이라고 했다. 그 마하연에 法과 義가 있는데 법에 대한 법장문은 이미 설하였고 이제부터 義인 의장문를 풀이한다.

이 義에도 法이 들어 있지만 현상인 중생을 기준으로 대승을 설명할 것이다. 그래서 義라고 했다. 그 義를 체상용으로 나누어서 설명하는 부분이 이 대목이다.

② 의장문

가. 진여자체상

起信論 復次眞如自體相者 一切凡夫聲聞緣覺菩薩諸佛無有增減
다시 돌아가서 진여자체상은 일체범부와 성문 연각 보살 제불에 증감
이 있을 수 없다.

　허공은 증감이 없다. 아무리 큰 건물이 들어서도 줄어들지 않고
그것들이 다 없어져도 늘어나지 않는다.
　진여는 그 허공까지를 껴안는다. 이 세상에서 가장 큰 것은 무엇인
가 라고 물으면 허공이다고 한다. 하지만 진여는 그 허공조차 다 담
아버린다. 그러면 이 세상에서 가장 큰 것이 무엇이겠는가. 그것은
진여가 된다.

　"진여가 무엇입니까?"
　"중생의 진짜마음입니다."

　진여의 몸체는 크다. 크기만 크고 아무것도 가지지 못하면 그것은
죽은 모습이다. 진여의 몸체는 그렇지 않다. 크기도 크지만 그것이
세상을 다 포용해 가지고 있다.
　그러니까 진여의 몸체를 體라고 하고 그 포용해 있는 내용물을 相
이라고 한다. **반야심경**에서 그 몸체를 空이라고 하고 그 내용물을

해석분 71

반야라고 하는 것과 같다.

그러므로 그 어떤 생명이나 물상이 진여자체상을 줄였다 늘였다 할 수가 없다. 그러므로 진여는 부증불감한 것이다. 그래서 진여자체상은 성문이나 연각 보살은 물론 모든 부처조차도 다 포용하고 있다는 말이다

起信論 非前際生 非後際滅 畢竟常恒
앞에서 생긴 것도 아니고 뒤에 가서 멸하는 것도 아니어서 끝까지 항상 그대로다.

여기에서 말한 진여자체상은 우리 마음 중에서 본각에 해당된다. 그것이 大인 진짜 우리 마음이다. 그것은 언제부터 생겼을까. 그리고 그것은 언제 없어지는 것일까에 대한 의문을 말끔히 없애주는 대목이다.

우리의 마음은 언제부터 생긴 것이 아니다. 생겼다고 하면 없어져야 한다. 생기지 않았기 때문에 없어지는 것이 아니다. 우리의 마음은 항상 그대로 있다. 그래서 영원히 불생불멸하는 것이다.

起信論 從本已來 性自滿足一切功德
그러면서 처음부터 본성 자체에 일체의 공덕이 본래부터 구족되어져 있다.

이 體大에 불생불멸의 부처가 잠재하고 相大에서 불구부정의 팔

만법문이 내존하며 用大에서 부증불감의 공덕이 들어 있다. 그것들은 무궁무진한 무한성을 갖고 있다. 그것이 우리 본성이 갖고 있는 體相用 三大의 내용물이다.

그런 본성을 갖고 있는 우리가 생사의 올가미에 걸려 있다. 신분은 우주의 떠돌이로 전락해 있고 행색은 육도의 중생껍데기를 덮어쓰고 있다. 상태는 불합리한 세상과 부딪히면서 정말 더럽고 치사하게 하루하루를 버텨내고 있다. 문제가 있다. 확실히.

起信論 所謂自體有大智慧光明義故 徧照法界義故 眞實識知義故
말하자면 그 자체에는 대지혜광명의 뜻이 있고 변조법계의 뜻이 있고 진실식지의 뜻이 들어 있다.

그런데도 우리의 본성은 대단하다. 본래 구족되어 있는 것을 대충 말해보면 중생의 마음에는 엄청나게 큰 것이 들어 있다. 그것이 바로 대승이라고 할 때 위대함의 大다.

그리고 큰 지혜가 들어 있다. 그것은 광명이다. 더 없이 밝고 더 없이 훤한 불씨가 구족되어 있다.

그리고 세상천지를 다 비추는 능력을 갖고 있다. 그래서 삼라만상 우주공간을 정확하게 다 직관해 볼 수가 있다.

또 진실을 제대로 알 수 있는 능력도 갖추고 있다. 그런데 우리는 진실을 볼 수가 없다. 범부의 진실은 불각에서 나오고 부처의 진실은 본각에서 나오기에 그렇다.

땅을 기는 2차원 벌레들에게 아무리 하늘이 있다고 설명해도 그들의 뇌는 구조적으로 높이를 가늠하지 못한다. 그처럼 불각으로 굳어진 중생들에게는 아무리 이런 진여가 진짜의 우리 마음이라고 설해도 가슴에 와 닿지 않는다.

그것은 범부의 마음속에는 진실을 볼 수 있는 진실식지의 능력대신 망념이 작동하고 있기에 그렇다. 그 망념이 자신의 주인이 되어 있으므로 진실된 말이 통하지 않는다.

그래서 범부는 사실인 진실을 등지고 있다. 그러면서도 주제넘게 언제나 진실을 말한다고 한다.

起信論 自性淸淨心義故
자성청정심의 뜻이 있고

우리의 원래 마음은 청정하다. 그 자체가 청정하기 때문이다. 청정은 생명을 낳고 오염은 생명을 죽인다.

인간은 누구라도 존귀하고 고귀하다. 그것은 청정한 자성이 본성으로 들어 있어서다. 하지만 죄업에 의해 움직이는 자라면 그 인간은 천박하고 형편없다.

원래의 존귀하고 고귀한 모습을 찾으려면 죄업의 굴레에서 벗어나야 한다. 죄업은 망념이 만든다고 했다. 망념이 정지될 때 자성청정심이 드러난다.

그렇지 않으면 폐족 된 집안의 덜 떨어진 양반의 삶을 사는 것과 같다. 그게 현재 우리의 모습이다.

起信論 常樂我淨義故

상락아정의 뜻이 있으며

  상락아정은 열반에 있는 네 개의 큰 공덕이다. 중생에게는 무상이 있지만 열반에는 영원함이 있다. 그래서 그곳에는 생멸변이가 없다. 그것이 常이다.

  중생에게는 고통이 있지만 열반에는 즐거움만 있다. 그곳에는 생사의 고통이 끊어진 자리이기에 그렇다. 그것이 樂이다.

  그리고 중생에게는 가짜 我인 妄我가 있지만 열반에는 진짜의 我인 眞我가 있다. 그것이 진실된 我다.

  마지막에 중생에게는 오염이 판을 치지만 열반에는 청정만이 있다. 중생에게는 번뇌와 습기가 있지마는 거기에는 그런 것이 없다. 그것이 淨이다. 그래서 부처님은 상락아정을 갖고 계신다. **열반경** 말씀이다.

  捨無常色
  獲得常色
  受想行識
  亦復如是

  무상의 육신을 버리고
  영원한 형상을 얻으셨다.
  수상행식도

또한 다시 그와 같으시다.

고 하셨다. 그러니까 부처는 상락아정을 갖고 중생은 無常과 苦 妄我 不淨을 갖고 있다. 부처는 진짜의 돈을 가졌고 중생은 가짜의 돈을 가지고 서로를 속이고 있다.

몸은 깨끗함을 원하고 마음은 고요한 것을 원한다. 그것은 몸은 깨끗해야 잠이 오고 마음은 고요해야 안락하기 때문이다.

발을 깨끗이 씻고 잠자리에 드는 사람이라면 이 중생세계에서 묻은 번뇌와 죄업을 씻으면 최고로 안락한 열반이 된다는 사실도 마땅히 알아야 한다.

起信論 清凉不變自在義故
청량과 불변 자재의 뜻이 있다.

또 진여자체상에는 맑고 시원한 청량이 있다. 그러나 우리 마음은 늘 후덥지근하고 갑갑하다. 또 거기에는 불변이 있다. 그러나 우리는 조석지변으로 변화무상하게 변질되는 마음을 갖고 있다.

또 거기에는 자재가 들어 있다. 자재는 자유자재의 준말이다. 그러나 우리 마음은 장애물로 가득 차서 모든 것이 부자연스럽다. 그래서 매끄럽고 쉬운 거라고는 하나도 없다.

不自在는 부자연스러움에서 나온다. 부자연스러움은 뭔가 제대로 맞지 않을 때다. 가장 가벼운 속옷조차 뒤집어 입으면 상당히 불편하다. 신발도 제짝으로 신지 않으면 거북해진다. 엉덩이 살이 보이지 않도록 아무리 끄집어내려도 초미니스커트는 부자연스럽기만 하다. 처음부터 잘못 입은 것이다.

중생의 삶이 그렇다. 모두 다 부자연스러움을 자연스러움으로 바꾸려고 노력하고 있다. 하지만 그 부자연스러움은 죽을 때까지 해결되지 않는다.

허리가 꽉 끼는 작은 바지는 나에게 한없는 갑갑함과 불편함을 준다. 거기엔 다른 생각이 파고들 틈이 없다. 어떻게든 그것을 빨리 벗으려 하지만 그것밖에 없는 처지엔 어디서든 시원하게 벗을 수도 없다. 그 고통은 집에 와서야 해결된다.

이렇듯 중생의 모든 부자유스러움은 열반의 세계에 들어가야 해결된다. 그때 맛보는 그 해방감과 자유로움은 천하의 일품이고 천상의 극미가 된다.

起信論 具足如是過於恒沙不離不斷不異不思議佛法

이와 같은 공덕이 항사보다 더 많은 부피로 우리 마음을 떠나지도 않고 단절되지도 않으며 달라지지도 않은 상태로 불가사의한 깨달음의 법을 구족하고 있다.

진여는 모든 공덕과 지혜를 원천적으로 다 갖고 있다. 크기는 태산보다 더 크고 많기는 항사보다도 더 많으며 작용은 거울처럼 완벽하다. 항사는 갠지스 강 모래를 말한다.

그와 같이 많고도 많고 크기도 크며 완벽하기도 완벽한 진여가 우리 속에 들어 있다. 거기다가 불가사의한 깨달음의 법도 가지고 있다. 진여 그것은 우리 중생에게 주어진 우주 최고의 선물이다.

그런데도 우리는 비루하고 품격 없는 삶을 살아간다. 그런 진여를 안고 사바의 세계를 떠돌고 있다. 이것은 정신이 약간 이상해진 황제가 거적을 덮어쓰고 빈민촌을 헤매고 있는 꼴이다. 하지만 언제든 제 정신이 들 수가 있다. 그러면 천하를 호령하는 지위에 오른다.

위에는 非前非後라고 했고 여기서는 恒沙를 언급하고 있다. 비전비후는 시간이고 항사는 공간이다. 그래서 진여자체상은 시방과 삼세 전체에 관통하고 있다는 것이다.

起信論 乃至滿足無有所少義故 名爲如來藏 亦名如來法身

거기다가 꽉 차서 조금도 부족함이 없다보니 이름하여 여래장이라고 하고 또 여래법신이라고도 한다.

여래장은 빈틈이 없다. 빈틈은 완전하지 않음을 의미한다. 그러면 불순물이 들어갈 수 있다. 거울은 빈틈이 없다. 허공도 빈틈이 없다. 그처럼 여래장은 모자라거나 흠이 없이 완전하다. 여래장은 부처의 因이고 여래법신은 그 결과다.

본체가 작용을 하려면 모습이 있어야 한다. 그 본체의 모습을 형상화한 것이 여래법신이다. 원래는 법신이라는 것이 없지만 진여가 있다는 전제하에서라면 법신이라는 모습이 나와야 한다. 그래서 법신이라는 형상적인 모습을 내세웠다.

그래서 법신은

無生而無不生
無形而無不形

생함이 없지만 생하지 아니함이 없고
형체가 없지만 형체 아닌 것이 없다

고 한다. 이것이 진여의 본체와 모습인 體相이다. 이것은 범부의
생각과 문자를 떠난 그 너머에 원래부터 온전히 항상 여여하게 그대
로 있다.

起信論 問曰 上說眞如其體平等 離一切相 云何復說體有如是種種
功德
묻겠다. 위에서 진여는 그 본체가 평등해서 일체의 모습을 벗어나
있다고 했다. 그런데 어찌해서 다시 그 본체에 이와 같은 갖가지 공덕이
있다고 말하는가?

어머니는 어린 자식들에게 그 본체가 평등하다. 똑똑하거나 어리
석거나 엄마는 엄마다. 그냥 엄마로서 최고로 편안처가 되고 최고의
안락처가 된다. 그냥 좋다. 그래서 분별을 벗어나 있다.
자식들이 다 크면 이제 엄마를 분별하고 따져보기 시작한다. 우리
엄마는 어디가 좋고 무엇이 좋은지를 가리고자 한다. 엄마의 가르마
머리가 예쁘다든지 비녀 꽂은 모습이 좋다든지 목선이 좋아서 한복
이 잘 어울린다든지 하는 세부적인 아름다움을 찾기 시작한다.

그것이 엄마에게 들어 있는 공덕이다. 어릴 때에는 전혀 알지 못했던 공덕이 커서 보면 너무 너무 많이 들어 있다. 육신을 낳아준 부모의 공덕도 이러할진대 우리의 생명 그 진여 자체에는 한량없는 공덕이 들어 있는 것은 자명한 일이다.

起信論 答曰 雖實有此諸功德義 而無差別之相 等同一味 唯一眞如
답해 주겠다. 비록 사실은 이와 같은 모든 공덕의 뜻들이 들어 있지마는 차별된 모습은 없다. 균등하고 동일한 일미다. 그것은 오직 하나 진여다.

차별은 거슬리고 부딪힌다. 그러나 진여의 작용은 거울과 같아 차별된 모습을 갖고 있지마는 차별이 없다. 온갖 만상을 다 가져도 서로 어기거나 비틀리지 않는다.

거울에 비춰진 물상은 균등하고 동일하다. 뭐 하나 잘난 것도 없고 못난 것도 없다. 차별된 모습이지만 방해하지 않는다.

진여도 인연따라 무수한 형상을 가지고 없애지만 그 본체는 언제나 항상 그대로 있다. 그 본체는 허공과 같다. 허공이 하나이듯이 진여 그 자체는 하나다. 거기서 모든 것이 차별로 일어났다가 인연따라 사라진다.

一味는 진여의 다른 이름이다. 그것은 분별하기 전의 엄마와도 같다.

起信論 此義云何 以無分別離分別相 是故無二
이 뜻이 뭐냐 하면 무분별로 분별상을 떠나기에 그렇다. 그러므로 둘이 없다.

80

물과 얼음은 본질상으로 같다. 그런데 형상도 다르고 온도도 다르다. 무분별로 보면 하나고 분별하면 둘이다. 둘이라고 해도 결국 하나다.

不一而不二
不二而不一

하나가 아니지만 둘도 아니다.
둘도 아니지만 하나도 아니다.

부부도 마찬가지다. 둘이면서도 하나다. 그렇다고 해서 하나냐 하면 그것도 아니다. 그럼 둘이냐 하면 그것도 아니다.

起信論 復以何義得說差別 以依業識生滅相示
그렇다면 무슨 뜻으로 차별을 말하는가. 그것은 업식으로 생멸상을 보이기 위해서다.

건강하던 사람이 병원에 누워 있다. 병들기 전에 멀쩡하던 사람과 이 환자는 동일인이다. 그런데 환자는 지금 아무것도 하지 못한다. 건강할 때 갖고 있던 능력과 활동을 완전히 잃고 있다.
그렇다고 해서 다 잃어버린 것도 아니다. 회복하면 다시 옛날 건강할 때의 상태로 돌아간다. 진여는 건강할 때를 말하고 환자로 있는 지금 상태를 업식으로 생멸상을 보인다는 뜻으로 이해하면 된다. 이것을 무분별을 떠난 분별상이라고 한다.

샘물은 신선하고 청량하다. 거기는 탄소도 있고 산소도 있으며 미네랄도 있고 마그네슘 같은 온갖 좋은 것이 다 들어 있다. 그러나 물이 오염되면 맛도 없고 영양가도 없다. 하지만 그 오염된 물이라 하더라도 큰물에 들어가면 다 정화된다.

큰물로 보면 차별이 없지만 오염된 물로 보면 차별이 있다. 이것이 바로 업식으로 생멸상을 보인다는 또 다른 뜻이다.

起信論 此云何示 以一切法本來唯心 實無於念
거기서 무엇을 보인다는 말인가. 일체법은 본래 오직 마음이라서 진실로 망념이라는 것은 없다.

범부는 망념 속에서 태어나고 망념으로 살다가 망념으로 죽는다. 그리고는 이 땅에 한 개의 위패나 묘지를 남긴다. 그렇게 만드는 망념은 어떻게 시작되는지 알 수가 없다.

태풍은 열대바다의 저기압에서 시작된다. 그것이 세력을 얻어 바람을 일으킨다. 그리고 엄청난 위력의 바람이 되어 천지를 뒤흔든다. 그 태풍이 왜 시작되는지는 아무도 모른다.

그래서 망념의 기동은 홀연히 시작되었다고 한다. 그것이 세력을 얻으면 세상을 전쟁공포 속으로 몰아넣는다. 태풍은 나비효과로 시작된다고 한다. 한 마리 나비 날개 짓이 초기변화를 일으켜 결국 태풍과도 같은 큰 결과 값을 만들어낸다는 것이다.

그것들은 둘 다 원래는 없던 것들이다. 그래서 일체법을 떠나면

한 것이다. 일체법은 바로 망념이 만들어 낸 내적 세상과 나비효과로
만들어 낸 외적 세상 전체를 말한다.

　망념이 사라지면 오직 진실된 마음만 남고 태풍이 사라지면 오직
평평한 바다만 남는다. 그러므로 그 둘이 일어나면 세상이 혼란스럽
고 둘이 죽으면 세상에 평화가 온다.

起信論 而有妄心 不覺起念 見諸境界 故說無明
망심이 있다 보니 불각이 망념을 일으켜 모든 경계를 본다. 그것을
무명이라고 한다.

　치매환자를 보고 꾸짖으면 증세가 더 악화된다. 마찬가지로 우리
를 보고 성자가 뭐라 하면 더 반감을 가진다. 그래서 성자는 절대로
우리들에게 화를 내지 않으신다. 화를 받아들일 정도로 제정신이 아
니기에 그렇다.

　치매를 고치면 환시의 세계는 없어진다. 그처럼 중생이 망념을 그
치면 중생세계는 없어진다.

　우리는 치매에 걸린 자들을 보고 정상이 아니라고 하고 우리보다
한 수 위의 성현들은 우리를 치매환자로 본다. 그것은 망념을 갖고
있기 때문이다. 망념은 본각이 무력해질 때 가짜의 세계를 만들어
낸다. 그래서 **화엄경**에서는

　一切法皆從心起妄念而生

일체의 모든 세계는 마음으로부터 일어나 있다.

그 마음은 망념에서 일어나 생한 것이다.

고 하셨다.

망념을 갖고 살면 苦가 생긴다. 하지만 그 망념이 사라지면 본각이 나타나므로 苦는 없다. 그런 까닭으로 苦와 액난은 독자적 존재가 아니다. 무명이 만들어 낸 가짜 현상들이다. 그것은 몸이 허약하면 없던 병이 생기는 것과 같다.

起信論 心性不起 卽是大智慧光明義故 若心起見 則有不見之相
심성은 움직이지 않는다. 그것이 대지혜광명의 뜻이다. 만약에 마음이 기동해서 보게 된다면 보지 못하는 모습이 있다.

우리의 원래 마음은 진여다. 진여는 대총상법문체다. 엄청나게 커 모든 것을 다 가지고 있다.

그러면서 열반과 생사의 세계를 장애없이 넘나든다. 그것은 세속 법이거나 출세간법의 바탕이기에 그렇다. 그것을 여기서 진여자체 상이라고 했다.

그 속에는 지혜가 있고 광명이 있다. 지혜와 광명은 마음이 정지될 때 그 기능이 극대화된다.

세속의 시험을 보는데도 마음을 가라앉힌다. 눈을 감고 심호흡 을 해 요동하는 마음을 정지시킨다. 그래야 눈앞의 문제가 잘 보 인다.

똑같은 빛이지만 시각을 자극하는 사이키조명은 물체를 똑바로 비추지 못한다. 그것들이 정지가 되어야 현란하게 움직이던 물체의 모습이 정확히 드러난다.

마찬가지로 요동하는 우리의 마음이 정지되면 대지혜광명이 작용한다. 문제는 요동하는 그 마음을 어떻게 정지시키느냐 하는 것이다. 정지만 된다면 그는 범부가 아니다. 그는 이미 삼현의 지위에 올라간 현자가 되어 버린다.

起信論 心性離見 卽是徧照法界義故
그래서 심성은 보는 것을 벗어나 있다. 그것이 변조법계의 뜻이다.

心性은 주체와 객체가 없다. 나我라는 주체가 없으면 경계라는 객체가 없다. 그러면 보는 자와 보이는 대상이 없다. 그러므로 상대와 가변을 떠난다.

변조법계는 두루 법계를 조명한다는 말이다. 조명은 밝게 비춘다는 뜻이다. 우리의 근본 마음은 태양과도 같이 세상천지를 비추는 능력을 갖고 있다는 것이다. 그것을 성정본각에서 여실공경이라고 했다.

변조하는 광명이 작용할 때 암흑의 세계는 사라진다. 그러면 어둠 속을 더듬는 중생의 삶은 끝난다. 고통과 번뇌 대신 성취와 자재만 가득하게 된다.

起信論 若心有動 非眞識知 無有自性

만약에 마음이 움직이게 되면 진식으로 아는 것이 아니라서 자성은 있을 수 없다.

범부는 범부가 쓰는 의식이 있다. 이 의식을 쓰기 때문에 범부라고 한다. 의식에서는 지혜가 나오지 않는다. 그것은 피마자에서 참기름을 짜내는 것처럼 이치에 맞지 않다. 움직이는 마음을 가지고 지혜를 논한다는 것은 있을 수 없기에 그렇다.

금도 번쩍이고 10원짜리 동전도 번쩍인다. 하지만 그 성질이 다르듯이 번뜩이는 생각은 지혜가 아니고 감각에서 나온다. 왜 10원짜리는 금빛이고 100원짜리가 은색인지 알면 재미가 있다. 그 반짝임은 아무리 빛깔 좋게 반짝여도 은색보다 못하다는 것이다.

자성은 자성청정심이다. 신들린 자들도 마음을 가지고 있다. 하지만 정상적인 사람들의 마음과는 다르다. 같은 마음이지만 그 기능과 작용면에서 완전히 다르다.

그와 같이 똑같은 자성이지만 마음이 요동하면 그 진식의 자성은 이상하게 굴곡된다. 그래서 대지혜광명의 자성이 없어진다고 한 것이다.

起信論 非常非樂

그러면 상도 아니고 락도 아니고

열반은 우리의 영원한 이상향이다. **대반니원경**에서는 열반 八味를 말씀하시고 있다. 열반에는 억만 가지 공덕상이 있지마는 크게 상주 적멸 불노 불사 청정 허통 부동 쾌락이 있다고 했다.

상주는 영원함이다. 적멸은 고요와 평화다. 불노는 늙지 않음이고 불사는 죽지 않음이다. 청정은 맑고 깨끗함을 말하고 허통은 자유자재다. 부동은 능동성을 말하고 쾌락은 언제나 즐거움이 가득 차 있다는 뜻이다. 이것들을 줄이면 상락아정이 된다.

常은 중생세계의 無常과 상반된다. 부처는 항상 속에 살고 범부는 무상 속에 있다. 이 항상은 단견과 상견의 편견을 벗어나 있다. 영원히 살려고 한다면 열반의 세계에 들어가야 하고 언제나 죽으려고 하면 중생세계에 머물면 된다.

樂은 중생세계의 苦와 상반된다. 부처는 언제나 즐거움 속에 있고 범부는 늘 고통 속에 있다. 이 고통은 팔만사천 번뇌의 고통과 끊임없는 육신의 생멸이다. 그러므로 고통을 벗어나고자 한다면 열반에 들어가야 한다.

起信論 非我

아도 아니고

我는 집착을 상대로 말한 무아와 상반된다. 부처는 진정한 我를 가지고 있고 범부는 환경과 조건으로 만들어진 가짜 我를 가지고 있다. 가짜 我는 진짜 我를 내쫓고 자기가 진짜처럼 행세한다. 몸이 집을 나가면 고생하듯이 진짜 我가 나가면 중생은 고생하게 되어 있다.

범부의 가짜 我는 늘 천변한다. 천변은 바뀌고 틀어진다는 말이다. 권력자에게 빌붙는 간신배처럼 지조도 없고 절개도 없다.

그러므로 항상하는 진아와 달리 이것은 일정한 我가 없다. 오늘 내가 다르고 내일 내가 다르다. 그 마음 변하는 것이 호떡 뒤집히는 것과 같아 나도 나를 믿을 수 없다.

이 我에 대해 **열반경**에는 八種自在我를 설하셨다. 그리고 **원각경 약소주**에는 네 가지 종류의 我가 있다고 했다.

첫째는 범부의 我다. 이것을 凡夫妄計我라고 한다. 범부가 망녕되게 자신의 마음을 我라고 집착하고 있는 것이다.

둘째는 외도들의 我다. 그것을 外道神我라고 한다. 절대의 신이 인간에게 준 我라고 한다. 아담에게 영혼을 불어 넣었다는 이야기가 여기에 속한다.

셋째는 삼승들의 我다. 그것을 三乘假我삼승가아라고 한다. 그들은 我에는 진실이 없어서 허망하다고 한다. 그러다 보니 진아까지도 없다고 한다.

넷째는 부처님의 我다. 이것을 法身眞我라고 한다. 이 我는 그 크기가 허공과 같다. 그러므로 천지에 두루하지 않음이 없고 천하만물에 적용되지 않는 바가 없다.

사람들은 **無我**를 원하는데 무아가 되면 큰일이 난다. 흙덩이가 싫다고 그 속에 들어 있는 보석까지 버리는 어리석음을 범할 수 있기에 그렇다.

부처는 무아를 원하지 않는다. 거짓 나를 없애라고 하셨지 진아까지 없애라는 말씀은 하시지 않으셨기 때문이다.

眞我에서 지혜가 나온다. 我는 있되 지혜가 없으면 바보다. 부처의 我에서는 언제나 지혜가 나온다. 범부의 我에서는 언제나 망념이 쏟아진다. 사람들은 바보다. 그 이유는 망집의 我를 자신의 我로 잘못 생각하고 있기 때문이다.

연예인의 예명은 가짜다. 필요에 의해 자기들이 만들었다. 그래서 팬들은 그들의 진짜 이름을 알려고 한다. 부처는 인간들에게 너희들의 진짜 이름부터 알아라고 한다. 그 진짜 이름이 眞我다.

起信論 非淨

정도 아니다.

淨은 중생세계의 不淨과 상반된다. 不淨은 청정하지 못한 세계와 나의 혼탁함이다. 그런 세상과 나에 집착하면서 중생세계를 떠돌아 다닌다. 하지만 그런 세계도 없고 그런 自身도 없다. 그것들은 아집과 법집의 허상물이다.

중생세계의 오염으로부터 완전히 벗어난 분이 부처다. 그분의 모습은 32공덕상과 80가지의 묘상으로 이루어져 있다. 그러므로 누구든 부처를 진심으로 보면 끝없는 환희를 일으킬 수밖에 없다.

사람들은 고작 세속에서 잠깐 떴다가 사라지는 잘생긴 연예인을 보고도 정신을 못 차리는데 억겁을 닦아 이뤄진 청정상의 부처를 본다면 환희를 안 일으킬 수가 없다. 왜냐하면 그분은 공덕과 청정 그 자체이기 때문이다.

이 淨에 대해서 더 알고 싶으면 **십지경론**과 **대승의장**을 보면 된다.

거기에 7種淨이 나온다.

熱惱衰變則不自在

열불이 터지고 번뇌가 끓으며 육신이 쇠약하고 마음이 천변한다. 그러면 자재하지 못하게 된다.

세상은 넓고 할 일은 많다고 했다. 젊은이들의 가슴은 부귀와 명성을 향한 야망으로 이글거린다. 그들의 장래는 미래를 향한 꿈으로 빛나고 마음은 이루고자 하는 욕망으로 가득 차 있다. 들어봤을 것이다.

Boys, be ambitious.

1994년도에 방영된 서울의 달에서 한석규가 소리치던 유행어이다. 아이들이 이런 야심으로 어른이 되면 끊임없는 시련과 좌절을 겪는다. 얻었다 싶으면 잃고 잃었다 싶으면 또 얻어진다. 잃을 수 있기 때문에 얻는다. 잃을 수 없다면 얻을 가능성은 없다. 잃음과 얻음은 동전의 양면과 같다.

아이들에게 TV를 켜준다. 화면에 어린이영상이 나타나면 웃는다. TV를 끈다. 영상이 사라진다. 그러면 운다. 어른들이 세상을 가지고 웃는다. 그러다 세상이 사라지면 운다. 무엇이 다른가. 아이들도 미성숙자고 어른들도 미성숙자는 마찬가지다.

쇠변은 변역하고 쇠약하다는 말이다. 쇠약의 결과는 죽음이다. 죽음은 무섭다. 살아생전에 그렇게 맞추고 싶어하던 눈동자도 죽고 나면 섬뜩하게 보인다. 그래서 동서 어디든 사람이 죽으면 눈부터 감겨 버린다. 그 눈동자가 두렵고 무섭기 때문이다.

주검에 대한 변이를 알고 싶은가. 그렇다면 **현양성교론**을 봐야 한다. **아함경**에서는 이것을 九想으로 표현하시고 있다.

진짜의 마음은 열불 터지는 일이 없다. 쇠약함과 변함도 없다. 무상한 것도 없다. 그러므로 마음이 천변해 자유자재하지 못하는 일도 없다.

그렇지만 현재는 그렇지 않다. 그렇다면 현재의 나를 버리고 진짜의 나를 찾아야 한다. 거기에 불교가 있다.

起信論 乃至具有過恒沙等妄染之義
더 나아가 항사를 넘는 등의 망념의 법을 있게 만든다.

중생세계 무엇 하나 어디 내 맘대로 되는 것이 있던가. 허파는 뒤집어지고 머리는 골이 깨지는 삶을 산다. 누구나 다 분노와 슬픔을 안고 팔풍 속에서 살아간다. 그런 삶을 하루하루 축적해 가는데 어떻게 죽지 않고 견뎌낼 수 있겠는가.

팔풍은 **불지경론**에 잘 나와 있다. 이익을 추구하고 손해를 두려워한다. 남들의 비웃음을 당하면서 명예를 추구한다. 사람들의 칭찬을 받고 꾸짖음을 당한다. 그리고 속임을 당해 고통을 받는다. 그 과정에서 苦와 樂이 동반된다고 하였다.

그렇게 늙고 병들면 쇠심줄같이 질기고 강하던 의지는 맥없이 꺾어지고 평생을 다듬고 가꿔 온 육신은 나무막대처럼 뻣뻣해져 화장실조차도 자유롭게 드나들지 못한다.

그런 초라한 몰골을 지니고 있으면서도 마음은 온갖 가지 망념을 일으킨다. 세상에 대한 시비는 다 걸려고 하고 남아 있는 자존심은 마지막까지 옆에 있는 사람들을 괴롭힌다.

마지막 義 자는 뜻이라는 의가 아니라 법이라는 義 자로 풀이해야 한다.

起信論 對此義故 心性無動 則有過恒沙等諸淨功德相義示現
이런 뜻을 상대로 心性이 움직이지 않으면 곧 항하사를 넘는 청정한 공덕상이 있게 된다는 뜻을 나타내 보인 것이다.

불교가 싫다면 이 중생세계에서 살아야 한다. 잠결에 일어나 세수하고 정신없이 뛰어나가 하루 종일 입에서 단내가 나도록 고생해도한 식구 겨우 먹여 살리는 이 척박한 삶의 무대가 그래도 좋다면 여기 눌러 앉아야 한다.

온갖 멸시와 구박, 그리고 자존감 구기는 살벌한 전쟁터 같은 나날속에서 뼈가 빠지게 일해도 그저 입에 풀칠하기 바쁜 이 중생세계가그래도 정말 살 만한 세상이라면 여기에 남아야 한다.

하지만 다음 세상에는 이보다 더 빡세고 힘든 나날이 기다릴 것이다. 그러다가 마지막에 이르러서는 지옥의 쓰라린 맛을 보게 될 것이다. 섬뜩한 **자경문** 말씀이다.

今生未明心금생미명심

滴水也難消적수야난소

금생에 자신의 마음을 밝히지 못하면
내생에는 한 방울의 물도 소화시키지 못할 것이다.

이 세상이 정말 싫다면, 진짜 이런 세상이 소름끼치도록 싫다면 움직이는 자신의 심성을 어떻게든 멈춰야 한다. 심성이 움직이면 망념이 생기고 망념이 바로 이런 고통세계를 만들어 내기 때문이다.

망념이 일어나면 해운대 바닷가 모래알보다도 더 많은 고통과 괴로움, 슬픔과 분노가 생기지마는 망념이 정지되면 갠지스 강 모래보다도 더 많은 평화와 안락과 행복과 기쁨이 생기게 된다.

범부는 이런 소리를 듣고도 마음이 정지되는 방법을 찾지 않는다. 그것은 거기에 투자할 여유마음이 없어서이다. 신차가 줄을 이어 쏟아지지만 거지들에게는 그림의 떡이 되는 것처럼 복 없는 범부의 귀에는 이런 법문이 제대로 들리지 않는다. 그저 지나가는 잔소리에 그치고 말 뿐이다.

起信論 若心有起更見前法可念者 則有所少
만약에 마음이 일어나면 눈앞의 법을 보고 망념을 일으킨다. 그러면 반드시 부족한 바가 있게 된다.

눈앞의 법은 천지만물이다. 범부는 모든 물상에 대해 잡다한 마음을 일으킨다. 그 결과로 천만 가지 망념이 일어난다. 그러한 망념으로 세상을 산다. 그것은 하얀 화선지에 검은 먹으로 그림을 그리는 것과 같다.

붓의 움직임이 많아질수록 화선지는 더 검어진다. 마찬가지로 범부가 바쁘게 살면 살수록 그 삶이 점점 혼탁해지고 더 망녕스럽게 된다. 그러면 또 다른 것으로 그것을 만회하고자 한다. 그래서 늘 바쁘고 분주하다.

망념은 부분을 본다. 부분 속에서는 언제나 부족하다. 그래서 범부는 계속적으로 탐욕을 일으킨다. 그 탐욕이 또 다른 욕망을 불러들인다. 그 결과가 현재 우리가 살고 있는 모든 문화며 생활시설이다.

이 망념으로 만들어진 문화 때문에 나도 바쁘고 세상도 덩달아 바빠진다. 그 속도가 얼마나 빠른지 나이가 따라붙는 데 벅차기만 하다. 집도 그렇고 자동차도 그러하며 가전제품도 그러하다. 마음먹고 샀다 하면 이미 중고품이다.

나 역시 마찬가지다. 내가 태어나는 날이 죽기 시작하는 날이다. 그렇게 세상 모든 것과 더불어 중고품이 되다가 맥없이 쓰러진다. **열반경** 말씀이다.

人命不停
過於山水

사람 목숨이란 정지하지 않는다.
산속의 물보다 더 빨리 흘러간다.

망념은 만족을 모른다. 계속해서 요구하고 집착한다. 주인이 누군 지 모른다. 줄기차게 요구하고 닦달한다. 뛰면 서고 싶고 서면 앉고 싶으며 앉으면 눕고 싶다. 누우면 푹신한 잠을 자고 싶고 그 속에서 단꿈을 원한다.

현실은 그것이 불가능한데 망념의 요구는 끝없이 이어진다. 그때 고통과 번민이 생긴다. 이것이 바로 망념이 일어나면 부족한 바가 있게 된다는 말이다.

起信論 如是淨法無量功德 卽是一心 更無所念 是故滿足
그렇지마는 정법에는 무량한 공덕이 들어 있다. 그것이 일심이다. 거기에는 망념이 없다. 그러므로 만족되어져 있다.

부처에게는 복덕이 무량하고 범부에게는 복덕이 완전 빈 털털이 다. 그러면 어디에 붙어야 그 삶이 평안하고 안전할 것인가. 부처에 게 붙으면 뺏길 일이 없지마는 범부에게 붙으면 서로 뺏어먹어야 한 다. 서로가 탐욕의 망념으로 살아가기 때문이다.

정법은 부처의 삶을 말한다. 여기에서의 일심은 순수무잡한 자성 청정심이다. 거기에는 망념이 없다. 자성청정심은 완벽하게 모든 것 을 구족해 있으므로 망념을 일으킬 이유가 없다.

가진 것 없는 범부는 망념덩어리로 살아가고 있다. 그래서 범부는 꼭 쉬운 길을 놔두고 어려운 길을 간다. 행복하게 살려고 하면서도 불행을 자초하고 불행을 자초했으면서도 행복을 바란다. 그게 가능 한 일이겠는가.

起信論 名爲法身如來之藏

그래서 법신 여래장이라고 한다.

　여래장은 여래를 감춰두고 있는 중생이다. 여래는 부처다. 그 여래를 완전 드러내면 부처가 되고 덜 드러내면 보살이 된다. 그리고 그 것을 전혀 드러내지 않고 자기 가슴에만 꽁꽁 묶어두고 있으면 범부가 된다.

　설령 범부라고 해도 그 여래의 자체상이 없는 것은 아니다. 그 자체상을 갖고 온갖 고통을 받고 있을 뿐이다. 이것은 꼭 강남에 큰 빌딩을 갖고 있으면서도 다리 밑 구걸거지로 살아가는 것과 같다. 그런데도 자기가 똑똑하다고 한다.

海東疏 初中言自體相者 總牒體大相大之義也

처음 가운데서 말한 자체상이라는 것은 전체적으로 체대와 상대의 뜻을 조회한 말이다.

　조회했다는 말은 입의분 가운데서 말한 내용을 끌어와 이 문장을 설명하고 있다는 것이다.

　우리는 우리 자체상을 한 번도 느끼지도 못하고 또 생각지도 못한다. 육신 몸 하나 거두는 것도 정신을 못 차릴 정도로 헉헉거리는데 마음까지 헤쳐 볼 겨를이 없기에 그렇다.

　그러는 이유는 먹고 살기에 모든 것이 턱없이 부족하고 궁핍해서다. 하지만 세상에 그 무엇도 내 욕구를 완전히 채워주고 만족시켜

줄 수 없다. 조금만 지나면 바로 싫증이 나서 또 다른 것을 찾아나서 야 하기 때문이다.

그것을 해결해 줄 수 있는 열쇠는 내가 갖고 있다. 내 속에 무량겁 동안 빈곤을 해결하고도 남을 만큼의 보물창고가 들어 있다. 그 보물 창고가 바로 자체상이다. 광막하고 거친 중생세계에 살아가는 고달 픈 범부 일생에 이런 말씀을 듣는다는 것은 기적 같은 복음이다.

여자 하나 잘 만나도 전생에 나라를 구했나 하는데 전생에 무슨 인연이 있었기에 이런 말씀을 들어 내 자신을 영원토록 살릴 수 있게 되었는지 그저 감격할 따름이다. 그러므로 결코 흘려들어서는 아니 된다. **범망경** 말씀이다.

一失人身
萬劫不復

금생에 이 한 몸을 잃으면
만겁에 다시 이런 몸 받지 못한다.

기억해 두시기 바란다. 그리고 한번 써 보시기 바란다. 자신을 다 잡기 위해서라도.

海東疏 次言一切凡夫乃至諸佛無有增減畢竟常住者　是釋體大

다음에 말한 일체범부에서 제불에 이르기까지 증감이 없으며 필경에 상주한다고 한 것은 체대를 해석한 것이다.

텔레비전 속에는 무수한 영상들이 나타나고 사라진다. 그렇지마는 그 바탕화면은 늘 그대로다. 불이 나서 산야를 다 태우고 홍수가 나서 마을을 다 휩쓸어도 브라운관은 언제나 변함이 없다.

논밭에서는 무수한 곡물이 자라나고 없어져도 논밭은 그대로다. 어디로 간 것도 아니고 바뀌지는 것도 아니다. 언제나 그 자리에 있다.

지구상에서 무수한 사건들이 일어나고 사라진다. 수많은 생명들이 태어나고 죽어간다. 그 속에서 크고 작은 시비와 다툼이 끊임없이 일어난다. 살육의 전쟁들이 시처를 가리지 않고 일어나 많고 많은 사람들의 피가 산천에 뿌려졌다. 그래도 예나 지금이나 산은 푸르고 물은 흘러가고 있다.

그처럼 우리 마음은 증감도 없고 생멸도 없이 그대로다. 그것이 바로 필경에 상주한다는 말이다. 상주는 그냥 그렇게 언제나 그대로 있다는 말이다.

海東疏 上立義中言一者體大謂一切法眞如平等不增減故

위 입의분 중에서 말한 첫 번째는 체대다. 일체의 법은 진여법이어서 평등하고 증감이 없다고 한 것이다.

평등은 전체고 영원이며 상주다. 거기에는 증감이 없다. 늘어나고 줄어듦이 없다.

거울은 일체만물이 드나들어도 그 거울은 그대로다. 그것이 진여법이다. 허공에는 무수한 세계들이 생겨나고 사라져도 허공은 그대로다. 그것이 진여법이다. 그 진여법은 증감이 없다.

어릴 때부터 죽을 때까지 그렇게 많은 꿈을 꾸고 살았어도 마음은 꿈에 물들지 않은 상태로 그대로다. 그래서 **열반경**에

本有今無
本無今有
三世有法
無有是處

본래는 있었는데 지금은 없다.
본래는 없었는데 지금은 있다.
삼세에 나타난 것들은
모두 다 가짜다

고 하신 것이다.

바다는 아무리 황토물이 들어가고 세찬 파도가 일어도 그냥 그대로다. 백일이 아니라 천일 동안 폭우가 쏟아져 바다로 유입되어도 바다의 수평은 그대로다.

그처럼 우리 마음도 억만 번이 넘게 중생세계를 떠돌면서 무수한 고통과 시련을 겪어 왔어도 그냥 그대로다. 그것이 바로 우리 속에 들어 있는 진여의 자체인 體大라는 것이다.

海東疏 次言從本以來性自滿足以下 釋相大義
다음에 말한 종본이래로 그 성품에는 자체에 만족되어져 있다고 한

그 이하는 相大의 뜻을 풀이한 것이다.

體大가 있으면 반드시 相大가 있다. 그리고 用大도 있다. 본체가 있는데 그 속성과 작용이 없다면 이것은 실체가 아닌 허상이다.

체대는 본질이다. 본질에는 반드시 그 속성이 있다. 속성은 내용물이다. 물은 축축함이고 쇠는 단단하다. 그 성질은 원래부터 거기에 들어가 있다. 그것을 자체에 만족되어져 있다고 한다.

혼탁된 물이라 하더라도 물은 그 본성인 축축함을 가지고 있다. 설령 범부의 마음이 죄업에 혼탁되어 6도를 떠돈다 하더라도 그 마음은 처음의 본체인 본성을 그대로 가지고 있다.

맑은 공기와 오염된 공기가 있지만 모두 허공에 있고 죄업에 찌든 중생과 청정한 부처가 있지만 모두 진여 속에 있다. 그러므로 그 자체에는 모든 공덕이 들어 있다고 하는 것이다.

海東疏 上言二者相大 謂如來藏具足無漏性功德故
위에서 말하기를 둘째는 상대다. 이를테면 여래장에는 무루성공덕이 구족되어져 있다고 하였다.

물론 위는 입의분이다. 입의분은 부처님의 근본 뜻을 내세운 것이다. 이것을 해설한 것이 해석분인데 그것을 지금 공부하고 있는 중이다. 그러므로 입의분을 잘 보면 **기신론** 전체가 잡힌다고 했다.

비록 한없이 여린 사자새끼이지만 그 본성은 백수의 왕이 될 수 있는 기질을 타고 났다. 처음에는 보잘것없는 날개로 잘 서지도 못하는 독수리새끼이지만 그 속에는 창공을 재패할 수 있는 기백을 갖추고 있다.

그처럼 설사 중생의 신분으로 더없이 비루하고 보잘것없는 현재의 모습이지만 그 속에는 무량한 공덕의 성품이 완벽히 갖추어져 있다.

사자새끼와 독수리새끼가 무서운 것이 아니다. 그들이 성수가 되었을 때 무섭고 겁나는 것이다. 그처럼 범부가 대단한 것이 아니다. 범부가 한 마음 제대로 먹고 정법훈습을 하게 될 때 굉장해진다는 것이다. 그때부터 천하보다도 더 값진 무루성공덕이 나타나기 때문이다.

海東疏 文中有二 一者直明性功德相 二者往復重顯所以 問意可知
문장에 둘이 있다. 첫째는 직설로 성공덕상을 밝혔고 둘째는 왕복으로 거듭 그 까닭을 나타내었다.

겉으로는 표시나지 않지마는 개개인마다 다 누구에게도 말 못할 흑역사를 안고 있다. 집집마다 별탈없이 사는 것 같아도 들춰보면 나름대로 모두 불행과 슬픔의 아픔이 숨어 있다는 것이다. 그것이 중생의 일반적인 삶이다.

그렇게 살아가는 우리지만 **대반열반경**에서는 이 세상에 한 사람의 인간으로 태어나는 것 또한 기적과도 같은 일이라고 하셨다.

人身難得
如優曇花

사람의 몸을 받는다는 것은
우담발화가 피는 것과 같다.

그런 우리들인데도 우리는 마치 집시에게 잡힌 원숭이처럼 광대노
릇을 하고 있다. 더 큰 문제는 우리가 그렇다는 사실을 전혀 자각하
지 못하고 있다는 사실이다.

더군다나 주체로 말씀하신 人身難得은 어디로 가고 비유로 든 우
담발화에 모든 사람들의 관심이 꽂혀 있는 현실이다. 달은 어디로
가고 손가락에 미쳐버린 이 기막힌 현실이 정말 웃고픈 일이 아닌가.

(海東疏) 答中有二 總答 別顯 別顯之中 先明差別之無二義 後顯無二
之差別義

답 가운데 둘이 있다. 묶어서 답하고 따로 나타내었다. 먼저는 차별에는
둘이 없는 뜻을 밝혔고 뒤에는 둘이 없는 차별의 뜻을 드러내었다.

차별은 서로의 다름이다. 건강과 병듦은 분명 다르다. 그렇지마는
육신 하나에 다 들어 있다. 육신은 건강과 병듦을 다 가지지마는 그
중 하나만 말하고자 하니 상대가 있게 된다.

그래서 건강을 말하고자 하니 자동적으로 병듦을 말하지 않을 수
없다. 건강을 말하지 않았다면 병듦을 말할 건더기가 없다. 그래서

差別無二

無二差別

차별은 있되 둘이 없다.

둘이 없지만 차별은 있다.

고 한다. 즉 부처와 중생은 차별이 있지만 둘이 아니다. 둘이 아니지만 엄연히 현실적으로 차별이 있다는 것이다.

철창 속의 사자는 평원의 사자와 분명 행위적인 차별이 있다. 그렇지만 그 본성은 똑같다는 것과 같은 말이다.

마찬가지로 부처가 갖고 있는 법신의 공덕상을 말하고자 하니 여래장을 가진 중생의 과환過患 덩어리를 언급하지 않을 수 없다는 말이다. 과환이라고 하니 뭐 실재로 있는 것 같지마는 사실은 그런 것은 원초적으로 없는 것이다.

[海東疏] 此中亦二 略標 廣釋 略標中言 以依業識生滅相示者 生滅相內有諸過患

그 가운데 또한 둘이 있다. 간략히 나타낸 것과 널리 풀이한 것이다. 업식에 의해 생멸상을 보인 것은 생멸상 내에는 모든 과환이 있다는 것이다.

병듦이 사실 있는 것 같지마는 병이라는 것은 원래 없다. 그렇지마는 병 없는 중생은 없다. 정제되지 않은 음식과 방탕한 생활, 영양의 불균형과 환경공해가 육신에 병을 만든다. 거기다가 유전자까지 보태지면 병듦으로부터 벗어날 수가 없다. 이것은 육신에 생기는 단기의 병듦이다.

그처럼 건강한 우리 마음이 병들어 가는데도 다 그만한 요인이 있다. 그 이유를 **열반경**과 **대비사론**에서 정확히 밝혀 놓았었다.

첫째는 탐욕에 의해 본심을 잃고
둘째는 약물에 중독이 되면 제 정신을 잃는다.
셋째는 수많은 사람들의 원한이 그렇게 얽고
넷째는 숙세의 업장과 죄업이 그렇게 만든다.

고 하셨다. 이런 요인에 의해 멀쩡한 부처가 이상하게 미쳐 있다. 그들이 다름 아닌 중생이다고 부연하셨다.

고주망태가 되도록 술을 마시면 이성을 잃듯이 이런 네 가지 요인이 쌓이면 중생은 본심을 잃는다.

그러면 미친 삶을 산다. 미친 삶이라고 해서 기분 나쁠 것은 없다. 멀쩡한 삶이 있는데 이런 고통의 삶을 살고 있으니 안 미치고서야 어찌 이런 삶을 택해 살 수 있겠느냐.

그렇다고 해서 이런 중생이 진짜로 있는 것은 아니다. 그래서 부처의 공덕상과 중생의 과환은 없는 것이다고 한 것이다.

海東疏 但擧其本 故名業識 對此諸患 說諸功德也
단지 그 근본을 들다보니 업식이라고 하였다. 이것은 모든 과환을 상대해 모든 공덕을 말한 것이다.

일체 사물은 근원이 있고 모든 숫자는 시작이 있다. 중생의 모든 불행은 무명이 불각을 건드리는 시점부터 시작되었다.

그래서 제일 첫 단계인 업식을 먼저 들었다. 이 업식으로 인해 중생은 시작되었고 이 업식이 있는 한 중생은 끝나지 않는다.

그러므로 중생의 과환은 중생의 신분으로서는 없어지지 않는다. 과환은 행복과 영원을 막는다. 업식이 있는 한 중생은 과환의 과보로부터 벗어날 수가 없다. 그래서 四自侵經사자침경에서

夙夜不學

老不止淫

得財不施

不受佛言

범부는 자기를 살리는 불법을 죽어도 배우지 않으려 한다.

늙고 병들어도 자신의 유전자를 계속해서 남기려 한다.

재물을 절대로 보시하지 않으려 한다.

부처님의 말씀은 악착같이 들으려 하지 않는다

고 하신 것이다. 이것들은 자신의 마음으로부터 나와 도리어 자신을 해친다고 해서 자침이라고 하셨다. 그 결과로 죄업의 오염된 몸을 받아 끝없는 윤회의 삶을 사는 것이다.

海東疏 此云何示以下 別對衆過以顯德義 文相可知

이를테면 무엇을 보인단 말인가 라고 한 그 이하는 개별적으로 중과를

상대해 공덕을 나타낸 뜻이다. 문장의 양상을 보면 가히 알 수 있을 것이다.

무엇을 보이느냐 하면 중과와 공덕을 비교해 보인 것이다. 중과는 많은 잘못과 손실이다.

부연하자면 일체법은 본래 오직 마음이다. 진실로 망념이라는 것은 없다. 망념이 있으면 불각의 망념이 일어난다. 그러면 모든 경계가 나타나는데 그것은 무명의 소산물이다. 이것은 중과다. 만약에 심성이 요동하지 않으면 대 지혜광명이 있게 된다. 이것은 공덕이다.

마음이 일어나 보는 것이 있게 된다면 보지 못하는 물상이 있게 된다. 이것은 중과다. 심성이 보는 것을 떠나면 변조법계의 뜻이 된다. 이것은 공덕이다.

움직이는 마음으로 알면 진실로 아는 것이 아니다. 이것은 과실이다. 진실식지가 공덕이다.

자성이 없다고 하면 과실이다. 거기엔 진여자체상인 자성청정심이 있다. 이것은 공덕이다.

상락아정이 아니다거나 없다고 하면 다 과실이다. 거기엔 상락아정이 들어 있다. 이것이 공덕이다.

열불이 터지고 번뇌가 끓어올라 신체가 쇠약하고 변하는 것은 과실이다. 거기엔 청량함이 들어 있다. 이것은 공덕이다.

자유자재하지 못함은 과실이다. 거기에는 자유자재한 뜻이 들어 있다. 이것이 공덕이다.

갠지스 강 모래수와 같은 망념과 오염이 들어 있으면 과실이다.

거기에는 갠지스 강 모래수보다도 더 많은 불가사의한 불법이 들어 있다. 그것이 공덕이다.

이렇게 상대하여 말한 것이 바로 개별적인 중과를 상대해 공덕을 나타낸 것이다 고 하였다.

과실을 갖고 살면 중생이고 공덕을 갖고 살면 부처다. 과실이 있으면 고뇌와 고통으로 살고 과실이 없으면 기쁨과 안락의 삶을 산다. 이제 선택은 본인이 한다. 그리고 그 결과도 본인이 떠안아야 한다.

나. 진여 작용

海東疏 △以下第二別釋用大之義 於中有二 總明 別釋
지금부터는 두 번째로 用大의 뜻을 밝힌다. 그중에 두 가지가 있다. 묶어서 밝히고 벌려서 풀이한다.

用大는 작용의 위대성이다. 모든 생명체는 다 체상용으로 구성되어 있다고 했다. 먼저 몸이 있다면 그 몸을 살아 움직이게 하는 구성요소와 작용이 있다.

지금 여기서는 대승이라는 진짜의 마음에 대해 설명하고 있다. 그 마음은 살아 움직이는 생명체다. 그 마음에서 일체중생의 마음이 다 나왔다.

한 개의 태양에서 수백억만의 화소가 쏟아지듯이 한 개의 법신부처에서 일체중생의 마음이 다 나온 것이다. 이제 그 진여의 작용에 대해 설명해 주겠다는 거다.

起信論 復次眞如用者 所謂諸佛如來

다시 돌아가서, 진여의 작용은 소위 제불여래께서

　세상을 정화시키는 곳은 세 곳이다. 가장 밑에는 물이 있고 가장 위에는 하늘이 있다. 그 중간 사이에 부처가 작용하고 있다.

　물의 원천은 바다다. 바다는 모든 땅에서 오염된 물을 받아들여 깨끗이 정화하여 다시 땅으로 내보낸다.

　하늘에는 블랙홀이 있다. 허공을 떠다니는 모든 것을 빨아들여 녹인다. 그러고는 다시 새로운 것들을 화이트홀로 내보내 우주를 정화한다.

　공간에서는 보신부처가 작용한다. 그분은 진여가 갖고 있는 공덕으로 오염에 절어 있는 중생을 정화시켜 청정한 부처로 만든다. 그리고는 다시 중생세계에 내보낸다. 그러므로 이 세상에 부처는 끊임없이 나타나고 있다.

　그렇다면 부처가 이 땅에 많고도 많아야 하지 않느냐고 의아해 할 수 있다. 우리가 살고 있는 이 은하계는 약 4천억 개의 크고 작은 별들이 나선형으로 구성되어 있다. 이 은하계는 큰 은하계가 아니어서 한 분의 부처만 계셔도 충분하다.

　작은 도시를 지키는 데는 사단장 한 명만 해도 그 지역 위수에는 전혀 문제가 없듯이 이 지구에는 한 분의 부처만 계셔도 온갖 마군을 방어하는 데 그 위력이 차고도 넘친다.

　그래도 더 많은 부처가 있으면 더 좋은 것 아니냐고 반문할 수 있다. 태양은 하나만 있어도 이 땅의 중생이 살아가는 데 전혀 문제가 없다. 바다는 몇 개인가. 바다도 하나다. 그래도 넉넉하기만 하다. 그처럼 부처도 한 분이면 56억 7천만 년 동안 이 사바세계에 전혀 문제가 없다.

그 한 분이 석가모니부처님이다. 그분이 어떤 마음으로 이 땅의 중생을 제도하시는지 그 내용을 간단히 설명한 것이 바로 이 진여의 작용이다.

起信論 本來因地 發大慈悲修諸波羅密 攝化衆生
본래 인지에 계실 때 대자비를 일으켜 모든 바라밀을 닦으면서 중생을 이끌어 교화하시고자 하셨다.

因地는 처음 시작지점을 말한다. 그분은 부처가 되는 첫 단계에서 대비심을 일으켰다고 하셨다. 그것은 오로지 고통 속에 있는 중생들을 구제하기 위해서였다.

이런 서원은 **화엄대소초**에 나온다. 거기에 열 가지 큰 은혜가 있다. 이것을 우리는 제불보살십종대원이라고 해서 장엄염불을 할 때 주로 독송한다.

첫째는 발심보피은發心普被恩이다. 여래가 깨닫고자 하신 이유는 오로지 일체중생의 안락과 이익에 두셨다. 그 덕분에 일체중생이 모두 그분에게 큰 은혜를 입고 있다.

둘째는 난행고행은難行苦行恩이다. 여래는 큰 깨달음을 얻기 위하여 무수한 고행과 무한한 난행을 겪으셨다. 때로는 목숨을 초개같이 버리기도 하고 때로는 왕위와 가족까지 미련없이 버려가면서 중생을 구제하려 하셨다.

셋째는 일향위타은一向爲他恩이다. 여래는 오로지 중생만을 생각하셨다. 결코 자신의 이익을 우선시 하지 않으셨다. 그러므로 그 깨달음 역시 자신을 위해서가 아니라 중생을 위해서 얻어진 결과물이 되었다.

넷째는 수형육도은垂形六道恩이다. 구제의 대상은 인간뿐만이 아니라 일체중생 모두이다. 살아 움직이는 것은 모두 고통을 받는다. 그들의 모든 고통을 없애주고자 하셨다.

다섯째는 수축중생은隨逐衆生恩이다. 중생을 제도하는 데 포기란 없다. 끝까지 그들을 따라다니면서 그들과 함께하고 그들과 함께 거주하며 그들을 구제하시고자 하셨다.

여섯째는 대비심중은大悲深重恩이다. 그분은 중생을 제도하시는 데 큰 방편으로 대자대비를 쓰셨다. 일체중생을 자식처럼 보듬고 그 아픔을 대신하려 하셨다. 그래서 그들의 고통에 같이 아파하고 그들의 기쁨에 같이 기뻐하시었다.

일곱째는 은승창열은隱勝彰劣恩이다. 부처는 자신의 거룩한 신분을 숨기고 평범한 모습으로 중생을 제도하시고자 하셨다. 그래서 화신을 나투어서 삼승인에 이어 범부들과 평생 동거 동락하시었다.

여덟째는 은실시권은隱實施權恩이다. 중생의 근기가 협열해서 대승불교의 實敎 대신 삼승의 교법을 먼저 펴시었다. 대승에서도 권교를 내어 중생들을 실교로 이끌고자 하셨다.

아홉째는 시멸영모은示滅令慕恩이다. 멸도를 보여 중생이 부처를 만난다는 것이 얼마나 어렵고 힘든 일인가를 가르쳐주셨다. 그러므로 누구든 복덕의 선근이 없으면 그분을 만날 수가 없다.

열 번째는 비념무진은悲念無盡恩이다. 그분의 수명은 무한하다. 하지만 80에 열반에 드신 것은 나머지 수명을 복 없는 중생들에게 나눠주고자 하셨기에 그렇다. 그뿐만 아니라 삼장의 교법을 남겨 주시는 은혜를 베푸셨다. 이런 내용은 **대명삼장법수**에도 잘 나온다.

이와 같은 은혜를 우리 중생들은 모두 다 입고 있다. 은혜를 아는 것은 선업을 여는 첫문이다는 **대지도론**의 말씀이 있다.

은혜를 모른다면 사람이 아니다. 사람이 아니면 선업을 짓지 않는다. 선업을 짓지 않는다면 그 사람은 도대체 뭐하는 사람인가. 단지 지구별에 황칠을 하고 이 땅을 황폐시키기 위해 태어난 것인가.

대비는 부처가 중생을 제도하는 가장 강력한 도구다. **존나성취의 궤경**에 보면 우리 부처님께서는 대비로 일체중생을 거두어주십니다. 그러므로 제가 예찬하나이다 라고 하고 있다. 중생이라면 그런 자비심을 가진 부처님께 끝없는 예배와 찬탄을 드려야 한다.

起信論 立大誓願 盡欲度脫等衆生界 亦不限劫數

그래서 큰 서원을 세우시되 모든 중생계를 전부 다 도탈시키고자 하셨다. 거기다 겁수의 한정을 두지 않고

제불보살이 중생을 왜 불쌍하게 보시느냐 하면 거기에 세 가지가 있다고 천친보살은 말하고 있다.

첫째는 최상의 즐거움과 제일의 기쁨을 어떻게든 멀리하려고 한다는 것이고, 둘째는 한량없는 공덕을 잃고 있으면서도 잃었다는 것을

알지 못하는 것이며, 셋째는 깨달음의 자유 대신 무량한 고통을 갖고 살기 때문이다고 하였다. 그래서 **법화경**에

我見諸衆生
沒在於苦海

내가 모든 중생을 보니
고통의 세계에 빠져 있다

고 하신 것이다. 그 주된 이유가 바로 **원각경**에서 말씀하신 범부는 **四大**를 자신이라고 망녕되게 인식하고 있기에 위에서 말한 세 가지 상태를 모르고 있다.

그래서 범부는 부지불각한다고 하는 것이다. 부지는 자신이 어떤 상태인지 알지 못하고 불각은 자신의 신분이 누구인지 모른다는 뜻이다.

서원은 맹세다. 목표를 완성시키기 위한 다짐이다. 그 목표는 고해에 빠져 있는 중생들 모두를 다 건지겠다는 원대한 발원이다. 여기서 불교의 수승함이 우뚝하고도 뚜렷이 드러난다.

신을 믿는 종교는 그 신을 따르는 자들만 구제한다고 한다. 모든 신들이 다 그렇다. 구제의 조건은 자기를 목숨 바쳐 추종하는 데 있다. 그 외는 다 나 몰라라 한다. 이런 말을 들어봤을 것이다.

Then I will say to them,

I never knew you.

Away from me, you evildoers!

그러면 내가 그들에게 말할 것이다.

나는 전혀 모른다꼬.

꺼져라. 이 사악한 놈들아 라고.

예수가 한 말이라고 마테오가 적었다. 그러나 부처는 그렇지 않다. 효자든 불효자든 부모에게는 다 똑같은 자식들이듯이 부처를 믿든 부처를 욕하든 모두 불쌍한 중생들이다. 그래서 그분에게 잘하든 못하든 상관없이 누구나 다 생사로부터 도탈시켜 주신다.

인간이 있는 곳에 병원 응급실이 항상 문을 열고 있듯이 그분은 중생이 원하면 언제든지 부처로 만들어 줄 기회를 항상 열어놓고 계신다. 그분이 바로 부처님이시다.

그래서 그분은 단 한 명의 중생도 버려두지 않는다. 낙도에 단 한 명의 초등학생이 있어도 담임교사가 따라붙는 것처럼 단 한 명의 범부가 있어도 이 중생계를 떠나지 아니하신다.

증일아함경에서 부모는 자식을 버리고 자식은 부모를 버리지마는 부처님은 결코 중생을 버리지 않으신다고 한 말씀이 바로 이런 뜻이다.

이 말씀을 듣고도 가슴이 찡하지 않는다면 그 사람은 대단히 메마른 가슴을 갖고 사는 사람이다. 틀림없다.

起信論 盡於未來 以取一切衆生如己身故

미래세가 다하도록 일체중생을 당신 자신처럼 보살피겠다고 하셨다.

중생은 언제까지 이 세상에 존재할까. 미래세가 다하도록 중생은 있게 된다. 미래세는 끝이 없는 시간을 말한다. 즉 영원한 시간이다. 그때까지 중생은 살아남아 있다. 그러면 부처도 같이 있게 된다.

그분은 한정된 시간으로 중생들을 겁박하지 아니하신다. 언제까지라는 기한을 두고 중생들을 다그치거나 압박하지 않으신다.

그분은 중생을 제도하는 데 있어서 다른 잡신들처럼 갑의 위치에 서지 않는다. 그러니까 중생을 을로 보지 않는다. 오로지 중생들을 당신의 분신이라 생각하신다.

몸이 아프면 치료하기 마련이다. 특정 부위라고 더 관심을 가지거나 무시하는 경우는 없다. 머리는 위쪽에 있어서 귀하고 발가락은 아래 끝에 있어서 업신여기지 않는 것처럼 중생의 신분을 가리지 않고 모두 다 공평하게 제도하신다.

자기 몸 치료했다고 자신에게 거들먹거린다면 그 사람은 바보다. 바보가 아닌 이상 자기 자신에게 청구서를 내밀 인간은 없다. 그처럼 부처도 중생을 제도하신다고 우쭐거리거나 보상을 바라지 않으신다. 왜냐하면 중생을 당신 몸처럼 생각하고 계시기 때문이다.

起信論 而亦不取衆生相
그러면서 또한 중생상을 취하지 아니하셨다.

중생상은 **금강경**에 나오는 四相 가운데 하나다. 거기에 보면 我相

114

人相 衆生相 壽者相이 나온다. 아상은 내가 있다고 생각하는 것이고 인상은 범부가 있다고 생각하는 것이다.

그리고 중생상은 나를 상대한 중생이 있다고 생각하는 것인데 이 셋은 원래 없는 것이다. 거기다가 수명까지 더한 것이 수자상이다.

위에 언급한 셋은 현상으로 보면 모두 존재하지만 실상으로 보면 모두 헛것이다. 실상에서는 나도 없고 사람도 없고 중생도 없다.

그런데 거기다 수명까지 덧붙여서 분별하고 있는 것이 범부들의 생각이다. 이것은 꼭 영화 속의 주인공과 그 상대, 그리고 주변인물들이 실재로 그만큼 살아 있다고 생각하는 것과 같다.

起信論 此以何義 謂如實知一切衆生及與己身 眞如平等無別異故

무슨 뜻이냐 하면 일체중생과 자기의 몸이 진여가 평등하여 별다르게 다름이 없다는 것을 여실히 아셨기 때문이다.

부처가 중생을 제도하는 이유가 바로 이것이다. 부처는 일체중생이 당신과 동일한 생명체라는 것을 아신 것이다.

그런데 중생은 번뇌와 죄업에 의해 무한의 고통을 받고 있다. 그래서 어떻게든 제도하여 그 고통으로부터 벗어나도록 하시는 것이다.

조론에서

天地與我同根
萬物與我同體

천지와 나는 같은 뿌리고
만물과 나는 같은 몸이다

고 하였다. 이 정도 되어야 중생이 내 몸으로 보이기 시작한다. 그
전에는 오로지 자기 자식만 내 핏줄로 보이고 그 외에는 모두 다 나
의 경쟁자로만 보인다.

사랑하는 자식을 잃어버렸다. 그 자식이 얼마나 밖에서 고생을 할
까를 생각하면 밥이 넘어가지 않는다. 그러면 식음을 전폐하고 밤을
새며 기다린다. 그러다가 전국을 누비며 자식을 찾는다. 일반 범부들
도 이러한데 부처님이시겠는가.

여기에 아주 중요한 조건이 있다. 어떻게 그런 생각이 일어날 수
있느냐 하는 것이다. 그런 생각이란 중생과 내가 한 몸이라는 것을
말한다. 그렇게 되려면 적어도 경제적으로나 정신적으로나 굉장히
넉넉한 여유가 뒷받침되어야 한다는 것이다.

옛날 두메산골에서는 자식을 낳아도 바로 호적에 올릴 시간과 여
유가 없었다. 면사무소까지 갔다 오려면 꼬박 하루가 걸려야 하는데
먹고살기에 바쁜 농부들은 그럴 시간이 없었다.

더군다나 또 그렇게 일찍 출생신고를 해야 할 이유도 없었다. 아이
가 마마 같은 질병에 걸려 언제 죽을지도 모르는 일이었다. 죽고 나
면 다시 사망신고를 해야 하는 번거로움이 있었기 때문에 그냥 포대
기에 싸서 아랫목에 놔두는 것이 전부였다.

아이는 파리와 빈대가 들끓는 열악한 방안에 한나절이나 방치된

다. 점심때가 되어 잠깐 집에 온 어미가 젖 한번 물려주고는 또 바삐 논밭으로 나가버린다. 그때부터 또 아이는 흙먼지가 풀풀 올라오는 구멍 뚫린 돌가루포대 장판 위에서 혼자 놀아야 했다.

그런 환경이라서 아이들은 말을 일찍 배우지 못하였다. 그래서 그때는 보통 세 살이 되어야 겨우 몇 마디 할 수 있었다. TV도 없고 라디오도 없다보니 말을 가르칠 사람이 없었기 때문이다. 그렇게 혼자 덩그러니 남아 외롭게 천장만 쳐다보고 있어야 했다.

그러다 똥과 오줌을 싸면 칭얼댄다. 거기다 배가 고프고 외로우면 울기 시작한다. 그 울음소리는 점점 높아가고 더욱 날카로워진다. 빨리 와서 어떻게 좀 해결해 달라는 거다. 그러나 쫓아올 사람이 없다. 그렇다보니 그때는 온 동네가 아이들 울음소리로 가득 찼다.

요즘 촌락의 노인들은 말한다. 젊은 사람들이 없어서 마을에 갓난이 울음소리가 끊겼다고. 천만의 말씀이다. 설령 젊은이들이 마을에 들어와 살아도 아이들 울음소리는 그때처럼 들을 수가 없다는 것이다.

왜냐하면 아이들은 울 필요가 없기 때문이다. 울기 전에 이미 어미가 모든 것을 해결해 줘버리는 요즘의 부모가 있어서 그렇다. 그러므로 악을 쓰면서 울어야 할 이유가 없는 것이다.

아이들은 한창 크는 과정에 있기 때문에 온갖 잡다한 꿈을 꾼다. 그것은 전생에 살아온 業習이 그대로 남아 있어서 그렇다. 그렇게 꿈에 시달리다 잠을 깨면 아무도 없다. 그러면 외롭고 쓸쓸해서 울 수밖에 없다. 그런데 요즘은 깨어나도 항상 어미가 옆에서 지켜보고 있다.

우리 옆집에 분득이와 전득이가 있었다. 분득이는 푸세식 화장실에서 얻었고 전득이는 콩밭에서 얻었다. 산달이 된 어미지만 농사일에 쫓기고 시어머니의 성화로 한가하게 해산할 처지가 못 되었다. 그러다 분득이는 화장실에서 낳았고 전득이는 밭에서 일하다 낳았다.

나도 그런 환경 속에서 살다보니 출생신고를 제때 하지 못하였다. 다른 말로 하자면 이 세상이 나를 받아들이는 데 무려 3년이나 걸렸다. 세상을 파괴하는 요주의 인물도 아닌데 그렇게 세상은 나를 입국심사대에 세워두고 더 이상 절차를 진행하지 않았다.

그렇게 미적거린 판결이지만 다행히도 입국을 허가받아 공식적으로 이 세상 사람이 되었다. 그러다보니 실제 나이보다 세 살이나 적다. 세 살 동안 죽든지 말든지 그냥 내버려뒀다는 것이다.

아이야 그까짓 것 죽으면 또 낳으면 되는 것이지마는 농사일은 철이 있고 시기가 있기 때문에 단 하루도 소홀히 할 수가 없었다. 그래서 아이보다 늘 농사가 우선이었다. 그래서 그때는 부모가 자식을 살리는 거보다 자식이 명이 길면 산다고 했다.

그 바람에 나는 늘 불만 속에서 살아야 했다. 학교에서도 군대에서도 사회에서도 새파란 것들이 친구하자고 들이댈 때나 동생 같은 것들이 함부로 대할 때는 정말 뭐 저런 것들이 다 있나 하면서 울분을 참아야 했다.

어디든 선후의 문제가 생길 때면 의례히 주민증부터 까자고 했다. 그때마다 그냥 쥐어박고 싶었지만 잘못하다가는 나보다 어린 자식들에게 얻어터질 것 같아 기를 죽이고 살아왔었다.

소개팅만 받으면 여자가 말을 놨다. 내가 좋아해 따르던 누나라던

여자도 사실 나보다 더 어렸다. 하도 틱틱대고 고깝게 뭐라 해서 이 거 정말 여자에게까지 무시당하고 살아야 하나 하는 억하심정에 출 가해 버렸다.

절에서는 밥그릇 차이지 나이로 허세를 부리는 데가 아니었다. 그 래서 젊게 살자는 마음으로 노소승 속에 파묻혀 그냥 저냥 큰 문제없 이 죽반승으로 대충 살아왔다.

내년부터는 나도 노인혜택을 받는다. 전생에 나라에 빚을 얼마나 졌기에 국가에서 주는 십 수 가지나 되는 혜택을 3년이나 못 받게 되었는지 모르겠다. 정확히 3년 동안이나 나라에 진 빚을 갚은 꼴이 된다.

그런데 이걸 또 어쩌나. 들리는 말로는 곧 노인 나이를 70세부터 하고자 한다나. 뭐 이런 개떡 같은 일이 다 있나. 그럼 8년이나 더 미뤄지는 꼴이 된다. 이거 원 노인증명서 받기 전에 먼저 죽는 거나 아닌지 모르겠다.

가끔 전철에서 동년배는 地空이라 노약자 좌석에 앉고 나는 일반 좌석도 차지 못하여 서 있는 신세가 되면 이 기막힌 처지에 그냥 웃 고픈 심정이 되기도 한다.

태어나도 참 지지리 복도 없이 태어났다. 세상에 살기 좋은 도시들 과 부자부모 그렇게 많이 두고서 뭐 한다고 가난하기 이를 데 없는 깡촌의 부모를 택해 기를 쓰고 태어나려고 했을까 하는 징그러운 생 각이 들 때도 많았다.

어쨌거나 자기 혼자 먹고 살기에도 팍팍하다면 자식은 물론 피를 나눈 부모형제까지도 애틋이 생각할 여유가 없다. 그런 부모형제간에 챙길 거라도 생기면 분배로 인한 원수가 된다.

해오라기새끼들은 먹이가 충분치 않을 때는 같은 둥지 안에 있는 막내도 삼켜버린다. 독사는 먹을 것이 없으면 늙은 자기 부모도 잡아먹는다. 인간도 자기가 낳은 자식의 등골을 빼먹는 부모도 있다. 그런 부모형제가 없다는 것만 해도 고맙게 생각해야 되는 일인지 모르겠다.

옛말에 곳간에서 인심난다고 했다. 그만큼 형제도 아닌 남들이 다 나와 같은 핏줄로 보일 때에는 엄청난 복덕과 공덕이 있어야 한다. 그런 조건적인 바탕이 갖추어져야 삶에 시달리는 다른 중생들의 모습이 내 핏줄로 보이는 법이다.

그렇지 않으면 핏덩어리로 쏟아낸 자기 자식까지도 사랑스럽게 돌볼 시간이 없다는 것을 알아야 한다. 눈앞에 보이지 않으면 그저 어디서 배 안 곯고 잘 지내겠지 하는 위안으로 살아갈 수밖에 없는 헝클진 부모자식간이 된다는 것이다.

起信論 以有如是大方便智 除滅無明 見本法身

그분들에게는 무명을 제멸시켜 본래의 법신을 드러내 주시는 대방편지가 있다.

대방편지는 큰 방편의 지혜다. 한 문장이지만 두 뜻이 들어 있다. 그것은 방편과 지혜다. 방편은 복덕에서 생기고 지혜는 수행에서 나온다.

이 두 가지가 완벽하게 갖춰지면 무명이 제멸된다. 무명은 어리석음이고 제멸은 완전 없어지는 것이다. 그러면 본래의 법신이 드러난다.

여기에서 見은 보는 것이 아니라 드러남이다. 본질을 보기 위한 유일한 방법은 본질이 아닌 부분을 떼어내 버리는 것이다. 그러면 본질이 나타나게 되어 있다. 즉 포장지를 벗기면 내용물이 드러나는 것과 같다.

태양이 나타나면 무량한 생명이 일광의 혜택을 입는다. 그처럼 그분들의 대방편지로 자신의 법신을 드러내 주시면 무수한 중생이 무량한 가피를 얻게 된다.

起信論 自然而有不思議業種種之用

그렇게 하기 위해서 불가사의한 온갖 행업을 자연스럽게 하신다.

중생을 향한 부처님의 마음은 불가사의하다. 중생이 그것을 생각하려 든다면 미쳐버릴 것이다고 **반야경**은 말씀하시고 있다. 그만큼 우리로써는 부처님의 거룩한 자비를 그대로 받아들이지 못하고 그 부근만 맴돌고 있다.

이런 고맙고 감격스런 말씀을 들을 수 있게 된 것은 다 이 東土에 목숨을 바쳐 불교를 펴주신 선배 분들의 덕택이다.

佛祖統紀에 보면 중국에서 처음으로 공식적인 역경을 한 것은 後漢후한이다. 우리가 잘 아는 삼국지 무대가 바로 이 시기다.

그때 가섭마등과 축법란법사가 공동으로 백마사에서 **사십이장경**을 번역해서 불교를 펴려고 했으나 기득권 세력으로 있던 도교의 어마어마한 반대에 부딪혔다.

유교는 인본주의 학문이기 때문에 그나마 덜 저항하였지마는 장생 불사를 주창하는 도교는 사생결단으로 불교의 진입을 막았다.

그 대치상황을 도저히 그냥 두고 볼 수가 없어서 明나라 황제가 두 종교의 지도자를 불러 우열의 논쟁을 붙였다. 불교는 위 두 스님만 참석하고 도교는 五嶽八山의 은사와 그 신자들 690명이 참석해 15일 동안 두 종교 간에 교리의 우수성을 겨뤘다.

그래도 판가름이 나지 않자 明帝가 그럼 두 경전을 태워보자고 제안하였다. 그래서 도덕경과 **사십이장경**을 한 자리에서 태웠다. 그런데 신기하게도 **사십이장경**은 그대로 남아 있었다. 그래서 공식적으로 불교가 들어오게 되었다.

신라에도 이차돈의 고결한 희생 때문에 불교가 들어왔다. 신라는 다양한 부족들이 건립한 국가다보니 그들이 믿는 신들이 각양각색이라서 말도 많고 탈도 많았다.

그래서 고구려나 백제보다도 근 100년이나 늦게 불교를 공식적으로 받아들였다. 그렇게 하기 위해 스물여섯 살의 이차돈은 궁중의 모든 관료와 법흥왕 앞에 자신의 목을 내어 놓아야 했다.

삼국유사나 삼국사기에 한결같이 말하는 것은 그가 순교할 때 목에서 흰 젖이 솟아나는 이적을 보였다고 한다. 그 증표 때문에 신라는 비록 늦게 불교를 받아들였지만 다른 국가들보다 더 화려한 불교문화를 꽃피우게 되었다.

정말 고마워해야 할 일이다. **화엄경**에 은혜를 받았으면 갚을 줄 알아야 한다고 하셨는데 정말 그분들의 은혜를 갚기 위해서라도 이런 불교를 제대로 배워서 올곧은 정진을 이어가야 할 것이다.

起信論 卽與眞如等徧一切處 又亦無有用相可得

곧 진여와 더불어 일체의 세계에 고루 작용하는 것이다. 하지만 작용하는 모습은 가히 볼 수가 없다.

부처가 특별히 작용하는 장소가 있는가. 반대로 그렇지 않는 장소가 있는 것인가. 다른 말로 하자면 부처가 특별히 나타나는 곳이 있고 그렇지 않는 곳이 있는가.

부처는 어디에 있는가. 사실 부처는 천지에 가득하고 우주에 변만偏滿하다. 부처가 어느 특정한 곳에만 있다고 한다면 그는 불제자가 아니다. 부처가 어디 특별한 곳에서만 가피를 내린다고 한다면 그 사람은 사기꾼이다. **화엄경**에서 부처님은 신통을 얻어 허공에 자유자재하신다고 하시지 않았는가.

물상을 치우면 허공은 즉시 드러난다. 허공은 원래부터 거기에 있었기 때문이다. 죄업과 번뇌를 치우면 부처는 즉시 나타난다. 부처는 처음부터 그곳에 있었기 때문이다.

부처는 하늘 끝에서 땅 끝까지 작용한다. 부처가 없는 곳은 없다. 그래서 지옥에도 부처가 있고 축생의 세계에서도 부처가 있다. 다만 그들이 부처의 작용을 보지 못하고 있을 뿐이다.

공기가 없는 데는 없다. 숨이 끊어지는 사람들이 공기가 없어서 죽는 것은 아니다. 더 이상 자신의 몸이 그 공기를 받아들일 수 없기에 죽는 것이다. 그처럼 중생이 부처가 없어서 죽는 것이 아니라 부처를 받아들일 수 없기에 죽는 것이다.

The Buddha is nowhere.

The Buddha is now here.

부처는 어디에도 없다.

부처는 지금 여기 있다.

능엄경에 일념의 무명이 일어나면 그 격차가 천지로 벌어진다고 하셨다. 망념의 장막에 가려 부처의 작용을 못 보는 것이지 부처가 천지간의 중생에 작용하지 않는 곳이 없다는 것이다.

起信論 何以故 謂諸佛如來 唯是法身

왜냐하면 제불여래는 오직 법신이며

법신은 부처의 바탕이다. 수증기와 구름, 그리고 비와 얼음 같은 것들은 다 바다에서 나온 현상들이다. 그처럼 모든 부처의 근원은 법신이다. 그 법신을 보통 다섯 종류로 설명한다.

1. 법성생신 : 만유의 본체인 진여법성이다.

2. 공덕법신 : 공덕이 완성되어 있다.

3. 변화법신 : 시기에 응하여 변화한다.

4. 허공법신 : 만상과 만물을 안고 있다.

5. 실상법신 : 생멸과 허망함을 떠나 잠연하다.

이런 법신이 우리를 감싸고 있다. 공기가 우리를 껴안고 있지만 우리가 느끼지 못하는 것처럼 법신은 언제나 우리와 함께 있다.

교복을 입은 여중생 하나가 길을 가고 있는 나에게 쭈뼛쭈뼛 다가왔다. 그러더니 얼마의 돈을 내밀면서 담배를 좀 사달라고 하였다. 저만치에는 그 또래들이 어떻게 되는지 조마조마하게 바라보고 있다.

그냥 웃으면서 안 된다고 하자 천 원을 수고비로 주겠다고 하였다. 그 아이한테는 천 원이 큰돈이었던 모양이다. 내가 말했다.

"안됐지만 나를 지켜보는 눈들이 천지에 너무 많다."

그 아이는 상대를 잘못 골랐다. 천 원이 필요한 사람에게 부탁했으면 자기들의 부탁이 이루었을지 모른다. 하지만 만 원을 줘도 정상적인 어른은 결코 그들에게 담배를 사 주지 않는다. 아무리 애원하고 흐느낀다 해도.

起信論 智相之身 第一義諦 無有世諦境界 離於施作
지상의 몸이며 제일의제다. 세제의 경계에 있지 않고 베푼다는 생각을 떠나 있다.

부처의 작용은 범부는 볼 수가 없다. 법신부처의 진리는 지금도 작용하고 있다. 그런데 진리를 볼 수가 없다. **대명삼장법수**에 보면 그 속에 있어도 그것을 보지 못하는 것에 네 가지가 있다고 하였다.

1. 魚不見水
2. 人不見風
3. 迷不見性
4. 悟不見空

물고기들은 물에서 살면서도 물을 보지 못한다.

사람은 바람소리는 들으면서도 모양은 보지 못한다.

미혹한 자는 사물의 진성을 보지 못한다.

깨달은 분은 전체와 하나가 되므로 따로 空을 보지 못한다

는 것이다. 물고기에게는 언제나 물이 있는데도 그들은 그것이 물인 줄 모른다. 우리도 부처의 작용 속에 살고 있으면서도 부처의 작용을 모르고 있다.

부처는 한시도 쉬지 않고 계속해서 우리에게 작용하고 있다. 그런데도 범부는 제발 자기를 위해 작용을 해 달라고 한다. 범부의 기도가 바로 이런 것이다. 제발 가만히 있지 말고 어떻게 좀 해 달라고 읍소하고 호소한다.

그래도 반응이 없으면 안 되겠다 싶어 장소를 바꾼다. 낚시꾼이 고기가 입질을 하지 않으면 자리를 옮기듯이 범부는 좀 더 높은 곳으로 가 더 세게 부르고 좀 더 깊은 곳으로 들어가 더 은밀히 흥정을 건다.

만약에 그렇게 해서 부처가 나타난다면 그 부처는 악마가 틀림없다. 악마는 조건에 따라 나타나지만 부처는 조건이 없을 때 나타나기

때문이다.

도심의 아파트 안에서 만날 수 없는 부처를 산꼭대기에서 만나고 수많은 대중 앞에서 만날 수 없는 부처를 깊은 동굴에서 만날 수 있다면 그 부처는 부처가 아니든지 기도하는 자가 정상이 아니든지 둘 중 하나다.

그런 사람은 도시에서는 허공이 없고 산속 깊은 곳에 가야 허공이 있다고 말하는 것과 같기 때문에 그에 맞는 魔가 나타날 수밖에 없다.

起信論 但隨衆生見聞得益 故說爲用

중생들은 다만 견문을 따라 이익을 얻는다. 그것을 작용이라고 한다.

똑같은 교과서로 학생을 가르쳐도 거기에 우열이 있다. 다 같은 학생인데도 받아들이는 근기에 따라 점수가 다 다르게 나온다.

다 같은 그릇이지만 크기에 따라 담기는 용량이 다르다. 그처럼 다 같은 중생이지만 부처의 작용을 받아들이는 그릇이 다르다.

자신은 어느 정도의 그릇이 되는지 한 번쯤 살펴보시기 바란다. 나는 간장종지쯤 되는 것 같다. 부끄럽다.

海東疏 初中亦二 一者對果擧因 二牒因顯果

첫 번째에 둘이 있다. 첫째는 결과를 상대해 시작을 든 것이고, 둘째는 시작을 조회해 결과를 드러내고 있다.

시작은 因이다. 因은 결과의 바탕이다. 결과가 부처로 나타났다면 부처로 될 수밖에 없는 시작이 있었을 것이다. 그 시작이 발판이 되어 결국 부처가 되었다는 것이다. 세상 모든 것은 다 이 인과로부터 벗어날 수가 없다.

조그마한 나라를 차지하는 데도 수많은 노력과 공력이 들어간다. 그런데 항차 전 우주인 나를 찾으려 할 때 지불될 대가는 진실로 엄청나다는 것을 알아야 한다. 거기에 대한 예산과 고통을 각오할 때라야 만이 그 험난한 도정에 오를 수 있다. 그 결과가 부처다.

그래서 부처가 되었다면 부처가 된 연유가 있는 것이고 중생이 되었다면 중생이 된 이유가 있는 것이다. 우리는 중생이다. 그렇다면 중생이 될 수밖에 없는 이유가 있었다. 그것에 대해 다각도로 조명해 왔다.

"중생이 어떻게 시작되었습니까?"
"띄웅!"

중생세계 그 어디에서나 부처님이 내리시는 자비의 단비는 계속해서 내리고 있다. 그런데도 우리는 이토록 목마른 삶을 살고 있다. 이것은 다른 쪽으로 봤을 때 또 다른 기적적인 일이다.

우리는 이제까지 가능성을 두고 불가능한 일만을 해 왔다. 그것은 가치있는 것은 어떻게든 멀리하고 가치없는 것은 최고로 만들어 놓는 일들이다. 그런데도 아직 이렇게 살아 있다는 것은 정말 기적 같은 일이라는 것이다.

앞으로도 마찬가지다. 태양은 저렇게도 찬란하게 빛나는데 우리는 늘 어둠 속에서 길을 찾고 있다. 그러다 보니 생사는 어디에도 없는데 우리는 계속해서 생사를 하고 있다.

열려진 창문을 찾지 못하고 창호지 봉창만 죽어라 두드리는 똥파리가 있다. 밖으로 나가는 길을 찾지 못해서이다. 생사를 벗어나는 길은 이미 부처가 닦아서 우리에게 내어 놓았는데도 우리는 멍청하게 생사의 길만 애써 찾고 있다. 윙윙거리는 똥파리처럼.

海東疏 初擧因中亦有三句 先行 次願 後明方便

첫 번째 원인을 든 가운데 또한 세 구절이 있다. 먼저는 행이고 다음은 원이다. 그리고 뒤에 방편을 밝혔다.

부처가 된 원인을 세 가지로 나눠서 설명하고 있다. 먼저는 수행이다. 위에서도 말했지마는 이 수행은 작복이다. 복이 없으면 먹을 것도 넉넉지 않고 마음도 불안하다. 그런 사람은 원을 세울 수가 없다.

중생은 다양한 소원을 빌고 있다. 소원은 빈다고 이루어지는 것이 아니다. 그 소원이 이루어졌다면 빌지 않아도 이뤄지게 되어 있다. 그것은 마치 인디언들의 기우제와도 같다.

앞에서 한 번 언급했지마는 각 종교들은 소원을 들어주는 특별한 장소가 있다고 한다. 유대인들은 통곡의 벽에서 소원을 빌고 이슬람들은 알아크사 사원에서 소원을 빈다. 그리고 기독교들은 골고다언덕에서 소원을 빌면 이루어진다고 한다.

그렇다면 불교는 어디인가. 어디에 가야 소원을 이룰 수 있을까.

그것을 모르기에 사찰로 간다. 사찰은 그 소원을 들어주는 곳을 가르쳐 주는 곳이지 거기가 소원을 이룰 수 있는 곳은 아니다.

만약에 어떤 사찰이 한 가지 소원을 들어주는 그런 곳이라면 그 절은 사이비사찰이다. 사찰이 소원을 들어줄 수 있다면 그 사찰은 이미 문을 닫아걸었다. 그런 사찰들은 시시하게 제사비용 얼마를 받으려고 사람들을 안으로 끌어들이지 않는다. 거기 계시는 스님들은 이미 기도가 성취되어 왕후장상이 되었거나 백만장자가 되었을 것이기 때문이다.

海東疏 初言諸佛本在因地乃至攝化衆生者 擧本行也
처음에 말한 제불여래께서 본래 인지에 계실 때부터 중생을 거두어 교화하시고자 하셨다 까지는 본행을 든 것이다.

예식용 **천수경** 후반에 가면 如來十大發願文이 나온다. 여래가 세운 열 가지 큰 발원이라는 뜻이다. 여래는 부처님의 다른 이름이다.

1. 삼악도를 영원히 벗어나기를 발원하옵니다.
2. 하루빨리 탐진치를 끊고자 발원하옵니다.
3. 불법승 이름을 언제나 듣기를 발원하옵니다.
4. 계정혜를 부지런히 닦기를 발원하옵니다.
5. 모든 불학을 계속해 배우기를 발원하옵니다.
6. 보디심에서 물러나지 않기를 발원하옵니다.
7. 반드시 극락세계에 태어나기를 발원하옵니다.

8. 아미타불을 빨리 친견하기를 발원하옵니다.

9. 내 몸을 세상천지에 나투기를 발원하옵니다.

10. 한량없는 중생들을 구제하기를 발원하옵니다.

이 열 가지 대원에 세 과정이 있다. 첫째는 발원이고 둘째는 결과고 셋째는 회향이다. 1에서 6까지는 공덕과 지혜를 일으키는 단계고 7과 8번은 극락세계에 태어나 아미타불께 지도를 받는 것이다.

한국불교가 선종이면서도 예식은 이렇게 관세음보살을 축으로 하는 **천수경**으로 왕생을 발원하고 있다. 그처럼 깨달음을 이루고자 할 때는 분명히 극락세계에 왕생해서 아미타부처님을 뵙고서야 그 깨달음이 이뤄진다는 것이다. 이 뜻을 기억해 두시기 바란다.

그리고 9번과 10번은 부처가 되어서 다시 중생세계에 나와 중생을 제도하는 것이다.

여래십대발원문을 글자 그대로 해석하면 여래가 세운 열 가지 큰 발원이 된다. 하지만 위의 열 가지는 부처의 발원이 아니라 부처가 되기 위한 발원이다. 그러므로 정확히 하자면 如來十大因地發願文이라고 해야 옳은 것이다.

海東疏 次言立大誓願乃至盡於未來者 擧本願也

다음에 큰 서원을 세워서 부터 미래세가 다하도록 까지는 본원을 든 것이다.

부처가 중생을 제도하는 데 있어서 연수와 겁수를 둔다는 것은 지극히 범부적인 시각이다.

세속 부모도 잃어버린 자식이 있으면 평생을 찾아다닌다. 그런데 하물며 부처가 고통받는 중생을 두고 어느 때까지만 찾고 그만두어 버리겠는가? 결코 그런 일은 없다. 중생이 부처를 버리면 버렸지 부처는 중생을 절대로 등지지 않으신다고 하지 않으셨던가.

육신을 낳은 중생의 부모도 자식에 대한 무한 애정을 쏟는데 어떻게 생명줄이 같은 부처가 중생을 제도하는데 언제까지만 이라는 한정된 시한을 정할 수 있겠는가다. 절대로 그럴 리는 없다.

그러므로 부처가 중생을 거두시는 데 있어서는 미래세가 다하도록 하신다. 그 이유는 因地 때 열 번째로 그런 발원을 하셨기 때문이다. 그것이 본원이다. 그러니까 그 발원으로 부처가 되셨기 때문에 부처는 그렇게 중생이 끝나는 때까지 한결같고 변함없이 우리를 거두어 주시는 것이다.

[海東疏] 次言以取衆生乃至
다음에 말한 중생상을 취하지 않으셨다 에서부터

태양의 빛은 전 생명체를 성숙시켜도 그들에게 조금도 보상을 바라지 않는다. 그런데 하물며 성자 중에서도 성자이신 부처님이 중생을 상대로 생색을 내고 위세를 부리겠는가.

그래서 **부자합집경**에서, 부처님께서는 중생계의 평등함을 관찰하시어서 청정한 무연의 자비를 항상 일으키신다.

그러므로 일체중생을 끝없이 구제하셔도 끝내 중생상을 보이는 일이 없다고 하셨다.

양약이 천지간의 생명체들에게 친소와 원근을 가리지 않고 그 효력을 발휘하듯이 부처도 전 중생을 상대로 친하거나 성글거나 가깝거나 먼 감정을 일으키지 않는다.

그런 부처님의 자비는 거대한 선박과도 같다. 사바에서 열반으로 중생을 실어 나르는 역할을 한다. 아직도 그 배를 타야 할 중생이 수없이 많기에 목이 터져라 고동을 울리고 있다.

그분은 그렇게 수 천 년 동안 한량없는 중생들을 열반의 세계에 옮겨놓고 있지만 조금도 지치거나 싫증내는 일이 없다.

부처님의 자비는 굳건한 다리와도 같다. 그 다리는 생사의 폭류가 세차게 굽이치는 험난한 곳에 견고하게 건립되어 있다.

누구든지 그 급류에 휘말리지 않으려는 사람들을 구별없이 모두다 도강케 하여 해탈의 즐거움을 주신다. 하지만 그렇게 구제한 것에 대해 호리만큼도 보상을 원하지 않으신다.

부처님의 자비는 등불과도 같다. 큰 등불은 방안의 어둠을 타파하고 살림살이에 필요한 일체의 물상들을 그대로 밝혀준다.

그처럼 부처님의 자비는 중생들이 원천적으로 함장하고 있는 부귀와 영화의 공덕을 정밀하게 발현시키지마는 그것이 나의 역량에 의해서라는 교만심은 깨알만큼도 가지시지 않으신다.

海東疏 眞如平等者 是擧智悲大方便也

진여평등까지는 바로 지비 대방편을 든 것이다.

진여평등은 진여가 동일하다는 뜻이다. 즉 부처의 속성이 부처나 중생이 다 같다는 말이다. 그러므로 그들에게 智悲의 자비를 내리는 것이다.

智悲는 지혜와 자비다. 원효센터 법당 간판이 지비광전이다. 사람들은 이것을 자비광전으로 바쁘게 읽는다. 평소에 자비만 눈에 익어서 그렇다. 하지만 자비는 한쪽 발과 같다. 자비가 온전하려면 지혜와 같이 있어야 한다. 그래서 지비광전이라고 명명했다.

부처와 중생의 屬性속성은 같다. 그 내면의 속성이 서로 틀리면 하나로 융합되는 것이 불가능하다. 하지만 그 속성이 같기 때문에 지비로 제도하는 것이 가능하다. 그렇게 제도하여 부처의 세계로 이끌어 가신다.

햇빛과 바람의 힘으로 가을들녘에 벼가 익으면 농부가 거두어가듯이 중생이 선업으로 근기가 익으면 부처님과 보살이 거두어 부처의 세계로 들어가는 것이다.

海東疏 以有以下 第二顯果 於中亦三

이유 이하는 두 번째로 과보를 드러낸 것이다.

부처는 대방편지를 갖고 계신다. 나의 진심이 부처님께 통하지 않을까 염려하지 말라.

나의 공양물이 부처님께 전해지지 않을까 걱정하지 말라. 부처님은 중생을 살피시는 대지혜가 있으므로 결코 그 진심과 그 정성을 놓치지 않으신다.

어떤 물상이든지 거울을 벗어나지 않는 것처럼 그 어떤 행위도 부처의 대 방편지로부터 벗어나지 않는다. 그러므로 부처가 나에게 가피를 내리지 않으시면 부처의 야속함을 탓하기 이전에 아직도 내가 부족하다는 것을 먼저 깨달아야 한다.

海東疏 初言以有如是大方便智者 牒前因也

처음에 말한 이와 같은 대방편지라고 한 것은 앞의 원인을 조회한 것이다.

사랑을 받으려면 교회를 가야 한다. 사찰은 적어도 사랑할 수 있는 사람을 가르치지 사랑을 받고자 하는 사람을 모으는 곳이 아니다. 사찰은 자비를 실천하도록 가르치는 곳이지 사랑을 베푸는 곳이 아니기에 그렇다.

사랑은 감정적이다. 자비는 비감정적이다. 사랑은 조건적이지만 자비는 무조건적이다. 사랑은 영원이 없다. 언제든 틀어지고 깨어진다. 하지만 자비는 영원하다. 한결같이 쓰다듬고 보듬는다.

자비는 사랑보다 한 수 위에 있다. 그렇기에 덜 여문 사람은 사찰에서 가르치는 자비를 배울 수 없다. 그래서 그렇게 많은 사람들이 교회를 가서 사랑을 말하고 사랑을 구하고 사랑을 노래하고 있다.

사랑은 달콤하다. 그 다음엔 쓰다. 최후엔 허망하다. 그리고 서로가 웬수가 된다. 자비는 처음엔 쓰다. 그 다음엔 달다. 최후엔 아름답다. 그리고 서로가 하나가 된다. 그것이 부처가 중생에게 내리는 대방편지의 작용이다.

海東疏 次言除滅無明見本法身者 自利果也

다음에 말한 무명이 제멸되어 본래 법신이 드러난다는 것은 自利의 결과를 든 것이다.

어둠은 쫓아서 없애는 것이 아니다. 불을 일으키면 자동적으로 없어진다. 불은 내 심장 안에 잠복해 있다. 그 불이 법신이다.

마명보살이 훈습을 설명해 마치면서 妄心則滅 法身顯現이라고 했다. 즉 망심이 사라지면 법신이 밝게 나타난다는 뜻이다. 법신이라고 하니 자꾸 어떤 형상을 상상하는데 그렇지 않다. **아함경**에서

Reality, monk, is name for Nibbana.

실재, 수행자여. 그것이 열반이다

실재는 그냥 그 바탕 자체다. 안개가 가득하면 사물이 보이지 않는다. 안개가 걷히면 거기에 있던 사물이 그대로 드러난다. 그 바탕 사물이 실재다.

이것을 **능가경**에서는 妄想識滅 名爲涅槃이라고 하셨다. 망상의 식이 사라지면 열반이다는 뜻이다. 그 열반이 실재고 법신이다.

이 말씀은 부처와 중생은 동시에 존재할 수 없다는 의미다. 불성이 불꽃으로 바뀌면 무명을 만들어 내는 망상의 모든 식들은 일시에 사라진다. 그때가 되면 **보성론**의 말처럼 자신에게 최고의 이익을 주게 되는 법신이 나타나는 것이다.

海東疏 自然以下 正顯用相

자연이라고 한 이하는 올바른 작용의 모습을 나타낸 것이다.

자연은 스스로 펼쳐진 세상을 말하는 것이 아니다. 여기서의 자연
은 한 인격체의 움직임이다. 즉 부처의 작용이다.

물은 거슬러 흐르지 않는다. 물은 아래로 흐른다. 그것이 자연이고
저절로다. 부처는 중생을 그런 마음으로 보듬는다. 절대로 억지로
하지 않는다. 그것이 자연적인 구제다.

그러므로 그 구제의 흐름을 파악해 거기에 맞춰야 한다. 그렇지
않으면 불교 속에 있어도 아무런 이익없이 그저 시간만 보내거나 기
력만 낭비하게 된다.

부처는 그렇게 자연스럽게 중생을 제도하신다. 부처는 힘을 써서
억지로 중생을 제도하시거나 겉과 속마음이 다르게 위선적으로 중생
을 상대하지 아니하신다.

신들은 권위와 잇속에 의해 인간들을 다스리고자 하지마는 부처는
그렇지 않다. 무속인의 주 기도문이라 하는 태을보신경에 이런 말이
있다. 태상이 말하기를,

愛我者生
惡我者殃
謨我自死
憎我者亡

나를 사랑하면 살 것이고

나를 미워하면 재앙을 받고

나를 모함하면 스스로 죽을 것이고

나를 증오하면 망할 것이다

고 했다. 지구상에 종교의 이름으로 인간들의 숭배를 받고 있는 모든 신들의 수준이 다 이와 같다. 그 어떤 교주든 이 범주를 벗어나지 못하고 있다.

하지만 부처는 다르다. 허공에다 저주를 퍼부어도 허공은 그를 안아주고 태양에다 삿대질을 해도 태양은 그에게 빛을 주듯이 부처를 아무리 욕하고 능멸해도 부처는 그의 무지를 안타까워할 뿐 그를 탓하거나 벌주지 않으신다. 그래서 부처를 위대하다고 하는 것이다.

[海東疏] 此中三句 初言不思議業種種之用者 明用甚深也

그중 삼구 중에서 처음에 말한 부사의업종종지용이라고 한 것은 작용이 심심하다는 것을 밝힌 것이다.

부처가 중생에게 내리는 자비는 세 유형이 있다. 먼저는 부사의업종종지용이다. 이 말은 불가사의한 행업을 짓는 온갖 지혜와 작용이라는 뜻이다. 불가사의한 행업은 중생을 부처로 만드는 일이고 온갖 지혜와 작용은 그 방법을 말한 것이다.

부처가 중생에게 내리는 자비는 범부의 눈으로 볼 수가 없다. 심장이 뛰는 것을 눈으로 볼 수 있는가. 전신을 타고 흐르는 피의 작용을 눈으로 볼 수 있는가? 볼 수가 없다. 그럴지마는 그것은 작용하고 있다.

부모가 자식에게 내리는 큰 사랑은 눈으로 볼 수 있는 것인가. 눈으로 볼 수 있는 것이라면 아주 작은 모습이 겉으로 드러났을 뿐이다. 그 큰 사랑은 빙산처럼 숨어서 움직이고 있다. 그래서 부처님의 자비는 깊고도 깊어서 범부가 어떻게 알 수가 없다고 하는 것이다.

[海東疏] 次言則與眞如等徧一切處者 顯用廣大也

다음에 말한 곧 진여와 더불어 일체처에 두루 균등하게 작용한다는 것은 그 작용이 광대함을 나타낸 것이다.

둘째는 고루 내린다는 것이다. 부처의 자비는 남녀노소와 지위고하를 막론하고 항상 평등하게 내린다. 대지가 모든 생명체를 구별하지 않고 다 키워내고 대해가 모든 강물들을 차별없이 다 끌어당기듯이 그분의 자비도 무정과 유정을 가리지 않고 평등하게 내리신다. **살차니건자경**의 말씀이다.

瞿曇法性身

妙色常湛然 …

其相如虛空 …

衆生等無差

고오타마의 법성인 몸체는

미묘한 색상으로 언제나 잠연하십니다 …

그 모습은 허공과 같아 …

중생들에게 차별이 없으십니다.

이런 분의 자비를 특정지어 자신에게만 내려줄 것을 간절히 기원한다면 어떻게 될까. 그분의 자비를 자신의 기도에만 특별히 응해달라고 애걸한다면 어떻게 될까.

하다못해 초등학교 교사에게 우리 아이에게만 각별한 관심을 가져달라고 한다면 뭐라고 할까.

제대로 된 초등교사도 아이들을 분별해 가르치지 않는다. 그런데 하물며 제불보살이 어느 집과 어느 자식들에게만 특별한 자비를 내리신다고 어떻게 생각할 수 있는가.

그것은 있을 수 없는 일이다. 그렇게 생각한다면 그분들의 위대한 자연자비를 대단히 무례하게 폄훼하는 것이다.

그런데 전국의 거의 모든 사찰에서 그렇게 하도록 유도하고 있다. 기도를 하면 부처님이 소원을 들어주신다고 권장하고 있다. 그럼 기도를 안 하는 중생은 어떻게 하나. 중생들을 편 가르기 하는 이런 말과 행동은 대승불교에서 결코 용납될 수 없는 일이다.

海東疏 又亦以下 明用無相而隨緣用

우역 이하는 작용에는 相이 없어서 인연따라 작용한다는 것을 밝힌 것이다.

140

원가를 도와주는 사람이 거들먹거리거나 교만을 부리면 정말 기분 나쁘다. 지금은 도움이 필요해서 어쩔 수 없이 받기는 하지만 그래도 속은 영 개운치 않다. 도움을 받으면서도 이상한 오기나 불만이 일어난다.

그러므로 부처님은 절대로 도와주신다는 태도인 相을 내세우지 아니하신다. 相은 거만함과 위세다. 이런 相은 주로 조건부 사랑을 거래하는 잡신들이 생색내는 태도다.

부처님의 자비는 무조건적이기 때문에 그 어떤 相이라도 있을 수 없다. 그런데도 사람들은 꼭 읍소의 조건을 붙인다.

한 번만 도와주시면 어떻게 하겠다느니, 이번만 도와주시면 당신을 위해 어떻게 하겠다느니 하는 조건부 가피를 바란다. 일종의 거래를 틔우려고 한다. 부처를 장사꾼으로 보고 흥정을 거는 것이다. 이것은 부처를 능멸하는 것이다. 결코 용서할 수 없는 일이다.

海東疏 如攝論言譬如摩尼天鼓無思成自事 此之謂也

섭론에서, 비유하자면 천고가 생각없이 자신의 일을 다 한다고 했는데 이것은 그것을 말하는 것이다.

낙랑국에 자명고라는 북이 있었다. 그 북은 적국이 침범하면 스스로 울린다고 해서 자명고라고 하였다. 고구려가 낙랑국을 쳐 영토를 넓히려 하는데 그 자명고 때문에 기습침략을 할 수 없었다.

어쩔 수 없이 고구려의 호동왕자가 낙랑국에 잠입해서 낙랑의 왕 최리에게 호감을 산다. 그러다 그의 딸 낙랑공주를 유혹하고 결혼을 한다. 그리고 그녀를 시켜 자명고를 찢도록 한다. 사랑에 빠져 낙랑공주는 자기 나라를 지키고 있는 자명고를 찢어버린다.

그로 인해 호동왕자는 부왕인 대무신왕의 허락을 받고 낙랑국을 공격해 쉽게 함락시킨다. 자명고가 울리지 않았다는 사실을 알고 낙랑국의 왕 최리는 공주를 살해한다.

공주는 자신의 욕망을 이루기 위해 거짓사랑에 속아 나라를 팔았던 것이다. 결국 호동왕자도 양심의 가책에 견디지 못하고 공주를 따라 자결하는 운명을 맞는다. 삼국사기에 나오는 이야기다.

이 이야기의 모티브는 아무래도 불교의 천고에서부터 시작된 것 같다. 천고는 도리천의 중심에 선법당이 있는데 거기에 걸어놓은 거대한 북이다. 이 북은 아수라군대가 쳐들어오면 미리 울려주어서 그들의 무자비한 약탈을 피하게 한다.

그 때문에 아수라군은 지금까지 한 번도 침략에 성공한 적이 없다. 끊임없이 도리천궁의 보물과 여인들을 약탈하려고 기웃거리지만 적절한 기회를 찾지 못하고 있다.

그렇게 그들에게 평화와 안락을 주고 있는 천고이지만 천고는 거기에 대한 보상을 조금도 바라지 않는다. 자신에게 고마워하라는 말도 없다. 자신이 없다면 이 천국은 큰일 난다는 말도 하지 않는다. 그냥 자기 일만 묵묵히 하고 있을 뿐이다.

海東疏 總明用竟

모아서 用의 작용을 밝힌 것은 여기서 마친다.

부처님도 마찬가지다. 중생들에게 끝없는 자비를 내리시지만 그에 따른 대가나 보상은 전혀 바라지 않으신다. 내가 너희들을 보살피니 번 것 중에서 얼마를 내 놓으라는 할당제 같은 것들은 처음부터 아예 없었다.

그런데도 범부들은 부처님의 자비를 받지 않으려 한다. 고집이 황소고집들이다. 반항아들은 가르쳐주면 쉽게 받아들이지 않고 어깃장부터 놓는다. 인생이 가야 할 로드맵을 제시하는데도 꼭 이상한 곳으로 간다.

자기만 가는 것이 아니라 남들도 끌고 간다. 그래도 한 평생을 큰 탈 없이 그냥저냥 살아가는 거 보면 정말 신기하고 기이하기만 하다. 그래서 중생의 삶이 기적 같다고 앞에서 말한 것이다.

起信論 此用有二種 云何爲二 一者依分別事識 凡夫二乘心所見者 名爲應身

이 작용에 둘이 있다. 이를테면 어떻게 둘이냐. 첫째는 분별사식에 의거하는 경우다. 범부와 이승의 마음으로 보면 응신이 된다.

분별사식은 범부들이 쓰는 의식작용이다. 그냥 아는 것이 아니라 분별해서 무엇을 안다는 뜻에서 분별사식이라고 했다. 이것을 쓰면 죽는다고 했다. 그러므로 범부는 예외없이 다 죽어야 한다.

범부는 살려고 하는 몸부림이 도리어 자신을 죽이는 삶을 산다고 했다. 범부는 이래도 죽고 저래도 죽어야 한다. 그것이 주어진 운명이다. 범부는 슬프게도 자체적으로 살 수 있는 방법은 없다.

우물 안에 개구리는 그 속에서 살다가 거기서 죽어야 한다. 자체적으로 밖으로 나갈 방법은 없다. 홍수가 나서 물결에 휩쓸려가거나 사람이 직접 끄집어내어 주지 않으면 그 속에서 죽어야 한다.

범부도 마찬가지다. 이 사바세계에서 분별사식을 쓰는 범부들끼리 서로 두뇌게임을 하다가 삶의 에너지가 고갈되면 그대로 죽어야 한다. 그것이 의식을 쓰는 범부들의 삶이다.

그렇다고 해서 대책없이 자신의 공간에서 튀어나가서도 안 된다. 개구리가 우물을 나가면 뱀에게 먹히고 새에게 낚인다. 새 새끼가 둥지 밖으로 튀쳐나가면 굶어죽든지 들고양이에게 잡아먹힌다.

사람도 대책없이 이 분별사식의 틀에서 벗어나려고 하면 미쳐버린다. 그들이 살려면 반드시 자체적인 복덕부터 갖춰야 한다. 그러면 그를 도와주시는 불보살의 모습이 보이기 시작한다.

起信論 以不知轉識現故 見從外來 取色分齊
그들은 전식으로 나타난 것을 알지 못하기 때문에 보이는 부처가 밖에서 왔다고 하면서 형상과 모습을 취한다.

인식하는 대상의 세계는 자기 마음의 투영상이지 실재한 모습은 아니다. 그것은 자신의 마음이 투사한 것이다. 그러므로 눈에 보이는 모든 것은 이미 자기 마음이 그것을 거기에 가져다 놓고 그것을 발견하는 것이다.

이것을 조사선에서는 업은 아이 삼 년 찾는다고 했다. 이미 업고 있는 것을 망각하고 그것을 찾다가 결국 찾으면 찾았다고 하는 것과 같다는 것이다.

그런 시각으로 부처를 보면 어떻게 보일까. 분명히 있고 없으며 오고 감이 있다.

그러므로 그들은 없는 부처를 기도의 절규로 있게 만드는 일을 하고 있다. 그러다가 언뜻 보이면 왔다고 한다. 여래의 법신은 거울 속 영상과 같이 오고감이 없다고 하신 **불경계경**의 말씀이 무색해지는 순간이다.

부처는 중생의 눈에 보이지 않는다. 보인다면 그것은 보고자 하는 자의 마음에 새겨진 지속성의 일부다.

범부가 부처의 도움을 받기 위해 100일 기도를 한다. 감정이 있는 생명체라면 도저히 외면할 수 없을 만큼의 피맺힌 기도를 한다. 100일째 되는 날 부처가 나타난다.

이때 범부는 그 부처가 어디서 자기에게 왔다고 생각한다. 지금 그것을 지적하는 것이다. 그런데 실은 그 부처가 어디서 자기에게 온 것이 아니라 자기에게서 나타났다고 하는 것이다.

거울을 갖고 어떤 특정한 건물을 비추면 그 건물의 모습이 거울 속에 나타난다. 그렇다면 그 건물이 와서 들어간 것인가. 아니다. 건물은 그 자리에 있다. 조금도 움직임이 없이 그 자리에 있다.

그런데 그 건물이 거울 속에 있다. 그것은 건물이 온 것이 아니라 거울에 건물이 나타난 것이다.

起信論 不能盡知故
그것은 제대로 완전히 알지 못한 것이다.

해마다 부처님오신날 행사를 봉행한다. 부처님이 오셨던가? 그럼 우리는 부처님이 부재한 상태로 있었던가? 그렇다면 부처는 우리 중생들을 일정기간 버려두셨던 말인가? 부처는 그럼 이 중생들을 항상 옆에서 돌보시지 않고 얼마동안 방치해 두셨단 말인가.

한국불교는 선종이 주축을 이루고 있다. 선종에서는 부처가 오고 가지 않는다. 왜냐하면 선종은 근본실상을 말하고 있기 때문이다. 실상으로 보았을 때 부처는 오고가지 않는다. 부처는 늘 그 자리에 계신다. 그러므로 이 표어는 맞지 않다.

이럴 때 슬로건은 부처가 중생에게 나타나신 날, 또는 중생 혁명의 날. 또는 모든 신으로부터 중생이 해방되는 날, 뭐 이런 표어가 더 맞는 말이다.

실상을 말하는 선종이 아니고 緣起연기를 제창하는 종파가 한국불교의 대표종단이라면 앞의 표어가 맞다. 연기 쪽으로 보면 부처는 분명 오고 감이 있기에 그렇다. 즉 2,500여 년 전에 부처는 오셨고 지금은 부처가 안 계시는 상태로 있기 때문이다.

起信論 二者依於業識 謂諸菩薩從初發意乃至菩薩究竟地心所見者 名爲報身

둘째는 업식에 의거한 경우다. 이를테면 모든 보살들이 초발의로부터 보살 구경지의 마음에 다다를 때까지 보이는 부처는 보신이 된다.

전 5식을 갖고 살아가는 동물은 아름다움을 모른다. 그들은 오로지 먹고 싸는 데만 열중한다. 그러므로 그들의 눈에는 먹는 것과 먹지 못하는 것만 보인다. 그래서 아무리 좋은 보석이라고 해도 걷어차버리고 아무리 아름다운 꽃이라 해도 짓밟아버린다.

어린아이들 수준도 아름다움이 뭔지 모른다. 그래서 그들은 분장한 피노키오를 좋아하고 이상하게 생긴 뽀로로의 움직임에 넋을 잃는다.

대포집 주인은 보통 할머니다. 거기에 오는 손님들에게는 나이 많은 노파로도 충분하다. 대포 한잔을 마시러 오는 사람은 걸쭉한 탁주 한잔이 아쉽지 사람의 몸매에 관심이 없다.

좀 더 나은 술집이거나 방석집에 가면 화장으로 단장한 중년여인이 나온다. 싸구려 분 냄새와 향수가 손님의 코를 찌른다. 그들은 향수와 정을 내세워 외로운 손님들을 상대한다.

진짜 좋은 술집은 화장을 하지 않는다. 맨 얼굴로 있어도 충분히 아름답고 매력적이기 때문이다. 그런 곳에 가려면 돈을 많이 가져가야 한다. 빈대떡이나 부쳐 먹을 한량은 감히 기웃거리지 못한다.

돈이 있으면 어디서든 젊고 예쁜 여자를 만날 수 있다. 마찬가지로 복이 있으면 어디서든 아름다운 보신부처님을 만날 수 있다. 돈 없는 사람이 아름답고 예쁜 사람을 직접 볼 수 없듯이 복 없는 중생은 결코 아름다움의 극치인 보신부처님을 볼 수가 없다.

돈 없는 사람들은 그나마 TV로 유명한 아이돌 연예인을 볼 수가 있다. 마찬가지로 복 없는 중생은 이 땅에 가끔 나타나시는 화신불을 보고 진짜의 부처라고 위안을 삼는다. 하지만 TV 속에 아이돌이 진짜가 아니듯이 그런 화신불은 진짜의 부처가 아니다는 거다.

起信論 身有無量色 色有無量相 相有無量好

보신에는 무량한 색채가 있다. 그 색채에는 한량없는 모습이 있다. 그 모습에는 헤아릴 수 없는 상호가 있다.

　분별사식을 쓰는 범부의 눈에는 보신부처가 보이지 않는다고 했다. 그들의 차원에는 그저 사람의 모습을 한 화신불만 보일 뿐이다.
　축생들은 자연을 모른다. 그들은 자연 속에 살아도 자연의 아름다움을 전혀 느끼지 못한다. 가난한 농부의 눈에는 야생화가 들어오지 않는다. 모조리 베어 없애버려야 하는 잡초에 지나지 않는다.
　삶에 풍요가 있고 마음이 여유로워지면 자연이 보인다. 그러면 우선 자연이 갖고 있는 그 고유한 색깔에 깊이 빨려든다. 그 다음에는 평소에 보지 못했던 온갖 신기한 것들이 새삼스럽게 보인다. 그리고 그들이 살아가는 방법과 모습이 경이로워진다.
　이런 모습은 거친 삶을 넘어 자연스러움을 추구하는 눈으로 봐야 가능하다. 그때라야 자연의 싱그러움과 풋풋함을 있는 그대로 보고 느낄 수 있는 것이다.
　돈이 보이면 하는 일이 성취되고 보신불이 보이기 시작하면 부처가 된다. 돈을 벌면 큰 사업의 세계가 보이듯이 내면에 공덕이 쌓이고 마음에 지혜가 열리면 화신의 부처를 넘어 보신부처의 세계가 드디어 보이기 시작하는 것이다.

起信論 所住依果亦有無量 種種莊嚴 隨所示現 卽無有邊 不可窮盡 離分齊相

머무는 곳의 依果도 또한 온갖 가지로 무량하게 장엄되어져 있다. 그러면서 나타나시는 곳에 따라 끝도 없고 다함도 없이 한계의 모습을 떠나 있다.

돼지는 돼지우리에서 살고 인간은 집에서 산다. 스님도 아니고 세속인도 아닌 사람들은 절집에서 산다. 한 수 더 올라가면 스님들은 오롯이 절에서 산다.

마음이 너무나 세련되고 아주 잘생긴 보살들은 어디서 살까. 중생들 세계를 집으로 삼아 산다. 그렇다면 보신부처는 어디서 살까. 중생세계와 열반세계에 전체에 산다.

그렇게 대단한 보신부처라도 법신부처에게 비하면 아무것도 아니다. **금강경오가해**의 말씀이다.

報化非眞了妄緣
法身淸淨廣無邊
千江有水千江月
萬里無雲萬里天

보신과 화신은 진짜가 아니지만 망연을 깨달은 분이시다.
법신은 청정해서 그 크기가 뻗치지 않는 데가 없다.
천 개의 강에 물이 있으면 천 개의 강에 달이 비친다.
창공 만 리에 구름이 없으면 만 리가 하늘이다.

안방에서 마누라에게 타박맞고 있는 대통령은 대통령 신분이 아니다. 그저 한 지아비일 뿐이다. 중생을 상대로 그 모습을 나타낸 보신과 화신은 진짜의 법신이 아니다. 그저 중생을 구제하기 위해 사람 모습을 한 假相가상일 뿐이다.

그래서 진짜가 아니라고 했다. 그렇지만 그분들은 다 하나인 법신부처에게서 나타나신다. 그러므로 그분들은 모두 망녕된 인연들을 깨달은 분이라고 한다.

법신부처는 청정한 광명을 갖고 계신다. 사람의 시선을 끌어당기는 광고 조명은 길거리에서 빛나지만 무명을 제거한 법신부처의 광명은 전 중생계에서 빛난다.

세 번째 문구는 보신부처와 화신부처의 작용이다. 보신부처는 하늘의 달이고 화신부처는 강에 비치는 달이다. 보신부처는 한 중생세계에 하나지만 화신부처는 억만 중생에게 그대로 나타나신다. 千江水에 千江月은 보신부처 한 분으로 충분한 것이다.

그래서 과거 현재 미래에 삼천불이 이 중생세계에 인연따라 나타났다가 사라지지만 보신불은 노사나불 한 분만 계시는 것이다.

네 번째 문구는 법신부처의 여여한 자태다. 법신부처는 언제나 제자리에 계신다. 전 우주를 하늘처럼 품고 계신다. 번뇌의 구름이 끼고 죄업의 바람이 불고 온갖 물상들이 요동을 쳐도 하늘은 늘 그들을 덮어주고 따뜻이 포용한다.

진짜 청천 하늘을 보고 싶은가. 구름만 없으면 그대로 나타난다. 진짜 법신이 어디 계시는지 보고 싶은가. 자신의 마음에 번뇌의 구름만 없으면 그 자리에 광명의 법신이 그대로 나타나신다.

起信論 隨其所應 常能住持 不毀不失

그 응한 바를 따라 언제나 주지하여도 훼손되거나 잃음이 없는 공덕을 그대로 갖고 계신다.

물에 빠진 달이라고 해서 달에 물이 묻은 것은 아니다. 달은 그대로 있다. 거울에 더러움이 비쳤다고 해서 거울에 오물이 묻은 것은 아니다. 거울은 원래의 모습 그대로 있다.

바다에 일체 만물이 들어가도 바다는 원래의 짠맛 그대로 있다. 허공에 많고 많은 물상들이 간단없이 출몰해도 허공은 그대로 있다. 그처럼 부처는 무량한 중생세계를 다니면서 무량한 죄업의 중생들에게 시달려도 그 모습은 그대로 있다.

날마다 휘황하게 떠오르는 태양은 일체만물을 46억 년 동안이나 쉴 틈 없이 생육시켜도 하나도 손상을 입지 않은 그 모습으로 나타난다. 부처도 천하의 생명을 살리고 살려도 조금도 피로감없이 다음 중생들에게 또 출현하신다.

태양빛이 우리에게 다가오는데 8분 20초가 걸린다. 부처가 우리에게 나타나는데 걸리는 시간은 0.1초도 걸리지 않는다. 태양은 저 멀리 있고 부처는 항상 우리와 함께 계시기 때문이다.

태양은 앞으로 50억 년이 지나가면 그 빛이 사라진다. 부처는 중생의 업식이 남아 있는 한 또 어디서든 중생 앞에 나타나신다. 태양은 영겁 속에 순간으로 존재하지만 부처는 영겁을 넘어 영원무궁하게 우리와 함께 계신다. 그래서 **小泥洹經**소니원경에 순타가

아름다운 색상, 고요한 자태, 중생을 편안하게 하시는
그 모습은 시절과 세월에 변하지 않습니다.
대성인이신 부처님은 광겁에 자비를 닦으셔서
금강과도 같은 불괴신을 증득하셨습니다

라고 찬탄하였던 것이다.

그렇기에 그 모습이 손상되거나 훼손되지 않으신다. 그래서 영원
의 상징을 부처라고 하고 공덕의 상징을 부처라고 하며 무결의 상징
을 부처라고 하는 것이다.

起信論 如是功德 皆因諸波羅密等無漏行熏 及不思議熏之所成就
그와 같은 공덕은 전부 다 바라밀 등 무루행훈과 부사의훈습으로
성취되신 것이다.

무루행훈은 외적으로 공덕을 닦은 것을 말하고 부사의훈은 내적으
로 진여훈습을 한 것을 말한다. 그래서 **십선업도경**에

佛身從百千億福德所生
諸相莊嚴 光明顯曜

불신은 백 천억의 복덕으로 이루어져 있다.
그 모습이 장엄하고 그 광명이 밝게 빛난다.

고 하셨다.

삶에 허덕이면서 사는 세속인들도 좋은 일을 많이 하면 그 모습이 아름다워진다. 그리고 좋은 생각을 많이 하면 그 마음씨가 부드러워 진다.

그리고 공부를 많이 하면 신수가 훤해진다. 그런데 무량한 세월 동안 그런 공덕과 지혜를 닦아 온 부처야 말할 게 뭐 있겠는가. 그래 서 부처는 아름다움의 궁극에다 부드러움의 극진, 지혜로움의 극구 極究를 갖추고 있다고 하는 것이다.

起信論 具足無量樂相 故說爲報身
그래서 무량한 樂相이 구족되어져 있다. 그러므로 보신이라고 한다.

락상은 아름다운 모습이다. 중생세계에서의 아름다움은 절대적이 지 않다. 시절과 환경에 따라 그 척도가 다 다르다.

앞에서도 말했지마는 동물은 아름다움의 감각이 없다. 오로지 생 식에만 전념한다. 하지만 인간은 아름다움을 안다.

인간들이라도 아이들은 아름다움을 보는 세련된 미적 감각이 크게 없다고 했다. 노인들도 마찬가지다고 했다. 그들은 그들에 맞는 주관 적인 잣대만 있다. 그나마 성숙한 젊은 눈이 보는 미인이 그래도 정 확하다. 왜냐하면 더 좋은 유전자를 창출해내려는 본능이 작용하기 때문이다.

인류 역사적으로 미인을 정하는데 그 기준을 보면 뭐야 이거 하고 놀랄 것이다.

그중에서 에티오피아 무르시족은 입술이 큰 여자로 미인을 삼았다. 아랫입술에 구멍을 뚫어 둥근 나무판을 끼워 입술을 늘렸다. 그게 그들이 보는 미인의 척도였다.

미얀마 카렌족은 어떤가. 그들도 문명사회가 되기 전에는 놋쇠로 된 링을 목에다 걸고 살았다. 하나가 아니고 많게는 열 개 스무 개도 겹겹이 걸었다. 그 개수만큼 목이 긴 여인을 미인의 척도로 삼았다.

옛 중국의 전족여인은 또 어떤가. 귀여운 한 쌍의 작은 발을 갖기 위해서는 한 동이의 눈물을 쏟아야 된다고 했듯이 작은 발을 만드는 데 온 정열을 쏟았다. 정말 얼마나 아프고 답답했을까.

남미의 잉카여인들은 주로 몸에다 문신을 새겼다. 전신의 피부에 바늘로 찔러 염료를 주입시키는 그 문신은 생각만 해도 끔찍하다. 하지만 그 타투문화는 지금도 일종의 멋으로 유행하고 있다.

우리나라의 미인은 도교의 영향을 받아 주로 턱이 둥글고 펑퍼짐한 여인을 꼽았다. 거기다가 허리가 굵고 엉덩이가 큰 여자를 맏며느리 감으로 삼았다. 얼굴은 보름달처럼 크고 둥글어야 된다고 하였다.

지금과는 완전히 반대다. 미인의 기준은 시대에 따라 변하고 민족에 따라 다르다는 사실이다. 그러므로 인간세상에서 미인의 절대적 기준은 없다.

아직도 형태만 가지고 미인을 뽑는다. 인간의 의식구조인 수상행식은 건드리지도 못한다. 그러므로 그 수준이 어느 정도인지 알 것이다.

미인이나 박색은 고정된 기준이 없다. 모든 꽃이 아름답듯이 모든 인간은 다 특색있게 존귀하다. 인간으로 태어났다는 그 자체가 이미 육도 속에서 엄청난 존귀의 상징이기에 그렇다.

세월이 흘러 더 문명화된 사람들이 보면 지금의 미인은 또 어떻게 평가될지 모른다. 그렇게 문명이 발달되고 또 발달되어 마지막 지점에 이르면 최고의 미인이 탄생된다. 그 미인은 바로 부처님의 모습으로 귀결된다. 그것만 알아두면 된다.

起信論 又爲凡夫所見者 是其麤色 隨於六道各見不同 種種異類

그런데도 범부들이 보면 거친 모습이다. 육도의 중생은 각기 다른 유형으로 보므로 그 보는 모습이 같지 않다.

역사상 세계 최대의 석불은 바미안석불이었다. 서력 4-6세기에 걸쳐 아프가니스탄의 전신인 梵衍那범연나국 국민이 조성했다. 범연나라는 말은 깨끗한 대승이란 뜻이다. 대승불교가 한창 일어날 때 이 도시국가의 왕조가 출현했던 것 같다.

석굴 좌우에 거대하게 서 있던 대불들의 높이는 55미터와 38미터였다. 그 크기와 웅장함은 가히 말로 다 표현할 수 없을 정도로 굉장하였다. 삼장법사 현장도 그 불상의 위용에 압도당해 엎드렸고 신라의 혜초 역시 그 불상에 감탄하여 끝없는 경배로 중생의 안락을 기원했다.

그런 석불을 탈레반들이 2001년에 부숴버렸다. 세상 사람들이 자기들의 처지보다 그 불상에 더 많은 관심을 가진다는 질투 하에 다이너마이트와 탱크, 그리고 로켓포로 인류의 문화유산 중에서도 손꼽히는 이 대불들을 무참히 박살을 내버렸다.

모든 불상들은 이슬람에 대한 모독이다. 이것은 탈레반정권이 그 불상들을 부숴야 한다는 당위성을 내세운 포고문 중에 하나다.

정말 미친 짓거리라 아니할 수 없다. 예쁜 자기 마누라를 누가 쳐다보는 것이 싫다고 해서 마누라 얼굴을 훼손해 버리는 것과 같은 광란의 발작을 벌인 것이다.

또 하나는 현대의 시각으로 세워진 중국 최대의 관음석상이다. 이 보살상 역시 2019년에 중국 당국의 명령으로 잔혹하게 파괴되어 버렸다. 이 보살상은 중국 북부 허베이성에 있던 마애보살이고 그 모습은 쇄수상이다.

마애라는 말은 돌에 새겼다는 뜻이고 쇄수상이라는 말은 물을 뿌리는 모습이라는 것이다.

이 관음상은 받침대 없이 순수 형상만 57.9미터였다. 아파트로 보면 약 21층 높이다. 실로 어마어마한 크기이다. 이런 모습은 가까이에서 보면 그 윤곽이 잘 보이지 않는다. 멀리 떨어져 봐야 제대로 그 모습을 볼 수가 있다.

이 관음상을 조성하는 데는 현대의 설계기술과 조각기계를 사용했다. 그런데도 장장 5년이 넘는 기간이 걸렸다고 한다. 그만큼 웅장하고 거대했다는 것이다.

이 관음상 덕분에 그 지역 경제와 시장이 활황을 맞이했다. 휴일이면 하루에 1만 명이 넘는 관람객들이 전국 각지에서 모여들었기 때문이다.

그런 현대 감각으로 조성된 세계 최고의 관음상을 중국 당국은 무자비하게 폭파해 버렸다. 그 이유는 중국 인민들이 자기들보다도 그 관음상을 더 믿고 의지한다는 시기심에서였다. 이것은 자기보다 시

부모를 더 챙긴다고 밥상을 엎어버리는 못된 가장과도 같은 무례한 짓이다.

이 둘의 공통점은 모두 불보살을 모실 수 있는 복이 없다는 것이다. 그냥 가만히 두었으면 국내외의 관광객으로 국가경제에 엄청난 이득이 되고 그 나라의 보물로 인해 국가인지도가 더 높게 올라갔을 텐데 그들은 그런 불보살을 모시는 복덕이 땅바닥을 기었던 것이다.

이게 바로 위에서 말한 락상을 수용하지 못한다는 뜻이다. 그래서 그들의 눈에는 부처가 미신의 대상이고 질투의 대상이 되었다. 그래서 그냥 두고 보기에도 대단히 버겁고 힘겨웠던 것이다.

그런 사람들의 눈에는 머리를 깎고 수행하는 스님들의 모습도 좋아 보이지 않는다. 스님 위에 아라한이 있고 보살이 있고 그 위에 부처가 있다. 그러니 어떻게 부처의 극미적인 아름다운 모습을 볼 수가 있겠는가. 상상조차도 하지 못한다.

起信論 非受樂相 故說爲應身

그들은 락상을 수용하지 못한다. 그러므로 응신이라고 한다.

돈만 생기면 색줏집을 드나드는 사람은 아직도 자식들을 키우는 자기 마누라의 아름다움을 모르고 있는 자다. 자기 자식들의 사랑에만 빠져 있는 사람들은 아직도 자기 부모의 아름다움을 느끼지 못하는 수준에 있다.

어릴 때 어깨너머로 들은 이야기 하나다. 땅만 파먹고 사는 농부가 시장엘 갔다. 신기한 것도 많았지만 오고가는 여자들이 모두 다 예쁘게 보였다. 그런데 집에 오니 까치집머리를 한 채 맨발로 밥상을 차려오는 마누라가 완전 밉상덩어리더라는 것이다.

그래서 너 네 집에 가라고 했다는 거다. 옛날에는 그랬다. 남자가 하늘이고 여자가 땅이라고 하던 시절이 있었다.

여자는 어쩔 수 없이 자기 집으로 가야만 했다. 그렇다고 해서 자기 친정집에 갈 수가 있느냐 하면 그렇지도 못했다. 한번 출가하면 시댁귀신이 되어야 했기 때문에 다시 친정에 돌아갈 수도 없었다.

여자는 어디든 가야만 했다. 자기 신세가 가련해서 부엌에서 한참을 울었다. 그리고는 머리를 감고 목욕을 했다. 외출옷이라고는 없었지만 그래도 장롱 안에 빨아 넣어둔 옛날 치마저고리를 꺼내 입고 몇 해도 훨씬 넘은 동동구루미를 얼굴에 펴서 발랐다.

고무신도 짚으로 닦았다. 원래의 하얀 색이 드러났다. 거기에 버선발을 집어넣었다. 이제 옷 보따리를 들고 방 앞에 새 각시처럼 다소곳이 섰다. 그리고는 방안을 향해 잘 있으라고 인사를 했다.

남자는 마지막 인사를 받으려고 방문을 열었다. 그런데 거기에는 웬 아름다운 여인 하나가 청초하게 서 있는 것이 아닌가. 남자는 그때서야 자기 마누라가 이 세상에서 제일 아름다운 여자라는 걸 알았다. 하지만 그 여인은 떠나갔다. 그래서 있을 때 잘하라는 노래가 나왔다.

복이 없으면 자기 마누라도 못 챙긴다. 그래서 트집을 잡아 쫓아버린다. 그런 복으로는 세상 그 무엇도 제대로 보이지 않는다.

식구들을 먹여 살리느라 흙먼지를 덮어쓴 모습은 마누라 본래의 모습이 아니다. 그것은 본래의 모습에서 나온 부분 모습이다.

법당에서 우리를 내려다보고 계시는 불상은 본래 부처의 모습이 아니다. 그 너머에 계시는 보신불을 볼 수 있도록 돋보기 역할을 해 주시는 가상의 모습이다.

그러므로 이 시점에 꼭 명심해 두어야 한다. 전생에 인연이 있어 불상 앞에 내가 서 있다면 어떻게든 부처를 아름답게 보도록 내 마음을 먼저 닦아야 한다.

호강에 겨워 마누라를 내쫓으면 결국 가슴을 치는 후회가 밀려오듯이 무지에 덮여 화신불을 냉대하게 되면 결국 억장이 무너지는 고통을 맛볼 것이다.

그러므로 그분이 내 주위에 계실 때 혼신을 다 바쳐 그분을 모시고 그분의 가르침을 받아야 한다.

그분이 떠나고 나면 그때는 내 목숨이 천 개라도 아무 가치가 없어져버리기 때문이다.

起信論 復次初發意菩薩等所見者 以深信眞如法故 少分而見
초발의보살들이 보는 바는 그들은 깊이 진여법을 믿기 때문에 적게나마 보신불을 볼 수가 있다.

동물들은 남의 입장을 모른다. 아이들도 그렇다. 그래서 되도 않은 일에 떼를 쓴다. 청소년들도 모른다. 그래서 어른들에게 억지를 부리고 대든다.

남의 입장을 잘 헤아리지 못하는 사람은 아직도 덜 성장한 자들이다. 세상의 불화와 다툼은 모두 다 그렇게 상대의 입장을 헤아리지 못하는 데서 기인한다.

보살은 기본적으로 남의 입장을 내 입장처럼 생각해 주고 남의 아픔을 내 아픔으로 받아들이며 남의 즐거움을 나의 기쁨으로 받아들인다. 이런 마음은 자기가 낳은 자식에게 향하는 부모의 심정과도 같다.

이런 분들이 오랫동안 복을 짓고 지혜를 닦아나가면 드디어 초발의보살이 된다. 그러므로 초발의보살은 범부 중에서 가장 뛰어나고 가장 수승한 분들이다.

起信論 知彼色相莊嚴等事 無來無去 離於分齊 唯依心現 不離眞如
그들은 보신부처님의 색상과 장엄에 이어 하시는 일들이 옴도 없고 감도 없이 한계를 떠나 있고 오직 마음에 의해 나타나며 진여를 떠나지 않고 있음을 알고 있다.

초발의보살은 보신부처를 아주 부분이나마 볼 수 있다. 그런 보살 정도가 되어야 이제 자기와 세상을 정확하게 보는 눈이 미미하게 열린다.

그들은 보신부처의 몸과 그에 나타난 공덕상은 물론 중생들에게 어떠한 작용을 하시는지 그때서야 어렴풋이나마 알게 된다.

그리고 그분들은 부처가 오고 감이 없이 언제나 우리와 함께 계신다는 것도 알게 된다. 이런 사실을 아신 분이 있다. **금강경오가해**에 득통스님이 쓴 부처님에 대한 찬탄글귀다.

그분은 밑바닥 없는 배를 타고 이 생사의 바다에 들어오셨다. 구멍

없는 피리를 부니 그 아름다운 소리가 지축을 울리고 그 법이 하늘에 넘실대었다.

그 바람에 귀 멀고 눈 먼 자들이 모두 다 깨어나고, 마르고 휑한 대지가 흠뻑 젖어 모든 중생들이 모두 다 생명을 얻게 되었다. 그로 인해 그들이 있어야 할 자리에 각각 있게 되었다.

정말 멋진 어귀가 아닌가. 인간의 언어로 표현할 수 있는 극찬의 찬탄이라 아니할 수 없다.

한계가 없다는 말은 중생세계 어디 안 계시는 데가 없다는 뜻이다. 초발의보살이 되면 부처가 중생의 마음 여하에 의해 나타나신다는 것과, 어떤 중생이든지 그 진여와 함께 움직이고 있다는 것을 그때서야 조금이나마 알게 된다는 것이다.

起信論 然此菩薩猶自分別 以未入法身位故
그러나 이 보살들은 아직도 스스로 분별하고 있다. 그것은 법신의 자리에 들어가지 못하기 때문이다.

분별은 십지 중에서도 상위권인 법신보살을 넘어서야 떨어진다고 6염심을 설명할 때 말했었다. 그러므로 공무원을 보고 국민들 모두를 공평하게 대해 달라고 하거나 대통령을 보고 여야 전체를 아우르는 정치를 해 달라고 요구하는 것은 무리다.

자기가 낳은 자식도 분별하는 것이 범부의 마음이다. 그런데 어떻게 공무원이 국민들 전체를 공평하고 무사하게 대할 수 있겠는가. 하다못해 저급한 신들조차도 자기편과 자기 민족을 가려서 긍휼을 내리는데 범부들이야 말할 게 뭐 있겠는가.

"분별하지 마라."
"당신이나 분별하지 마소."

범부는 분별로 죄업을 짓고 분별로 그 과보를 받는다. 분별은 범부의 아이콘이다. 그러므로 그 분별을 벗어날 수가 없다. 그 이유는 망념을 갖고 살기 때문에 그렇다고 했다.

起信論 若得淨心 所見微妙 其用轉勝
만약에 정심을 얻으면 보이는 모습이 더욱 아름답게 보인다. 그러면 그 작용이 점점 수승하게 보인다.

마음이 맑으면 보이는 것이 맑게 보인다. 마음이 탁하면 보이는 것이 탁하게 보인다. 그래서 부처 눈에는 부처님만 보이고 돼지 눈에는 돼지만 보인다는 말이 있다.
정심은 정심지를 말한다. 즉 환희지다. 그때부터 보신보살을 보는 모습이 점점 아름답고 미묘하게 보인다. 눈이 제대로 열리는 것이다. 그때 가서야 보신보살의 움직임이 정말 대단하시구나 하는 것을 직접 보고 느끼는 것이다.

起信論 乃至菩薩地盡 見之究竟 若離業識 則無見相
그러다 보살진지가 되면 마지막으로 보신 부처를 보게 된다. 그러다 업식을 떠나면 곧 보는 모습이 없어진다.

　보살진지는 보살이 끝난 자리다. 보살이 끝나면 그 다음 단계는 부처다. 수많은 강물이 있지마는 바다에 들어가면 하나의 짠물이 된다. 거기엔 나와 네가 없다. 마주 설 상대도 없고 마주 대할 대상도 없다.

　부처는 개체가 아니다. 부처는 전체다. 그러므로 부처는 부처를 상대하지 않는다. 전체는 전체를 상대하지 않는다. 부분이 부분을 상대하고 부분이 전체를 상대한다.

　업식은 무명에 의해 작동된다. 무명이 떨어지면 我는 완전히 없어진다. 그러면 전체가 된다. 그 전체가 바로 보신이고 법신이다. 보신은 우리들에게 나눠진 바다고 법신은 전체의 바다와도 같다고 했다.

起信論 以諸佛法身 無有彼此色相迭相見故
모든 부처의 법신은 피차의 색상으로 서로 마주보는 일이 없기 때문이다.

　피차의 색상은 서로의 모습이다. 색상은 색깔과 모습을 말한다. 그러므로 법신은 법신끼리 서로 마주할 일이 없다. 법신은 전체고 하나다. 그 세계는 우리로써는 가늠할 수가 없다. **화엄경** 게송이다.

佛身普徧十方中
三世如來一切同

廣大願雲恒不盡
汪洋覺海渺難窮

법신은 청정해서 그 광명이 끝이 없으며
삼세의 모든 부처님은 동일한 부처님이다.
광대한 원력의 법운은 영원해 다함이 없고
크고도 넓은 깨달음의 세계는 아득해 알 수가 없다.

남남이 결합한 부부도 오래 살면 서로 닮아간다고 한다. 그러다가
내가 네가 되고 네가 내가 된다. 중생도 부처와 오랫동안 살게 되면
부처를 닮아가다가 부처와 하나가 된다. 그러면 내가 부처가 되고
부처가 내가 되어 서로 마주할 일이 없어진다.

起信論 問曰 若諸佛法身離於色相者 云何能現色相
묻겠다. 제불법신은 색상을 벗어났다고 하였다. 그런데 어찌 색상을
나타낼 수 있는 것인가?

법신은 일체중생의 본성이며 우주 만유의 본체다. 그러므로 어떻
고 무엇이다로 특정화할 수 없다.
법신은 가정과 같다. 가정에 의해 가족이 있고 개인이 있다. 개인
은 가족에 속해 있고 가족은 가정을 이룬다.
그러므로 가정인 법신과 가족인 보신은 개체인 나와 함께 있고 나
와 함께 움직인다. 그래서 법신은 내 마음을 떠나지 않고 있다고 위

에서 말했다.

법신은 색상을 벗어났다고 했다. 색상은 형체가 있는 몸이다. 법신은 그 어떤 형체도 갖고 있지 않다. **금고경**에

佛眞法身
猶如虛空

부처님의 진신인 법신은
마치 허공과도 같다

고 하셨다. 그런데 어떻게 그런 법신이 형상 있는 화신이나 보신 같은 몸을 나타낼 수 있느냐는 거다.

起信論 答曰 卽此法身是色體故 能現於色
답해 주겠다. 곧 그 법신은 바로 색상의 본체다. 그래서 능히 색상을 나타낸다.

법신은 인연따라 중생세계에 응신과 화신을 나타낸다. 물이 있으면 하늘에 달이 나타나듯이 인연 있는 중생들에게 그분들은 그들에 맞는 형상을 갖고 나타나신다. 그래서 화신의 색상을 나타냄이 가능하다는 것이다. 그렇다면 화신불은 어떤 분이신가.

보성론에 보면, 화신불은 언제나 우리와 함께 계신다는 뜻으로 常命이라 했다. 거기에는 일곱 가지 원인이 있어서 그렇다고 하였다.

첫째는 인연이 끝이 없다. 수많은 세월 동안 중생들을 위하여 자신의 목숨과 재물을 희사하면서 모든 부처님 법을 완벽하게 터득하셨다.

둘째는 중생이 끝이 없다. 처음 발심하셨을 때 중생이 다 끝나야 나의 서원이 끝난다는 발원을 하셨다. 그래서 중생이 있는 곳에는 그분이 계신다.

셋째는 대비가 원만하다. 적은 자비를 가진 보살들도 중생제도를 위해 열반에 들어가지 않으려 하는데 하물며 원대한 대비가 충만한 부처님이겠는가.

넷째는 신족이 원만하다. 세상 사람들도 신족의 힘을 얻으면 대단한 세월을 산다. 그런데 四神足을 갖춘 부처라면 더 이상 무슨 말이 필요하겠는가.

다섯째는 미묘한 지혜를 성취하셨다. 생사니 열반이니 하는 분별을 멀리 벗어나서 無異平等함을 증득하여 동요도 없고 적정도 없는 경지에 있다.

여섯째는 삼매를 성취하셨다. 사람들도 삼매를 얻으면 물 불 칼 화살의 상해를 입지 않는데 하물며 백천삼매를 완성한 부처님이겠으랴.

일곱째는 열반을 성취하셨다. 이미 理의 근원에 들어오셨다. 그래서 大樂을 얻고 있다. 진리와 더불어 계시기 때문에 멸진이 없다 고 하였다.

그러니까 법신은 색상을 만들어 내는 본체다. 그러므로 색상과 본체는 둘이 아니다. 그러므로 중생이 있으면 거기에 맞는 부처가 나타난다는 것이다.

起信論 所謂從本已來 色心不二 以色性卽智故 色體無形 說名智身

말하자면 종본이래로 색심은 둘이 아니다. 색성이 곧 지혜다. 색성의
본체는 형체가 없다. 그것이 지신이다.

색심은 형체와 마음이다. 여기에서의 마음은 본성이다. 그 본성이
智性이다. 지성은 지혜가 되는 바탕성품이다. 그러니까 형체와 바탕
성품인 지성은 둘이 아니라는 것이다.

지성은 마치 바다와 같다. 거기서 파도인 형체가 나타난다. 그처럼
지성은 천지만물을 드러낼 수가 있다.

그런 지성은 고정된 형체가 없기에 인연따라 한량없는 모습을 만
들어 낸다. 형체가 있는 고정된 것이라면 어떻게 수많은 만상을 만들
어내겠는가. 온갖 색상을 만들 수 있는 것은 그 바탕이 분별을 떠난
지성이기에 가능한 것이다.

起信論 以智性卽色故 說名法身徧一切處

그 지성이 색상이기 때문에 법신이 일체처에 두루하다고 한다.

그러므로 지성은 일체처에 두루하다. 일체처는 우주공간과 시방
천지. 이 말은 일체처에 법신이 들어가 있다는 말이 아니고 일체처
그 자체가 법신이라는 뜻이다. **정명경**의 말씀이다.

虛空無中邊
諸佛身亦然

不生不滅故

敬禮無所觀

허공에는 중간도 없고 가도 없다.

부처의 몸도 또한 그렇다.

불생불멸하기에

공경을 다해 예배를 드려도 보이는 대상이 없다.

이 게송이 이해가 되시면 부처는 시방에 없는 데가 없고 삼세에 없을 때가 없다는 사실을 명확히 알게 될 것이다.

起信論 所現之色無有分齊

그 나타나는 바의 색상은 한계가 없다.

방송국에서 송출하는 프로그램은 끝이 없다. 많기도 많은 장르를 제작해 영상으로 내보낸다. TV화면은 그것들을 그대로 방영한다. 무량한 모습과 다양한 색상이 계속해서 쏟아진다. 그렇지만 TV는 언제나 TV 몸체 그대로 있다.

방송국은 TV에 많은 가수를 등장시킨다. 시청자들은 그중 한 명에게 필이 꽂힌다. 그 가수를 좋아하고 그 가수의 노래를 부르며 그 가수와 하나가 되어간다.

起信論 隨心能示十方世界 無量菩薩 無量報身 無量莊嚴 各各差別

하지만 중생의 마음을 따라 능히 시방세계에 무량한 보살과 무량한 보신과 무량한 장엄으로 각각 차별되게 나타나신다.

법신부처는 세상의 본성이다. 중생은 그 본성으로 회귀해야 살 수가 있다. 그것을 도와주기 위해 인격적 모습으로 나타난 분이 보신불이다. 그런데 그분은 너무나 위대하고 존귀하다. 그래서 복 없는 중생들은 가히 볼 수도 없고 가까이 갈 수도 없다.

그때 중생에게 더 가까이 갈 수 있는 짝퉁의 부처가 출현한다. 그분이 바로 화신과 응신이라고 했다.

돈 없고 가난한 사람들은 짝퉁의 가수가 노래하는 곳으로 간다. 거기서 이미테이션의 가수를 보고 위안을 얻는다. 본래의 가수가 노래한 수많은 곡 중에서 자기 마음에 드는 노래를 따라 부르면서 즐긴다. 그게 바로 복 없는 범부가 만나는 화신과 응신부처님이다.

그러다 돈을 벌면 진짜의 가수가 여는 콘서트에 가서 그 실체를 본다. 조명과 세트가 화려하게 어우러진 곳에서 진짜의 가수를 보고 탄성을 지른다. 정말 끝없는 환희와 감격이 일어난다. 이게 바로 복으로 보신부처님을 보게 된다는 것이다.

起信論 皆無分齊 而不相妨
그런 모습들은 한계가 없어 서로 방해하지 않는다.

물은 서로 거부하고 방해하지 않는다. 그러면서 서로 엉키고 서로 끌어당긴다. 서로를 배척하고 서로를 거부하는 인간들하고는 완전

다르다.

TV화면에 등장하는 인물들과 물상들은 서로 걸리거나 부딪치지 않는다. 그처럼 법신불이 쏟아내는 일체만물들은 서로 걸리거나 부딪치지 않고 자연적으로 움직인다.

범부는 그것을 모른다. 범부는 그것을 알기 위해 문자와 언어를 사용한다. 하지만 그것은 불가능하다. 그것을 알기 위해서는 관념이나 언어의 정보로부터 완전히 벗어나야 가능하다.

起信論 此非心識分別能知 以眞如自在用義故
그것은 심식으로 분별해 능히 알 수 있는 것이 아니다. 그것은 진여의 자재한 작용의 뜻이기 때문이다.

부처의 세계는 인간의 언어와 철학적 사고와는 완전 별개다. 그 세계는 언어를 넘어서 있고 생각의 차원 너머에 있다. 그러므로 그 어떤 이론으로도 법신의 세계는 이해할 수 없다.

그것을 禪句에서는 言語道斷이라고 하고 心行處滅심행처멸이라고 했다. 언어도단은 말로써는 어떻게 풀이할 수가 없다는 뜻이고 심행처멸은 생각으로도 도저히 미치지 못하는 영역이라는 뜻이다.

열반경에서 여래의 몸은 몸이 아니면서도 몸이다. 식이 없으면서도 식을 갖고 있다. 마음을 떠났으면서도 또한 마음을 여의지 않았다. 계시는 곳이 없으면서도 또한 계시는 곳이 있다.

집이 없으면서도 또한 집이 있다. 형상이 없으면서도 또한 모습을 갖고 있다. 그렇게 모든 모습이 장엄되어져 있다 고 하시면서 널리 설하시었다.

이런 부처의 경지를 알려면 心識의 세계를 엎어야 한다. 그렇지 않으면 결코 이런 진여의 작용인 부처의 경지를 가능하거나 사량할 수가 없다.

海東疏 第二別釋 於中有三 總標 別解 往復除疑

두 번째는 벌려서 풀이하는 것이다. 그 가운데 셋이 있다. 모아서 표시하고 벌려서 풀이하며 왕복으로 의심을 제거하는 것이다.

앞에서는 진여의 작용이라는 것에 대해 전반적인 해설을 하였다. 여기는 세부적으로 다시 그 작용을 말한다는 것이다.

그 세 부분이 우선 진여의 작용이 무엇인지를 종합적으로 밝히고, 둘째는 나누어서 풀이를 하고 마지막엔 의심이 나는 부분을 문답형식으로 풀어주는 것이다.

세상의 모든 생명체는 體相用을 가지고 있다. 본체와 모습, 그리고 작용이다. 부처도 마찬가지다. 그래서 본체를 법신이라고 하고 보신을 모습이라고 하며 화신을 작용이라고 한다.

海東疏 別解中亦有二 一者直顯別用 二者重牒分別

나눠서 풀이하는 것 중에 또한 둘이 있다. 첫째는 바로 나눠서 하는 작용을 나타내었고 둘째는 거듭 분별을 조회하고 있다.

법신과 보신, 그리고 응신에 대하여서는 여러 설들이 있다. 하지만 사전적으로 보면 법신은 영원히 변하지 않은 만유의 본체다. 身은 바탕의 뜻으로 인격적 의미로 붙였다.

보신은 因行의 원력에 의해 성취된 부처다. 즉 보살위에서 무량한 고난의 수행을 겪으면서 정진한 결과로 얻은 유형의 불신이다.

응신은 보신불을 보지 못하는 중생들을 제도하기 위하여 나타나는 부처다. 즉 석가모니불 같은 화신불이 이에 속한다.

海東疏 初中亦二 先明應身 後顯報身
첫 번째 중에 또 둘이 있다. 먼저는 응신을 밝히고 뒤에는 보신을 나타내었다.

중생 모두는 이 사바세계의 감옥에 갇혀 있다. 여기서 선업을 지으면 천상의 감옥으로 이송되고 여기서 죄를 더 지으면 지옥의 감옥으로 이감된다.

그들은 가족의 관심과 보호권 속에 있다. 가족이 제불보살이고 그 보호권이 법신이다. 수형생활을 모범적으로 하면 부모를 만날 수가 있다. 참회하는 마음으로 부모를 보면 부모가 그렇게 성스럽고 거룩해 보이며 자비로울 수가 없다. 그분이 보신이다.

그런데 불만 있는 마음으로 삐딱하게 보면 부모조차 반갑지 않다. 말씀조차 잔소리로 들린다. 그래서 부모가 다른 사람의 모습으로 바꿔 찾아온다. 그분이 화신이다.

죄업이 두껍고 심성이 혼탁하면 그를 사바세계 감옥에서 빼내주고자 찾아온 그 사람도 보기 싫어진다. 공연히 짜증나고 불쾌하다. 그

172

가 무슨 흑심을 가지고 찾아오지나 않았나 하는 의혹심이 앞선다. 그렇게 보면 응신이다.

이제 가족 누구가 찾아와도 만나보려 하지 않는다. 그런 자에게는 불교도 필요 없고 화신이나 응신의 부처도 필요 없다. 그 사람들이 외도다.

海東疏 初中言依分別事識者 凡夫二乘未知唯識 計有外塵 卽是分別事識之義

첫 번째 중에서 말한 분별사식을 의거한다는 것은 범부와 이승은 유식을 알지 못한다. 그래서 밖의 세상에 계착한다. 그것이 분별사식의 뜻이다.

애인은 없었다. 내가 애인을 만들어 놓았기 때문에 애인이 생겨 머리가 아픈 것처럼 세상은 원래 없다. 부모도 없었다. 내가 부모에게서 태어남과 동시에 부모가 생긴 것이다. 그처럼 세상도 나의 업에 의해 나타나 있는 것이다. 이것이 바로 유식이고 그 이론이 유식사상이다.

범부는 이것을 모른다. 알아도 그냥 이론으로써 대충 그런가보다라고 한다. 실체적으로 느끼지 못한다. 그것은 분별사식으로 세상을 보기 때문이다.

범부가 세상을 보는 것은 화가가 추상화를 그려 놓고 거기에 자기만의 그림세계를 부여하는 것과 같다고 했다. 그 추상화는 원래 없었다. 화가가 그렇게 만들어 내었다. 그게 바로 중생세계다.

今見佛身 亦計心外 順意識義 故說依分別事識見

그래서 지금 불신을 본다고 해도 마음 밖에 계착한다. 그것이 **意識**을 따른다는 뜻이다. 그러므로 분별사식을 의거해서 본다고 했다.

올림픽에서의 금메달 뉴스는 먹고살 만한 사람들에게나 반가운 소식이지 땟거리 걱정하는 사람들에게는 그저 아득한 남의 나라 이야기가 된다.

학교 교육이 반드시 필요하다는 것을 알지마는 찢어지게 가난한 사람들에게는 그런 데 관심이 없다. 곳곳에 학교가 세워지고 교사가 아이들을 가르치고 있어도 내가 돈이 없으면 그런 것들은 다 나와 상관이 없는 일이다.

그처럼 법신과 보신 화신이 엄연하게 나에게 작용하고 있어도 내가 그것을 직접 느끼지 못하면 무조건 없다고 한다. 그래서 불교는 사실 배부른 사람들에게나 통하는 것이지 먹고 살기 힘든 사람들에게는 전혀 무의미한 가르침이다.

그래서 불교에서 끊임없이 복을 지으라고 한다. 복을 지어야 먹고 사는 것이 해결되고 그래야 불법이 비로소 들어오기 시작하기 때문이다.

海東疏 此人不知依自轉識能現色相

이런 사람들은 자신의 전식에 의해 색상이 나타난다는 것을 알지 못한다.

도깨비에게 홀리면 하룻밤에 아홉 고개를 넘는다는 말이 있다. 도깨비는 없다. 그런데 도깨비에게 당한다. 당하는 사람에게는 도깨비가 있지마는 보통사람들에게는 도깨비는 없다.

몸이 허약하거나 기력이 쇠잔하면 없던 도깨비가 나타난다. 거기다가 정신이 혼미하기까지 하면 저승사자가 보이기 시작한다. 그때가 되면 이제 죽을 시간이 임박했다는 것이다.

도깨비는 숲속에서 살고 저승사자는 지옥에서 온다고 한다. 하지만 이 둘은 어디에서 나에게 오는 것이 아니다. 자신에게서 나타나는 것이다. 그런데도 마음이 허한 사람들은 그것을 인지하지 못한다. 그래서 그들을 만나면 너무 놀라고 너무 큰 충격을 받는다.

그러므로 이런 것들을 만나면 그는 벌써 정상적인 자가 아니다. 마찬가지로 부처가 먼 곳에서 자기를 도와주러 온다고 생각한다면 그도 정상적인 자가 아니다. 한낱 거짓신앙에 미쳐 있거나 방편교에 깊이 미혹되어 있을 뿐이다.

海東疏 故言不知轉識現故見從外來

그래서 그것은 전식에서 나타난다는 것을 알지 못하고 그 보이는 것이 밖에서 온다고 하는 것이다.

복 없는 범부가 삭막한 세상을 살아가려면 많은 장애와 어려움이 있다. 그러다보니 때로는 동물에게도 빌고 때로는 나무에게도 빌며 또 때로는 보이지 않은 정령들에게도 빌면서 자기에게 닥친 환난을 풀고자 했다.

그 어려움을 푸는 데는 코브라 뱀이면 어떻고 큰 고목이면 어떻고 해와 달이면 뭐 어떻단 말인가. 아니면 성황당이면 어떻고 장독대면 또 어떻단 말인가. 어떻게든 자식들의 안위와 집안의 평안을 위해 닥쳐오는 우환을 막고자 하는 행위라면 무엇을 나무라고 무엇을 흉볼 일이겠는가.

하지만 정통의 불교라면 전혀 다르다. 불교는 위에서 말한 이런 미신적이고 맹신적인 믿음을 원하지 않는다. 불교는 그런 행위조차도 다 부질없는 일이고 쓸모없는 기원이다는 것을 가르치고 있다.

어리석으면 무엇에든 빈다. 천하대장군이나 지하여장군 같은 장승에게도 빌고 거대한 바위에도 빈다. 그런 행위는 어리석음으로부터 시작된다. 그래서 그 어리석음을 깨우쳐 주기 위해 불교가 나타났다.

그래서 불교는 창시될 때부터 기도라는 것을 없애는 조건으로 시작했다. 세상 사람들 다 창조주나 심판자를 믿어도 불교는 그런 것 믿으면 안 된다는 말씀으로 이 세상에 태어났다. 그런데 어찌 불교 속에서 불보살을 믿어 세속적 소원을 성취하려 하는지 답답할 뿐이다.

세상 사람들은 불교를 미신적이라고 생각한다. 얼마나 불교를 믿는 사람들이 미신적인 행위를 했으면 이런 소리를 들을 수밖에 없을까 하는 자기반성이 있어야 한다.

지금부터라도 잘 알아야 한다. 불교 속의 보살과 부처는 중생의 삶에 관여하지 않는다. 중생의 삶을 도와주는 가르침이 아니라 거기서 벗어나는 길을 가르치는 분들이라는 사실을 확실히 알아야 한다.

`海東疏` 然其所見有分齊色 卽無有邊離分齊相

그 보이는 색상의 모습은 끝이 없어서 한계를 벗어나 있다.

세상에 부처님 없는 곳이 없다. 그런데도 사람들은 부처님의 가호를 받지 못하고 운명대로 살다가 간다. 그것은 부처님을 받아들일 수 있는 복이 없어서 그렇다.

봄이 되면 산과 들에 수많은 꽃들이 만개하지만 감옥에 갇혀 있는 죄수들은 그것을 직접 보지 못한다. 그처럼 보신부처님의 몸은 천지간에 없는 곳이 없지만 죄업을 지은 중생들은 그분을 만날 수가 없다.

`海東疏` 彼人唯取有分齊義

그런데도 그 사람은 오직 한계가 있다고 생각한다.

남들이 가지지 못하는 천군만마와 부귀영화를 가졌다 해도 인연이 다하면 사라진다. 왜냐하면 그것은 밖에서 얻어진 것이기 때문이다. 그런 것들은 인연으로 나에게 왔듯이 시절 인연이 다 되면 또 다른 인연을 찾아 떠나가 버린다.

그러므로 그 어떤 것이라 해도 밖에서 얻어진 것은 내 것이 아니다. 내 안에서 얻어진 것만이 내 것이 될 수 있다. 그 누가 나에게 빛을 가져다준다면 그는 다시 그 빛을 회수해 가버릴 수 있다. 그 빛은 내 것이 아니기에 관계가 틀어지면 즉시 그렇게 회수해 가는 것이다.

未解分齊則無有邊

그것은 범위가 끝이 없음을 알지 못해서 그런 것이다.

　부처가 어디 있느냐고 묻지 말라. 부처는 공기처럼 전체에 가득하다고 했다. 단지 그것을 보지 못하고 있을 뿐이다. 그것은 마치 햇빛이 천지에 찬란하지만 장님은 그것을 전혀 보지 못하는 것과 같다.
　햇빛의 색상은 무엇일까. 그것은 무량하고 무한하기만 하다. 그러한 햇빛이 대기권을 들어오면서 공기와 마찰해 붉은 빛을 발한다. 그래서 인간들은 단지 붉은 색으로만 알고 있다.
　햇빛도 그러할진대 보신부처의 색상이 어떻게 하나의 색깔과 형상으로 그칠 것인가. 보신부처의 모습은 무량하고 무한하다.
　그런데도 사람들은 어떻게든 자기들 생각의 범주에 하나의 형상으로 가두려 하고 있다. 그것은 보신부처가 갖고 있는 색상의 무애함과 지혜의 무한함을 모르고 있기에 그렇다.

故言取色分齊不能盡知故也

그래서 색상의 한계를 취하는 것은 능히 다 알지 못하기 때문이다고 하였다.

　아이들은 세상을 표현하는 데 몇 개의 크레용으로 충분하다. 하지만 화가의 시각으로 보는 세상은 그 이상의 물감이 필요하다. 하지만 그것도 세상의 색채를 표현하는 데는 억만 분의 일도 안 된다.
　그런데 어떻게 세상보다도 더 화려하고 더 찬란하면서도 더 아름다운 부처의 모습을 상상할 수가 있겠는가.

부처의 모습은 아무도 모른다. 그 누구도 진짜 부처는 본 적이 없다. 그래서 자꾸 법당에 있는 모습만 연상하고 그분만 찾으려고 한다. 그래서 화신이 나타난 것이다.

화신은 인간의 모습을 하고 있다. 그러므로 사람들은 부처가 인간과 같다고 한다. 기독교에서는 하느님의 모습을 본떠서 인간을 만들었다고 하지마는 부처는 꼭 인간과 같아야 하는 이유가 없다.

이 우주 공간에는 인간만이 살아가는 것이 아니다. 인간만이 주축이 되는 것도 아니다. 인간만이 주인인 것도 아니다. 그러므로 부처는 천만 모습으로 나타나고 변화한다.

그분은 중생의 모습을 갖고 있으면서도 중생이 아니다. 중생과 함께 식사도 하고 아파하고 늙어가고 사라져도 중생이 아니다. 그러면서 중생계에 물들거나 취착되지 않으신다. 그런 뜻에서 **승만경**에

不染而染
染而不染
難可了知者
謂此不思議也

오염될 일이 없으면서 오염되고
오염되었다 하더라도 오염되지 않는다.
이런 것은 가히 알기가 어렵다.
그래서 그분을 불가사의한 분이라고 한다

고 하셨던 것이다.

이런데도 누가 그랬다. 확증되지 않거나 볼 수가 없는 것, 그리고 보이지 않는 것은 믿어서는 안 된다고 했다. 그것은 믿음의 차원이 아니라 과학이다.

믿음은 볼 수 없는 것과 보이지 않는 것, 그리고 확증되지 않는 것을 찾아나서는 신행의 예술이다. 그런 마음가짐이라야 분별사식의 시각을 넘어 업식의 세계로 넘어갈 수 있다.

[海東疏] 報身中言依於業識者 十解以上菩薩能解唯心 無外塵義

보신 가운데서 업식에 의거한다는 것은 십해 이상의 보살은 능히 유심이라서 눈밖에 세상이 없다는 뜻을 알고 있다.

범부는 원하는 것이 주어지지 않으면 세상을 원망한다. 애인에게 배신당한 못난 남자가 길거리에 세워 둔 남의 자동차를 발로 차는 이유가 이것이다.

그들은 문제가 자기에게 있는 줄 모른다. 유행가 가사를 보면 안 다. 거의 가 다 이별노래고 인생허무 가사다. 상대방과 세상이 너무 야속하다는 것이다. 그렇지 않다. 그런 사람과 세상을 믿었던 내가 잘못이다. 사람과 세상은 원래 그런 것이다.

판매실적이 저조해 상사에게 꾸지람을 들으면 상사가 미워진다. 하지만 내가 판매를 잘해서 영업실적이 좋아지면 그 상사가 좋아진 다. 상사는 똑같은데 내가 어떻게 하느냐에 따라 그 상사가 좋아지고 싫어진다.

이처럼 생각의 수준을 한 단계 높이면 세상이 문제가 아니라 내 자신이 문제라는 것을 바로 알게 된다.

십해보살은 세상이 있어도 세상에 현혹되지 않는다. 그러므로 그들에게는 세상의 고통이 없다. 그들이 갖는 고통은 숙세에 적집된 자기들의 내면에서 일어난 것이라는 것을 잘 알기에 세상보다도 자신을 먼저 다스리고자 한다. 왜냐하면 세상은 그렇게 오직 유심이라는 것을 그들은 잘 알고 있기 때문이다.

海東疏 順業識義以見佛身 故言依於業識見也

그들은 업식을 따르는 순리로 불신을 본다. 그래서 업식에 의거해 본다고 하였다.

보신을 보는 방법이 두 가지다. 하나는 분별사식으로 보는 것과 하나는 업식으로 보는 것이다고 했다.

시력검사를 할 때 숫자가 잘 안 보이면 눈을 깜빡인다. 그러면 더 잘 보인다. 마찬가지로 사물을 볼 때 집중해서 보면 더 세밀하게 보인다. 그게 다다. 범부들이 볼 수 있는 분별사식의 노력이 거기서 멈춘다.

초발의보살부터 십지보살까지는 업식을 기준으로 해서 세상을 본다. 그분들은 보신부처를 점차적으로 본다. 단계가 올라갈수록 움직이지 않는 마음으로 보는 것이다.

업식은 중생이 되는 움직임의 시작이고 분별사식은 그 움직임의 끝 지점이다. 그러므로 업식으로 세상을 보면 거의 완벽하게 보고 분별사식으로 세상을 보면 완전히 뒤틀리게 본다.

업식으로 본다고는 하지만 아직도 명확하게는 보지 못한다. 그것은 그 마음이 아직도 미미하게 움직이기 때문이다. 그래서 업식으로 본다고 한 것이다.

여기에 義 자는 뜻이라는 의미가 아니라 법도와 순리라는 뜻이다. 참고하시기 바란다.

海東疏 然此菩薩知其分齊卽無分齊 故言隨所示現卽無有邊乃至不毀不失也

그렇게 이 보살들은 그 한계가 끝이 없음을 알기 때문에 곳에 따라 시현함이 곧 끝이 없으며 훼손되지도 않고 손실되지도 않는다고 했다.

물의 濕性습성은 어디에 가도 변질이 되지 않고 햇빛의 관조는 그 무엇에도 부서지지 않는다.

영화배우가 다양한 작품에 쉼 없이 출현해도 그 사람은 그 영화에 물들지 않는다. 거기서는 죽어도 실제는 죽지 않고 거기서는 병들어도 실제는 병들지 않는다.

부처님도 아무리 열뇌가 끓는 사바세계를 왕래하셔도 그 본래의 모습은 조금도 달라지거나 변형되지 않는다.

그래서 그런 부처님을 연꽃으로 자주 비유한다. 연꽃은 진흙 속에서 피어나도 진흙에 물들지 않고 언제나 청초하고 고고하게 그 자태를 빛내기에 그렇다.

햇빛이 따가운 여름 날 오로지 연꽃을 보러 다니는 사람들이 있다.

그들은 단지 연꽃의 아름다움만 본다. 그들은 부처님의 행업을 생각하지 않는다.

연꽃을 보고 부처님의 행업을 그리면 무량한 이익을 얻을 수 있다. 그렇지 않으면 단지 연꽃을 찾아다니는 벌과 나비의 곤충 수준에 지나지 않는다.

海東疏 此無障礙不思議事 皆由六度深行之熏 及與眞如不思議熏之所成就

여기서 걸림이 없고 불가사의한 일을 할 수 있는 것은 다 6도의 심심한 수행의 훈습과 진여와 더불어 불가사의한 훈습이 성취되었기 때문이다.

부모가 위대한 것은 손발이 다 닳도록 자식을 키우고 속이 까맣게 타도록 자식을 걱정해 주기 때문이다. 한 생을 보살펴준 그런 부모의 은혜도 산 같고 바다 같다고 하는데 억겁을 오로지 중생들의 안위만을 위해 온 부처님 은혜야 말할 게 뭐 있겠는가.

동양학의 거두라고 지칭되는 막스 뮬러가 말했다. 불교가 천하민중에게 위대한 감화를 준 것은 그 교리보다도 그 인격에 있다고 한 말이 바로 이 뜻을 두고 한 말이다.

부모의 은혜를 갚는 길은 어떻게든 출세를 해서 부모의 소원을 풀어드리는 것이라고 한다. 그렇다면 부처의 은혜는 어떻게 갚을 것인가. 그분의 말씀을 제대로 배워 부단없는 수행으로 생사를 벗어나는 것이다.

부처는 외적으로 무량한 세월 동안 바라밀을 닦았기 때문에 그 몸이 오묘하기 이를 데 없고 내적으로 무량한 세월 동안 정법훈습을 하였기 때문에 그 지혜가 다함이 없다고 하였다.

그래서 부처는 헤아릴 수 없는 신비와 상상할 수 없는 신묘로 가득 차 있다. 그런 부처를 형상으로 떠 놓은 것이 불상이다. 그런데 불상을 가만히 보면 부처의 몸보다 그 몸을 덮고 있는 가사가 더 빛이 나고 수려하게 보인다.

이것은 정말 큰 오류다. 마치 국보급 그림보다 액자가 더 가치 있게 만들어진 것과 같다. 제대로 조성하려면 휘황한 부처의 몸이 가사의 천 밖으로 튀어나오는 듯 입체적인 형상을 만들어 내야 한다. 그런데 그렇지 못해서 첨앙할 때마다 민망한 기분이 든다.

海東疏 依是義故名爲報身

이러한 뜻에 의해서 보신이라고 하는 것이다.

보신부처의 몸은 아름답기가 이루 말할 수 없고 미묘하기가 이루 형언할 수 없다고 했다. 그래서 시각의 한계를 갖고 있는 범부의 눈으로써는 그분의 온전한 모습을 결코 볼 수 없다고 했다.

그분의 몸은 태양보다 더 혁혁하고 보름달보다 더 은은하며 바다보다 더 크고 허공보다 더 넓다. 꽃보다 더 아름답고 보석보다 더 반짝이고 샛별보다 더 빛난다. 이 세상에서 그 어떤 언어나 문자로써도 그분의 몸을 있는 그대로 표현할 수가 없다.

그래서 그분의 실존을 어떻게라도 밝힐 수밖에 없어서 그 이름을 일단 보신이라고 한다 하였다.

6도를 윤회하는 사람의 신체에서도 빛이 나는 시기가 있다. 혼기가 찬 처녀총각들의 몸이다. 그때가 되면 그들의 몸은 탐이 날 정도로 윤이 나고 빛이 난다. 하지만 그것은 활짝 핀 꽃처럼 대단히 짧게 끝나고 만다.

하지만 부처의 몸은 영원히 빛난다. 순간이 아니다. 세상이 끝나고 그 다음 세상이 끝난다 해도 그 아름답고 미묘한 모습은 결코 시들거나 퇴색되지 않는다.

海東疏 故言乃至具足無量樂相故說爲報也
그래서 내지 무량한 락상을 구족하였기 때문에 보신이라고 한다고 하였다.

樂相은 아름다운 모습이라고 했다. 세상의 모든 아름다움에는 영원성이 없다. 꽃도 십일을 붉지 않고 하늘도 삼일을 맑지 않다. 세속의 모든 것은 변질하고 무상하기만 하다.

그러나 세상에 단 한 가지만은 예외다. 그것은 보신부처님이 갖고 계시는 락상이다. 이 락상은 시간과 공간을 뛰어넘어 영원하며 시방을 초월해 상주한다. 그것은 세속에 있지 않으면서 세속에 있고 열반에 있지 않으면서 열반에 있기 때문이다.

교토 고류지廣隆寺에 있는 일본 국보 1호인 반가사유상에 혼을 빼앗겼다는 여성이 있다. 그래서 틈만 나면 그곳을 찾아가 반가사유상을 그저 멍하니 바라본다고 했다. 그 시간이 그에게는 가장 행복한 시간이라고 했다.

그 사람은 보살을 보지 않고 보살의 형상만 보고 있다. 그것은 마치 학생이 수업은 듣지 않고 선생의 겉모습만 보는 것과 같다.

그 선생이 비록 잠자리 날개로 상의를 만들어 입고 왕거미 줄로 바지를 해 입었다 하더라도 그 선생의 가르침을 파악하지 못한다면 그 품새에 무슨 의미가 있단 말인가.

실존철학자 칼 야스퍼스는 반가사유상을 보고 인간이 표현할 수 있는 최고의 평화로운 모습이라고 감탄했다 한다. 그런 것인가. 그 사유상이 평화로운 모습으로 보이는가.

그것은 마치 오귀스트 로댕의 작품인 생각하는 사람이 무슨 생각을 할까 라고 했을 때 잃어버린 팬티 생각을 한다 라고 하는 말과 같다.

나의 눈에는 그 반가상이 그렇게 보이지 않는다. 그 모습은 깊은 생각에 빠져 있다. 어떻게 하면 고해에 빠져 있는 중생들을 구할 수 있을까를 골똘히 생각하고 있다.

깊은 생각에 젖어 있는 자는 평화롭지 않다. 풀어야 하는 숙제를 안고 있기에 그렇다. 그래서 반가사유라고 했다.

반가半跏는 반가부좌를 말하고 사유는 깊은 생각이다. 그러니까 반가사유상은 반가부좌 자세로 깊이 생각하고 있는 보살상이라는 뜻이다.

보살은 중생을 구제해야 한다. 그것이 그들이 택한 운명이다. 그들에게는 깊은 원력이 서려 있다. 보살은 그 원력이 미완성된 상태다. 그러므로 그들은 중생을 어떻게든 제도해야 하는 마음의 짐이 있다.

그것이 숙제라는 거다.

그래서 야스퍼스가 그 보살을 제대로 보았다면 그분의 숭고한 원력에 말할 수 없이 숙연해질 뿐이다고 했어야 했다.

"반가사유상이 불상 아닙니까?"

"턱도 없는 소리. 보살상입니다."

그 원력이 완성되어 부처가 되면 이제 그 어떤 것에도 속박되지 않는다. 그때부터는 운명의 짐이 없다. 중생을 제도하는 데 의무가 아니라 자연적으로 중생을 제도하는 것이다. 뒤바꾸어 말하자면 인위적이 아닌 자연적으로 중생이 부처에게 제도되는 것이다.

보살도 잘만 조각하면 저렇게 아름다운 모습이 나오는데 그보다 억만 배나 더 위대한 부처님은 말할 게 뭐 있겠는가.

사람들은 거칠게 조각한 불상을 보고도 자애롭다고 한다. 그 자애로움은 중생들에게 보이기 위한 모습이 아니다. 뭐 중생들이 예쁘다고 자애롭게 내려다보고 있겠는가.

그것은 그분 자체가 갖고 있는 지혜와 복덕의 락상이 겉으로 드러나 있을 뿐 그 이상도 그 이하도 아닌 것이다.

[海東疏] 然此二身 經論異說 同性經說 穢土成佛 名爲化身

그러나 이 두 몸에 대해 경론에서는 다르게 설명하고 있다. 동성경에서는 예토에서 성불하면 화신이 되고 예토는 탐진치가 들끓는 중생세계다. 대표적인 곳이 바로 우리가 사는 이런 세상이다. 탐진치는 탐욕과 성냄, 그리고 어리석음이다.

이런 세계는 오탁이 치성한다. 그러므로 서로가 한시도 편안할 날이 없다. 모든 것이 고통이고 불안하다. 곡예사가 밧줄을 타는 것처럼 아슬아슬한 일생을 살아간다.

우리들의 목숨은 보장이 없다. 언제 어디서든 갑자기 사라질 수 있다. 물속에 살던 물고기 가족 중에 한 마리가 지상의 낚시 바늘에 꿰여 일순간에 사라지는 것처럼 예토의 중생들 또한 파리 목숨같이 그렇게 이 세상에서 차례대로 사라져 간다.

천정부지로 치솟는 물가만 버블이 아니다. 예토에 사는 범부들의 목숨도 버블 같은 신세다. 정신 바짝 차리지 않으면 눈 깜짝할 사이에 거품처럼 없어져버린다.

여기서는 아무것도 할 수가 없다. 언제 죽을지 모르기 때문에 무엇 하나 제대로 계획할 수가 없다. 모두가 다 쓰다가 만 편지로 끝난다. 그러므로 여기서는 그 어떤 계획도 도모할 수 없다. 그러나 슬프게도 우리 모두 되도 않는 꿈을 재료로 성취와 영원을 바라고 있다.

동성경의 말씀은 이런 예토에서 수행자가 성불을 하게 되면 그 부처는 화신이 되고 반대로 탐진치가 없는 청정한 세계에서 부처가 되면 보신이 된다고 하셨다.

海東疏 淨土成道 名爲報身

정토에서 불도를 이루면 보신이 된다고 하셨다.

188

정토는 청정한 세계다. 그러니까 송아지는 외양간에서 태어나고 까치는 까치집에서 태어난다. 벌은 벌집에서 태어난다.

그렇다면 이 중생세계에 태어나는 인간은 중생일 수밖에 없다. 그러므로 여기는 혼탁한 세계이기 때문에 부처가 태어나지 않는다.

그렇다면 석가모니불은?! 석가모니부처님은 화신불이다. 화신불은 진짜가 아니다. 그분은 거울에 비친 영상과도 같다. 그분의 진짜 모습은 다른 데 있다.

인간의 역사 속에서는 분명 여기서 성불한 부처이지만 대승불교의 정통교리로 보면 여기서 부처가 된 것이 아니다고 했다.

그분은 단지 중생들에게 부처가 어떤 분인지 그리고 무엇하는 분인지를 가르쳐 주시기 위하여 인연따라 이 예토에 그 모습을 나타내 주신 것이다.

海東疏 金鼓經說 三十二相八十種好等相 名爲應身 隨六道相所現 之身 名爲化身

금고경에서는 32상 80종호 모습은 응신이고 6도를 따라 나타내는 몸은 화신이다고 하셨다.

32상은 보통의 중생들 모습과 다른 특이상이고 80가지는 수행해서 얻어진 공덕상이다. 부처에게는 말할 수 없는 특이상과 공덕상이 있지마는 범부에게 보여지는 모습은 겨우 이 정도로 나타난다.

6도는 중생세계 전체다. 그러니까 지옥에도 부처가 있고 아귀세계와 축생세계에도 부처가 있다. 외도들은 이 말을 듣고 부처가 죄를 지어 지옥에 있다고 한다. 웃긴다. 죄수를 도와주려고 간 변호사를 똑같이 수인囚人으로 취급하는 수준이다.

화신은 중생을 제도하기 위해 중생과 같은 모습으로 나타낸 몸이다. 그러니까 지옥에서는 지옥중생의 모습으로 나타나고 아귀세계에서는 아귀 몸으로 나타난다. 물론 축생세계에서는 짐승의 모습으로 나타난다. 그것은 이질감을 없애고 같은 동질성을 나타내 주시기 위해서이다.

응신은 그런 부처를 대하는 중생들의 부처다. 천하제일의 변호사가 그들을 구제하려고 할 때 돈벌이변호사로 응대하는 죄수가 있는가 하면 구세주로 보는 죄수가 있다.

여기서 그들의 운명이 죽음과 자유로 갈라진다. 응신을 부처로 보지 못하면 사바의 감옥에서 결국 죽음을 당할 것이고 응신을 부처로 보면 부처를 따라 나와 자유의 몸이 되는 것이다.

海東疏 依攝論說 地前所見 名變化身 地上所見 名受用身
섭론에 의해 말할 것 같으면 지전에서 보는 바는 변화신이고 지상에서 보는 바는 수용신이다고 하였다.

섭론은 섭대승론이다고 했다. 지전은 십지보살 전을 말한다. 그러니까 십신 십주 십행 십회향이다. 이 전체의 수행자를 지전보살이라고 한다. 물론 地上은 십지 이상의 보살들이다.

변화신은 법상종에서 보는 삼신부처의 이론이다. 즉 자성신과 수용신, 그리고 변화신이다. 자성신은 법신을 말하고 수용신은 보신이다. 여기에 자수용신이 있고 타수용신이 있다.

자수용신은 공덕과 지혜로 법락을 즐기는 자신이 되고, 타수용신은 그 모습을 타 수행자에게 보여줘서 부처가 되도록 도와주는 견본의 몸이다. 그것은 보통 10지 이상이라야 그 찬란한 모습을 볼 수가 있다.

변화신은 지전보살이 보는 보신의 분체다. 똑같은 보신을 10지 이상은 타수용신으로 보고 삼현은 변화신으로 본다는 것이다. 즉 자성신은 진짜의 사람이고 수용신은 직업이 배우며 변화신은 TV드라마에 나오는 변화된 캐릭터라 말할 수 있다.

海東疏 今此論中 凡夫二乘所見六道差別之相 名爲應身

이제 이 논서 가운데서는 6도에서 범부와 이승이 보는 차별된 모습은 응신이다고 하고

성사는 보신과 화신을 설명하기 위하여 三身의 원서인 **동성경**과 **금고경**을 끌고 오셨다. 그리고 **대승섭론**의 내용까지 인용하셨다.

이제 **기신론**에서는 어떻게 보신과 화신을 보느냐 하는 것이다. 기**신론**에서는 6도의 세계에서 부처를 보면 그 부처는 응신이 되는 것이다고 한다. 즉 화신으로 내려온 부처를 응신으로 바라본다는 것이다.

우리는 그분을 삼계의 구세주 또는 일체중생의 대도사로 여기지마는 보통의 범부는 단순히 그분의 형상을 우상으로 보거나 그냥 단순한 조각상으로 보고 있다.

그들에게 부처는 과거에 이 땅을 다녀간 그저 이상하고 특이한 한

분의 성자로만 여기는 것이지 더 이상의 관심은 기울이지 않는다. 그것을 그들에게 응신의 부처라고 한다.

이것은 하늘에서 내리는 똑같은 눈송이라 하더라도 아이들에게는 환호성의 대상이 되고 군 장병들에게는 성가신 존재로 보이는 것과 같다.

海東疏 十解已上菩薩所見離分齊色 名爲報身

십해 이상 보살은 보는 분제상을 벗어나기에 보신이라고 한다.

그리고 보신은 위에서 설명한 것처럼 10해 이상의 분들이 보는 바의 부처를 보신이라고 한다고 하셨다.

이것은 아낙네가 빨래판으로 쓰던 돌비석이 어느 날 사학자에게 발견되어 국보가 되는 것과 같다. 무지한 아낙네들에게는 빨래하기 좋은 돌 판으로 보이지만 금석문을 전공한 사학자에게는 최고의 문화재적 가치로 보이는 것이다.

海東疏 所以如是有不同者 法門無量 非唯一途 故隨所施設 皆有道理

이처럼 동일하지 않는 까닭은 법문이 무량해서 오직 한 길만이 아니기에 그렇다. 그래서 곳에 따라 시설하다 보니 모두 도리가 있는 것이다.

빵은 한 개인데 이름은 여럿이다. 빵은 포르투갈어에서 나온 말이라고 한다. 우리는 그것을 떡이라고 하고 영어에서는 브레드bread라고 한다.

그처럼 여기서 엄마라고 하는 것이 미국에서는 마더라고 하듯이 어느 시각으로 보느냐에 따라 그 이름이 달라질 뿐 보신불과 응신불은 그대로다는 것이다.

엄마도 자기 기분에 따라 천사도 되었다가 어떤 때는 미워 죽는 악마도 되었다가 하는 것처럼 똑같은 보신불이지만 내 마음이 가장 안정적이면 보신불로 보이고 내 마음이 평화로우면 화신불로 보이다가 내 마음이 거칠게 움직이면 응신불로 보인다는 것이다.

海東疏 故攝論中爲說地前散心所見有分齊相 故屬化身

그러므로 섭론에서, 지전에서는 산심으로 보므로 분제상이 있다. 그러기에 화신에 속한다고 했고

散心산심이 바로 거칠게 움직이는 마음이다. 마누라도 좋게 보면 평상시의 마누라로 보이지마는 마음이 요동하여 삐딱하게 보면 이상하게 바람을 피우는 것처럼 보인다. 그러면 불화가 일어나고 싸움이 잦아지게 된다.

이상한 종교를 믿는 사람들이 자기의 어미를 죽였다는 소리를 들어봤을 것이다. 그 어미가 마귀가 씌었다고 하여 죽였다고 한다. 다 같은 어미인데 본인 마음을 어떻게 먹느냐에 따라 극과 극으로 달리 보이게 되는 것이다.

海東疏 今此論中明此菩薩三昧所見離分齊相 故屬報身 由是道理

故不相違也

지금 이 논에서는 이런 보살이라 해도 삼매로 보게 되면 분제상을 떠나기에 보신이 된다는 것을 밝히고 있다. 이런 도리로 보면 서로 어긋나지 않는다.

기신론은 비록 地前이라고 해도 보신불을 볼 수가 있다고 한다. 그 조건은 삼매에 들어가면 가능하다는 것이다.

지전은 십지 전을 말한다고 했다. 그 범위에는 범부도 포함된다. 범부의 눈으로 보면 응신이지만 삼매로 보면 결코 볼 수 없는 보신불을 조금이나마 볼 수가 있다고 하는 것이다. 이것은 꼭 보통의 눈으로는 세포의 모습이 보이지 않지마는 고성능의 광학현미경으로 보면 그런대로 세포의 조직이 보이는 것과 같다.

하지만 위에서도 언급했듯이 이것은 정말 범부의 입장에서는 꿈같은 소리다. 범부는 응신의 거친 부처뿐만 아니라 그 형상을 떠놓은 화신불상조차도 아름답게 보지 못한다. 더 증세가 심하면 마귀의 등상처럼 보여 부숨의 대상이 된다.

그런데도 보신부처를 만나고 싶은가. 죽어도 한 번은 봐야 된다고 생각하는가. 그렇다면 지루가참비구가 번역한 **반주삼매경**을 보면 된다. 거기에 범부가 부처를 만나는 방법을 제시해 놓았다.

물론 큰손님을 맞이하려면 자신을 먼저 가꾸고 대문을 활짝 열어놓는다는 것을 간과해서는 안 된다.

海東疏 又凡夫所見以下 第二重牒分別 先明應身 文相可知

또 범부소견 이하는 두 번째로 거듭 분별을 조회하는 것이다. 먼저는 응신을 밝힌 것이니 문장의 양상을 보면 잘 알 수 있을 것이다.

범부가 세상을 보면 세상은 거칠다. 그것은 아주 천박한 의식에 기준을 두고 있기 때문이다. 그래서 세상을 섬세하고 아름답게 보지 못한다.

모든 식물은 꽃이 피고 열매를 맺는다. 벼도 마찬가지다. 그런데 우리는 벼꽃을 몰랐다. 농촌에 살았어도 단 한 번도 이 꽃의 아름다움에 관심을 기울여 본 적이 없었다.

들판 전체가 벼꽃으로 가득했는데도 우리는 그 꽃에 대해 무심했다. 그저 나락 핀다는 말로 시절을 표현한 것이 전부였다. 죽어라 논바닥에서 일만 했지 벼꽃이 그렇게 신비스럽게 핀다는 것은 상상도 못했던 것이다.

중학생 누나가 집 앞에 손바닥 크기의 허지를 개간해 꽃밭을 만들었다. 누나가 학교 간 비 오는 날 아버지가 그 꽃들을 모두 뽑아버리고 들깨모종을 옮겨 심었다. 누나가 울며불며 대들었다. 아버지가 더 큰 소리로 꾸짖었다.

"꽃이 밥을 먹여 주냐. 앙?! 곡식을 심어야지."

인간만이 꽃을 꽃으로 본다. 벌과 나비는 꽃을 모른다. 꽃이니까 찾아가는 것이 아니라 그 속에 꿀이 있기 때문에 찾아간다. 여기에 꿀이 있으니까 이리 오라는 표시점이 바로 꽃이다.

그러므로 그 어떤 꽃이든지 독은 없다. 독이 있으면 벌과 나비가 찾아오지 않는다. 한 송이 꽃도 사람과 미물을 기쁘게 하는데 중생의 꽃인 부처는 얼마나 크고 넓게 중생을 이롭게 하는지 이참에 깊이 알아두었으면 한다.

海東疏 復次以下 顯報身相 於中有二 先明地前所見 後顯地上所見

부차이하는 보신의 모습을 나타내고 있다. 거기에 두 가지가 있다. 앞에는 지전에서 보는 것을 밝히고 뒤에는 지상에서 보는 것을 나타내고 있다.

과거의 농촌사람들은 개를 좋아하지 않았다. 개는 집에서 키우는 한 마리 가축으로 보였다. 그래서 배가 고프거나 단백질이 필요할 때는 언제든지 잡아먹었다.

지금은 큰일 난다. 인간의 자식은 내새끼라고 해도 괜찮지마는 개의 자식은 개새끼라고 말하지 못한다. 개 아기라고 해야 한다. 그러니까 인간보다도 더 우대하고 더 존귀한 개체가 되었다.

고양이는 가축이 아니었다. 그래서 일부러 키우는 사람이 없었다. 고양이는 팔지도 못하고 먹을 수도 없었기에 그냥 내버려 두었다. 그렇다보니 고양이는 배가 고파서 쥐를 잘 잡아먹었다.

고양이는 도둑처럼 은밀히 왔다가 가곤 하였다. 그래서 그들을 도둑고양이라고 불렀다. 이제 먹고살 만한 사람들이 그렇게 부르지 말라고 한다. 고양이가 언제 도둑질했느냐 하면서 길고양이로 불러라고 한다. 그것이 묘권이라고 한다.

길고양이로 부르거나 도둑고양이로 부르거나 아파트 고양이거나
간에 고양이는 고양이다. 단지 그들을 상대하는 인간들끼리 그렇게
논란을 피우고 있는 것이다.

분명한 것은 동물을 사랑하는 수준을 넘어가면 인간을 사랑하게
된다는 것이다. 그 다음에는 중생을 사랑하다 더 나아가면 부처를
사랑하게 된다. 그러니까 내면이 본성으로 나아가면 사랑의 차원이
점점 높아져 간다는 것이다.

海東疏 初中言以深信眞如法故少分而見者 如十解中 依人空門 見
眞如理 是相似解

처음에 말한 깊이 진여법을 믿기 때문에 적게나마 본다는 것은 십해
가운데서 인공문을 의거해 진여의 이치를 보는데 그것은 비슷하게
보는 것이다.

진여법은 자성이성이다. 자성이성은 자신 속에 불성이 들어 있다
는 것을 믿는 것이다고 하였다.

십해의 지위에 올라가면 人空이 터득된다. 인공은 내가 없다는
사실이다. 그러면 내 기준이 없어지기 때문에 세상이 있는 그대로
보이기 시작한다. 하지만 아직도 그 습성과 기준이 남아 있기 때문
에 대상이 정확하게는 보이지 않는다. 그래서 작은 부분이라고 하
였다.

어느 큰스님이 방송에서 말했다. 자신이 비었다는 사실을 깨달아
야 한다고 하였다. 영양가 없는 소리다. 자신이 비게 되면 깨달을

것도 없고 깨달으면 자신이 비었다는 것을 새삼 알 필요도 없으니까 그렇다.

海東疏 故名少分也
그래서 적은 부분이라고 하였다.

밤하늘에 떠 있는 보름달 색깔이 어떻게 보이시는가. 노란색인가. 주황색인가. 푸른색인가. 달에는 색깔이 없다. 달은 그저 흙덩이일 뿐이다. 그것이 햇빛에 반사되어 대기권을 통과하면 지역과 시기에 따라 여러 가지 색깔을 낸다.

달의 모양이 어떻게 보이시는가. 토끼가 있고 계수나무가 보이는가. 아니면 쟁반같이 보이는가. 아니면 하얀 쪽배처럼 보이는가. 다 틀렸다. 하늘의 달이 어떻게 생겼는지는 아무도 모른다.

달에는 보름달과 상현달 조각달 같은 것이 없다. 우리의 시각에 의해 그렇게 보이고 있을 뿐이다. 고정된 색깔이 없듯이 달의 모양도 특정되지 않고 있다. 단지 인간의 기준화된 시각으로 그렇게 보고 있을 뿐이다.

그렇다면 진짜 달의 색깔과 모양을 알려면 어떻게 해야 하는 것인가. 바로 우리의 기준 잣대를 버릴 때 달의 진면목이 보인다. 그처럼 우리의 의식 기준이 없어질 때 보신부처는 아주 작게나마 우리에게 찬연히 나타나는 것이다. 그 때를 삼매라고 한다.

海東疏 若得淨心以下 顯地上所見

약득정심 이하 부분은 지상에서 보는 바를 나타낸 것이다.

원문에 보면 약득정심이라는 대목이 나온다. 약득정심은 만약에 청정한 마음을 얻게 되면 이라는 뜻이다. 청정한 마음은 10지의 초지인 정심지를 말한다고 했다.

물이 청정하면 육신을 살리고 마음이 청정하면 영혼을 살린다. 사람들 수준은 아직까지 깨끗한 물을 찾는 데 그치고 있다. 그 수준을 넘어가면 마음이 청정한 사람을 찾는다.

반드시 그렇게 된다. 왜냐하면 마음이 청정해야 자신을 영원히 살릴 수 있다는 것을 그때 가서야 비로소 알게 되기 때문이다.

海東疏 若離業識則無見相者 要依業識 乃有轉相及與現相

만약 업식을 떠나면 보는 모습이 없어진다고 한 것은 업식에 의해 전상과 현상이 있다는 것을 요약한 말이다.

업식 전상 현상 같은 말들은 3세6추를 설명할 때 이미 다 나왔다. 업식이 있으면 내가 있게 되고 내가 있으면 세상이 나타난다고 했다.

그러므로 업식만 없으면 我도 없고 세상도 없어진다는 것은 당연한 논리다. 병이 없으면 주체인 아픔도 없고 객체인 의사도 없는 것과 마찬가지다. 병은 전상이고 의사는 현상이라 말할 수 있다.

아이들은 자신의 몸과 마음이 하나로 움직인다. 하지만 나이가 먹어갈수록 하나이던 몸이 여러 부분으로 나눠지다가 노인이 되면 절정에 이른다. 뼈마디마다 쑤시고 온 만신이 아파온다. 그러다 죽게 되면 완전히 흩어져버린다.

그러면 끝나는 것인가. 사람들은 다 그렇게 생각한다. 오마카얌이 말했다. 인간은 흙에서 나와 흙으로 돌아간다고. 웃기는 소리다.

인간의 몸은 의복과도 같다. 외출복이 옷장에 들어갔다고 해서 그 사람도 같이 들어가는 것은 아니다. 그 사람은 다른 옷으로 갈아입고 거실 소파에 앉아 있다.

그러다 내일이 되면 또 다른 의복을 걸쳐 입는다. 그렇다고 해서 사람이 바뀌어지는 것은 아니다. 그것을 두고 윤회를 해서 또 다른 중생의 껍데기를 덮어쓴다고 하는 것이다.

海東疏 故離業識 卽無見相也

그러므로 업식을 떠나면 보는 모습이 없어진다고 한 것이다.

우리에게 잘 알려진 주홍글씨의 저자 너세니얼 호손이 쓴 큰 바위 얼굴이라는 단편소설이 있다.

작가는 어린 소년을 등장시켜 그 큰 바위 얼굴을 닮아가도록 성장시킨다. 결국 한 사람의 작가에 의해 그가 바로 사람들이 기다리던 그 큰 바위 얼굴이라고 한다.

그러나 작가는 그 주인공과 그 바위를 동일시하지 않고 또 다른 훌륭한 사람이 있도록 만들어버렸다.

그가 좀 더 불교 쪽에 가까운 작가였다면 반드시 그 둘을 하나로 합일시켰을 것이다. 나조차도 그것을 읽을 때에는 나도 커서 큰 바위 얼굴이 되었으면 좋겠다는 마음을 가졌으니까 그렇다.

개체가 사라지면 전체가 된다. 천만 개의 빗줄기가 강물에 들어가면 한 개의 강물이 되고 각각의 강물이 바다에 들어가면 하나의 바다가 된다. 그처럼 천양지차의 중생이 열반에 들어가면 하나의 부처가 된다. 그 부처가 법신이다.

海東疏 問曰以下 往復除疑 文相可見

문왈이하는 왕복으로 의심을 제거한 부분이다. 문맥의 양상을 보면 잘 드러나 있다.

원문에서 문왈이하는 색성에 대한 질문이다. 법신은 색상을 떠났다고 한다면 어떻게 색상을 나타낼 수 있는가 하는 의문에서다.

거울은 완벽하게 색상을 떠나 있다. 즉 거울은 색상 없이 있다. 그러므로 그 어떤 물상도 그대로 드러낸다. 완전 비어져 있기 때문에 가득 차게 나타내는 것이다.

법신도 마찬가지다. 그 본성은 거울처럼 완벽하게 비어져 있다. 그러므로 그 어떤 인연된 색상도 그대로 나타낼 수 있다. **반야심경**에서 색즉시공 공즉시색이 여기서 나오는 말이다.

그래서 色心不二라고 한다. 즉 색체는 무형이고 그것은 곧 智身이라는 것이다. 바꿔 말하면 智性은 색이고 그것이 법신이 된다는 것이다.

海東疏 顯示正義之內 大分有二 第一正釋所立法義竟在於前

현시정의 속에 큰 두 부분이 있었다. 첫 번째는 내세운 바의 법과 義를 풀이하는 것이었는데 그것을 이제 마친다.

현시정의는 해석분 가운데 한 대목이다. 현시정의는 부처님께서 내세운 올바른 뜻을 나타내 보이는 부분이다고 했다. 그러므로 부처님이 설하시고자 한 대승의 내용이 이 현시정의 속에 다 들어 있다.

그것을 이제까지 본질의 상태인 法과 현상의 작용인 義로 나누어 모두 풀이해 마쳤다.

부처님은 현시정의에 들어 있는 이 대승을 말씀하시려고 이 세상에 오셨고 그것을 45년이라는 긴 세월 동안 무수한 경전 속에서 설하시었다.

이제 그 경전들의 핵심들을 뽑아 현시정의를 내보였으니 이 말씀을 듣고 제대로 이해하면 대승의 불교신자가 되는 것이고 그렇지 않다면 대승불교하고는 사실 인연이 없다고 해도 과언은 아니다.

그러면 그들은 불교인이 아니고 불교로 장사하는 사람들이 된다. 불교인은 불교 속에서 내 중생을 어떻게 제도할까를 고민하고 불교로 장사하는 사람들은 불교를 이용해서 어떻게 내 중생의 삶을 더 이롭게 할까 하고 궁리를 할 거니까 그렇다.

起信論 復此顯示從生滅門卽入眞如門 所謂推求五陰 色之與心

다시 돌아가서, 생멸문에서 진여문으로 들어가는 것을 나타내 보여준다. 이른바 오음을 추구하면 색과 더불어 마음이다.

우리를 살아 있게 만드는 것은 몸과 마음이다. 이 둘 때문에 우리는 무수한 고통과 무진한 생멸을 받는다.

그렇다면 이 둘이 없으면 어떻게 될까. 이 둘이 없으면 고통이고 슬픔이고 할 것도 없다. 이 둘이 고통의 숙주다. 이 둘을 없애야 한다. 그런데 범부는 이 둘을 어떻게 없앨 수가 없다.

먼저 마음이 의존하는 육체에 대해 파헤친다. 범부의 몸은 정말 골치 아픈 물건이다. 어떻게 마음대로 할 수가 없다. 이거야말로 한평생 적과의 동침이다. 조금만 허술하게 다루면 곧바로 항거한다. 내가 주인인지 자기가 주인인지 모르게 만들어 버린다.

사실 이것은 나이지만 내가 아니다. 내가 아니지만 나로 되어 있다. 이것은 골치 덩어리고 애환 뭉치다. **법구경**의 말씀이다.

This body is decaying!
A nest of diseases, a heap of corruption.
Bound to destruction, to dissolution.
All life ends in death.

몸은 부서지고 있다.
질병의 은신처, 부패 덩어리.
멸망으로 묶여있고 붕괴되게 되어 있다.
마지막에는 죽고 마는 것.

개를 키우면 개에게 묶인다. 때맞추어 집에 들어가 밥을 챙겨줘야 하고 꼼짝하기 싫어도 산책을 시켜줘야 한다. 말 못하는 짐승이라 내가 데리고 있는 한 내가 다 알아서 해결해줘야 한다.

나를 묶고 있는 육신도 마찬가지다. 말 못하는 고깃덩어리다. 죽을 때까지 내가 다 챙겨주고 내가 다 책임져줘야 한다.

이것이 있는 한 마음대로 쉬거나 자유로울 수가 없다. 늦게 일어나면 좀 쑤시게 만들고 조금 걸으면 물 달라고 한다. 염치도 없고 예의도 없다. 영화 볼 때는 소변이 마렵고 승강기 안에서는 방귀를 뿜으려고 한다.

起信論 六塵境界 畢竟無念 以心無形相 十方求之終不可得
육진경계는 필경에 무념이다. 마음은 형상이 없어서 천지에서 그것을 찾아도 찾을 수가 없다.

현상적 나의 존재는 몸에 의해서다. 그러므로 이 몸만큼 소중한 것도 없다. 이 몸이 없으면 졸지에 귀신이 된다. 몸을 덮어쓰고 있으면 사람이고 몸을 벗어나면 귀신이다.

6진경계는 색성향미촉법이다. 이것이 내 몸의 감각기관인 6근에 작용한다. 그때 6식이 일어나 세상과 내가 일정기간 존재한다.

이 몸을 제대로 쓰려면 따뜻하고 기름진 음식을 먹여야 한다. 비타민과 미네랄을 충분히 보충해야 한다. 폭신하고 안락한 잠자리를 어디서든 제공해 주어야 한다. 왜? 몸은 나를 있게 만드는 로봇이며 기계기 때문이다.

로봇과 기계가 낡으면 새것으로 바꾸면 된다. 새것으로 살 돈이 없으면 어떻게든 고장나지 않도록 조심스럽게 다뤄야 한다. 그러나 돈이 넉넉하면 언제든지 바꿔버릴 수가 있다.

범부는 복이 넉넉하지 않아 새 몸을 받을 여유 복이 없다. 그러므로 이 몸을 사용할 수 있을 때까지 악착같이 고쳐 써야 한다. 복이 없다고 중고품으로 대체하면 천 날 만 날 아파서 병원을 들락거려야 하기에 그렇다.

한시적으로 주어진 이 몸을 어떻게 쓰느냐에 따라 범부와 수행자의 삶이 달라진다. 범부는 자신의 몸을 위해 살고 수행자는 몸을 도구로 쓰므로 몸의 사용 목적이 다르다. 잘못 쓰면 끝없이 애를 먹이지만 잘만 쓰면 세상에서 제일 고맙고 요긴한 것이기도 하다.

동물은 자신의 몸을 자신이라고 생각한다. 사람은 마음을 자신이라고 생각한다. 그러나 한 수 더 올라가면 마음을 버려야 자신이 나온다는 것을 알게 된다. 그 결과 몸과 마음을 버리신 분이 나타난다. 그분이 삼계의 위대한 영웅 부처님이시다.

起信論 如人迷故 謂東爲西 方實不轉 衆生亦爾 無明迷故 謂心爲念
마치 방향을 잃은 사람이 동을 서라고 하나 방향은 실로 바뀌지 않는 것처럼 중생도 그러해서 무명에 미혹하다보니 심을 염이라고 하고 있다.

지금 여기에서 말하는 心은 보통 범부들이 쓰는 마음이 아니다. 이 心은 본각진심이다. 그런데 이것이 오염되면 念이 나온다. 이 念이 망념이다. 이 망념을 사람들은 자신의 마음인줄 알고 있다.

마음도 그러할진대 거기서 나타난 의식이야 말할 거 뭐 있겠는가. 다시 말하지만 범부의 의식은 여러 식의 심층구조 속에서 가장 천박하고 저급한 수준이다.

방향을 잃으면 나아가는 목적지가 다르고 무명에 미혹해 버리면 중생의 삶이 뒤엉키어 버린다. 동쪽을 아무리 서쪽이라고 해도 동쪽은 동쪽이다. 그러므로 이 망념을 아무리 마음이라고 해도 마음은 따로 있다.

起信論 心實不動
마음은 진실로 움직이지 않고 있다.

똑같이 보인다고 해도 짝퉁은 진짜가 아니다. 진짜 같아도 진짜는 아니다. 짝퉁은 가난한 자들이 쓰고 진짜는 부자들이 쓴다. 마찬가지로 마음의 짝퉁인 망념은 범부가 쓰고 진짜의 마음은 부처가 쓴다.
태양이 하늘에서 움직이지 않고 빛을 발하듯이 우리의 진짜 마음도 내면에서 움직이지 않는다. 그러면서 꺼지지 않는 불빛을 내고 있다. 그것이 心인 眞心이다.

起信論 若能觀察知心無念 卽得隨順入眞如門故
만약에 마음이 무념이라는 것을 관찰해 알면 수순에 즉합하여 진여문에 들어간다.

가짜 수표를 진짜처럼 쓰면 사법당국에 잡혀서 감옥에 들어간다. 가짜 마음을 진짜처럼 쓰면 6도의 중생세계에 갇혀 혹독한 고통을 당한다.
진짜인 줄 알았는데 가짜 수표라고 하면 다음부터는 가짜 수표를 받지 않는다. 진짜 마음인 줄 알았는데 그것이 망념이었다면 이제부터는 그것을 버리고 진짜의 마음을 찾아 써야 한다.

진짜의 마음은 무념이다. 무념은 망념이 없는 상태다. 무념이 되어야 정상이고 거기서 正觀이 나온다. 그러므로 지금 망념이 작동한다면 그것은 정상적인 마음이 아니다. 그러면 그 결과가 고통으로 이어진다.

그러므로 지금의 마음이 망념에서 움직인다면 빨리 치료를 받아야 한다. 그렇지 않으면 몽유병 같은 인생을 살다가 마지막에 지옥행 열차를 타게 된다. 이 경고를 잊지 말아야 한다.

海東疏 第二 開示從筌入旨之門
두 번째는 통발을 비유로 사람들을 본지로 들어가게 하는 문을 열어 보인 부분이다.

통발은 정말 멋진 표현이다. 통발은 물고기를 잡는 도구다. 논둑에 물꼬를 틔우고 통발을 설치하면 논에 흩어져 살던 물고기들이 모두 그 안으로 들어간다. 그렇게 들어가면 자기 힘으로는 절대로 빠져나오지 못한다. 이게 바로 일통타진이다.

범부는 누구 할 것 없이 통발로 들어가는 불쌍한 존재들이다. 그들의 삶은 죽음의 통발로 들어가야 하는 숙명이기에 거기에 들어가면 죽어야 한다. 일단 거기에 들어가면 스스로 빠져나올 확률은 제로다.

통발로 들어가는 문은 생멸문이다. 이제까지 중생들이 그 생멸문 쪽으로 나아가는 모든 문제를 짚어 왔다. 지금부터는 그쪽 길로 나아가는 대신 진여문 쪽으로 들어가는 통발을 보여주겠다는 거다.

海東疏 於中有三 總標 別釋 第三總結

거기에 세 부분이 있다. 전체적인 것을 표시하고 따로 해석한다. 그리고 세 번째는 모아서 결론을 내는 부분이다.

세상에는 반드시 두 방면의 길이 주어져 있다. 한 쪽이 위험한 곳이라면 다른 한 쪽은 안전한 곳이다. 그러므로 이제 안전한 쪽으로 달아날 수 있게 그 길을 제시해 주겠다는 것이다.

먼저 전체적인 것을 드러내고 그 다음에 그것을 나누어 풀이한다. 마지막으로 나누어 풀이한 것을 정리해서 결론을 내린다.

海東疏 總標中推求五陰色之與心者 色陰名色 餘四名心也

전체적인 것을 표시한 것 중에 오음을 추구하면 색과 더불어 마음이다고 한 것은 색은 형상이고 나머지 넷은 마음이다.

오음은 오온이다. 오온은 우리 자신을 구성하고 있는 다섯 가지 요소라고 했다. 즉 몸체와 감각기관 본능과 행위와 의식이다. 이것을 색수상행식이라고 했다.

이 다섯 가지는 양파의 껍질과도 같이 하나의 몸체를 만들어 놓고 있다. 양파를 하나하나 벗기면 그 실체가 없듯이 우리 자신도 이 다섯 가지를 하나하나 따로 떼어내면 我라는 실체가 없어진다.

말은 쉽게 하지만 그렇게 벗겨낸다는 것은 여간 어려운 일이 아니다. 양파껍질 벗겨내는 데도 매운 맛의 진통을 겪어야 하고 각질 하나 없애는 데도 살가죽을 벗겨내는 쓰라림을 참아야 하는데 억겁 동안 적재된 죄업의 결과물인 육신의 껍데기를 하나하나 벗겨낸다는 것은 정말 가공할 만한 고통이 수반된다.

그래서 사람들은 아예 자신을 벗기지 않으려 한다. 그냥 그대로 살려고 한다. 거지에게 옷을 갈아입으라고 하면 쉽게 누더기를 벗지 않는다. 그것이 몸에 붙어 편해졌기 때문이다.

마음도 마찬가지다. 그렇게 마음은 현재의 자신으로 남아 있고자 한다. 자신을 있는 그대로 자꾸 지키려고 한다. 그런 마음을 벗겨내고자 하면 엄청난 저항과 반항이 일어난다.

하지만 마음의 마지막 조직을 다 벗겨내었을 때 나타나는 그 밑바닥의 정체는 가히 말로써는 다 할 수 없는 환희를 동반한다.

"동물들도 의식이 있습니까?"
"없다. 단지 想蘊만 있을 뿐이다."

동물들은 의식이 없다. 의식은 과거 현재 미래를 연결해 손익계산을 하는 기능이다. 거기서 시비와 희비를 일으킨다.

동물들은 웃지 않는다. 단지 울기만 운다. 웃는 차원은 우는 감정보다 위다. 우는 것은 상온에서 나오고 웃는 것은 의식에서 나온다. 그러므로 그들은 오로지 受識과 想識으로 살아간다.

色 다음에 감각인 受識이 나오고 그 다음이 想識이다. 그리고 行識이 나오고 마지막에 의식이 나온다. 그러므로 동물들은 몸체인 색

과 수식, 그리고 상식과 행식만 있다. 행식이 본능을 일으키게 한다.

우리가 가끔씩 보는 천재 개들은 다른 개들보다 특별히 상식과 행식이 발달되어 있다. 그래도 그들은 의식을 쓰지 못한다. 의식을 쓰면 웃는다고 했다. 개들이 웃는 것을 본 적이 있는가. 헤벌레 웃어 보이는 모습은 단지 지금 기분이 좋다는 단순한 표현이다.

진짜 개들이 웃을 수 있는 의식을 갖고 있다면 AI로봇보다 더 위험하다. 로봇은 프로그램에 움직이지만 개는 자체사고를 갖는 것이기에 인간을 갖고 놀 수가 있다. 그러다 종극에는 인간세상을 지배해 버릴 수도 있다.

모를 일이다. 그들이 벌써 인간들을 갖고 노는지 우리는 알지 못하는 일이다. 이미 토마스와 친구들처럼 자기들끼리 서로 신세한탄을 하거나 인간들의 횡포에 분노를 삭이며 복수를 꿈꾸거나 아니면 단순하게 불평이나 푸념을 하고 있을지도 모르는 일이다.

海東疏 別釋之中 先釋色觀 摧折諸色乃至極微 永不可得
벌려서 풀이한 것 중에 먼저 색관을 풀이하였다. 모든 색은 부수고 갈아 극미에 이르면 영원한 색이라 할 것이 없다.

물질로 구성된 것은 모두 다 영원하지 않다. 인연에 의해 생겼다가 부서지고 또 다른 형태로 생성된다. 그러할진대 어설프고 연약한 우리 육신인들 어떻게 항구적이겠는가.

우리 육신은 꼭 자동차와 같다. 새 차일 때는 고장이 잘 나지 않지마는 오래 타면 어쩔 수 없이 카센터나 정비공장을 들락거린다. 카센

210

터는 동네의원이고 정비공장은 적어도 대학병원 정도다.

그렇게 고쳐 쓰고 고쳐 쓰다가 도저히 더 이상 고칠 수 없으면 폐차장에 간다. 이 몸도 낡고 병들면 수없이 고치고 치료하다 죽어야 한다. 폐차가 되면 용광로에서 자체의 모습이 없어지듯이 이 몸 역시 화장터에서 色이라는 껍데기 모습이 완전히 사라진다.

"그게 눈이냐? 단추 구멍만한 게."

"……."

큰 눈을 가진 자들이 작은 눈을 가진 자들에게 던지는 농담이다. 사실 눈이 큰 것은 살이 모자라서 덜 덮여진 상태다. 그렇게 되면 운전할 때도 눈꺼풀의 무게 때문에 더 졸리고 떠다니는 먼지도 더 쉽게 들어간다.

죽을 때를 보면 好惡가 확연히 드러난다. 눈이 큰 자들이 죽으면 그 눈들이 정말 흉물스럽다. 그래서 숨이 떨어짐과 동시에 바로 눈을 감겨버린다. 하지만 눈 작은 시신들은 그렇지 않다. 눈꺼풀이 열려 있어도 닫힌 것 같아 재빠르게 덮을 필요가 없다.

시험담당관을 할 때도 눈 작은 자들이 더 유리하고 밤에 도둑이 들어도 눈 작은 자들이 더 유리하다. 이거야 원 눈을 떴는지 감았는지 가늠할 수가 없기 때문이다.

눈이 클수록 사실을 보는 기능이 줄어든다. 사물을 더 정밀하고 세밀하게 볼 때는 눈을 오므린다. 그러므로 눈이 작은 사람이 더 진화되고 더 문화적인 생명체.

어류나 파충류 그리고 조류 동물들 다 눈이 크고 둥글다. 개구리도 눈이 크고 잠자리도 눈이 크다. 새들도 눈이 동그랗고 축생들도 다 눈이 크고 동그랗다. 오로지 인간만이 몸에 비해 눈이 작고 옆으로 찢어져 있다. 이것만 봐도 증명이 된다.

그렇기에 세상에 눈 작은 자들은 조금도 기죽을 이유가 없다. 오히려 문제는 눈이 큰 자들이 갖고 있다는 것을 알고 자부심을 가질 필요가 있다.

몸도 똥배가 튀어나온 상태가 아닌 유선형의 체형이 가장 이상적이다. 짐승은 물론 조류나 물고기의 몸들이 모두 유선형인 것처럼 공기의 저항을 최대한 적게 받고 내장의 활동을 최고로 높이려면 유선형의 몸매가 가장 효과적이다.

가슴이 나오고 엉덩이가 불거진 S자의 모습은 비정상적이다. 인간은 언제나 정상보다도 비정상적인 것을 좋아한다. 인간 자체가 비정상적인데 그들이 평가하는 미의 기준이 어떻게 올바를 수 있겠는가.

시대와 문화를 따라 뼈대에 살점이 어디에 얼마나 많이 붙어 있고 어디에 얼마나 많이 빠져 있는지에 대해 미인이 생기고 추녀가 나타난다. 인간들이 그렇게 만들어 놓은 것이다.

인간들은 의식을 어떻게 쓰느냐에 중점을 두어야 하는데 고작 제일 첫 단계인 몸뚱이인 色에 너무 취해 있는 것을 타박하는 것이다. 이런 모습이든 저런 모습이든 다 굽지 않은 질그릇과도 같이 허망한 몸체에 불과한데도 말이다.

이 말을 인정하지 않으면 **팔대인각경**에서 말씀하신 것처럼 중생의 마음은 악의 근원이고 몸은 죄의 덤불이 될 수밖에 없다.

離心之外無可念相 故言六塵畢竟無念

마음을 떠난 밖에는 가히 생각할 만한 모습이 없기 때문에 6진은 끝까지 무념이다고 하였다.

매일 TV프로만 보고 있는 자식을 볼 때 부모는 속이 탄다. 매일 세상의 육진경계를 쫓는 중생들을 보면 부처는 속이 탄다. 둘 다 없는 것을 있다고 여기고 그 세계에 빠져 살고 있기 때문이다.

육진경계에 휘말리지 않으려면 어떻게 해야 하는가. 그렇게 하려면 적어도 산더미 같은 먹을 것과 세상을 다 준다 해도 필요없다는 수준에 있어야 한다.

그러면 세상에 의해 움직이지 않는다. 쇠똥에 의해 쇠똥구리는 움직인다. 쇠똥을 두고 서로 차지하려고 싸운다. 하지만 살아 움직이는 것을 잡아먹는 개구리는 그 쇠똥에 전혀 관심이 없다. 그냥 줘도 안 가져간다.

그처럼 보살은 세상을 다 줘도 관심이 없다. 그들은 세상보다도 더 크고 값진 것을 이미 보고 가졌기 때문이다.

海東疏 非直心外無別色塵 於心求色亦不可得

곧 마음밖에 별다른 색진이 없을 뿐만 아니라 마음에서 색을 찾아도 또한 찾을 수 없다.

옷 없이 살아가는 사람이 없듯이 육신 없이 살아가는 범부는 없다. 육신은 거머리처럼 나에게 달려들고 접착제처럼 달라붙는다.

내 육신은 내가 만들어 낸 것이 아니다. 그냥 달라붙어 있는 것이다. 마치 청년이 훈련소에 들어가면 군복이 의무적으로 입혀지는 것과 같다.

그러면 졸지에 청년이 군인이 되어 버린다. 그들은 원래 군인이 아니다. 국민의 의무 때문에 군인이 된 것이다. 내 자신도 마찬가지다. 나는 원래 인간이 아니다. 전생의 죄업 때문에 이런 인간의 몸을 덮어쓰고 있다.

나는 나고 죽음이 없지만 이 육신은 나고 죽어야 한다. 그래서 나는 육신으로 인한 죽음의 희생물이 된다. 그런데도 나는 이 육신에 끝없이 집착한다.

이때 **아함경**에서 말씀하신 부정관이 필요하다. 부정관은 자신의 몸이 부정한 원소의 집합체라고 생각하는 것이다.

1. 고통으로 생사를 하는 유전자라 종자부정이다.
2. 중생의 자궁에서 생겨 자라므로 주처부정이다.
3. 구성원소가 4대라서 자체부정이다.
4. 6근과 9孔이 깨끗하지 않아 **外相不淨**하다.
5. 죽으면 흉하고 무섭다. 그래서 구경부정이다

고 직관하는 것이다.

그러면 애착이 크게 일어나지 않는다. 이것은 마치 잊지 못하는 과거애인으로부터 벗어나기 위해 그녀의 못된 짓거리와 추한 모습만을 생각하는 것과 같다.

故言心無形相十方求之終不可得也

그래서 마음은 형상이 없기에 시방에 그것을 찾아도 끝까지 찾을 수가 없다고 한 것이다.

마음은 존재하지 않는다. 마음이라는 것은 없다. 하지만 거기에 생각들이 있다. 그 생각들이 마음의 구성요소들이다. 그 구성요소들은 죄업이라는 동굴 속에 떼 지어 몰려 있다. 마치 뱀 굴에 뱀들이 서로 엉키어 있는 것처럼 그렇게 뭉치어 있다.

영화는 촬영한 필름에 의해 움직인다. 그렇다면 나도 세상을 만들 수 있는 마음이 나에게 이미 들어 있어야 하지 않느냐 하지만 그렇지 않다.

꿈은 내 마음이 만들어 내지마는 내 속에서 꿈의 인자는 찾을 수가 없듯이 내가 세상을 만들어 내지마는 나에게 마음이라는 것은 원래 없다. 그래서 끝까지 찾을 수가 없다고 하였다.

여기까지가 색관을 풀이한 것이다. 우리 몸은 허망하고 그 자체가 없다는 것에 대해 자세히 설명해 온 셈이다.

海東疏 如人以下 次觀心法 先喻 後合

여인 이하는 다음으로 심법을 관찰하는 것이다. 먼저 비유하고 뒤에 결합한다.

자동세차장에 차를 넣어놓으면 꼭 자신의 차가 앞으로 움직이는 것처럼 느껴진다. 하지만 차는 움직이지 않는다. 착시에 의해서다.

마음이 움직이는 것처럼 느껴지지만 마음은 움직이지 않는다. 사실은 망념이 움직이는데 꼭 마음이 움직이는 것 같은 미혹으로 범부는 살아가고 있다.

心法은 마음과 세상이다. 움직이는 것은 망념이 그런 것이지 마음은 결코 움직이지 않는다는 것을 잘 관찰하라는 뜻이다.

말하고자 하는 주제는 심법이고 비유는 방향이다. 그리고 결합은 중생도 방향을 착각하는 것처럼 그렇게 잘못 알고 있다는 것이다.

海東疏 合中言心實不動者 推求動念已滅未生

결합한 중에 마음은 진실로 움직이지 않는다고 한 것은 움직이는 망념을 찾아보면 이미 없어졌거나 생기지 않은 상태다.

마음은 움직이지 않는다. 육진경계가 움직이게 하니 움직인다. 나무는 흔들리지 않는다. 흔들리게 하니 흔들린다. 바람이 그렇게 움직이게 한다.

바람을 맞으면 나무는 더욱 더 강해진다. 쓰러지지 않으려 하기 때문이다. 육진경계를 상대한 망념도 육진을 상대하면 할수록 더욱 더 강하게 요동한다.

요동하는 중생의 마음은 원래 없는 것이다. 단지 무명풍에 의해 생멸하는 망념이 움직이고 있을 뿐이다. 그런데 중생은 그것을 자신의 마음이라고 여긴다. 그 마음에 의거해 자기라는 개체가 굳어진다.

그러므로 중생의 마음은 없다. 중생이 있기에 그 마음을 말하는 것이지 원래 그 마음이 있는 것은 아니다. 그래서 **금강경**에서 부처님이 내가 설한 마음은 마음이 아니라고 하신 것이다.

마음은 존재하지 않는다. 그런데 이것이 두 세계의 비존재를 만든다. 과거와 미래다. 과거는 지나갔으므로 없고 미래는 오지 않았으므로 없다. 그런데 마음은 이것에 의해 살아 움직인다. 그러니까 원래 없는 꿈 세계를 만들어 놓고 그 속에서 살아가고 있는 것이다.

우리는 그런 마음을 쓰고 있다. 그게 정상인가. 아무래도 당나라 때 덕산스님의 일화를 소개해야겠다. **벽암록**에 그분의 이야기가 실려 있다. 이 대목에 이 이야기만큼 좋은 예가 없기에 그렇다.

덕산스님은 계율에 대해 전문지식을 익혔다. 그리고서 **금강경**에 매료되었다. 얼마나 **금강경**을 좋아했는지 언제나 **금강경**을 모시고 살다시피 했다. 절에 있을 때는 물론 밖에 나갈 때도 **금강경**을 놓지 않았다. 그래서 사람들이 그를 주금강이라고 불렀다. 그의 성이 周씨기 때문이다.

그러던 어느 날 남쪽에서 큰 선풍이 일어났다는 소리를 들었다. 혜능대사가 5조의 법맥을 받고 남쪽으로 내려가 조사선풍을 떨쳤기 때문이다. 그 기치가 바로 불립문자 교외별전 직지인심 견성성불 즉심시불이었다.

不立文字는 문자를 내세우지 않는다. 이것은 문자로 가르침 외에 따로 전해져 내려온 것이다. 그것은 사람의 마음을 직지한 것이다. 그것에 따르면 성품을 보아 부처를 이룬다는 주장이었다.

덕산스님은 뭐 불립문자 교외별전이라고?! 거기다 뭐 즉심시불이라고?! 어디에 감히 부처님의 말씀을 어기고서 해괴한 논리를 편단 말인가. 그들을 응징해야 되겠다고 단단히 별렀다.

그는 신수대사의 후예였다. 신수는 5조홍인의 수제자였다. 적어도 새파란 신출내기 육조가 홍인의 문하에 들어오기 전까지는 그랬었다. 그런데 완전 예상 밖으로 5조는 육조에게 불법의 맥을 넘겼다.

육조가 남쪽으로 내려갔다는 소리를 듣고 신수는 북쪽으로 나아갔다. 거기서 그는 점수점오의 법을 제창했다. 즉 서서히 닦고 서서히 깨닫는다는 논리였다.

덕산은 남방의 그들을 한번 혼내줘야 되겠다는 의협심으로 어느 한 날 새벽 걸망을 챙겼다. 거기에 자기가 직접 **금강경**을 풀이한 해설서도 함께 넣는 것을 잊지 않았다.

수 백 리나 되는 남쪽은 멀고도 멀었다. 몇 날을 걷고 또 걸었다. 정의감과 의협심으로 가득 찬 마음과는 달리 몸은 피로가 겹쳐 발걸음을 뗄 때마다 천근만근이나 되었다.

그렇게 허덕허덕 걸어가다 보니 허기까지 잔뜩 밀려오기 시작했다. 밥이라고 해 봐야 어젯밤에 유숙한 절에서 간단히 얻어먹은 소찬이 전부였다.

한낮이 되어 가는지 내리쬐는 뙤약볕이 장난이 아니었다. 땀에 젖은 속옷이 칭칭 감겨오고 배가 고파 눈앞이 아득한데 저 멀리 한 노파가 보였다. 그녀는 조그마한 좌판을 벌려놓고 기름 바른 인절미를 팔고 있었다.

그는 여기에 웬 떡장사냐 하면서 힘겨운 걸음으로 터덜터덜 노파에게 다가갔다. 노파는 곱게 빗은 머리에 단정한 모습으로 그를 맞이하였다.

덕산스님은 그 노파에게 인절미를 사고자 하였다. 그런데 그 노파가 뜻밖에 말을 걸었다. 날도 더운데 무엇을 그리 지고 그렇게 땀을 흘리시느냐는 것이다. 그는 내가 직접 쓴 **금강경소초**라고 힘주어 말했다.

소초라는 말은 경전에다 해설서를 쓴 것을 疏라고 하고 그 소를 다시 세분화해서 풀이한 것을 抄라고 한다. 그러니까 **금강경소초**는 **금강경**에 대한 소초를 말하는 것이다.

"그럼 **금강경**에 대해 하나 물어봐도 되겠습니까? 대답을 하시면 떡을 그냥 드리고 못하면 안 파는 겁니다."

"**금강경**이라면 뭐든지 좋습니다. 제가 **금강경** 대가입니다."

덕산은 갑자기 신이 나 자신있게 대답했다. 자기가 전공한 분야기 때문에 쾌재를 불렀다. 노파는 조용하면서도 단호하게 물었다.

"**금강경**에 보면요. 과거심불가득 현재심불가득 미래심불가득이라는 말씀이 있잖습니까?"

"예. 있지요."

"과거마음도 없고 현재마음도 없고 미래마음도 없다고 하셨는데 그럼 스님은 어떤 마음을 갖고 떡을 사 드시고자 하는 겁니까?"

"띄웅!"

"그 마음을 한번 점검해 보시지요?"

"······."

점심點心이라 했을 때 點은 점검이라는 뜻이다. 그러니까 그 마음을 한번 찾아보라는 것이다.

배가 고프다면 그 배고픔의 주인인 마음은 과거 현재 미래 어디에 있는가 하는 답을 찾아보라는 것이다.

점심이라는 말의 유래는 여기서 생겼다. 처음에는 이 점심은 간식이라는 의미로 사용되었다. 그러니까 조사선이 한국에 들어오기 전에는 점심이라는 말이 없었고 점심이라는 식사도 없었기에 그랬었다.

우리 조상들은 하루에 두 끼 조석으로 밥을 먹었고 그것도 여의치 않으면 아침만 주로 먹었다. 하루에 세 번 챙겨먹는다는 것은 있을 수 없는 일이었다.

잔치를 벌인다거나 환갑을 하거나 대갓집 아이들이 태어나는 경사스러운 날이 아니면 삼시 세끼는 불가능하였다. 그만큼 넉넉지 못한 삶을 살았다.

그러다보니 산야에 날고 기는 짐승들을 잡아먹거나 야생과실이나 초근목피로 굶주림을 해결해야 했다. 그래서 그들은 늘 배고프고 허기진 창자로 살았다.

끼니 때 한 아이가 보이지 않으면 어디서 먹을 걸 찾아 스스로 해결하겠지 하면서 구태여 찾지도 않았다.

내가 자란 속가에도 그랬으니까 나는 잘 알고 있다. 얼마나 식구가 많은지 내가 출가하고 난 뒤에도 한참 동안 내가 없어졌는지조차 모를 정도로 그들은 일에 바쁘고 삶에 지쳐 있었다.

우리 서민들이 정식으로 낮밥을 먹기 시작한 것은 조선시대로 추측된다. 그 낮밥의 이름을 마땅하게 붙일 것이 없다보니 점심이라고 했던 것 같다.

중국에서는 오래전에 이것을 晝食주식이라고 했다. 하지만 요즘은 오찬이라고 한다. 일본은 中食이라고 하는데 우리만이 특이하게 조사선의 영향을 크게 받아서 아직도 점심이라고 하고 있다.

덕산은 망치로 뒤통수를 사정없이 한 대 맞은 기분이었다. **금강경**으로 늘 기고만장하였는데 그 소리를 듣고는 기가 팍 죽어버렸다. 우물쭈물하는 덕산스님께 노파는 친절하게도

"저쪽으로 가시면 용담사가 나옵니다. 거기에 용담선사가 계시니 그분께 지도를 받아보십시오."

라며 길 안내까지 했다.

그는 약속대로 떡을 못 얻어먹었다. 사지도 못하였다. 그 얼얼한 기분으로 사서 먹을 수가 없었다. 덕산은 비틀거리는 걸음으로 거기를 벗어났다. 제대로 KO펀치를 맞아 그로기상태가 된 것이다.

노파는 보살이었을 것이다. 기억하고 계실 것이다. 용훈습에 보면 제불보살은 아주 다양한 모습으로 수행자를 도와주신다고 했다. 그렇게 보살은 덕산의 그릇을 알고 더 큰 인물을 만들기 위해 길가에서 그를 애타게 기다렸는지도 모른다.

노파는 글에 매달려 있는 덕산을 구제하고자 한 것이다. 몸은 허망하고 마음은 무상하다. 어디서 밥을 먹고자 하는 마음이 일어난단 말인가. 몸인가. 마음인가. 몸은 인식능력이 없다. 그렇다면 마음인가. 마음은 없다고 하지 않았는가.

덕산은 맥없이 용담사를 찾아갔다. 그리고 용담선사를 친견했다. 바짝 마른 작은 체구에 눈매가 형형했다. 그에 비하면 덕산은 산만한

덩치를 가지고 있었다.

저 형형한 기세에 눌려서는 안 된다. 썩어도 준치라고 내가 **금강경**의 대가가 아닌가. 어떻게 벼르고 별러서 여기까지 왔는데 쉽사리 압도당하여서야 되겠는가 하는 뚝심이 일어났다. 그래서 무모한 도전을 시도했다. 선사와 대놓고 맞장을 뜨기 시작한 것이다.

"용담사라 해서 왔더니 용도 없고 못도 없네요."

용담의 뜻은 용이 사는 연못이다. 한번 슬쩍 건드려 본 것이다. 그러자 선사가 가볍게 응수했다.

"그대는 못에 들어왔고 지금 용을 대면하고 있네."

"……."

"그대가 여기 온 목적이 뭔가?"

"교외별전이라는 그 망언을 고쳐주고자 주고자 왔습니다."

그는 그가 온 목적을 말했다. 모든 수행은 **금강경**에 기준을 잡아야지 어떻게 경전을 무시하고 즉심시불이라는 해괴한 이론을 내세울 수 있느냐 하면서 장구하게 열변을 토했다.

선사는 그저 묵묵히 듣고만 있었다. 덕산은 신이 났다. 남쪽에 이름난 선사 하나가 자기의 열변을 경청하고 있다는 데 대해서 아침밥 이후로 아무것도 먹지 못하였는데도 기운이 솟았다. 얼마나 열심이 부처님말씀을 설토했는지 시간 가는 줄도 몰랐다.

저녁예불을 알리는 대종소리가 들리기 시작했다. 선사는 입도 아프고 배가 고플 테니 좀 쉬었다 하자고 했다. 그리고 약석이 준비되었으니 좀 드시라고 했다. 약석은 사원에서 먹는 저녁식사다.

계율에는 부처님이 오후에는 절대로 스님들은 밥을 먹어서는 안 된다고 하셨다. 저녁식사를 먹을 수 없기에 그냥 간단히 때울 수밖에 없었다. 설령 먹어도 된다고 해도 먹을 것이 없었다. 그냥 약석처럼 먹어라는 것이다.

약석은 탕약과 침이라는 뜻이다. 그러니까 음식을 약이나 침처럼 섭취하는 것이다. 약은 배고픈 육신을 살리고 침은 정신을 번쩍 들게 한다. 이 둘은 결코 많이 먹을 수 없다. 그래서 아주 소량만 먹는다고 해서 약석藥石이라고 했다.

덕산과 용담은 약석을 먹고 또 마주 앉았다. 덕산은 쉬지 않고 자신의 견해를 밝히고 또 밝혔다. 그때마다 선사는 빙긋이 웃기만 했다. 드디어 선사가 이제 잘 시간이 되었으니 그만 돌아가 쉬어라고 했다.

덕산은 뻘쭘하게 일어섰다. 그리고 방문을 열었다. 밖은 칠흑같이 깜깜했다. 다니던 길이 아니기에 한 발자국도 내디딜 수가 없었다. 덕산은 말했다. 어두우니 촛불을 하나 주면 안 되겠느냐고 했다. 선사는 쾌히 그러겠다고 했다.

선사에게서 촛불을 건네받으니 눈앞이 훤해졌다. 그 순간 선사가 촛불을 확 꺼버렸다. 천지가 암흑이 되는 찰나 덕산의 마음에 섬광이 일어났다. 덕산은 그 순간 일별一瞥한 것이다. 이 순간을 조사선에서는 見性이라고 표현했다. 마음의 단면을 일시적으로 본다는 뜻이다.

이것은 마치 몽둥이로 흙탕물을 내리치면 그 밑바닥이 찰나에 보이는 것과 같다. 흙탕물은 번뇌의 적집이고 몽둥이로 내리치는 것은 그 밑바닥을 보이게 하는 스승의 기발한 방편술이다.

용담은 덕산의 떠벌림을 지루하게 듣고 있었다. 어떻게 저 떠버리 입을 다물게 할까 그 기회를 엿보고 있었던 것이다. 그런데 여기서 그 순간이 포착된 것이다. 용담의 방편술에 덕산이 그대로 걸려든 것이다.

덕산은 끓어오르는 환희심을 주체하지 못하고 그 자리에 엎드려 무례함을 참회했다. 그리고 진심으로 제자가 되기를 간청했다. 용담은 그를 흔쾌히 받아들였다.

이튿날 덕산은 자기가 짊어지고 다니던 **금강경소초**를 미련없이 불 태워버렸다. 경전은 목적지를 제시하고 그 쪽으로 나아가는 수행을 독려하는 지침서이지 그 속에 그 목적지가 있는 것은 아니라는 것을 완벽히 깨달은 것이다.

모든 사람들이 불경을 공부하고 또 연구하고 있다. 그들은 세속의 올가미를 풀어주는 방법의 올가미에 또 걸려 있다.

불경은 달을 보게 하는 손가락과 같고 강을 건너는 뗏목과 같다 했다. 그러므로 목적지를 분명하게 안 이상 더 이상 방법과 이론에 매달려서는 안 된다. 그런데 사람들은 모두 다 거기에 걸려 있다.

올가미는 올가미다. 세속적이건 출세속적이건 올가미는 다 같은 올가미이다. 철로 된 족쇄건 금으로 된 족쇄건 족쇄는 매한가지다. 그런데 출세속적인 올가미는 차원이 높은 올가미라고 사람들은 당연하게 여기고 있다.

덕산은 전생에 지은 복이 많아 다행히 용담이라는 큰 스승을 만나는 행운을 얻었다. 그래서 그 올가미를 벗게 되었다.

그리고 피나는 정진으로 용담의 수제자가 되어 청원의 법을 이었다. 하지만 복 없는 우리는 누가 우리의 올가미를 벗겨줄 것인가. 생각만 해도 그냥 까마득하기만 하다.

육조 밑에 두 거장이 있었다고 했다. 하나는 남악회양이고 또 하나는 청원행사다. 덕산은 청원선사의 법을 이었고 임제는 남악선사의 법을 이었다. 한국의 조계종은 남악의 후예들이다.

덕산은 몽둥이를 휘둘러 사람의 혼을 빼버리는 방법을 썼다. 몽둥이를 들고 사정없이 내리칠 때 제자는 당황 그 자체가 된다. 제자를 일순간 혼비백산하게 만들어버리는 것이다. 그렇게 눈앞이 캄캄해질 때 망념이 끊어진 공간이 열린다.

임제는 벽력같은 고함을 질러 제자의 생각을 마비시키는 방법을 썼다. 망념의 생각이 끊기는 그 순간을 낚아채는 것이다. 그것은 장대로 물을 치면 물고기가 정신을 못 차리는 방법처럼 제자를 일순 어리벙벙하게 만들어버리는 것이다.

천둥이 치고 번갯불이 튀면 숨어 있던 물상이 찰나적으로 보이듯이 두 선사들은 그렇게 격식을 벗어난 특이한 방법으로 제자들에게 마음의 본성을 보여주고자 했던 것이다.

그런 가르침 속에 있건만 우리는 천 날 만 날 점심을 대하면서도 이것을 놓치고 있다. 점심은 배고픈 마음을 찾아보라는 뜻이다. 그것이 점심이라는 의미다. 그냥 배가 고파서 먹거나 때가 되어서 먹는다면 그 사람은 아직도 축생의 수준을 벗어나지 못한 상태에 있다.

적어도 축생을 뛰어넘는 사람이라면, 생각을 갖고 사는 사람이라면 점심때마다 나를 끌고 다니는 진짜의 내 마음은 도대체 어디에 있는지 항상 점검해 보아야 한다는 것이다.

海東疏 中無所住 無所住故 卽無有起
중간에는 머물지 않는다. 머무는 바가 없다는 것은 일어남이 없기에 그렇다.

고장 난 시계를 보았을 것이다. 시계는 세월을 멈추고 있다. 세월이라고 할 때 歲는 해를 말하는 것이고 月은 달을 말한다. 그러니까 세월이 잘 간다는 말은 해와 달이 잘 간다는 말이다.

세월과 함께 살아가는 우리의 마음은 언제나 과거 아니면 미래로 움직인다. 괘종시계를 보면 알 수가 있다. 시각을 움직이는 시계의 추는 절대로 중간에 정지하지 않는다. 그러면서 세월은 간다.

중생의 마음도 마찬가지다. 결코 중간에는 머물지 않는다. 언제나 과거와 미래를 넘나든다. 현재 같지만 이미 과거고 미래 같지만 현재에 겹쳐져 있다.

부처는 몸도 마음도 현재에 있다. 중생은 몸은 현재에 있는데 마음은 현재를 벗어나 과거와 미래에 살고 있다. 그러므로 중생은 단 한 번도 현재에 산 적이 없다. 현재에 살려면 움직이는 그 마음이 멈춰져야 한다.

그 멈춤은 자의적으로 되지 않는다. 움직이게 만드는 동력을 없애기 전에는 절대 불가능하다. 시계바늘은 태엽이나 건전지가 없으면 자동적으로 멈춰진다. 중생의 마음은 업력이 떨어지면 자동으로 정지된다. 그 업력이 죄업이다.

海東疏 故知心性實不動也

그러므로 심성은 진실로 움직이지 않는다는 사실을 알아야 한다는 것이다.

마약을 먹거나 맞으면 또 다른 세상이 펼쳐진다. 마약에 취한 자들을 보았을 것이다. 몽롱한 눈빛과 비틀거리는 걸음, 흐느적거리는 몸짓을 하고 있는 자들을 보았을 것이다.

그들은 이 세상 말고 또 다른 세상을 경험하고 그 속에서 헤매고 있다. 그것은 약물에 의해 그 마음이 다른 각도로 요동하고 있기 때문이다.

담배를 피우는 사람은 마약에 취해 있는 사람들을 보고 안타까워한다. 비흡연자는 담배연기를 들이마시는 자들을 보고 안타까워한다. 보살은 삼독에 깊이 절어 사는 범부들을 보고 안타까워한다.

사실 우리는 마약에 취해 있다. 아니 그보다 더 강력한 독극물에 취해 있다. 그것이 바로 탐진치다. 탐진치는 탐욕과 성냄, 그리고 어리석음이다. 우리는 모두 이 삼독의 독극 마약에 깊이 취해 있다.

마약을 한 자들끼리는 서로가 정상으로 보인다. 그래서 그들끼리 뭉치어 다닌다. 삼독에 중독된 자들끼리도 정상으로 보인다. 그래서 중생세계가 이렇게 정상처럼 건립되어 있다.

마약을 먹은 자들이 우리 눈에 정상으로 보이지 않듯이 보살과 부처의 눈에는 우리가 정상으로 보이지 않는다. 삼독의 독극물에 의해 전혀 있지도 않은 세상을 만들어 놓고 그 속을 헤매고 있기에 그렇다.

마약에 중독되어 있는 자들은 전문가들에게 치료를 받아야 한다. 그래야 그 환각의 세계가 멈춰지고 정상적인 삶을 살 수가 있다. 우리도 부처에게서 치료를 받아야 한다. 그래야 중생세계가 멈추어지고 정상적인 부처의 삶을 살 수가 있다.

그러므로 삼독에 취해 있는 이상 그 마음은 정지되지 않는다. 정지되지 않으면 중간은 없다. 중간에 없으면 살아도 산 것이 아니고 죽어도 죽는 것이 아니다.

그 마음이 정지될 때 비로소 온전한 삶을 살 수가 있다. 그분이 부처고 그 삶이 부처의 삶이다. 그렇게 하기 위해 우리는 **대승기신론 해동소**를 배우고 있다.

`海東疏` 若能以下 第三總結

약능 이하는 세 번째로 전체적인 것을 결론짓는 부분이다.

이제 一心 二門 三大가 끝났다. 일심 이문 삼대는 입의분에서 내세운 명제다. 즉 우리의 한 마음에 두 문이 있었다. 하나는 중생문이고 또 하나는 부처문이다. 우리는 중생의 문을 열고 들어와 중생 노릇을 하고 있다는 것이 二門이다.

三大는 체상용이다. 그래도 부처의 본체와 속성, 그리고 작용은 조금도 손상없이 중생 속에 그대로 내존해 있다는 것이 이 대목이다.

임금이 민생시찰을 나간다. 비록 평민의 옷을 입고 소탈하게 다니지마는 임금의 본체와 그 속성의 위엄, 그리고 국민을 살피고자 하는 그 마음은 변함이 없다.

임금은 본의로 민생 속을 돌아다니지마는 내 안의 三大인 부처는 본의가 아니라 죄업에 끌려 육도의 뒷골목을 헤매고 다닌다는 것이 다르다.

海東疏 卽得隨順者 是方便觀 入眞如門者 是正觀也
즉 수순에 즉합한다는 것은 방편관이고 진여문에 들어간다는 것은 정관이다.

수순은 궤도를 찾아 들어간다는 말이다. 그 궤도는 본각진성으로 연결된다. 그 궤도를 타고 나아가면 거기에 진여본성인 본각의 모습이 보인다. 그 길을 찾아 들어가는 것을 수순이라 한다.

예를 들자면 목적지가 서울이라면 서울로 가는 것을 수순이라고 하고 서울에 들어가 서울을 직접 보는 것을 정관이라고 한다.

우리의 목적지는 진여본체다. 진여본체는 우리 마음의 근원에 있다. 그 자리가 바로 부처의 세계다. 거기만 들어가면 자신도 정확히 보고 중생세상도 정확히 본다.

그러면 삶마다 착오와 실패를 거듭하게 한 그 문제가 여지없이 나타난다. 그리고 무량겁 동안 자신을 개 끌듯이 끌고 다니며 전 생애를 파괴하려 했던 가짜의 我가 무엇인지 확연히 드러난다.

거기서 거대한 일성이 터진다. 그러면서 배를 잡고 서글프게 웃는다. 이제까지 무슨 짓거리를 하면서 살아왔던가 하는 탄식에 이어 환희의 격정이 폭발하게 된다.

(2) 대치사집

海東疏 △第二對治邪執 文亦有四

둘째는 대치사집이다. 글에 네 문단이 있다.

해석분 속에 세 문단이 있었다. 현시정의와 대치사집, 그리고 분별
발취도상이다. 이제까지 현시정의를 풀이했다. 지금부터는 대치사
집이다. 그래서 둘째는 이라고 했다.

조론팔유로 보면 이 대목은 두 번째 중 뒤 부분이다. 즉 중생들이
불법을 믿는데 오류가 없도록 하기 위해 이 논서를 쓴다고 한 그 대
목이다.

그렇다면 첫 부분은 뭔지 기억이 나시는가. 여래가 설하신 근본
뜻을 설해주기 위해 이 논서를 쓴다는 것이었다. 그 내용이 바로 현
시정의 속에 진여문과 생멸문이다.

생멸문에서 우리가 어떻게 중생이 되었고 어떻게 생사를 받는지에
대해서 세밀하게 분석해 왔다. 그것을 이제 배울 만큼 배웠고 알 만
큼 안 상태다. 그런데 혹 잘못 알고 있는 것이 있으면 어떻게 하나
하는 노파심에서 이 대치사집 대목이 씌어졌다.

海東疏 一者總標擧數 二者依數列名 三者依名辨相 四者總顯究竟
離執

첫째는 전체적인 것을 표시하고자 수를 든 것이고 둘째는 수를 의거해
이름을 열거한 것이다. 셋째는 이름을 의거해 그 양상을 가리고 넷째는

총결로 구경에 이집을 나타내고 있다.

  첫째로 수를 들었다는 말은 사집에는 어떤 것들이 있는가에 대해
서 개수를 말한 것이다.

  둘째는 그 개수마다 이름을 붙인 것이고 셋째는 그 이름이 어떤
것인지 그 양상을 가린다는 것이다.

  그리고 넷째는 마지막으로 두 가지 집착을 벗어나는 방법을 설하
고 있다. 총결이라는 말은 전체적인 것을 결론짓는다는 말이고, 離執
은 인아집과 법아집을 벗어나는 방법이다.

起信論 對治邪執者 一切邪執皆依我見
사집을 대치한다는 것은 일체의 사집은 모두 아견에 의거해 있다.

  사집은 사견에서 나온 삿된 집착이다. 일반인들은 고집을 부린다.
좀 배운 사람들은 망집에 빠진다. 그보다 한 수 더 올라간 수행자는
사집에 묶인다.

  사물에 대한 잘못된 집착은 그래도 버릴 수 있다. 그러나 이 삿된
집착은 정말로 버리기가 어렵다. 두들겨 맞는다고 해도 고쳐지지 않
는다. 이데올로기와 정치이념에 깊이 빠져도 그 신념을 버리지 못하
는데 하물며 정신적 세계에 대한 집착이겠는가.

  그래서 이제까지 배워 온 그 삿된 집착의 실체를 이론적으로 분석
하고 논리적으로 꺾어줄 것이다. 마음에 상처를 입을지 모르니 단단
히 준비하시기 바란다.

起信論 若離於我 則無邪執 是我見有二種

만약에 아를 떠나버리면 사집은 없어진다. 그 아견에 두 종류가 있다.

　사람들은 이 중생의 삶이 실체가 없는 것이다고 하여도 그냥 그런
가 하고 넘어간다. 가끔 뼈 때리는 문구와 자존심 상하는 말들이 귀
에 거슬렸을 것이다. 거기에 기분나빠하고 욕하는 것으로 끝난다면
설령 부처라도 그에게 어떻게 해 줄 방법이 없다.

　그런 사람은 여기에서 더 이상 진전이 없다. 밥 한 끼 먹고 똥 싸버
리는 것처럼 이 **혈맥기**를 보고도 전혀 자체변혁이 일어나지 않는다.

　또 다른 사람들은 이 사실에 대해 내심 겁내고 있다. 수행은 위험
하고 험난하다. 그것은 모험과 고통으로 가득 차 있다고 생각한다.
그래서 그들은 자유를 찾아 꿈틀거리는 그 대승의 본능을 단속해 버
린다.

　그들은 익숙할 대로 익숙한 육도의 감옥에서 그냥 살고자 한다.
어둡고 칙칙하지만 가끔가다 재미도 있고 기쁨도 있다. 사랑하는 사
람도 여기 있고 가족도 다 여기 있다. 그들과 함께 살고 죽어도 그들
과 함께 죽겠다고 한다.

　그러나 생멸문을 제대로 배우고 익힌 자라면 다르다. 어떻게 하면
이 나고 죽는 생멸의 고리를 끊을 수 있을까 하는 문제에 직면하고
그것을 목숨걸고 풀려고 한다. 그런 자들을 위해 이 대치사집 대목이
주어졌다.

海東疏 初總標擧數

232

처음은 총표고 거수다.

중생이 병들어 있다는 진단만 하고 그 치료법을 일러주지 않는다 면 진단 안한 것보다 못하다. 그러므로 반드시 그 치료법을 가르쳐 주어야 한다.

중생을 파괴하는 악성불각은 제거해야 한다. 그렇게 하려면 대수 술을 받아야 한다. 그러려면 먼저 환자의 정신 상태를 정확히 체크하 는 검사가 필요하다. 까딱하다가는 이상해지거나 미쳐버릴 수가 있 다. 그래서 수술 받는 마음자세가 혹시 잘못되어 있지 않나 하고 미 리 점검하는 것이다.

총표는 대치사집이 뭔지를 밝힌 것이다. 그러니까 사집은 我見에 의해 있는데 그것을 어떻게 상대하여 교정시키느냐 하는 것이다.

거수는 숫자를 든 것이다. 즉 사집에는 두 가지가 있다는 것이 이 것이다.

起信論 云何爲二
이를테면 어떻게 둘인가.

화물을 가득 싣고 목적지를 향해 달려가는 화물차를 보았을 것이 다. 화물을 잘못 동여매면 도로에서 엄청 고생을 하든지 아니면 중간 에서 다 쏟아버릴 수가 있다.

그러므로 처음 출발할 때 단단히 고정하고 야무지게 매어야 한다. 그래야 비를 맞아도 괜찮고 바람이 불어도 상관없다. 하다못해 눈길을 달려도 끄떡없다.

이제 죄업의 사슬을 끊고 부처가 되는 장도에 오르려고 한다. 그러면 무엇보다 먼저 정확히 방향을 잡아야 한다. 그리고 알고 있는 모든 정보를 점검하여야 한다. 혹시나 잘못 알고 있는 것이 있다면 지금 수정하고 교정하여야 한다.

출발하는 것이 목적이 아니라 무사히 도착하는 것이 목적이다. 우선 우리의 목적을 부처로 두지 않는다. 거창한 목적은 요원하다. 다음 목적지까지 안전하게 가야 한다. 그래야 그 다음 목적지로 나아갈 수 있다. 우리의 목적은 부처가 되는 도정에 일단 올라타는 것이다.

起信論 一者人我見 二者法我見
첫째는 인아견이고 둘째는 법아견이다.

삿되게 집착하는 데는 두 가지가 있다. 그 두 가지가 바로 인아견과 법아견이다.

인아견은 나의 마음을 삿되게 집착하는 것이고 법아견은 세상을 삿되게 집착하는 것이다. 그러니까 인아견은 나의 존재를 믿는 것이고 법아견은 사물이나 세상 그 자체의 존재를 믿는 것이다.

둘 다에 我가 중간에 붙어 있는 이유는 我가 삿된 집착의 중심에 있기 때문이다. 이것을 가지고서는 부처의 세계로 들어갈 수가 없다. 그래서 이 둘을 버리도록 교정한다.

몸에 가시가 박히면 빼내고자 한다. 수준 낮은 동물들은 이것까지

는 안다. 한 수 위의 인간은 몸속에 들어 있는 기생충을 제거하고자
한다. 그래서 정기적으로 구충제를 먹는다. 몸에 기생하는 벌레들이
내 피를 빨아먹고 내 몸의 영양을 축내기에 그렇다.

이보다 한 수 더 올라가면 나를 죽이고자 하는 삿된 망념을 떼 내
고자 한다. 망념을 갖고서는 그 어떤 안락과 평화를 기대할 수 없기
에 그렇다.

멀쩡한 정신에 귀신이 붙으면 어떻게 하나. 어떻게든 그것을 떼
내고자 한다. 못 떼 내면 무당이나 박수가 되어 내가 아니라 귀신을
모시고 살아야 하는 삶이 되기 때문이다.

`海東疏` 第二列名中言人我見者 計有總相宰主之者 名人我執
두 번째로 이름을 나열한 중에서 인아견이라는 것은 세상 모든 것을
주관하는 자가 있다고 생각하는 것을 인아집이라고 한다.

주관자는 누구인가. 그것은 내가 그렇게 한다는 것이다. 내가 모든
것을 기획하고 판단하고 내가 그 결과를 받는 당사자라고 생각하는
그것이 인아집인 것이다.

맞지 않는가. 내가 이 세상을 주도적으로 살아가는 것이지 누가
내 인생을 살아주는 것인가. 그러니까 나는 이 세상에 태어났고 성장
했으며 사랑하고 결혼해서 자식들을 키우고 있는 실존인물인데 뭐가
잘못되었다는 말인가.

그렇게 살면 지극히 평범한 범부의 일생이다. 그러므로 범부로 살
고 싶으면 지금처럼 그렇게 살면 되는 것이고 범부로부터 벗어나고

싶으면 인아집의 기준을 재조정해야 한다.

유마경에서 四大가 잠시 모여 있으므로 편의상 마음이라고 한다. 이 사대에는 주재자가 없다고 하셨다. 그런데도 우리는 이 마음의 놀음에 빠져 허우적거린다. 내 마음이 내가 되어 있기에 그렇다.

海東疏 法我見者 計一切法各有體性 故名法執

법아견이라는 것은 일체법에 각각 체성이 있다고 생각하는 것을 법집이라고 한다.

일체법은 내 마음 밖에 보이는 세상이다. 가장 가까운 것은 내 육신이고 가장 먼 것은 별이다.

그것들은 다 인연으로 생겨났다 인연으로 사라진다. 거기에 고정된 체성은 없다. 그런데도 범부는 그것들이 진실로 다 있는 것이라고 믿는다. 그것이 법집이다.

공원묘지나 납골당에 가 보았을 것이다. 거기에 묻혀 있고 안치된 자들도 지금 살아가는 범부들의 생각처럼 그렇게 세상을 집착했던 자들이다.

그런 자들을 뒤따르고 싶은가. 그렇다면 세상을 법집으로 보면 된다. 그림자를 진짜라고 여기면서 살겠다는데 어찌하겠는가. 하지만 그런 자들을 따라가지 않겠다면 여기서 그 시각을 똑바로 교정해야 한다.

海東疏 法執卽是二乘所起

법집은 이승들이 일으키는 집착이다.

　법집은 법을 집착한다는 것이다. 여기에서의 법은 내 마음 외에
일체의 만상이다. 물론 내 몸도 여기에 포함된다고 했다. 이것에 집
착하는 것을 법집이라고 했다.
　법집은 이승들이 일으킨다고 했다. 대승에서는 法이 없다고 했다.
그 이유는 마음이 다 세상을 만들므로 세상 같은 것은 토끼뿔처럼
원래 없기 때문에 집착할 것이 없다는 것이다.
　그러니까 法執은 이승들인 소승들이 일으키는 집착이고 人執은
대승의 초학자들이 일으키는 집착이 된다.

海東疏 此中人執 唯取佛法之内初學大乘人之所起也
이 중에서 인집은 오직 불법을 의지하는 무리 속에 처음 대승을 배우는
사람들이 일으키는 것이다.

　범부의 삶은 무지로 살아가고 집착으로 파멸된다. 집착은 외적 집
착인 법집과 내적 집착인 인집이 있다.
　전자는 주위의 물상과 환경에 대한 집착이고 후자는 내 마음에서
일어난 관념적 집착이다. 이 중에서 정말 무서운 것은 후자다. 이것
은 금생뿐만 아니라 내생의 삶에도 강력한 죽음의 영향을 주기 때문
이다.
　그 사실을 알고 집착을 벗어나고자 하는 자들이 있다. 그들이 대
승을 배우는 초학보살이다. 그런데 안타깝게도 그 벗어나는 방법에

도리어 묶여버렸다. 그것을 인집이라고 한다. 초학보살이 초심자들이다.

① 인아견

起信論 人我見者 依諸凡夫說有五種 云何爲五

인아견이라는 것은 모든 범부들에 해당하는데 거기에 다섯이 있다. 이를테면 어떻게 다섯인가.

인아견은 인집이다. 인집이 어떻게 다섯밖에 되지 않겠는가마는 크게 다섯 가지로 보았다.

이것은 대승의 초심자가 일으키기 쉬운 생각의 함정이다. 바로 우리 같은 사람들이다. 그렇기 때문에 수행에 들어가기 전에 반드시 이 인집을 이해하여야 한다. 그래야만이 수행에 의심을 일으키지 않는다.

물로 모든 것을 씻지마는 그것도 오래되면 물때가 끼는 법이다. 그 물때는 제거해야 된다. 그래야 새로운 물을 마실 수 있다. 자기가 알고 있는 것이 고착화 되면 그 틀에서 벗어날 수 없다. 그러므로 그 고착을 깨야 한다.

육신을 먹여 살리기 위해서 구입한 그릇이 아무리 반짝이고 깨끗하게 보여도 일단 중성세제로 깨끗하게 씻고 마른행주로 닦아야 한다. 그 다음에 밥을 담아야 밥의 효능을 보장받을 수 있다.

그처럼 경전은 모든 죄업을 씻어주고 새로운 것을 담게 하는 방법을 설한 것이다. 그런데 잘못 알고 그것을 쓴다면 차라리 모르고 있는 것만 못하다. 그러므로 이 시점에서 반드시 교정 받아야 한다.

起信論 一者聞脩多羅說 如來法身 畢竟寂寞 猶如虛空
첫째는 수다라에서 여래의 법신은 철저히 적막해서 허공과 같다고 하셨다.

불경은 크게 그 내용으로 보아 12부류로 나눈다. 그중에서 산문체로 쓰여진 대소승경전 전체가 다 이 수다라에 속한다.
법신에는 형상이 없다. 법신은 진리를 표현한 불교만의 용어이다. 그러므로 법신은 진리이며 **實在**다. 금고경에서

無生而無不生
無形而無不形

生함이 없으면서도 내지 않음이 없고
형상이 없으면서도 형상 아님이 없다

고 하셨다. 그래서 법신은 특정 모습이나 형체가 없다. 그러므로 범부의 눈에는 보이지 않는다.
적막은 허공이다. 허공은 색깔도 없고 형상도 없이 적막하고 공적하다는 뜻이다. 즉 아득하게 넓고 막연하여 종극을 알 수 없는 것이 마음과 같다고 한다.

起信論 以不知爲破著故 即謂虛空是如來性

이것은 집착을 타파해주기 위한 말씀이라는 것을 모르고 허공이 바로 여래성이다고 한다.

대승경전에서 우리의 진실된 마음, 즉 본각을 설명할 때 부처님은 허공을 많이 비유하셨다. 그러니까 중생의 본각진성은 크기로 허공을 비유하셨고 작용은 바다로 말씀하셨으며 기능은 거울로 드러내셨다.

그런데 이 셋은 모양과 색깔과 특성이 없다. 철저히 空한 상태로 움직이고 있다. 그중에서 대표적인 것이 허공이다.

이 말을 듣고 오! 우리의 마음은 저 허공과도 같구나. 허공이 바로 법신부처님의 성품이구나 라고 생각한다.

하지만 사실 허공은 작은 것에 집착하는 우리 마음을 깨뜨려 주시려고 큰 것으로 비유를 들었을 뿐 우리 마음은 허공과는 같지 않다는 것이다.

起信論 云何對治 明虛空相是其妄法 體無不實

이것을 이를테면 어떻게 대치할 것인가. 허공의 모습은 망법임을 밝혀 둔다. 그 본체는 허무하여 진실이 없다.

허공은 누가 허공이라고 이름을 붙였는가. 인간이다. 인간이 이 세상에 내린 정의 가운데 뭐 하나 올바른 것이 있었던가. 왜냐하면 인간이 내린 모든 이름과 문자는 다 인간의 망념으로 구체화해 그렇게 부르기로 약속한 것이기에 그렇다.

인간이 내린 정의는 전부 망법이다. 망법에는 실체가 없다. 그렇기에 허공이 있다고 하지마는 사실은 있지를 않다.

실체는 그 어떤 경우에도 그 본성이 그대로 있어야 한다. 하지만 허공의 모습은 사물에 의해 드러나고 없어지고 또 생기곤 한다.

그러므로 그것은 실체가 아니다. 그것은 물상에 의해 유무가 갈라지는 상대성이다. 그러므로 그것은 실재성이 없다.

起信論 以對色故有 是可見相令心生滅
허공은 물체를 상대해 있는 것이다. 중생은 그 형상을 보고 마음에 생멸을 일으킨다.

인간은 세상을 크게 두 부분으로 나눠서 본다. 하나는 물상이고 다른 하나는 허공이다. 허공에 물상이 들어서면 그만큼 허공이 사라졌다고 한다. 이것이 망념을 가진 범부들의 시각이다.

허공이 어디에는 있고 어디에는 없는 것인가. 즉 허공이 어디에는 많이 있고 어디에는 아예 없는 것인가. 그렇지 않다. 허공은 어디에든 공평하고 무엇에든 균등하게 있다.

起信論 以一切色法 本來是心 實無外色 若無外色者 則無虛空之相
그러나 일체의 색법은 본래 마음이라서 진실로 밖에 형체가 없다. 그처럼 밖에 형체가 없다면 허공의 모습도 없는 것이다.

허공이 어디 있는가. 하늘 저쪽이 허공인가. 허공은 물상의 여백에 있다. 콧구멍 속에 허공이 있고 허파 속에 허공이 있다. 입을 벌릴 때마다 그 안에 허공이 보인다.

그런 허공을 보았다면 주관적으로 우리가 다른 모든 사물을 보는 것과 마찬가지로 하나의 객체인 허공을 본 것이다. 그러니까 그것은 우리의 주관적인 분별지가 식별해 낸 모습이다. 그러므로 그 모습의 허공은 독자적이고 절대적이지 않다.

눈앞에 보이는 세상은 다 오염된 마음이 만들어 낸 허상들이다. 이것을 색법이라고 한다. 색법이 마음에 의해 나타나 있다면 그것을 상대하는 허공도 마찬가지다. 전부 범부가 만들어 낸 혼돈의 구별이고 분별이다. 그러므로 원래 허공 같은 것은 없다.

起信論 所謂一切境界 唯心妄起故有 若心離於妄動 則一切境界滅
소위 일체의 경계는 오직 마음이 망녕되어 일어나 있는 것이니 만약에 마음이 망동을 떠나버리면 곧 일체경계가 없어진다.

망념이 있으면 중생이고 망념이 사라지면 부처다. 부처와 중생은 망념으로 달라진다. 망념은 무명에서 시작된다. 그러니까 무명이 있으면 망념이 작동되게 되어 있다. 망념은 명사고 망동은 동명사다.

술에 취한 사람은 무엇을 봐도 정확하게 보지 못하고 무엇을 하든 똑바르게 하지를 못한다. 마찬가지로 망념의 마음을 가지고는 그 어떤 것도 제대로 알 수 없고 그 무엇도 제대로 할 수가 없다.

그런 망념으로 허공을 보고 있다. 그러므로 그 허공은 중생의 망념에 의해 존재한다. 그러므로 망념이 없어지면 그 보이는 망념의 허공도 없어져 버린다. 그러므로 허공은 실존이 아니다.

起信論 唯一眞心無所不徧

오직 하나의 진심만이 두루하지 아니하는 데가 없다.

무지는 모른다는 뜻이다. 모르면 머리를 굴려야 한다. 그 굴림은 무지에서 발동되기 때문에 결국 망동이 될 수밖에 없다. 그런 망동으로 만들어진 세계가 이 중생세계다.

망념은 안개와도 같다. 안개는 실체가 없다. 수증기가 응결하여 지표 가까이에 일시적으로 있지만 햇빛을 받고 바람이 불면 모두 다 사라진다. 망념도 실체가 없다. 실체가 없기에 진심인 지혜가 일어나면 그것은 순식간에 사라진다.

그러면 마음에 붙어 있던 부자유하고 허위적인 죄업의 요소들이 모두 떨어져 나가고 진실되고 자유롭고 지선한 공덕만이 적나라하게 드러난다. 그것을 진심이라고 한다.

起信論 此謂如來廣大性智究竟之義 非如虛空相故

이것을 일러 여래의 광대한 성품은 지성이다는 것이 최종의 뜻이다. 그러므로 그것은 허공의 모습과는 같지 않다는 것이다.

여래의 성품은 바로 내 자신의 성품이다. 그것은 지혜로워 상대성을 완전 떠나 있다. 그것을 본각이라고 하고 적조혜라고도 한다. 거기엔 무한한 가능성과 영원성, 그리고 무량한 공덕들이 함장되어 있다.

지성은 지혜로운 성품이다. 우리의 마음에는 이 성품이 고스란히 들어 있다고 했다.

그러므로 상대성으로 존재하는 허공과는 완전히 다르다. 쉽게 말하자면 허공은 죽은 모습이고 이 여래성품은 살아서 펄떡이는 것이다.

起信論 二者聞脩多羅說 世間諸法畢竟體空 乃至涅槃眞如之法亦畢竟空

둘째는 수다라의 말씀을 듣고 세간의 모든 법은 그 본체가 완전히 공하다. 거기다가 열반과 진여의 법도 또한 완전히 공하다.

개는 자기 주인이 죽어도 그 죽음을 알지 못한다. 그래서 죽은 주인을 한없이 기다린다. 원숭이도 그렇다. 죽은 새끼를 안고 다닌다. 그게 단순하게 살아가는 축생들의 본능한계다.

TV를 꺼버리면 시꺼먼 브라운관만 남는다. 어린아이는 그 속에서 활동하던 배우들과 세상이 함께 죽어버리는 줄 안다. 그게 아이들의 생각한계다.

어른들도 마찬가지다. 자기가 죽으면 자기 육신은 물론 자기 마음까지도 다 죽어버리는 줄 안다. 그게 어른들의 의식한계다.

수행자가 세상은 공하다는 말씀을 듣고 자기도 없고 세상도 완전히 없는 줄 안다. 그들은 세상이 꿈과 같은 것이라고 한다. 그것이 바로 그들의 관점한계다.

세간의 법은 눈에 보이는 세상천지라고 했다. 그 본체는 그 바탕을

말한다. 그 바탕이 공하다고 하니 천하의 만물이 다 공하다고 여긴
다. 空 도리를 이상하게 배운 사람이 찾아와 말장난을 쳤다.

"나고 죽는 것이 없는데 죽음이 대숩니까?"
"뭐 이런 개뼈다귀 같은 넘이 다 있나?!"

이 격한 응대에 그는 매우 언짢아했다. 배워도 참 어이없게 배웠
다. 중생의 모습을 띠고 있으면서 뜬금없이 부처의 행세를 들먹거리
고 있기 때문이다.
보통 가지지 못하고 넉넉지 못한 자들이 이런 空 도리를 읊조린다.
공 도리로 현 상태의 빈약함을 위안 받고 싶어서다. 가진 자는 물질
을 향유하고 거기서 안락을 도모한다. 그러므로 그들은 공 도리를
남발하지 않는다.
그러므로 세상의 민심과 경기에 민감하게 반응하는 인간은 空을
논해서는 안 된다. 잘못하면 스스로 악공에 빠져버릴 수가 있어서
그렇다.

起信論 從本已來自空 離一切相 以不知爲破著故
종본이래로 자체의 공은 일체의 형상을 떠나 있다 라는 말씀을 들었을
때 그것은 집착을 타파하기 위한 말씀임을 알지 못하고

씀씀이가 헤픈 아이에게 아버지는 언제나 돈이 없다고 한다. 무엇
이든지 사 달라고 하면 아버지는 먹고 죽으려 해도 돈이 없다고 한

다. 엄마에게 말하라고 한다. 차라리 아버지 팔아라 고까지 한다.

그래서 자식은 아버지가 돈이 없는 줄 안다. 그러나 아버지는 사실 부자다. 아이들 모르게 음으로 양으로 자선사업도 크게 한다. 누구든 도움을 원하면 그에 맞는 도움을 준다. 그러나 아이는 그것을 모른다. 아이에게 비친 아버지는 언제나 빈털터리고 무능력자다. 그래서 늘 우울하다.

이 아버지의 속뜻은 무엇일까. 자식에게 어떻게든 돈을 주고 싶지 않아서 없다고 발뺌하는 것인가. 그것은 아니다. 자식들을 온전히 기르기 위해서 구두쇠 역할을 하고 있는 것이다.

起信論 卽謂眞如涅槃之性唯是其空
진여와 열반의 성품은 오로지 공이다고 한다.

허세를 부리기 좋아하는 마누라가 있다. 남편은 사실 정보국에 근무한다. 그것도 대단히 높은 자리에 있다. 아내에게는 사실을 말하지 않고 그저 샐러리맨이라고 했다.

아내는 늘 불평이다. 욕망도 없고 능력도 없다고 한다. 기가 죽어서 모임에 나가기도 싫다고 한다. 남편은 미안하다고 한다. 아내는 때때로 남의 남편과 비교하며 바가지를 긁는다. 남편은 오로지 가정에만 충실하다. 권력욕 같은 것은 조금도 없어 보인다.

남편이 아내를 사랑하지 않아서 그 권력을 숨기고 있는 것일까. 그렇지 않다. 남편은 아내를 사랑한다. 단지 어디든 튀고자 하는 그녀의 헛된 욕망을 잘 알기에 나라와 가정을 보호하고자 할 뿐이다.

246

때때로 상인들은 말한다. 손해 보면서 판다고 한다. 그 말을 액면 그대로 믿는 사람이 있을까. 있다면 바보다. 그런 상인은 상인이 아니다. 상인은 이익을 남기는 데 장사의 목적이 있기 때문이다.

그런데도 손해를 보고 판다면 다른 목적이 있거나 그것은 미끼 상품일 것이다. 그러므로 그 말을 액면 그대로 믿어서는 안 된다.

그처럼 空을 설할 때는 그 목적이 있다. 단지 空이라는 것을 드러내기 위해 공을 설하는 것이 아니고 그 목적이 분명 있다는 것이다. 그 목적이 집착의 부숨이라는 것이다.

起信論 云何對治 明眞如法身自體不空 具足無量性功德故

이를테면 어떻게 대치할 것인가. 진여법신은 자체가 공하지 않다는 것을 밝혀둔다. 거기는 무량한 성품의 공덕이 구족되어져 있다.

야행성동물들이 있다. 그들에게는 어둠이 밝음이고 밝음이 어둠이다. 그들의 신체구조는 어둠 속에서 더 역동적이고 더 적합하게끔 발달되어져 왔다.

인간도 정신적으로 어둠을 밝음으로 알고 있다. 그렇기 때문에 틈만 나면 어둠 속으로 파고든다. 어둠은 정말 무섭고 겁나고 칙칙하고 냄새가 나는데도 말이다.

그처럼 인간은 그 심성 자체 속에 엄청난 지혜 덩어리가 있는데도 무지의 삶에 더 친화적이고 더 친밀하다. 그래서 지혜를 놔두고 지식을 고집하면서 세상을 힘들게 살아간다. 그것은 억겁 동안 중생으로 살아온 관성 때문이다.

이제 그 관성을 바꿀 때가 되었다. 촉과 감으로 더듬어 사는 삶이 아니라 지혜로 살아가는 방법을 찾아야 한다. 왜냐하면 우리 자신에게는 지혜와 복덕의 무량한 성품의 공덕이 갖춰져 있다고 부처님은 말씀하셨기 때문이다.

그러므로 세상은 있다. 단지 미친 세상이거나 중생세계가 없다는 것이지 세상이 공한 것은 아니다. 중생세계를 깨고 나면 거기에 엄연히 정토가 있고 열반세계가 있다.

낮에도 별은 있다. 숨지도 않았고 사라지지도 않았다. 밤이건 낮이건 있는 그대로 엄연히 있다. 단지 태양에 가려서 보지 못할 뿐이다.

마찬가지로 무량한 공덕을 품고 있는 마음은 없는 것이 아니다. 단지 망념된 마음이 가려 놓은 것이지 진짜의 마음은 분명히 존재한다. 그러므로 절대로 없는 것이 아니다는 것이다.

起信論 三者聞脩多羅說 如來之藏無有增減
세 번째는 수다라에서 여래지장은 증감이 없다.

여래지장은 여래장이다. 이 말은 여래를 담고 있다는 뜻이다. 물론 여래는 부처다. 그러니까 부처가 함장되어 있는 상태를 여래장이라고 한다.

이 여래장을 **열반경**에서는 불성이라고 했고 **화엄경**에서는 법성이라고 했다. **십권경**에서는 아려야식, 또는 자진상이라고 했으며 **원각경**에서는 원각이 여래장이다고 했다.

사권경에서는 식장이라고 했으며 **십권경**에서는 전멸식이라고 했고 **유가론**에서는 이숙식이라고 했다.

그러니까 경전에서는 이 여래장을 완성된 상태와 미완성된 상태로 설명해 왔다. 완성된 상태는 부처고 미완성된 상태는 중생이다. 이것이 識으로 작동하면 진망화합식이 되고 이것을 이론화하면 여래장사상이 된다.

起信論 體備一切功德之法 以不解故 卽謂如來之藏有色心法自相差別

그 본체는 일체 공덕의 법을 구비해 있다는 말씀을 듣고 이 말씀을 이해하지 못하여 여래장 거기에 색과 심법과 자상의 차별이 있다고 한다.

여래장은 부처도 만들고 중생도 만든다. 여래장을 어떻게 쓰느냐에 따라 부처도 되고 중생도 되기에 그렇다.

우리는 여래장을 갖고 중생노릇을 하고 있다. 인생을 연극이라고 하는 이유가 여기에 있다. 연극이 아니면 어떻게 부처가 중생 짓거리를 할 수 있느냐는 것이다.

중생의 본성은 여래장이고 색은 거기서 나타난 현상이다. 그리고 심법은 관념이고 自相은 마음의 자체상이다. 이것들 전부를 우리는 편의상 마음이라고 한다. 그렇다면 이 셋이 다 다른 것인가. 다 차별이 있는 것인가.

起信論 云何對治 以唯依眞如義說故 因生滅染義示現說差別故

이를테면 어떻게 대치할 것인가. 오직 진여의 뜻에 의거하여 설하셨던 것이니 그것은 생멸과 오염의 뜻을 시현하려고 차별을 말씀하신 것이다.

건강한 사람에게는 병이 없다. 그러나 환자들에게는 병이 있다. 원래는 환자도 없고 병도 없다. 그런데 지금은 환자도 있고 병도 있다.

그러므로 건강한 사람들에게 병을 말한다. 전혀 상관없는 말이지마는 잘못하면 없는 병이 생긴다는 뜻으로 미리 말을 해 준다.

그리고 환자들에게는 하루빨리 병으로부터 벗어나서 본래의 자신으로 회복해야 한다고 한다. 그처럼 진여에는 원래 생멸과 오염 같은 것들이 없다. 진여는

破而不壞
染而不涅

부숴도 깨어지지 않고
물들어도 더러워지지 않는다.

여기서 말한 진여는 위에서 말한 自相이다. 그러니까 이 자상 속에는 여래장이 들어 있고 여래장 속에는 색법과 심법이 들어 있지만 그것은 다 원래 없는 것이다. 그러므로 自相에는 차별 같은 것은 원초적으로 있을 수 없다는 것이다.

250

起信論 四者聞脩多羅說 一切世間生死染法 皆依如來藏而有 一切諸法不離眞如

네 번째는 수다라에, 일체 세간의 생사염법은 모두 다 여래장에 의해 있으므로 일체 제법이 진여를 벗어나지 않는다.

바다에 파도는 없다. 그것은 바람에 의해 일어나고 사라진다. 파도는 혼자서 생기고 없어질 수 없다. 그래서 파도는 바다로부터 독립된 것이 아니다.

죄업은 자성이 없다. 즉 죄업 자체의 본성이 없다. 다 마음으로 짓고 마음에 의해 사라진다. 그 마음이 망념이다. 그래서 **화엄경**과 **기신론**에

一切法皆從心起
妄念而生

눈앞에 보이는 세상은 모두 다 마음에서 일어났다.
그것은 망념으로 생긴 것이다

고 하셨다. 그래서 죄업은 자체적으로 존재하는 것이 아니다.

중생도 마찬가지다. 중생은 독립적 존재가 아니다. 그러므로 실체가 없다. 단지 부처의 본성에 기생해 있다. 마치 피부병이 건강한 피부에서 생겨나듯이 중생의 망념은 본체에서 나타났다 사라지는 것이다.

起信論 以不解故 謂如來藏自體具有一切世間生死等法

이 말씀을 듣고 그것을 이해하지 못하고서 여래장 그 자체에 일체 세간과 생사 등의 법이 들어 있다고 한다.

여래장은 두 방향으로 해석이 된다. 하나는 순수 여래의 씨앗이고 또 하나는 오염되어 있는 여래라는 뜻이다.

여기서는 두 번째의 시각으로 보는 여래장에 대한 의문이다. 그러니까 세상천지는 모두 다 마음에서 나왔다고 했을 때 그 마음이 바로 여래장이므로 일체중생과 삼계육도가 다 부처의 본성에서 나왔다는 말이 된다. 그럴 수 있는 것인가 하고 묻는 것이다.

起信論 云何對治 以如來藏從本已來 唯有過恒沙等諸淨功德 不離 不斷 不異眞如義故

이를테면 어떻게 대치할 것인가. 여래장은 종본이래로 항사를 넘는 청정한 공덕과 떠나지도 않고 단절되지도 않는다. 그것은 진여와 다르지 않은 뜻이다.

환자복을 입고 철제병상에 누워 있는 사고 환자는 어떻게든 원래의 상태로 돌아가려고 한다. 그 이유는 하루빨리 모든 신체의 기능을 회복하여 정상적인 생활을 하기 위함에서다.

중생도 사바라는 큰 병원에 입원해 있는 환자들이다. 그들도 하루빨리 치료를 잘 받아 원래의 상태로 돌아가야 한다. 그 치료를 담당하는 분들이 제불보살들이다. 제불들은 의사들이고 간호사들은 보

252

살들이다.

그 이유는 환자의 모습이 원래 없어야 했던 것처럼 중생도 원래 없어야 하는 것이다. 멀쩡한 사람이 사고를 당해 환자가 되어 있듯이 부처가 사고를 당해 중생이 되어 있는 것이다.

환자가 치료를 잘 받아 정상이 되면 그가 갖고 있는 모든 것을 향유하듯이 중생이 치료를 잘 받으면 부처가 갖고 있는 모든 공덕과 지혜를 가질 수 있다는 말씀이다.

起信論 以過恒沙等煩惱染法 唯是妄有 性自本無 從無始世來未曾與如來藏相應故

항사보다도 더 많은 번뇌와 염법은 오직 망녕되게 있으므로 그 자성은 본래부터 없다. 그것은 무시의 때로부터 일찍이 여래장과 상응한 적이 없다.

정신병자가 없으면 정신병원이 없다. 정신병원은 환자가 있으므로 해서 생겨났다. 중생이 없으면 이 세상은 없다. 이 세상은 중생이 있으므로 해서 사바세계가 되어 있다.

중생은 원래 없다고 했다. 그러므로 여기에 사는 중생은 정상이 아니다. 모두가 다 망념에 절은 자들이다. 정신이 이상한 자들이 정신병원에 모여 살듯이 망념에 절은 자들이 여기에 살고 있다.

정신이 이상한 사람들 속에서는 무시로 사고가 일어난다. 그러므로 그곳 관리인들은 조금도 방심하지 않는다. 마찬가지로 망념에 절은 중생들이 사는 이 세상도 한시도 조용할 날이 없다. 그래서 부처와 보살은 잠시도 눈길을 떼지 않고 있다.

정신병자는 자기가 환자라는 사실을 인정하지 않는다. 그러므로 갇혀 있는 데 대한 불만이 많다. 망념에 절은 자들은 자기가 비정상인줄 모른다. 그러므로 이 세상이 문제가 많다고 한다. 둘 다 자신이 어떤 상태인지를 인지하지 못하고 있다.

정신병자는 맨 정신하고는 거리가 멀다. 망념에 절은 자들은 여래장하고는 맞지 않는다. 그래서 일찍이 여래장과 상응한 적이 없다고 한 것이다. 일찍이 라는 말은 처음부터 망념은 여래장하고 물과 기름처럼 맞지 않는다는 뜻이다.

起信論 若如來藏體有妄法 而使證會永息妄者 則無是處故

만약 여래장의 본체에 망법이 있다면 증회하여서 영원히 망념을 쉰다는 것은 있을 수가 없다.

범부에게 원래 중생이 되도록 하는 실체가 있는 것은 아니다. 부처가 제정신을 잃으면 범부가 되는 것이다. 금빛이 나는 금덩이가 흙이 되는 것이 아니다. 흙덩이에 묻히면 그 빛이 사라지지만 흙덩이를 벗기면 그것이 그대로 드러나는 것과 같다.

흙덩이를 제련해서 금이 되는 것은 아니라 그 자체가 금이었기 때문에 금으로 다시 나타나는 것이다.

사람이 사고를 당하면 온갖 치료를 받아서 정상인이 되지만 치료가 정상인을 만드는 것은 아니다. 그 본체가 원래 정상이기 때문에 원래의 상태로 돌아오는 것이다. 그것이 증회의 결과다.

증회는 증득함을 강조한 말이다. 會는 모일 회 자가 아니고 깨달을 회 자이다. 그러니까 증득보다는 더 강력한 표현 전달로 이 단어를 썼다.

起信論 五者聞修多羅說 依如來藏故有生死 依如來藏故得涅槃 以不解故 謂衆生有始

다섯 번째는 수다라에서 여래장에 의해 생사가 있고 여래장에 의해 열반을 얻는다는 말씀을 듣고 그것을 이해하지 못하여 중생에게 시작이 있구나 라고 생각한다.

여래장은 아려야식이다. 그 아려야식 속에 각과 불각이 들어 있다. 각은 부처고 불각은 중생이다. 그런데 불가사의하게 중생이 이겨서 중생이 되어 있다고 했다. 그러므로 중생은 거기서부터 시작되었구나 라고 한다.

우리 마음속에 꿈을 꿀 수 있는 요인은 없다. 그러므로 꿈은 가짜다. 사람은 꿈을 두 군데서 꾼다. 하나는 생시고 또 하나는 잠이다. 이 둘은 결과적으로 다 허망하게 끝난다.

그 이유는 시작도 없고 끝도 없는 것이기에 그렇다. 꿈이 시작이 있던가. 언제나 중간에서 시작한다. 그리고 끝이 있던가. 항상 중간에서 끝이 난다. 그처럼 중생은 시작도 없고 끝도 없는 사이에서 생멸을 거듭하고 있다.

起信論 以見始故 復謂如來所得涅槃有其終盡 還作衆生

그런 견해로 시작을 보면 여래가 증득한 열반도 그 끝남이 있어서 다시 중생이 되겠구나 라고 생각한다.

대단히 일반적인 생각이다. 부처가 중생이 되고 중생이 부처가 되었다면 부처가 또 중생이 되겠구나 하는 것은 보편적 상식이고 시각이다.

우리 모두가 처음에 부처였다고 하니 부처가 중생이 되었다면 부처가 되었어도 중생이 다시 되는 것이구나 하고 누구나 생각하게 되어 있다.

起信論 云何對治 以如來藏無前際故 無明之相亦無有始

이것을 어떻게 대치할 것인가. 여래장은 전제가 없다. 무명의 모습도 또한 시초가 없다.

여래장은 시작이 없다. 그러므로 그 여래장과 함께 움직여서 중생이 된 중생도 시작이 없다. 시작이 없는데 어떻게 중생이 있겠는가. 다 환영에서 일어난 모습이고 가상이다. 그래서 **원각경**에

一切衆生種種幻化
皆生如來圓覺妙心

도깨비 같은 천차만별의 중생들
모두 다 여래의 원각묘심에서 나온 것이다

256

고 하셨다.

여기에서의 원각묘심은 여래장을 말한다. 여래장은 불성이다. 불성은 언제부터 있고 언제까지 있다는 한정적인 개체가 아니다.

여래장은 전체다. 모든 생명은 거기서부터 일어나고 소멸된다. 생사도 거기서 나왔고 열반도 거기서 나왔다. 이 여래장을 벗어난 것은 그 어디에도 없다.

여래장은 처음 이전부터 그대로 있었고 마지막 후에도 그대로 있다. 그래서 여래장은 세상이 생기기 이전부터 있었고 세상이 끝난 후에도 있다. 그런 여래장은 무시무종이다. 그게 우리 진짜 생명의 원천이고 바탕이다.

起信論 若說三界外更有衆生始起者 卽是外道經說

만약에 삼계 밖에 또 다른 중생이 처음 일어남이 있다고 한다면 곧 이것은 외도경에 설한 것과 같다.

삼계는 중생세계 전체다. 이 삼계를 벗어난 생명체는 아무 데도 없다. 모두 다 이 속에서 생겨나고 이 안에서 사라진다. 그 어떤 자가 삼계 밖에 또 다른 생명체가 살고 있다고 한다면 그것은 허무맹랑한 소리다. 그런 말은 외도들이 하는 소리다.

외도들은 불교 이외에 모든 종교와 학설이다. 그들은 이 세상을 자기들의 신이 창조했다고 한다. 그래서 그 신이 언제든 이곳을 파괴할 수 있다고 한다. 기독교와 이슬람이 이런 외도들이다.

힌두교는 자기들의 신이 그대로 변해서 우주의 만물이 되었다고 하는 **轉變**설을 주장한다.

자연론에서는 저절로 이루어졌다고 하고 우연론에서는 우연히 이루어졌다고 한다. 다 틀렸다. 이 세상은 망념에 의해 이루어진 것이다.

그렇다고 해서 망념이 진짜로 무엇을 이룬 것은 아니다. 그것은 꿈과도 같은 것이라고 했다. 그러므로 이 세상은 실체가 아니다. 그래서 **화엄경**에

一切法如鏡中像
無所可得

세상 모든 것은 거울 속에 영상과 같다.
그것은 가질 수가 없다

고 하신 것이다. 이 말씀을 인정하지 않으면 사악비구와 같은 자들이 된다. 사악비구는 **불장경**에 나오는 네 명의 아주 못된 스님들이다. 그 이름은 고안苦岸 살화다薩和多 장거將去 발란타跋難陀다.

이들은 불교 속에 있으면서 불법보다도 외도의 가르침을 더 친근히 하고 그들의 교리를 은연중에 이행한 자들이다. 그와 같은 자들이 지금 우리 주위에도 흔하게 있다. 그들도 사악비구와 같은 고약한 자들이다. 조심해야 한다.

起信論 又如來藏無有後際

또 여래장에는 후제가 있을 수 없다.

　보석은 변함이 없어야 한다. 처음에 영롱히 빛이 나고 그 뒤에 빛이 사라진다면 보석이라 할 수 없다. 보석은 귀해야 한다. 흔하고 평범한 것은 보석이 될 수 없다. 지구상에는 한량없는 많은 암석들이 널브러져 있다.

　그 암석들을 이루는 광물을 분류하면 약 3,700여 종이 된다. 그중에서 美的 가치 희소성 내구성으로 따지면 70여 종의 보석광물이 나오는데, 거기서 가리고 또 추리면 4개의 보석이 나온다. 즉 다이아몬드 루비 사파이어 에메랄드다.

　세상에는 많고 많은 중생들이 곳곳에서 흩어져 살고 있다. 그들을 이제까지 정신적으로 이끌어 온 동서고금의 이름난 성자와 현자들은 3,700여 명이 넘는다. 그중에서 단연 돋보이고 빛나는 분들이 네 분 계신다. 부처 예수 마호메트 공자다.

　4개의 보석들 중에서도 가장 귀하고 희귀한 것은 다이아몬드다. 그래서 최고의 보석이 된다.

　다이아몬드가 얼마나 희귀하냐 하면 산지에서 적어도 250톤의 자갈과 바위를 부숴야 겨우 1캐럿 정도를 얻을 수 있다고 한다. 그만큼 희귀하게 얻어진다. 그러므로 보석 중의 보석이라고 해서 보석의 왕이라고 부른다.

　수많은 현자와 성자들 가운데서 독보적으로 가장 두드러진 한 분이 계시는데 그분이 바로 부처다. 그래서 부처는 성자 중에서 성자라고 한다.

다이아몬드는 자연산 광물 중 제일 강도가 높은 광물이다. 그래서 보석광물 중에서도 최고의 각광을 받고 있다. 다이아몬드의 명칭은 "정복할 수 없다"라는 뜻을 가진 그리스어 아다마스에서 유래했다.

부처는 하늘 위에서나 땅 위에서나 가장 순도가 높은 순수무구의 생명체다. 그분만이 완성된 분이시다. 그러므로 그 누구도 그분을 정복할 수 없다. 그러므로 그분은 전 우주에서 왕 중의 왕이 아니라 황제 중의 황제가 되는 것이다.

부처는 그야말로 거대한 다이아몬드가 나타난 것과 같다. 부처가 이 세상에 나타난다는 것은 정말로 희소하고 희귀한 일이기에 그렇다.

다이아몬드를 가질 수 없는 자들은 그보다 한 단계 낮은 루비나 사파이어 에메랄드를 가져야 한다. 부처를 모실 수 없는 자들은 어쩔 수 없이 한 차원 낮은 예수나 마호메트 공자를 모셔야 그나마 인간다운 삶을 산다.

다이아몬드는 순수 탄소의 결정체다. 그것은 연탄이나 연필심의 흑연과도 같은 탄소로 구성되어져 있다. 똑같은 원소지만 하나는 가장 비싸고 빛나는 모습으로 되고 또 하나는 가장 싸고 검은 것으로 나타난다.

부처와 중생은 그 본성이 똑같다. 그런데 하나는 가장 훌륭하고 존귀한 분이 되셨고 또 하나는 가장 천하고 불쌍한 존재로 남아 있다. 그 이유를 **사권경**에서 중생들의 머리로써는 풀리지 않는 불가사의 중에서 불가사의하다고 하셨다.

다이아몬드는 지구 초기시대에 마그마의 분화가 일어나면서 형성된 초염기성암인 킴벌라이트에 함유되어 있다. 이것은 지하 120~250km 아래에서 형성된 후 지질변화로 상승하다가 지표의 침식작용으로 사광상이 된다. 거기서 다이아몬드가 채굴된다.

채굴된 다이아몬드 중에서 보석용 다이아몬드는 광택과 광채를 극대화하기 위한 연마 과정을 거친다. 거기서 무색, 노랑, 파랑, 검정 등 다양한 색상이 나온다.

부처도 이 세상이 생겨날 때부터 있었다. 아니 그 이전부터 있었다. 부처는 중생의 마음 수 억 만 킬로미터 그 밑바닥에 있었다. 그 중생 속에 들어 있는 본각을 성취하기 위해 부처는 무량겁을 닦고 갈면서 수행해 오셨다.

오로지 중생을 구제하시고자 3대겁아승기야 동안 말할 수 없는 고행과 수행을 하면서 자신을 다듬고 다듬었다. 그리고 드디어 부처가 되어 이 세상에 출현하셨다.

그 결과로 그분이 내뿜으시는 광명은 무량색이다. 한량없는 색체에다 끝이 없는 광채를 갖고 계신다. 그 빛깔들은 일정한 색상이 없다. 우리들의 시각에 따라 붉은색도 되고 푸른색도 되며 노란색도 된다.

일반적인 다이아몬드는 무색에 가까울수록 빛의 굴절률이 높아 빛이 잘 투과된다. 그러면 찬란한 무지갯빛을 발할 수 있어서 더 가치 있는 것으로 평가된다.

부처의 마음은 청정 그대로다. 그분은 불순물이 전혀 없는 완전 깨달음을 얻으셨기에 그렇다. 그 깨달음은 열반이다. 열반은 형체와 색깔 그리고 모습이 없다. 그러므로 그 가치는 가히 천하를 뛰어넘는다.

起信論 諸佛所得涅槃與之相應 則無後際故
제불이 증득한 바 열반은 그것과 더불어 상응하기 때문에 곧 후제가 없다.

다이아몬드는 그 무엇에도 깨어지거나 틀어지지 않는다고 한다. 그래서 다이아몬드의 보석 말은 영원한 사랑이다. 그래서 결혼할 때 서로 변하지 말자고 다이아몬드 반지를 교환한다. 그것은 사랑의 맹세를 의미한다.

부처는 중생과 맹세하였다. 아니다. 중생과 맹세한 것이 아니라 자신과 맹세하셨다. 중생을 버리지 않고 끝까지 자비로 책임지겠다고 하셨다. 그러므로 그분은 언제나 우리와 함께 계시고 우리와 함께 움직이신다.

자연계의 다이아몬드는 주인이 없다. 누구든 그것을 가질 수 있는 권한이 있다. 돈만 있으면 아무나 그것을 채굴할 수가 있다.

중생계의 다이아몬드는 여래장이다. 누구든 복만 있으면 언제라도 그것을 채굴할 수 있다. 다이아몬드를 취득하면 배고픔을 면하는 재벌이 되고 여래장을 증득하면 생사를 면하는 부처가 된다.

그러니까 중생의 탐욕이 있는 한 다이아몬드는 계속적으로 채굴되고 부처의 씨인 불알이 있는 한 중생은 부처가 되는 작용이 계속된다. 그러니까 불알이 여래장인 셈이다.

부처는 후제가 없다. 후제는 끝이다. 모든 부처님은 깨달음을 이루셨다. 깨달음은 불이다. 불을 뿜어대는 무정물인 태양도 46억 년 전에 태어나 앞으로 50억 년 동안 불빛을 내뿜는다.

그런데 하물며 살아 있으면서 지혜의 불을 발광하는 부처야 뭐 말할 게 있겠는가. 그 태양의 광명이 있는 한 다이아몬드는 빛을 발하고 그 부처의 자비가 있는 한 중생은 무한의 가피를 입는다.

다이아몬드는 부유할 때 가질 수 있다. 부처는 공덕이 있을 때 만날 수 있다. 부유는 육신을 안락하게 만들고 공덕은 마음의 안정을 얻게 한다. 안락은 육신의 배고픔으로부터 벗어나게 하고 안정은 지혜를 일으켜 생사로부터 벗어나게 한다.

그래서 **제법집요경**에서 다이아몬드가 귀중한 것은 온갖 가난을 끊어주기 때문이고 지혜가 귀중한 것은 일체 윤회를 끊어주기 때문이다고 하셨는데 바로 이 뜻이다.

이런 다이아몬드를 아는 자는 여래장을 알아야 한다. 다이아몬드만 알고 여래장을 모르면 한낱 광물계를 파먹는 벌레만 될 뿐이다.

007시리즈 중에 Diamonds are forever 라는 영화를 보신 분들은 이제 한번 크게 외쳐보시기 바란다. Tathagatagarbha are forever. 여래장은 영원하다.

海東疏 第三辨相中 先明人我見 於中有二 總標 別釋

셋째로 그 집착을 분석한다. 그 가운데서 먼저 인아견을 밝혔다. 그중에 둘이 있다. 묶어서 표시하고 따로 풀이한다.

자기 몸은 세상을 살아가는 도구라고 하였다. 그 몸이 일용직을 하고 있으면 노동자고 사장자리에 앉아 있으면 사장이 된다. 그러다 직업을 바꾸면 또 다른 신분이 된다.

마찬가지로 지금 인간의 옷을 입고 이렇게 있으면 인간이고 죽어서 다른 중생의 몸을 받고 있으면 다른 중생이 자기가 된다. 그러므로 我라는 고정적인 주체성은 없다.

그런데도 인간들은 그 我를 공고히 하고 굳건히 하는 데 혈안이다. 거기서 아견이 나온다. 아견은 범부의 내적 무기다. **지도론**에서 말한 7종 교만 가운데 하나다.

아견은 범부의 소견이다. 그 소견은 틀렸다. 그래서 **유가사지론**에 보면 범부가 아견으로 잘못 생각하는 것이 일곱 가지 있다고 하였다.

1. 생각을 해도 꼭 되지도 않은 생각을 한다.
2. 소견을 내어도 꼭 죄업이 되는 사견만 낸다.

3. 무아의 법을 我가 있다고 생각한다.

4. 세간의 무상을 常見으로 본다.

5. 세상의 고락이 진짜로 있다고 한다.

6. 세간 속에 만연하는 不淨의 법을 正見으로 본다.

7. 망녕된 마음과 좋지 않는 생각만 일으킨다는 것이다.

別釋之中 別顯五種

개별로 풀이한 중에 따로 다섯 종류를 나타내고 있다.

분명히 알아둬야 할 것은 이 인아견은 일반인들에게 해당되는 것이 아니다. 일반인은 이 인아견에 대해 관심이 없다. 있다 해도 그냥 그런가 하고 흘려듣는 수준이다.

여기서 교정하는 대상은 대승의 법을 수행하는 초심자들이다. 그들이 세속의 집착을 버리고 이 인아견을 일으키면 사집이 된다는 것을 밝혀주는 것이다.

그들은 크게 다섯 가지 의문을 일으킨다. 첫째와 둘째는 법신에 대한 의문이고 셋째와 넷째는 여래장에 대한 의문이다. 그리고 다섯째는 그것에 대한 영원성과 전변성에 대한 의문이다.

海東疏 各有三句 初出起見之由 次明執相 後顯對治

거기에 각각 세 구절이 있다. 처음은 인아견을 일으키는 이유를 드러내고 다음은 집착의 양상을 밝히며 그 뒤에 대치를 나타내고 있다.

하나의 의문마다 설명하는 과정을 세 단계로 두었다. 그러니까 왜 인아견을 일으킬 수밖에 없는가 하는 전제를 제시하였다.

그리고 그 이유에 대한 예를 들었다. 마지막에 그런 생각을 교정해 주는 단계다. 이런 방식으로 대승의 수행자가 크게 일으키는 다섯 가지 의문을 명확하게 정리해 주고 있다.

海東疏 初執中言卽謂虛空是如來性者 計如來性同虛空相也

첫 번째 집착한 것 중에서, 허공이 바로 여래성이라고 말한다는 것은 여래성이 허공의 모습과 같다고 생각하는 것이다.

사람들은 인아견을 설하는데 웬 여래법신이냐고 의아해 할 것이다. 그도 그럴 것이 여기서 말하는 아견과 도대체 무슨 관계가 있기에 뜬금없는 여래법신이 나오고 허공이 나오느냐는 것이다.

그 이유는 我의 본체를 먼저 두었다. 현재의 我와 본래의 我가 어떻게 달라져 있는가를 우선적으로 거론하였다. 현재는 이런 보잘것 없는 범부의 我이지만 원래는 거대한 여래법신이었고 또 그 용량은 허공과 같다고 한 것이다.

그것이 바로 여래법신이라는 것이기에 이 문단이 나왔다. 그러므로 의아해 할 필요가 없다.

海東疏 第二中言乃至涅槃眞如之法亦畢竟空者

두 번째 가운데서, 내지 열반과 진여의 법 또한 완벽한 공이라고 한다 한 것은

TV드라마는 가상의 세계를 현실화한다. 그것은 가짜다. 그런데도 그런 드라마에 취해 있으면 꼭 한 소릴 듣게 된다. 정신 좀 차리라꼬. 그러면 TV를 끈다. 그때 나타나는 것이 검은 색의 브라운관이다. 그것이 바로 空이다.

인생도 사실 하나의 드라마다. 죄업과 인연의 피디에 의해 평생 동안 삶을 무대로 연기한다. 이제 정신 좀 차릴 때가 되었다.

죄업과 인연을 놓아버리면 아무것도 없다. 물이 빠지면 저수지바닥이 드러나듯이 생멸을 일으키는 죄업의 연기緣起가 없어지는 그곳이 구경의 覺 자리다.

거기에는 더 이상 생멸을 하는 부유성이 없다. 그곳이 원래 내 자리인 空의 세계다.

海東疏 如大品經云 乃至涅槃如幻如夢
대품경에서 내지 열반은 환과 같고 꿈과 같다.

대품경은 실상경전의 대표적인 경전이다. 하도 장르가 많아 대품이라고 했다. 원명은 **대반야바라밀다경**이며 600권으로 되어 있다.

그 내용은 세상은 空하다는 것이다. 딱 한마디인 공의 뜻을 풀이한 것이 이렇게 방대한 분량이 되었다. 그런데 왜 무엇 때문에 이 한마디를 그렇게 많이 그토록 오랫동안 설하셨을까.

그것은 꼭 인생에 윤리와 같은 것이다. 윤리는 사람으로서 마땅히 지켜야 할 도리와 규범이다. 그러므로 이것은 인간 세상에 살아가는 기본 소양이다. 입에 걸고 살아도 잊어버리는 것이 윤리고 마음에 두고 살아도 형편상 어기게 되는 것이 윤리다.

그러므로 윤리는 평생을 언급하며 살아가도 윤리적인 삶을 살지 못하고 다 죄업을 짓고 살아간다.

그처럼 空도 입만 벌리면 공이라 하지마는 현실에 부닥치면 언제나 현상만 쫓게 된다. 그래서 현실만큼 비례해 空을 설할 수밖에 없었던 것이다.

海東疏 若當有法勝涅槃者 我說亦復如幻如夢故

만약 어떤 무엇이 열반보다 더 수승한 것이 있다고 해도 나는 똑같이 환과 같고 꿈과 같다고 말할 것이라고 한 말씀이다.

진여는 본각의 작용이고 열반은 상태다. 그러니까 진여와 본각, 그리고 열반은 같은 말이다. 이 셋은 대승불교에서 백미가 되는 언어들이다. 그런데도 이것들을 모두 空이라고 한다.

대승불교에서 중생은 환과 같고 꿈과도 같다고 하셨다. 중생이 없다면 중생을 상대로 설하신 진여니 본각이니 열반이니 하는 것들은 다 실체없는 언어가 된다. 그래서 이것들은 모두 다 환같고 꿈같다고 하신 것이다.

이런 말씀은 결코 지식으로는 이해되지 않는 뜻들이다. 空의 세계는 지식으로 유추하는 세계가 아니다. 그것은 지혜로만이 직관된다. 지식이 작용하는 한 지혜는 숨는다. 마치 손바닥이 보이면 손등이 숨는 것과 같다. 이 둘은 같이 작용하지 않는다.

그런데도 사람들은 空의 세계를 계속해서 말한다. 너무 웃긴다.

꼭 空을 경험한 사람처럼 떠든다. 그것을 말하는 자도 웃기지마는 그것을 듣는 자도 웃긴다. 둘 다 비정상임에 틀림없다.

[海東疏] 第三中言因生滅染義示現者 如上文言 以依業識生滅相示 乃至廣說故

세 번째 가운데서, 생멸하는 오염의 뜻으로 나타내 보인다는 것은 위 문장에서 업식에 의해 생멸상을 보인 것이다 하면서 이어 널리 설명한 것과 같다.

나는 원래 없다. 그런데 중생이 되어 있다. 없어야 하는 데 있다. 그러므로 거기에 고통과 슬픔이 있다. 이것은 뭔가 잘못되었다.

나는 원하지 않았다. 죄업으로 윤회하는 이런 삶은 내가 원한 것이 아니다. 그런데 그렇게 흘러왔다. 이것은 뭔가 잘못되었다.

나는 생로병사를 원치 않는다. 그런데 그것이 개 목줄처럼 나를 잡고 있다. 거기에 나는 끌려 다닌다. 이것은 뭔가 잘못되었다. 정말 잘못되어도 한참 잘못되었다.

사람들은 말한다. 사람이 어찌 안 죽고 사느냐 한다. 그 사람들은 꼭 죽는 사람만 봐 왔다. 그래서 안 죽고 사는 사람을 보지를 못했던 것이다.

죽는 사람이 있으면 사는 사람도 있다. 반드시 그렇게 되어 있다. 이 말은 생로병사를 하는 사람이 있으면 생로병사를 벗어난 분도 있다는 거다. 그러므로 반대편 쪽도 봐야 한다는 것이다.

그 반대편에 진여가 있다. 진여는 원래 중생의 씨를 가지지 않고

있다. 그것을 찾은 분이 부처님이다. 그분이 말씀하시고 있다. 그쪽
으로 오라꼬. 그래서 우리는 그쪽으로 가는 길을 배우고 있다.

海東疏 第四中言不離不斷等者如不增不減疏中廣說也

네 번째 중에서, 떠나지도 않고 끊어지지도 않는 그대로라고 말한
것은 부증불감경소 가운데 널리 설한 것과 같다.

금은 원래가 금이라서 금이다. 그래서 어디에 있어도 금으로 있다.
똥통에 있어도 금이고 임금의 왕관으로 있어도 금이다. 금은 처해진
상황에 따라 변하고 달라지지 않는다. 금은 언제 어느 상황에 있어도
그 자체인 금으로 있다.

우리의 마음도 마찬가지다. 지옥의 모진 고통을 받아도 그대로 있
고 천상의 쾌락을 즐겨도 그대로 있다. 금이 곳곳에서 덮어쓴 오염물
질이 다르듯이 우리 마음이 덮어쓴 중생의 껍데기가 달라져 있을 뿐
이다.

이런 뜻에 대해서 자세히 설명한 것은 **부증불감경**이고 그 내용을
원효성사가 풀이한 것이 **부증불감경소**다. 성사는 본인이 이러한 뜻
에 대해서 거기에 알기 쉽도록 설명하였다고 하셨다. 하지만 이 해설
서는 현재 전해오지 않는다.

海東疏 第五中言若說三界外更有衆生始起者

다섯 번째 가운데서 만약 삼계 외에 다시 어떤 중생이 있어서 생김에
시작이 있다고 한다면

270

중생은 다 무명에서부터 시작된다. 어둠이 시작이 없듯이 중생도 시작이 없다. 시작이 없기 때문에 마침도 없다. 왜냐하면 중생은 여래장을 갖고 있기 때문이다.

여래장은 여래의 씨다. 모든 중생은 여래의 씨를 가지고 있다. 김씨니 이씨니 하는 씨는 여래의 씨가 변형된 인간의 족씨들이다.

여래의 씨는 세상 이전에서부터 있었고 세상 끝나고 난 뒤에도 있다. 그러므로 이 여래장이 중생에게 들어 있는 한 중생의 생명에는 시작과 끝이 없다.

그렇기 때문에 중생이 언제부터 생겼고 언제 끝이 난다고 말하는 자가 있다면 그는 외도다.

海東疏 卽是外道經說者 如仁王經之所說故
곧 외도경의 말이라고 한 것은 인왕경에서 설하신 것이다.

외도는 진리를 모르면서 진리를 말한다. 그런 자의 이론을 책으로 묶어놓은 것이 외도의 경전이고 그것을 따르는 자가 외도의 무리다. 그러면 자연적으로 똑같은 중생들을 서로 배타하고 분별해서 전쟁을 일으킨다.

깨끗한 물에 몸을 씻는 자가 있고 구정물에 몸을 씻는 자가 있다. 더러움을 씻는 목적은 같은데 결과가 달리 나타난다.

正道의 물은 담글수록 깨끗하고 외도의 물은 담글수록 더러워진다. 누가 그것을 모를까마는 복 없는 범부의 눈에는 더러운 물이 더 깨끗하게 보이고 깨끗한 물이 더 더럽게 보이기 때문에 거기에 身心

을 담그는 것이다.

외도들이 내세우는 교리는 보통 네 가지다. 이것들을 통틀어 邪執
이라고 한다.

첫째는 邪因邪果다. 일체만유는 모두 유일한 신이 지었다는 창조
론자들이다. 그리고 세상 모든 것과 인간의 길흉화복은 다 그 신의
주제 하에 이루어진다고 하는 교리다. 이런 자들을 미신주의자 또는
복종주의자라고 한다.

둘째는 無因有果다. 원인은 없고 결과만 있다는 논리다. 전생이
어디 있나. 그런 것은 없다고 믿는 단순주의자들이다. 원인이 없는데
어찌 결과가 나타나겠는가. 그런데도 오직 결과만 믿는다. 고행주의
자들이 여기에 해당한다.

셋째는 有因無果다. 과거는 있지마는 미래는 없다고 하는 자다.
전생을 들먹이면서 내생은 모르겠다고 하는 쾌락주의자들이다. 이
런 자들이 무섭다. 죄과의 원인은 만들면서 그 결과는 없다고 하는
자들이기에 그렇다.

넷째는 無因無果다. 원인도 없고 결과도 없다는 자들이다. 종교가
가 아니라 사상가 중에서 극단에 치우친 자들이다. 막스 레닌 같은
공산주의자들이 주로 여기에 해당된다. 그들은 오로지 현생밖에 없
다고 한다. 그래서 살상하고 억압하는 데 주저함이 없다.

여러분들은 이 넷 중에서 어디에 해당되시는가. 주로 세 번째 부류
가 많은데 당신들도 그러하신가. 그렇다면 지금부터라도 정신 차리
시기 바란다. 인생은 나그네길 이라는 유행가 가사가 마음에 와 닿을

때는 이미 늦어버린 때가 되니까 그렇다.

海東疏 上來五執皆依法身如來藏等總相之主而起執故 通名人執也

위로부터 오면서 다섯 가지 집착은 모두 법신이나 여래장 등 총상의 주제에 의하여 집착을 일으키기 때문에 통틀어 인집이라고 하였다.

　인아견에 대한 대치사집을 정리하면, 첫 번째로 우리 마음은 허공과도 같다고 했는데 그것은 단지 걸림없고 광대하며 포용의 뜻으로 허공을 비유로 들었을 뿐 우리 마음인 법신은 사실 허공보다도 더 크고 더 넓고 더 광대하다는 것을 밝혀 둔다는 것이다.

　그리고 허공은 죽은 모습이지만 우리 마음의 본성은 언제나 샛별처럼 영롱하게 살아 있다는 것을 잊지 말아야 한다는 것이다.

　두 번째로 우리 마음은 법신으로 그 바탕이 텅 비었다는 것인데, 텅 빔으로 그치는 것이 아니라 거기에는 무량한 공덕과 지혜가 충만해 있다는 것이다.

　세 번째로 중생으로 살아가는 우리 마음은 여래장을 갖고 있는데, 여래장 그 속에 중생이 될 수 있는 요인이 처음부터 있었다는 것은 잘못된 것이라는 것이다.

　네 번째로 그런 중생이 온갖 번뇌와 고통을 당하는데 그것들도 다 여래장 거기에서 시발되었다는 것은 틀린 생각이라고 교정하고

　다섯 번째는 중생은 시작이 있고 열반도 끝이 있다고 여기는데 그것은 사실 그런 것이 아니다고 정확히 교정해 주는 것으로 끝을 맺고 있다.

② 법아견

起信論 法我見者 依二乘鈍根故 如來但爲說人無我 以說不究竟

법아견은 이승의 둔근자들이 일으킨다. 여래가 단지 인무아를 설해 주었는데 그 설법은 마지막이 아니다.

법은 열반의 법이다. 소승은 이 세상과 열반이 나눠져 있다고 생각한다. 그래서 이 고통의 세계를 떠나서 열반의 세계로 나아가고자한다.

그러니까 세상이 두 개가 있다고 여긴다. 그래서 둔근자라고 표현했다. 둔근자는 아둔하고 우둔하다는 뜻이다.

하늘과 땅은 분명히 나누어져 있다. 그렇지만 그것은 붙어 있다. 결코 나눠질 수 없는 불가분의 관계로 존재한다. 그들은 이것을 미처 깨닫지 못하였다.

부처님은 그들에게 人無我를 설해 주었다. 인무아는 我라는 주체가 없다는 것을 말한다. 그래서 그들은 주체적인 내가 없는데 육신이 자신을 힘들게 한다고 한다. 그래서 어떻게든 육신의 부자유스러움으로부터 벗어나고자 한다.

起信論 見有五陰生滅之法 怖畏生死 妄取涅槃

그들은 오음이 생멸하는 법이라는 것을 알고 생사를 두려워해 망령되게 열반을 구하려고 한다.

마음은 육신에 단단히 잡혀 있다. 사채업자에게 걸린 채무자와 같다. 어떻게 벗어날 길이 없다. 자유롭게 살려면 이 육신의 채무자로부터 무슨 써서라도 벗어나야 한다. **법구경** 말씀이다.

見身如沫
幻影空華
絶網銳箭
脫出死網

이 몸이 거품 같고
신기루 같다고 아는 사람은
마의 날카로운 화살을 꺾고
죽음의 그물로부터 벗어날 수 있다.

그처럼 육신은 없다. 오온으로 구성되어 있다. 그러나 소승 수행자들은 육신 자체가 실제로 있다고 믿는다.

그래서 육신이 있으면 언제나 생사를 받으니 어떻게 해서라도 육신을 벗고 열반을 취하고자 한다. 그런 수행자들을 가련하게 보신 관세음보살에서 **반야심경**을 설해 육신은 원래 空한 것이라고 가르치셨다.

사람들은 **반야심경**이 불설인 줄 알고 있지만 이 경을 설하신 분은 사실 관세음보살이다.

천수경은 천광왕정주여래께 배운 다라니를 관세음보살이 설하였고 이 **반야심경**은 관음보살 자신이 직접 체득한 것을 설한 것이 특징이다.

상대자는 사리자를 두었다. 사리자는 사리불로서 부처님의 십대제자 중에 제일 연장자면서 지혜가 제일이다.

이 말은 소승불교 속에서 가장 똑똑하고 노숙한 수행자를 상대로 空 도리를 설했다는 것이다. 그렇지 않으면 이 공의 설법이 통할 리가 없기에 그렇다.

그것을 듣고 있던 부처님이 마지막에 관세음보살의 설법은 다 맞다고 증명을 해 주심으로 불설의 경전이 되었다.

관세음보살은 오온은 허위라고 한다. 오온뿐만이 아니라 세상자체가 다 허위라고 한다. 그러므로 오온은 원래 없고 세상은 공하다고 하는 것이다. 그것이 **반야심경**의 골자다.

起信論 云何對治 以五陰法自性不生
어떻게 대치해 줄 것인가. 오음법의 자성은 생기지 않았다.

色은 뼈대고 수상행식은 의식작용이다. 그러니까 색은 몸체고 나머지 넷은 요별하는 기능이다.

몸체를 위해 인간은 아파트를 세우고 자동차를 만든다. 공장을 짓고 가전제품을 만든다. 의약품을 개발하고 병원을 개설한다.

기능은 眼耳鼻舌身意다. 이 六根의 감각을 충족시키기 위해 인간은 조금도 쉴 틈이 없다.

눈을 위해 세상을 꾸미고 색깔과 모양을 고안한다.

귀를 위해 언어를 다듬고 음악을 발전시킨다.

코를 위해 좋고 나쁜 냄새와 공기를 구분한다.

맛을 위해 온갖 농산물을 생산하고 음식을 만든다.

느낌을 위해 사랑을 하고 의복을 갖춰 입는다.

생각을 위해 도서관을 열고 학교교육을 한다.

그런데 마지막 결과는? 허무하게 끝나버린다. 정말 헛된 노력이다. 원래부터 이 몸은 실체가 없기 때문이다. 꼭 컴퓨터 속의 인형놀이와 같다. 전기가 끊어지면 흔적없이 소멸된다. 컴퓨터는 원래 空함이고 전기는 죄업이다.

起信論 則無有滅 本來涅槃故

그러므로 없어진다는 것은 있을 수 없다. 그것은 본래 열반이기 때문이다.

관세음보살은 오온이라는 것은 원래 없는 것이라고 한다. 거기에는 空이라는 것밖에 없다고 한다. 꿈속에서 겪는 온갖 고통과 슬픔은 꿈속에 있고 중생세계의 온갖 것들은 空 속에 있다고 한다.

꿈을 깨면 모든 고통이 사라지듯이 반야로 오온을 조견하면 空을 터득하게 되는데, 그러면 내 몸은 그림자와 같은 것이기 때문에 거기에 고통과 액난이 붙을 수 없다고 한다.

그래서 조견오온과 동시에 중생이 갖고 있는 일체의 고통과 액난은 즉시에 사라진다는 것이 관세음보살의 첫 말씀이고 그것이 **반야심경** 첫 구절이 된다.

그런데 그것을 사리Sari子가 바로 이해하지 못하고 어리둥절하고 있으니 관세음보살은 어쩔 수 없이 六根과 六塵 그리고 六識을 나누어 구구절절이 설명하시며 그것들은 원래 다 空이라고 하신다. 그것이 **반야심경**의 중심내용이다.

海東疏 法我見中 亦有三句 初明起見之由 見有以下 次顯執相

법아견 가운데도 세 구절이 있다. 첫째는 그런 생각을 일으키는 이유를 밝히고, 견유 이하는 다음으로 집착하는 모습을 드러내었다.

대승의 수행자들이 잘못 생각하고 있는 것은 마음이라는 것이 있다는 것이었다. 세상은 마음이 만들어 낸 허상이라고 생각했다. 그래서 마음이라는 특별한 것이 있다고 여겼다.

이제 그것을 냉철히 관조해 보니 마음은 없는 것이다. 그러므로 주재자가 없다고 했다. 그러함으로 해서 오랫동안 관념이나 문자의 훈련으로 익힌 정형화된 마음으로부터 드디어 벗어날 수 있었다.

소승의 수행자들이 잘못 생각하고 있는 것은 그들 또한 마음이 있다고 여겼다. 그래서 그들에게 부처님이 人無我를 설하셨다. 그런데 그들은 오음이 생멸하는 법을 보고 생사를 겁내게 되었다. 그래서 그들에게 그런 생사의 법은 원래부터 없다고 하는 뜻에서 다시 法無我를 내세웠다.

즉 생사하는 법은 없다. 생사에는 언제나 육신이 따라 붙지마는 오온이 개공하기 때문에 생사라고 할 것이 없다고 하신 것이다.

海東疏 云何以下 顯其對治 文相可知

운하 이하는 그 대치를 나타내고 있으니 문장을 보면 가히 알 수 있을 것이다.

그 대치하는 방법은 오음의 법은 그 자성이 없어서 아예 생겨나지 않았다고 하는 것이다. 그러므로 오온의 생멸은 있을 수 없어서 원래부터 열반에 있다고 가르치고 있다. 그것이 세 번째 방법이다.

법아견에 대한 대치사집을 정리하면 세상 모든 것은 물론 육신까지도 다 허망한 것이라는 것을 밝혀주는 데 있다.

육신은 그림자와 같아 자신을 끝까지 따라다니지마는 그것은 실체가 없는 것이기에 겁낼 필요가 없는 것이다고 한 것이다.

그것은 마치 거울에다 자신이 험상궂은 표정을 짓고서 그 험상궂음에 되레 놀라 다시는 무서워서 거울을 보지 않으려 하는 것과 같이 어리석은 짓이다고 직시해 준 것이다.

잠시 쉬어가자는 의미에서 2권에서부터 연재해 오던 **마투포사카경**을 번역해 싣는다.

왕이 숲속의 오두막으로 향하자 사방으로 흩어져 있던 사슴들이 일제히 사마 곁으로 몰려들었다.

사마를 제일 가까이에서 따르던 큰 사슴은 사마의 상처를 보고 아연실색했다. 그래서 하늘을 향해 슬프게 울부짖었다. 그리고는 즉시 사마의 상처에 입을 대고 독을 빨아내기 시작했다.

나머지 사슴들은 이 기막힌 상황에 어찌할 줄 모르고 우왕좌왕하였다. 그중 한 마리는 숲속으로 급히 내달렸다. 그리고 얼마 후 산허리에서 목청이 찢어져라 울부짖는 그의 소리가 들렸다.

해가 지면 초식동물은 울지 않는다. 새들도 마찬가지다. 제비도 뻐꾸기도 울지 않는다. 두견새도 구슬프게 울지 않는다. 맹금류나 포식동물들에게 자신을 노출시키지 않기 위해서이다.

그런데 사방이 막 어두워지고 있는 이 시각에 한 마리 사슴이 목이 터져라 울부짖고 있다. 그의 애절한 소리는 모든 골짜기를 타고 멀리 멀리 퍼져나갔다.

숲속의 신 킨나라는 설산의 동굴 속에서 여느 때처럼 깊은 명상에 잠겨 있었다. 그런데 어디선가에서 한 마리 사슴의 다급한 울음소리가 희미하게 들려왔다.

킨나라는 즉시 명상에서 깨어 그 소리의 진원지를 찾아보았다. 거기에는 사슴 한 마리가 저 먼 곳에서 자기를 애끓는 소리로 긴급하게 찾고 있는 것이 아닌가.

- 저 사슴은 사마를 따르는 아이인데 무슨 일이지? -

킨나라는 사마의 근황을 직관해 보았다. 그리고는 깜짝 놀랐다. 사마가 강둑에서 피를 흘리며 거의 죽어가고 있는 것이 보였기 때문이다. 그가 왜 저런 상태로 있는지 그 연유를 생각할 틈도 없이 킨나라는 바로 아가타를 챙겼다.

아가타는 지상에 있는 가장 영험스런 영약이다. 이 영약은 아가타 풀에 달리는 열매다. 얼마나 효과가 좋으냐 하면 백 년 묵은 산삼보다 수 천 배나 더 효능이 뛰어나다.

그러므로 주로 산신들이나 신선들이 혼신을 다해 이것을 찾아 먹는다. 그들도 이 약을 먹지 않으면 장생을 보장할 수 없다. 그만큼 이 약은 불로초가 되며 불사약이 된다.

아가타는 히말라야 산 전체에 딱 한 군데서만 난다. 거기는 절벽 위에 있기 때문에 초식동물이 올라가지 못한다. 게다가 새들도 찾지 못하는 은밀하고 비밀스런 곳에서만 자란다. 그만큼 신비한 약초다.

킨나라는 이 아가타를 챙겨 바람같이 빠르고 날렵하게 그 사슴에게 날아갔다. 그리고는 알았으니 안심하라며 그의 등을 한 번 가볍게 두드려주고는 바로 사마 곁으로 날아갔다.

사마는 사슴들의 무리에 둘러싸여 있었다. 그들은 겹겹이 머리를 떨구고 사마의 마지막을 지켜보고 있었다. 그 옆에는 사마의 상처를 빨다가 독에 중독되어 쓰러져 있는 한 마리의 충성스런 사슴도 보였다.

킨나라가 도착하자 사슴들은 일제히 뒤로 물러났다. 킨나라는 즉시 사마의 상태를 진단했다. 천만다행히도 사마의 숨은 실낱같이 붙어 있었다. 그것은 죽어가는 사슴이 있는 힘을 다해 독을 빨아내었기 때문이다.

킨나라는 사마의 입을 벌리고 아가타를 씹어서 그의 입에 넣어 주었다. 그 순간 향긋하고 청량한 약냄새가 강둑 주위로 은은히 퍼져나갔다.

약효는 영약답게 즉시 나타났다. 사마의 몸이 미세하게 꿈틀대기 시작했다. 킨나라는 안도의 숨을 쉬었다. 그리고는 아가타 잎으로 독화살에 맞은 상처를 부드럽게 닦아주었다. 그러자 신기하게도 그

상처가 바로 아무는 것이었다.

그때 사람들의 발자국소리가 들렸다. 킨나라는 사마가 회생하였다고 판단하고 즉시 그 자리를 피했다.

왕과 두쿠라카 그리고 팔리카가 강가에 도착하여 보니 그렇게도 울부짖던 사슴들은 모두 조용하게 엎드려 있고 한 마리 사슴만이 사마 옆에서 힘겹게 죽어 가고 있었다.

이 이야기는 출가한 비구가 걸식을 해서 부모님을 봉양한다는 것을 듣고 전생에 부처님도 당신 부모님을 그렇게 지성으로 모셨다는 일화를 소개한 내용이다.

지면상 더 이상의 내용은 번역해 싣지 못하고 여기서 마무리한다. 마지막 결론은 큰 사슴은 목련존자였으며 왕은 아난다였다. 그리고 가섭존자가 두쿠라카였고 바따카피라니가 팔리카였으며 부처님 당신은 사마였다는 것이다.

부처님은 대소승 경전 어디에서나 부모에게 효도할 것을 권장하셨다. **아함경**에서 아들 가운데 제일가는 아들은 효도하는 아들이다고 하신 것만 봐도 그분의 효 사상을 이해할 수 있다.

또 **아함경**에서는 만약에 사람이 천지의 귀신을 섬긴다 해도 그 부모에 효도함만 못하다. 부모야말로 최고의 신이기 때문이다고 하셨다.

인욕경에서는 선의 최상은 효도보다 더한 것이 없고 악의 최상은 불효보다 더 큰 것이 없다고 하셨으며, **비나야율**에서는 만약 부모가 신심이 없다면 신심을 일으키도록 해야 한다. 그것이 최고의 효다고 하셨다.

이런 말씀은 **부사의광경 효자경 대방편불보은경 육도집경 잡보장경 말라말경 열반경 은중경**에서도 나온다. 즉 음식이나 보석만으로 부모의 은혜를 갚지 못한다. 부모에게 불법을 믿도록 인도하여야 한다는 말씀이다.

中品의 효는 **아함경**에 나온다. 거기에 보면 자식은 다섯 가지로 부모님을 받들어 공경하라고 되어 있다.

부처님이 부모에게 효도를 하라고 하신 말씀을 보고 있으면 언제나 가슴에 찔리는 율장이 있다. 그것은 **근본유부비나야**다.

출가하고자 하는 사람은 응당 먼저 부모에게 허락을 받은 다음에 출가하라. 만약 먼저 물어보지 않고 출가한 자가 있다면 그는 계율을 어긴 죄를 지은 것이다. 출가할 때는 부모에게 마땅히 허락을 받아야 한다는 것이다.

나뿐만 아니라 많은 스님들이 이 계율 때문에 평생 동안 부모에 대한 죄책감으로 밤잠을 설치고도 남았을 것이다.

그렇더라도 과연 부모가 허락을 해 주셨을까. 잘 아시지 않는가. 그분들은 절을 짓고 불상을 조성하는 데는 아낌없는 후원과 시주를 해주셨다.

그렇다면 그 부처님을 모시고 그 사찰을 지켜야 하는 스님이 필요한데 자기 자식만은 결코 안 된다는 것이다. 절은 내가 도와도 스님은 다른 분들의 자식이 되어야 한다는 것이다. 좀 이율배반적이지 않는가. 하지만 그 마음이 보통 부모들의 마음들인데 어떡하겠는가.

덧붙여서 **혈맥기** 2권에서부터 연재되어온 앙굴리말라 전생 이야기도 여기서 접는다는 양해말씀이다.

사실 **마투포사카경**이나 앙굴리말라 얘기는 **기신론해동소**가 너무 딱딱하고 어려워서 흥미유발 매개로 넣어둔 것이다. 이 이야기를 읽고 여기까지 왔다면 이 매개는 이미 충분한 역할을 한 것이 된다.

지면이 허락한다면 끝까지 번역해서 다 실으면 좋겠지마는 **혈맥기**를 7권으로 늘여도 충분치 않을 것 같아 어쩔 수 없이 그만 접게 되었으니 독자 여러분들의 이해를 바란다.

③구경이집

起信論 復次究竟離妄執者 當知染法淨法皆悉相待 無有自相可說
다시 돌아와서, 구경에 망집을 떠난다는 것은 염법과 정법은 모두 상대로 있다. 그것들은 자상이 있다고 가히 말할 수가 없다.

사물에는 원래 좋고 나쁨이 없다. 우리가 처해진 조건과 생각에 따라 좋고 나쁜 걸로 갈라질 뿐이다.

세상에는 큰 것도 없고 작은 것도 없다. 위도 없고 아래도 없다. 좌도 없고 우도 없다. 그 이유는 세상은 원형으로 이루어져 있기 때문이다. 그런데도 사람들은 자기가 보는 기준에 집착해서 다양한 정의를 내린다.

유마경에 모든 존재는 다 망견일 뿐이다. 그것은 꿈같고 물속의 달과 같으며 거울에 비친 영상과 같다. 그런 것들은 다 망상에서 생긴다고 하신 말씀을 이해하면 이런 정의가 얼마나 웃기는 작난作亂인지 알 수가 있다.

그처럼 마음에는 선한 것도 없고 악한 것도 없다. 是도 없고 非도 없다. 보살의 선심도 없고 악마의 심보도 없다. 물론 중생의 고통도 없고 부처의 열반도 없다. 그러므로 특별히 自相이라 할 것이 없다.

하지만 고통받는 중생이 이렇게 엄연히 있는데 어찌 본질만 말할 수 있었겠는가. 그래서 어쩔 수 없이 부처님은 현상을 상대로 自相을 설할 수밖에 없었던 것이다.

起信論 是故一切法從本已來 非色非心 非智非識非有非無
이런 까닭으로 일체법은 종본이래로 형상도 아니고 마음도 아니고 지혜도 아니고 지식도 아니며 유도 아니고 무도 아니어서

자상이 일체법이다. 일체법은 진리의 당체다. 즉 진여본체를 말한다. 그것은 언어가 생기기 이전에 있었기 때문에 언어로 무어라 말할 수 없고 문자가 생기기 이전에 있었기 때문에 문자로 어떤 것이다고 표현할 수 없다.

참된 법은 원래부터 형상 그 너머에 있고 마음 저 너머에 있다. 그리고 학문으로써도 그것을 알 수가 없고 지식으로도 가늠할 수가 없다. 그것이 있느냐 하면 있지도 않고 없느냐 하면 없지도 않다. 그래서 그것은 어떤 것이다고 정의할 수가 없다.

사람들은 이 문제를 풀기 위해서 철학이라는 심오한 학문을 만들어 내었다. 그런데 해답은커녕 더 많은 문제를 야기시켜 도리어 그

논리에 휘말려버리게 했다.

그들은 아직도 인간의 마음에 대한 오묘한 메커니즘을 모르는 단순한 사람들이다. 범부의 마음은 우리가 알 수 있는 범위가 아니라고 그렇게 말해도 그들은 그 말을 듣지 않는다. 순진하다고 해야 하나 아니면 멍청하다고 해야 하나. 하여튼 그중 하나임에는 틀림없다.

대승장엄경론에는 인간들이 정의를 내리려고 해도 내려지지 않는 것이 네 가지가 있다고 했다.

첫째는 만상의 이름이다. 거기에는 실체가 없다.

둘째는 물체다. 거기에는 실상이 없다.

셋째는 자성이다. 이름만 있지 찾을 수 없다.

넷째는 차별이다. 원래 고정된 모습 같은 것은 없다

는 것이다.

위 네 가지는 절대 답이 나오지 않는다. 그런데도 범부는 계속 이것에 대한 답을 찾고 있다. 그리고 모여서 어떻게 찾을까 토론을 한다. 그 토론이 정리되면 학문이 되고 그 학문이 등록되면 정보가 되어 기록으로 남는다.

장님은 태양을 보지 못한다. 그러므로 평생 빛에 대해 연구하고 토론한다. 그것들이 모이면 그들 세계에서 학문과 정보가 된다. 그렇게 모아둔 것이 그들의 도서관이다.

이미 빛을 본 자는 토론하지 않는다. 거기에는 토론할 필요가 없다. 그러므로 이론과 학문은 무엇을 모르는 자들이 만들어 놓은 가설 뭉치다. 그것을 많이 배웠다고 해서 똑똑하고 훌륭한 것은 아니다. 그것은 본질을 찾는 데 도리어 잡다한 방해가 될 뿐이다.

그래서 출가인은 세속에서 배운 것들을 무조건 버려라고 하는데 그 이유가 바로 이런 뜻에서이다.

起信論 畢竟不可說相

필경에 그 모습을 가히 말할 수 없다.

순자의 권학편에 보면 소인의 학문은 귀로 들어와 입으로 나가며 조금도 마음에 머무르지 않는다고 했다. 조금이라도 마음에 머물면 세상이 이 지경이 되었겠는가.

그래서 군자의 학문은 자기 자신을 아름답게 하는 데 반해 소인들의 학문은 인간을 못 쓰게 한다고 했다.

여기서 군자와 범부가 갈린다. 군자는 입을 닫고 진리를 찾아 나선다. 그리고 그 법락을 즐긴다. 소인은 입을 벌리고 사람을 찾아다닌다. 그리고 시끄럽게 사람들을 가르친다. 가르칠 수 없는 것을 가르치므로 요란하기만 하다.

하이에나와 리카온 무리들은 떼를 지어 요란한 소리로 사냥한다. 그리고 잡은 먹이도 시끌벅적하게 먹는다. 하지만 사자와 호랑이는 조용히 덮친다. 그리고 사냥물을 소리없이 먹는다.

起信論 而有言說者

그런데도 언설을 쓰고 있는 것은

사람의 말은 망념에서 생긴다. 망념이 내면에서 작동하는 한 그

찌꺼기는 발생한다. 그것을 자동정화 차원에서 밖으로 내던져야 한다. 그 배출구가 입이고 그것이 말이다.

그러므로 인간들은 서로서로 끊임없이 망념의 쓰레기들을 쏟아내고 있다. 때와 장소를 가리지 않고 서로가 그 망념의 찌꺼기들을 버릴 장소를 찾고 있다.

망념을 가진 인간에게 말을 하지 못하게 하면 그는 미친다. 설령 미친다 해도 그는 계속 씨부렁거려야 한다. 미친 자들이 중얼거리고 있는 이유가 바로 이것이다.

그래서 사람들은 앉았다 하면 쓸데없는 말부터 건다. 술꾼이 술을 마셔야 안정을 찾듯이 망념을 가진 자들은 어디서든 끊임없이 말을 내뱉어야 그들의 속이 후련해지기 때문이다.

起信論 當知如來善巧方便 假以言說引導衆生

마땅히 알라. 여래는 훌륭하고 교묘한 방편으로 언설을 빌려 중생을 인도하시는 것이다.

사람들은 세속에서 말 잘하는 법을 배운다. 어떻게 하면 말을 잘해서 사람들을 감동시킬까를 연구한다. 수행자는 반대로 사찰에서 말을 잊는 법을 배운다. 어떻게든 밖으로 튀어나가려고 하는 말을 되새김해서 침묵으로 발효시키려 한다.

분명히 알아야 할 것은 말하는 것보다 침묵하는 것이 더 어렵다는 사실이다. 말하는 법을 배우는 데 들인 공력과 시간보다 말을 잊는 데 드는 공력과 시간이 더 오래 걸린다는 것이다. 그것은 중생으로 살아가는 길은 쉬워도 중생을 벗어나는 길은 더 어렵다는 얘기다.

세상에서 가장 아름다운 언어의 예술은 침묵이다. 그래서 참된 스승은 언제나 침묵한다. 망념을 가라앉히기 위해서이다. 제자들도 그 침묵을 배운다. 침묵 속에서 나오는 언어는 더할 나위 없이 값지고 성스럽기에 그렇다.

그래서 부처님은 늘 선정에 드시고 난 뒤에 설법하셨다. 중생들에게 말을 할 때는 신중을 기울여라는 메시지도 거기에 추가되어 있다.

중생은 단지 중생에 걸맞는 말만 한다. 그래서 말만 하면 불화를 초래한다. 하지만 부처는 오로지 중생을 부처로 만들기 위해 말씀하신다. 그래서 그 말씀을 선교라고 한다.

그런 부처님의 선교는 수행자들에게 침묵을 가르친다. 수행자가 침묵할 때 부처님의 말씀을 이해할 수 있다. 그 말씀은 중생을 이롭게 한다. 그러므로 불교를 배우는 자들은 일정기간 반드시 침묵을 배워야 한다.

더러는 그 침묵에 답답함을 느끼는 자들이 있다. 급기야는 말하고 싶어서 조금 익힌 지식으로 여기저기를 휘젓고 다니면서 떠벌린다. 그들은 주로 반승반속이다. 그들에게 맞는 비유가 바로 **잡비유경**에 나오는 이야기다.

옛날에 자라가 있었다. 가뭄을 만나 호수가 말라붙어 제 힘으로는 물이 있는 곳에 나아갈 수가 없게 되었다. 그때 마침 큰 고니가 그 호수에 내려와 앉았다. 그것을 본 자라는 고니에게 자기를 다른 물에 날라다 줄 것을 애원하였다.

고니는 그렇게 하겠다고 하면서 조건을 달았다. 절대로 말을 하지 않겠다고 약속해 달라고 했다.

자라는 물론이다고 하면서 자기를 믿어달라고 했다. 고니가 자라를 입에 물고 하늘 높이 날아가는데 내려다보이는 풍광이 너무 아름답고 신기했다. 자라는 그 경이로운 뷰에 약속한 것을 잊어버리고 계속해서 소리쳤다.

그러다가 드디어 고니에게 묻기 시작했다. 여기가 도대체 어느 곳이냐고 물었다. 고니가 대답이 없자 자라는 왜 대답을 안 하느냐고 재촉하며 빨리 대답을 해달라고 졸랐다.

하도 성가시게 보채니 고니가 어쩔 수 없이 대답을 해 주려고 입을 벌렸다. 그때 자라는 고니의 입으로부터 엄청난 속도로 땅바닥에 떨어져 박살이 나고 말았다.

자라는 결국 자신의 입 때문에 죽은 것이다. 사람이 어리석고 생각이 모자라면서도 입만 살아 있으면 이런 꼴을 당한다는 예를 설하신 것이다.

起信論 其旨趣者 皆爲離念 歸於眞如

그 취지로 나아가도록 하는 것은 모두 다 망념을 떠나 진여에 돌아가게 하기 위한 것이다.

그런데 왜 그럼 언어를 써서 이런 말씀을 하느냐고 의아해 할 것이다. 그 목적은 세상을 정확히 보아 진여의 세계에 들어가도록 하기 위함에서다.

그것은 정말 불가능하리만큼 어려운 일이다. 물속에서만 사는 생명체에게 물 밖에도 생명체가 있다는 것을 설명하는 것은 정말 어려운 일이다. 그것은 육지를 본 고래가 물 바닥을 기는 도다리에게 물 밖에 산이 있다고 설명하는 것만큼이나 애가 타고 목이 타는 일이다.

그것을 부처는 하시고 있다. 부처의 본원이 무엇인가. 어떻게든 중생을 구제하시는 데 있다. 그러기 위해서 어쩔 수 없이 중생의 언어로 진여의 세계로 이끌어가는 것이다.

"집에 가서 쉬려고요."
"당신 집이 어딘데요?"

스님들도 마찬가지다. 그분들은 오로지 집을 잃고 헤매는 중생들에게 귀가를 도와주는 방편으로 말을 한다. 그렇지 않은 잡다한 말들은 그저 먹고 살기 위한 세속의 허튼소리와 다름이 없다.

起信論 以念一切法令心生滅 不入實智故
망념의 일체법은 마음을 생멸하도록 하여 진실된 지혜에 들어가지 못하게 하기 때문이다.

바다같이 깊은 모든 업장은 다 망념에서 생긴다고 **열반경**은 말씀하시고 있다. 이 망념으로 얼마나 많은 사람들이 정확치도 않는 편견과 집착으로 생을 망치고 또 남의 삶을 휘저었는지 생각해 보시기 바란다.

망념은 세속에서 망상이라고 한다. 망상은 이치에 맞지 않는 망령된 생각이거나 근거 없는 주관적인 신념이다.

덜떨어진 젊은이는 되도 않는 망상 속을 헤맨다. 그럴 때 어른들은 제발 망상 좀 피우지 말라고 야단친다. 이제 부처님이 어른들을 보고 꾸짖는다. 제발 그 망상의 그물에서 좀 벗어나라고 하시는 것이다.

범부는 검은 안경을 끼고 파란 하늘을 찾는 삶과 같다. 그것은 절대로 불가능하다. 마찬가지로 망념의 일체법을 바탕으로 지혜에 들어간다는 것은 결코 있을 수 없는 일이다.

망념은 오염된 일체법을 만들어 내고 그 일체법은 또 다른 망념을 만들어 낸다. 그러므로 망념이 계속해서 거칠게 작동하는 한 불법 속에서 이익이란 없다.

海東疏 第四究竟離執之義 於中有二
네 번째로 구경에 사집을 여의게 한다는 뜻에는 둘이 있다.

세상은 말할 수 있는 것과 말할 수 없는 것으로 이루어져 있다. 그런데 후자가 전자보다 훨씬 중요하다. 비트겐슈타인은 말할 수 없는 것은 침묵해야 한다고 했다.

깨달음의 법은 말로 인해 배우지마는 잘못 배우면 말이 깨달음의 법을 막아버린다. 그래서 말 잘하는 사람이 깨달음을 이룬 사람보다 먼저 앞에서 설치고 있다. **자경문**의 글이다.

實相離言 眞理非動

실상은 언어를 떠나 있고 진리는 움직이지 않는다.

실상이 진리고 진리가 실상이다. 이런 세계는 범부의 언어로써는 표현이 불가능하다. 그러므로 진리의 세계를 체험한 많은 사람들이 그것을 언어로 표현하지 못하고 죽는다.

거기다가 또한 많은 사람들이 자기가 직접 체득한 진리를 세속의 문자로 남기지 못하고 죽는다. 그런 사람들이 진짜 사람들이다.

海東疏 先明諸法離言道理 後顯假說言敎之意

먼저는 제법은 말을 떠나 있다는 도리를 밝히고 뒤에는 언설을 빌어 가르치는 뜻을 나타내었다.

먼저라는 말은 이 원문의 앞에 문장을 말한다. 거기서는 일체법이 언설을 떠나 있다고 하였다.

뒤에 문장은 그렇지만 부처님은 어쩔 수 없이 중생을 제도하시기 위하여 중생의 언어로 일체법을 설할 수밖에 없었다는 것을 말하고 있다.

말을 해야 하는 사람들은 말을 하지 않고 문자로 남겨져야 할 말들은 남겨지지 않는다고 했다. 중생의 언어와 문자로 그것을 드러내는 데 한계가 있기 때문이다.

대신 말을 하지 말아야 하는 사람들은 말을 해 버리고 문자로 남기지 말아야 할 말들은 글로 남겨 둔다고 했다. 무지한 범부는 그렇게 남겨진 어설픈 언어와 문자로 군중을 동원해 분란과 소요를 일으킨다.

衆口鑠金중구삭금이라는 말과 衆煦漂山중후표산이라는 말이 있다. 군중의 말은 쇠도 녹이고 군중의 숨소리는 산도 옮긴다는 뜻이다. 그렇기에 죄없는 여인이 마녀가 되어 화형을 당하고 멀쩡한 고기가 미친 쇠고기로 둔갑될 수 있는 것이다.

海東疏 文相可見

문맥을 보면 보일 것이다.

현시정의 문단에서 지금까지 대승에서 大를 설명해 왔다. 大는 우리 마음인 一心이라고 했다. 그 一心에 二門 三大의 해설이 있었다. 그 뒤에 오류와 소견에 대한 문제를 제기하고 그것을 지금 마무리로 정리하였다.

그러니까 조론팔유 중에 부처님의 근본 뜻을 해설해 주고 그 오류를 없애기 위해서 이 논서를 쓴다는 두 번째 대목이 이제 다 끝이 난 셈이다.

남은 것은 대승 중에서 乘이다. 지금부터는 대승수행자가 발심 수행해서 나아가는 乘을 집중적으로 다룰 것이다.

현시정의에서 신심을 일으키고 대치사집에서 잘못 알고 있던 문제점들을 교정 받으면 반드시 발심으로 나아가게 되어 있다.

이제 발심해서 직접 행동으로 옮기는 것이다. 그것이 다음 대목에 나오는 乘의 내용들이다.

(3) 분별발취도상

△第三發趣分中有二 一者總標大意 二者別開分別

세 번째 발취 부분 중에 둘이 있다. 첫째는 모아서 대의를 표시하고 둘째는 벌려서 분별을 말하고 있다.

해석분을 풀이하는 데 세 부분이 있었다. 첫 번째는 현시정의고 두 번째는 대치사집이었다. 이제 그 세 번째가 이 대목이다.

마명보살이 이 **기신론**을 쓰면서 저술 이유를 여덟 가지로 내세웠었다. 그것을 **기신론**의 조론팔유라고 했다.

그 첫 번째가 발고여락이었다. 즉 총론으로 중생들이 당해야 하는 생사의 고통을 뽑아버리고 그들에게 즐거움을 주기 위해 이 논서를 쓴다고 하였다.

각론에 들어와서 두 번째로 현시정의와 대치사집을 두었다. 현시정의는 부처님의 진의를 정확히 내 보인 대목이었고 대치사집은 대소승 불교 속에서 잘못된 생각을 하는 자들의 견해를 교정해 주는 내용이었다.

그러니까 부처님이 말씀하신 원초적인 말씀을 정확히 듣고 내가 가진 틀린 잣대를 버리면 불도에 들어가는 바탕이 마련된다. 그것이 바로 이 분별발취도상 대목이다.

이 대목은 조론팔유 가운데서 세 번째다. 그것은 선근이 성숙한 중생으로 하여금 대승의 법을 감당시켜 그 신심이 물러나지 않게 하기 위해 이 논서를 쓴다 하는 것이었다.

기억해 두어야 한다. 분명히 선근이 성숙한 중생들을 상대로 설해진 내용이라는 사실을 일단 잊지 말아야 한다.

왜냐하면 이 대목은 듣는 것으로써 끝나는 것이 아니라 이제 행동으로 직접 옮겨야 하기 때문이다. 거기에는 과감한 결단력과 무한한 도전정신이 필요하기에 그렇다.

起信論 分別發趣道相者 謂一切諸佛所證之道 一切菩薩發心修行趣向義故

분별발취도상이라는 것은 일체제불이 증득한 바의 도에 모든 보살이 발심해서 그 방향으로 수행해 나아간다는 뜻이다.

분별발취도상이라는 말은 깨달음의 도에 발심하여 나아가는 사람을 나눠보는 것이다. 여기에서 相을 모양이라고 하면 안 된다. 이 相은 담당자라는 뜻을 가지고 있다. 그러니까 도에 나아가는 당사자라는 뜻이다.

수행자들은 반드시 제불이 증득한 그 길로 나아가야 한다. 그 길이 깨달음의 세계로 연결되어져 있기에 그렇다.

"스님들은 道 닦는 분들이십니까?"
"道는 이미 닦여져 있습니다."

불도는 닦는 것이 아니다. 道 닦는다고 하면 그는 도교수행자에 가깝다. 수행은 길을 찾거나 닦는 것이 아니다. 길은 이미 닦여져 있다. 어떻게 하면 그 길로 들어서느냐 하는 것이다.

스님들은 그 길에 들어가고자 노력하는 분들이다. 그러니까 부처님말씀을 확실히 믿으면 그 장도에 들어갈 수 있다.

그러므로 모든 수행자는 그 길로 목적을 두고 나아가야 한다. 그 길에 대한 확신을 주기 위해서 뒤 문장이 붙었다. 그것은 일체의 보살들이 발심해서 수행으로 나아가고 있는 방향이라고 하였다.

과거의 부처가 그 길로 나아가 부처가 되셨고 현재의 보살이 그 길로 나아가고 있으며 미래의 수행자들도 그 길로 나아가 부처가 되는 길이라는 뜻이다.

그 길을 **기신론열망소**에서 妙莊嚴路라고 하였다. 정말 멋진 표현이다. 아름다우면서 오묘하게 장엄된 길이라는 뜻이다.

대보적경에 지식이 많아 널리 경론을 통달했다 하더라도 깨달음의 길로 나아가지 않는 사람은 마치 소경이 등불을 들어 남을 비추되 자기는 비추지 못하는 것과 같다고 하셨다. 그러므로 이 길을 목적으로 두지 않으면 천만경전과 천언만담이 다 필요없는 것이 된다.

불교의 수행자는 두 부류가 있다. 하나는 자력수행자고 또 하나는 타력수행자다. 여기에서는 자력수행자를 말하고 있다는 사실을 꼭 명심하고 있어야 한다. 자력으로 깨달음을 이루고자 하는 자들은 이 과정을 거쳐서 부처가 된다. 그 외에 다른 길은 없기에 그렇다.

[海東疏] 初中言一切諸佛所證之道者 是擧所趣之道

처음에 말한 일체의 제불이 증득한 바의 길이라는 것은 그분들이 나아가신 길을 든 것이다.

1,300여 년 전에 신라의 어떤 왕이 산골벽지를 한 번 지나갔다고
한다. 그 때문에 아직도 거기에는 왕의 길이라는 등산로가 있다.

2,560여 년 전에 부처님은 시방의 법계 중에서 가장 오지라 할
수 있는 이 지구를 다녀가셨다. 그래서 불교라는 가르침을 내려주
셨다.

어리석은 사람들은 오늘도 왕의 길을 따라 산길을 오른다. 또 다른
어리석은 사람은 오늘도 부처님의 행적을 역사나 땅에서 찾으려고
헤매고 있다. 반면에 현명한 사람은 오늘도 부처의 길을 따라 거룩한
수행의 장도에 오르고 있다.

자신의 원래 자리로 돌아가고 싶은가. 그러려면 부처의 뒤를 따라
야 한다. 왕이 되려면 王道를 따라야 하고 부처가 되려면 佛道를 따
라가면 된다. 그것이 정법이고 정로다.

눈앞에 훤히 보이는 세계 최고의 산 에베레스트를 오르는데도
앞서 간 산악인들이 만들어 놓은 등산루트를 따라 등반해야 안전
하다.

그런데 어찌 보이지도 않은 마음의 거대한 심원으로 들어가는데
부처가 확보해 놓은 그 경로를 따라가지 않을 수 있겠는가. **법구경**
말씀이다.

This is the path.

There is no other that leads to vision.

Go on this path.

and you will conquer mara, the devil of confusion.

이 길이다.

이 길 외에는 깨달음에 이르는 길이 없다.

이 길로 가라.

그러면 너를 혼란에 빠뜨리는 악마를 물리칠 수 있다.

그러므로 부처가 되고자 한다면 반드시 부처가 개척해 놓은 이 길을 따라 깨달음의 세계로 들어가야 한다. 그렇지 않으면 필연적으로 중간에서 탈락하거나 구렁에 빠지게 된다.

海東疏 一切菩薩以下 顯其能趣之行

모든 보살이라고 한 그 이하는 그 나아가야 하는 길을 나타낸 것이다.

보살의 신분은 깨달음의 길로 올라선 자들과 올라서고자 준비하는 자들이다. 이 범위에 들어가지 않는 자는 보살이 아니다. 보살의 전제조건은 깨달음을 목적으로 둔 자들이어야 한다.

그들은 생사의 윤회를 끊기 위해서 보디심을 발한다. 보디심은 능히 윤회의 괴로움을 부순다고 **여래지인승상경**에서 말씀하셨다. 그래서 그분들은 목숨을 걸고 보디심에 매달린다. 보디심은 깨닫고자 하는 마음이며 그 조건은 자리이타행이다.

自未得先度他

자기보다 남을 먼저 구한다.

많이 들어본 이 말씀은 **열반경**에 나온다. 거기에 보면 대승보살이 가지는 다섯 가지 마음이 있는데 그중 하나가 이것이다.

원래는 自未得度先度他 인데 줄여서 이렇게 쓴다. 달리는 차 속으로 들어가는 아이를 본 어미가 자식을 밀쳐내고 자신이 사고를 당할 때 그 어미는 자식에게 이런 보살이 된다.

세간의 어미는 자기자식을 위해서만 희생한다. 출세간의 보살은 전 중생을 상대로 자신을 희생한다. 그런 분들이 바로 보디심을 발한 보살들이다.

그런데 요즈음 이와 같은 보살상이 이상한 쪽으로 흘러가고 있다. 특히 무당들이 이 이름을 쓰고부터 그 경향은 더욱 가속화되는 느낌이다.

무당들은 보살이라는 이름을 쓰면 안 된다. 보살은 무당하고는 전혀 맞지 않은 활동을 하는 분들이다. 성향도 완전 반대다. 그런데 언제부터인가 이 이름을 자기들의 전용어처럼 쓰기 시작했다.

무당들은 그냥 무당이라고 부르면 된다. 그게 자신들의 정체성이고 선명성이다. 그냥 신 내린 무당 누구 누구 하면 될 것을 꼭 김보살 이보살 하고 있다. 그렇게 부르면 더 믿음이 가고 더 용하게 보일지 몰라도 전혀 보살하고는 격이 맞지 않다.

법사도 마찬가지다. 법사는 불법을 가르쳐주는 스승이다. 불법은 중생세계를 벗어나는 가르침을 말한다. 그러므로 법사는 오로지 불교만의 전용어이다. 그런데 남자무당인 박수들이 이 호칭을 쓰고 있다.

도교에서는 도사라고 하고 유교에서는 선생이라고 한다. 불교에서는 법사라고 하는데 법사는 법력이 아주 높은 분들에게 붙이는 존칭어이다. 대표적인 분이 현장법사다.

그러므로 무당을 보살이라 하고 박수를 법사라고 하면 보살과 법사의 고유한 신분을 도용하는 꼴이 된다. 좀 제대로 알고나 썼으면 좋겠다.

海東疏 欲明菩薩發心趣向佛所證道 故言分別發趣道相也

보살이 발심해서 부처가 증득한 도를 향해 나아가는 것을 밝히고자 하기 때문에 분별발취도상이라고 하였다.

보살은 上求菩提하고 下化衆生하는 대승의 수행자들이다. 위로는 지혜를 구하고 아래로는 중생을 제도한다는 명분으로 부처의 세계와 중생의 세계를 연결시켜 주고 있다.

이왕 말이 나온 김에 보살에 대해 좀 더 알아보고 넘어가야겠다. 보살은 범어 보디사트바Bodhisattva에서 나온 말이다. 팔리어는 보디사따Bodhisatta로 되어 있다.

보살은 그 이름에서 보와 싸만 빼온 줄임말이다. 그러니까 보싸가 되는데 漢字식 우리말로 보살이라고 부른다.

보디는 깨달음이고 싸트바는 중생이다. 그러니까 깨달은 중생이다. 그래서 覺有情이나 道心중생이라고 번역하기도 한다. 즉 깨닫기는 깨달았는데 아직 완전히는 못 깨달은 중간 신분이라는 거다.

그런 보살은 願行利生하시는 분들이다. 願은 불지를 구하고 行은 대승의 행을 하며 利生은 度衆生하는 뜻이다. 그분들은 7事大를 가지고 있다.

1. 具大根 : 큰 그릇을 구족해 있다.

2. 有大慧 : 큰 지혜를 갖추고 있다.

3. 信大法 : 큰 법을 믿고 있다.

4. 解大理 : 큰 이치를 이해하고 있다.

5. 修大行 : 위대한 행을 닦고 있다.

6. 經大時 : 장구한 시간을 보내고 있다.

7. 證大果 : 대각의 결과를 증득한다.

여섯 번째를 기억해 두시기 바란다. 뒤에 이 부분을 풀어줄 것이다. 이런 분들은 여러 경론에서 아주 다양한 이름으로 언급된다. 대충 살펴보면,

大士 尊人 聖師 超士 上人 力士 無上 無雙 無思議 佛子 佛持 大師 大聖 大功德 大自在 正士 始士 高士 法臣 法王子 勝生子 最勝眞子 勇健子 最聖 商主 憐愍 大福 自在 法師

등이다. 이분들은 반드시 모든 부처님이 걸어가신 길을 가고 있다. 그 뒤를 따라 우리도 그분들처럼 부처님 말씀을 믿고 배우며 실천하고 증득해 간다.

부처는 보살로서 부처가 되셨고 현재 보살들은 부처가 되어 가고 있고 우리도 그 뒤를 따라 보살이 되는 것이다.

보살은 중생의 삶을 도와주는 분이 아니다고 했다. 중생은 보살이 자기들의 어려운 문제를 해결해주시는 분인 줄 알고 있지마는 그렇

지 않다. 그분들은 우리를 깨달음의 세계에 나아가도록 가르치고 인도해 주시는 분들이다고 수없이 말했었다.

그러므로 보살을 향해 간구하는 세속적 기도는 잘못이다. 어린이가 남을 해치기 위해 칼을 달라고 하면 부모가 그 칼을 내어주지 않는다. 그처럼 보살도 중생끼리의 모략과 경쟁에 그분들의 힘을 보태지 않는다. 이 사실을 좀 명심하시기 바란다.

海東疏 △以下第二別開分別 於中有三 一者擧數開章 二者依數列名 三者依名辨相

이 밑으로는 두 번째로 각각의 분별을 연다. 그중에 셋이 있다. 첫째는 수를 들어 장을 열고 둘째는 수를 의거해 이름을 열거한다. 셋째는 그 이름을 의거해 양상을 나눈다.

분별발취도상을 풀이하는데 먼저 그 개요를 드러내고 그 다음에 자세한 풀이로 들어간다고 했다. 그래서 이제까지 그 개요를 총론으로 설하였다. 이제부터는 각론 부분으로 들어가겠다는 것이다.

각론을 풀이하는 데는 먼저 몇 가지나 되는지 각론의 문장을 열고 그 다음에 그 꼭지마다 이름을 붙인다.

그리고 그 꼭지마다 양상을 가려보는 것으로 해설을 해 주겠다는 것이다.

起信論 略說發心有三種 云何爲三

간략히 설하자면 발심에는 세 종류가 있다. 이를테면 어떻게 셋이 되는가.

대승의장에 보면 세 가지 발심이 나온다. 相발심과 息相발심 眞발심이다. 밀종에서는 네 가지로 信心 大悲心 勝意心 大菩提心이 있다. 그렇다면 **기신론**에서는 어떤 발심을 말하는 걸까.

起信論 一者信成就發心 二者解行發心 三者證發心
첫째는 신성취발심이고 둘째는 해행발심이며 셋째는 증발심이다.

선사는 말한다. 空의 도리를 깨달아야 한다. 중생세계는 다 허상이다. 자기를 깨달아야 한다고 주장자를 내리치며 설법한다.
이런 말들은 공허한 너스레다. 이것은 마치 미치광이에게 정신 좀 차리라는 말과도 같아서 신자들에게 아무 이익이 없다. 그냥 혼잣말로 끝난다.
또 너희들이 부처다 라는 말도 한다. 이것도 돈 안 되는 말이기는 마찬가지다. 각성이 준비되지 않는 자들에게 하는 이런 말은 그냥 듣기 좋은 립서비스일 뿐이다. 그런 가르침은 신자들의 교만심만 가득 키워놓을 뿐 실질적으로는 하나도 도움이 되지 않는다.
거지들에게 너희들이 곧 황제다고 하면 듣는 순간은 기뻐한다. 그러다 법문이 끝나면 깡통을 들고 일어선다고 하신 **법률삼매경**의 말씀이 바로 이런 의미이다.
모든 생명체는 성장해 가는 과정이 필요하다. 그래야 정상적인 결과가 나온다. 그런 과정을 거치지 않고 월차越次하여 웃자라게 되면 그 결과는 속빈 강정과 같아진다. 나이테가 없는 풀은 가을이 되면 바로 꺾어진다. 속이 비어 있기 때문이다.

수행도 마찬가지다. 반드시 일정한 수행기간을 수련해야 깨달음을 이룬다. 결코 번갯불에 콩 구워 먹는 식으로 깨달음은 이뤄지지 않는다.

그러면 어떻게 해야 한단 말인가. 그게 바로 정상적인 수행의 과정을 밟아 올라가는 것이다.

그 첫 번째가 신성취발심이다. 부처님 말씀을 전적으로 믿고 따라나서는 단계다.

그 다음이 해행발심이다. 해행발심은 뭔가를 잘 알았다면 이제 행해야 하는 것이다. 그래서 범부는 제대로 수행을 못한다는 거다. 뭘 정확히 알아야 수행할 텐데 알지도 못하면서 자꾸 수행하려 하기 때문이다.

세 번째인 증발심은 증득해 올라가는 발심이다. 한 단계 한 단계씩 올라갈 때마다 발심해 나아가면서 깨닫는 것을 말한다.

海東疏 初文可知
첫 글은 알 수 있을 것이다.

수행! 그것은 깊고 깊은 마음의 지하층에 금덩어리를 캐내는 것과 같다. 그러려면 먼저 주변에 잡목과 잡석들을 깨끗이 걷어내야 한다. 그리고 한 삽 한 삽 흙을 줄기차게 떠내어야 한다.

아니면 거대한 암석에 불상을 조각하는 것과 같다. 부처의 형상은 몇 번의 망치질로 드러나는 것이 아니다. 한 번 한 번 끊임없는 망치질로 불필요한 부분을 깎아내면서 부처의 모습을 드러내는 것이다.

또는 심연을 알 수 없는 흙탕물 호수에서 보주를 꺼내는 것과 같다. 그러려면 한 바가지 한 바가지 끊임없이 물을 퍼내어야 한다.

혹은 높고 높은 산봉우리에 오르는 것과 같다. 한 걸음 한 걸음 간단없는 발걸음으로 정상에 도달한다. 이 모든 것의 공통점은 그렇게 쉽게 이뤄지는 것이 아니라는 것이다. 모진 고난과 험난한 시련을 모두 이겨내어야만 그 결과를 찬연하게 얻을 수 있기에 그렇다.

海東疏 第二中言信成就發心者 位在十住 兼取十信

두 번째 가운데서 말한 신성취발심은 십주에 있으면서 십신을 끼고 있다.

신성취발심은 두 방면을 끼고 있다. 하나는 십신이고 또 하나는 십주다. 대승불교에서 수행자가 깨달음을 향해 나아가는 층계가 숫자적으로 52개가 된다.

각 단계마다 열 개의 층계가 있다. 그 단계 첫째가 바로 십신이고 그 둘째가 십주다. 신성취발심에 있는 자는 십신의 단계와 십주의 단계를 함께 포함하고 있다는 말이 이 말이다.

그러니까 믿음을 성취시키기 위해 발심하는 자와 믿음이 성취되고 난 뒤의 발심자 모두를 신성취발심하는 자들이라고 한다.

우리는 52층계 중 첫 번째인 신심에 있다. 즉 순간적으로 믿었다가 순식간에 잊어버리기를 반복하는 상태에 있다. 그러므로 끊임없는 공덕을 지어야 한다. 그러면 믿는 마음이 연속된다. **석마하연론**에는 그런 신심은 열 가지 이익을 일으킨다고 했다.

1. 심성을 맑게 하고 깨끗하게 한다.
2. 믿음을 순수하고 견고하게 한다.
3. 근심을 제거하고 기쁨을 안겨준다.
4. 스승과 존장들을 존경하게 된다.
5. 게으르고 나태한 마음을 없애준다.
6. 남이 잘되는 것에 기쁨을 일으킨다.
7. 정법을 받아들여 正道를 따라간다.
8. 남의 보살행에 진심어린 찬탄을 한다.
9. 한번 세운 마음을 꺾지 않게 한다.
10. 중생을 향한 자비심이 없어지지 않는다

라고 되어 있다. 이런 신심의 이익으로 삼현인 십주에 올라가고 드디어 십지에 들어가 부처가 된다. 그래서 **대승밀엄경**에 믿음을 일으키고 의심을 품지 마라. 믿음은 해탈을 반드시 얻게 한다고 하셨다.

십지의 마지막 단계는 법운지다. 따가운 햇볕을 가려주는 자비의 구름이 되어 일체중생을 껴안고 있다는 뜻이다. 그러면서 적시에 감로의 단비를 내려준다고 해서 법운지다. 이 지위를 넘어가면 부처가 된다.

믿음에는 正信이 있고 邪信이 있다. 정신은 위와 같은 좋은 결과를 가져오지만 사신은 그 반대의 나쁜 결과를 초래한다. 사신에는 대강 다음과 같은 것이 있다.

뭔지도 모르면서 망하게 믿으면 망신妄信.
어리석고 미혹하게 믿으면 미신迷信.
본질을 놓치고 눈멀게 믿으면 맹신盲信.
제정신을 못 차리고 미치게 믿으면 광신狂信.

이런 믿음을 행하는 자들을 주위에 많이 보았을 것이다. 이런 믿음들은 마지막까지 가지 않아도 그 결과가 뻔하다는 것은 삼척동자도 다 알 수 있는 것이다.

海東疏 十信位中修習信心 信心成就發決定心 卽入十住故名信成就發心也
십신위 가운데서는 신심을 수습한다. 신심이 성취되어 결정심이 일어나면 곧 십주에 들어간다. 그것을 신성취발심이라고 한다.

우리가 지금 불교를 신행하고 있는 것은 신심을 수습하기 위해서이다. 그러므로 우리의 신행목적이 분명히 드러났다. 왜 절에 다니느냐고 물으면 즉시 이 대답이 나와야 한다. 그럴 때 불자가 된다.

"절에는 뭣 한다고 다니십니까?"
"신심을 수습하기 위해서 다닙니다."

신심은 부처님 말씀을 믿는 단계다. 부처님이 뭘 말씀하셨기에 그것을 믿는단 말인가. 그것은 自信己性이다. 그것을 믿기 위해 절에 다니는 것이다.

그 믿는 마음이 팥죽 끓듯이 요동치고 그 신심이 진퇴를 거듭하기 때문에 여일하지가 않다. 그래서 수습을 해야 한다. 수습은 닦고 익힌다는 뜻이다.

수습은 같은 말에 두 뜻이 들어 있다. 收拾과 修習이다. 收拾은 세속에서 쓰는 말이다. 어질러진 물건이나 마음을 거두어 정돈한다는 뜻이다. 즉 어수선하게 흩어진 주위의 사태를 바로잡고 흐트러진 마음을 가라앉힌다는 말이다.

여기서 한 수 더 올라가면 修習이 나온다. **본사경**에서 나쁜 마음이 일어나면 악하고 바르지 않은 일들이 다 그 뒤를 따라 바로 생기는 법이라고 하셨다. 이 말씀에 따라 주위에 난마처럼 얽혀 있는 외적인 인연들을 정리하고 야생마처럼 뛰어 달리는 마음을 우선적으로 다잡는다는 것이다.

海東疏 解行發心者 在十廻向兼取十行
해행발심자는 십회향 자리에 있으면서 십행을 끼고 있다.

십신의 단계를 넘어가면 십주가 나온다. 십주를 십해라고도 한다. 일단 십신이 이뤄지면 십주가 된다. 십주는 열 가지 마음의 안주다.

안주를 해야 다음 단계를 향해 나아갈 수 있다. 마음이 안정이 되어야 갈 길이 보이는 것이다.

십해도 마찬가지다. 십신이 이뤄지면 이제 이해가 된다. 이해가 완전히 되어야 행동으로 옮길 수 있다. 십주나 십해는 같은 뜻이지만 다른 말이다.

그 행동이 바로 십행이다. 그 다음 단계가 십회향이다. 그러니까 해행발심은 십회향에서 하는 발심인데 십행을 겸하고 있다는 말씀이다.

海東疏 十行位中 能解法空 隨順法界 修六度行

십행의 계위 가운데서는 법공을 이해한다. 그러면 법계를 수순해서 육도행을 닦을 수 있다.

법공은 세상이 空하다는 뜻이다. 언제 법공을 이해하느냐 하면 십행의 계위 가운데서 법공을 이해한다. 그러다 십회향의 끝 지점에서 완전히 증득한다.

바라밀은 바라밀다의 준말이며 파라미타Paramitta의 음역이다. 파라미타는 범어다. 파라는 저 언덕이라는 뜻이고 미타는 도달한다는 의미다.

그러니까 6바라밀은 깨달음의 세계에 도달하게 하는 여섯 가지 방법이다. 이것은 꼭 조정경기 중에 8명이 노를 저어 목적지에 도달하는 에이트종목과 같다. 그 여덟 개의 노가 6바라밀과 같은 역할을 하기에 그렇다.

그럼 왜 바라밀을 한자로 번역하지 않고 범어의 음을 그대로 쓰고 있는 것인가. 과거의 역경사들은 다섯 가지에 해당되는 것은 일부러 번역하지 않았다.

첫째는 비밀스런 뜻이다. 그 문자가 갖고 있는 뜻이 깊어서 범부로 써는 헤아릴 수 없는 진언 같은 경우다.

둘째는 한 글자에 많은 의미를 함유하고 있는 글로써 法과 같은 것이다.

셋째는 한자로써는 풀이가 되지 않는 글인데 보디수 같은 말이다.

넷째는 마하摩訶나 반야처럼 이미 대중들에게 통용되고 있는 글이다. 바라밀이 이 경우다.

다섯째는 존중어다. 번역하면 그 의미가 더 약해지고 더 이상해지는 글자로써 佛 보살 같은 경우라고 했다.

[海東疏] 六度行純熟 發廻向心 入向位故 言解行發心也
육도의 수행이 순수하게 익으면 회향심이 일어난다. 그 회향 지위에 들어가므로 해행발심이라고 한다.

마음이 안주되면 수행이 시작된다. 그 수행이 바로 6바라밀이다. 기억해야 한다. **금강경**의 도리를 터득하면 이제 진정한 수행이 시작된다. 그 수행이 바로 6바라밀이다.

그러므로 범부는 6바라밀을 닦을 수 없다고 했다. 범부는 단지 여섯 가지 수행을 해서 복과 덕을 만드는 일을 할 뿐이다. 그것은 바라밀이 아니다. 바라밀은 도피안이다. 도피안은 중생의 세계를 벗어나는 것이다.

그런데 범부는 중생의 세계가 어떻다는 것을 확실히 모른다. 그저 애매하고 희미하게 느끼고 있기에 도피안 하고자 하는 사무치는 행원이 일어나지 않는다. 그러기에 십신을 성취해야만이 다음 단계인 진정한 수행이 시작된다고 하는 것이다.

그렇게 6바라밀을 순수하게 닦아나가면 한량없는 공덕과 지혜가 쌓이게 된다. 그러면 자동적으로 불쌍한 중생들에게 베풀 수밖에 없다. 가진 자만이 베푼다. 가지지 못한 자가 베푼다는 것은 하나의 조건반사적인 행위다.

하지만 십회향에 올라간 보살들은 무조건 베푼다. 물을 잔뜩 실은 물차가 가뭄에 목이 타는 곳을 찾아 물을 쏟아 붓듯이 보살들은 어디에 공덕을 퍼 부을 곳이 없나 하고 두루 살핀다.

그리고는 그대로 쏟아 붓는다. 그런 보살들을 해행발심하는 수행자들이라고 한다.

海東疏 證發心者 位在初地以上 乃至十地 依前二重相似發心 證得法身發眞心也

증발심은 초지 이상에서 십지까지의 발심이다. 앞의 두 가지 거듭된 상사발심에 의해 법신을 증득하고 진심을 일으킨다.

증발심은 증득하면서 발심하고 발심하면서 증득한다는 뜻이다. 증득은 진여를 깨닫는 것이다. 그 깨달아가는 과정은 초지에서 십지까지 계속해 나아간다. 마치 건물이 한 층 한 층 올라가 고층빌딩이 되는 것과 같이 깨달음을 이루어 나간다.

앞의 두 가지는 신성취발심과 해행발심이다. 그 발심들은 증발심이 되도록 도와주는 역할만 한다. 아파트신축 같으면 신성취발심은 자금을 모으는 단계고 해행발심은 터를 고르는 단계다.

그렇게 하는 것은 아파트를 건축하기 위함에서다. 그러니까 목적은 아파트건축이지 그 전 단계에 있는 것이 아니라는 것이다.

그래서 앞의 발심들은 진짜의 발심이 아니고 비슷한 발심이라는 뜻으로 상사발심이라고 했다. 그런데 하물며 범부의 발심이겠는가. 그런 발심은 아예 발심 축에도 들지 않는다.

[海東疏] △第三辨相 文中有三 如前次第說三心故

세 번째는 그 양상을 가리는 것이다. 문장 중에 셋이 있다. 앞에서 말한 것처럼 차례대로 세 가지 마음을 설할 것이다.

이제 본격적으로 발심에 대한 해설을 한다. 발심은 이 죽음의 세계로부터 벗어나고자 하는 몸부림에서 시작된다. **아함경**의 말씀이다.

Who knows when death may come?
Perhaps tomorrow he will strike.
There is no bargaining
with him or with his army.

죽음이 언제 닥칠지 아무도 모른다.
내일이라도 나를 잡아챌지 모른다.
죽음이라는 것과 죽음을 이행하는

저승사자에게는 협상이라는 것이 없다.

원문에서 앞에서 말한 것처럼 이라고 한 것은 앞에서 발심에는 세 종류가 있다는 것을 말한 것이고 세 가지 마음은 그렇게 발심하는 세 가지 종류라는 것이다.

그것을 차례대로 신성취발심 해행발심 증발심 순으로 설명해 나가는 것을 말한다.

海東疏 △初發心內 亦有其三 一明信成就之行 二顯行成發心之相 三歎發心所得功德

첫 발심 내에 또한 셋이 있다. 첫째는 신성취하는 수행을 밝히고 둘째는 수행으로 발심이 이루어지는 양상을 나타내고 셋째는 발심해서 얻어지는 공덕을 찬탄하고 있다.

첫 발심은 신성취발심이다. 신성취를 하려면 어떤 수행을 하느냐가 첫 번째고, 그런 수행에 의해 발심이 이루어지는 그 양상을 나타내는 것이 두 번째다.

그리고 발심을 하면 어떤 공덕이 있게 되는지 그 공덕을 찬탄하는 것이 세 번째라는 것이다.

① 신성취발심

起信論 信成就發心者 依何等人 修何等行 得信成就 堪能發心

신성취발심하는 자는 어떤 사람들이 하는 발심이며, 어떤 수행들을 닦아야 신성취를 이루어서 능히 발심을 감당할 수 있는 것인가?

신성취하는 자들에 대해 전제가 두 개 나왔다. 하나는 사람이고 다른 하나는 수행이다. 즉 신성취를 하기 위해 누가 어떤 수행을 하는가 이다.

여기에 특이한 글자 하나가 들어 있다. 堪 자다. 이 감은 견딜 감이다. 견디고 맡는다는 뜻이다. 감당이라는 말은 맡겨진 일을 능히 해낼 수 있는 능력이다.

그러니까 누가 신성취하는 수행을 해서 능히 발심을 감당할 수 있는가 하는 질문이다. 이 말은 누구나 다 신성취를 그렇게 쉽게 할 수 있는 것은 아니다 라는 뜻이 들어 있다.

起信論 所謂依不定聚衆生

소위 부정취중생들이다.

不定이라는 말은 결정되지 않는 상태라는 말이고 취는 무리들이다. 무엇이 결정되지 않았느냐 하면 위로 올라갈지 아래로 떨어질지가 아직 결정되지 않는 상태라는 것이다.

그러니까 부정취 중생은 지금보다 더 좋은 부처 쪽으로 올라가든지 아니면 지금보다 더 나쁜 삼악도 쪽으로 떨어지든지 결정이 되지 않는 상태로 살아가는 범부들을 말하는 것이다.

하기야 말할 필요도 없이 거의 모든 중생이 다 지금보다 더 못한 아래쪽으로 떨어지겠지마는 그중에서 혹 군계일학 같은 자들이 있을 때 그들을 위한 말씀이 이것이다.

앞에서 꼭 잊지 말아야 한다는 말을 한 적이 있다. 그것은 이 분별 발취도상 내용은 선근이 성숙한 중생을 위해서 설해진 내용이라는 것이다.

부정취 중생에 두 부류가 있다. 하나는 선근이 성숙한 중생이고 또 하나는 선근이 미소한 중생이다. 똑같은 부정취 중생이지만 이 대목은 선근이 성숙한 중생을 상대로 설해졌다는 것이다.

그럼 우리는?! 우리는 안타깝게도 여기에 해당되지 않는다. 우리는 선근이 미소한 중생이기 때문에 조론팔유 가운데 세 번째가 아닌 네 번째에 해당된다.

그러나 우리도 선근을 닦아 공덕이 쌓이면 여기로 올라가기 때문에 미리 이 대목을 익혀두는 것도 나쁘지 않을 것이다. 그러니 찬찬히 살펴보시기 바란다.

起信論 有熏習善根力故 信業果報 能起十善 厭生死苦 欲求無上菩提

그들은 선근을 훈습하는 힘이 있기에 죄업의 과보를 믿고 능히 십선을 일으켜 생사고를 싫어하고 무상보디를 구하고자 한다.

그들의 내면에는 힘이 있다. 그것은 선근을 훈습하는 힘이다. 훈습은 그렇게 하도록 하는 자체동력이다.

흡연자의 체내에 있는 니코틴이 흡연욕구를 일으키듯이 내면에 선근을 훈습하는 힘이 있으면 인과를 믿어 십선을 행하고자 한다.

내면에 선근이 없으면 십선업을 지을 수 있는 힘이 나오지 않는다. 그것은 펌프 속에 물이 없으면 우물물을 끌어올리지 못하는 것과 같다.

그런 자들은 악을 행하려고 한다. 그것이 십악이다. 십악은 자신을 파멸시킨다. 쇠에서 녹이 나와 자신을 파멸시켜버리는 것처럼 내면에 선근의 밝음이 없으면 어둠 속에서 십악이 나와 자신을 파멸시켜버린다. 이런 말씀은 十不善根本業道經에 잘 나온다.

십선업은 열 가지 착한 행위다. 그 행위는 십악을 그치게 한다. 십악은 **아함경**에 상세히 설명되어져 있다. 그러니까 십악을 엎으면 십선이 되는 것이다.

그것은 몸과 입, 그리고 생각으로 일으킨다. 몸으로는 방생과 베풂, 그리고 정결이다. 입으로는 거짓말을 하지 않고 아첨하지 않는다. 또 이간질하지 않고 악한 말을 하지 않는다.

그리고 마음으로는 탐욕을 부리지 않고 성내지 않으며 사견을 일으키지 않는 것이다고 **십선업도경**이나 **해룡왕경** 또는 **바가라용왕소설대승경** 같은 데서 말씀하시고 있다.

하지만 이것을 따라 행하는 자는 극소수에 그친다. 절대 다수는 이런 데 관심이 없다. 그런데도 모두가 다 자신의 미래가 화장지처럼 잘 풀리기를 바란다. 언감생심이다.

起信論 得値諸佛 親承供養 修行信心
그러면서 모든 부처님을 뵙고 받들며 공양하면서 신심을 수행한다.

염생사고가 일어나지 않으면 무상보디를 원하지 않는다. 그러면 부처님을 뵈어야 하는 당위가 없다. 그냥 부처를 구경하고 돌아서 갈 뿐이다.

선근의 힘이 있어야 더 좋고 더 나은 삶을 바라는 것이지 그렇지 않으면 자신의 힘든 삶에 대해 더 이상의 미련과 아쉬움이 없다.

절망과 고통으로 슬퍼해 본 자만이 행복을 원하고 그것의 가치를 느끼는 법이다. 그러므로 행복하기 위해 선근을 짓는다. 그런 선근이 쌓이게 되면 생사로부터 벗어나려고 한다.

염생사고하는 마음을 일으켜야 부처가 제대로 보인다. 그분이 없었다면 어떻게 생사의 고통으로부터 벗어나는 방법을 알 수 있었던가 하는 마음으로 무한의 공경과 예배를 드리며 신심을 수행으로 나아간다.

"무슨 수행을 한다꼬?"
"신심을 수행하는 겁니다."

정말 충격적이고 파격적인 말씀이다. 이제까지는 깨달음을 얻기 위해 수행을 한다고 귀가 닳도록 들어왔는데 이제는 신심을 수습하기 위해 수행을 하는 것이라고 하니 기절초풍할 일이다.

起信論 經一萬劫 信心成就故 諸佛菩薩敎令發心
그렇게 일만겁을 수행하면 신심이 성취된다. 그러면 모든 부처님과 보살들이 그들을 가르쳐 발심하도록 한다.

신심을 성취하는데 분명 시간이 나왔다. 적어도 1만겁이다. 이 1만겁은 정말 무량한 세월이다.

저 넓은 김포평야에 알알이 맺힌 벼이삭 한 알이 억만 년이라고 한다면 김포평야 전체의 벼 낱알 수보다도 더 많은 세월 동안 십선을 수행하여야 한다. 그러면 자동적으로 신심이 성취될 수 있다.

신심이 성취되면 부처님과 보살들이 그의 수행을 본격적으로 도와주신다. 여래는 온갖 존재의 돌아갈 곳을 관찰해 아신다. 또한 온갖 중생의 깊은 마음속의 움직임을 통달하셔서 막힘이 없으시다.

또 온갖 것에 대해 철저히 그 실체를 밝혀주시고 중생들에게 일체지를 나타내 보이신다고 하신 **법화경** 말씀처럼 반드시 그분들이 나타나신다.

신심이 성취되지 않으면 그런 불보살의 말씀이 무슨 말인지 이해가 되지 않는다. 흡사 어린 아이들에게 고등수학으로 건축학을 설명하는 것과 같이 난해하기만 하다.

그래서 불보살은 신심이 성취되어 가는 자나 아니면 성취된 자에게만 나타나는 것이다.

起信論 或以大悲故 能自發心
혹은 대비를 써주므로 해서 발심케 하고

사랑과 자비는 그 의미 자체가 다르다. 사랑은 조건적이고 자비는 무조건적이다. 사랑 속에도 아가페 사랑이 있다고 하지만 그것은 강아지 꿈같은 이야기다.

신이 인간에게 내리는 사랑이 무조건적인가. 그런 것인가. 천만의 말씀이다. 그는 일방적인 사랑을 한다. 그러다가 기분에 들지 않으면 심판이라는 이름으로 징벌한다.

인간의 사랑도 마찬가지다. 그 결말은 언제나 폭력이고 원망으로 끝난다. 그런데도 세속 사람들은 계속해서 사랑을 하려고 한다. 그것은 조건과 거래에 대단히 익숙해 있기 때문이다.

자비는 무조건적이다. 부처님은 이것으로 힘을 삼아 일체중생을 제도하신다. 보살들은 말할 것도 없다. 불교에서 이것을 빼놓으면 불교 자체가 성립되지 않는다. **열반경**에

菩薩如來
慈心爲本

보살과 여래는 자비심이 근본이다 고 하신 말씀이 이것이다.

자비심을 받으려면 그것이 내리는 곳에 있어야 한다. 동굴 속에 들어가 있으면서 왜 비가 오지 않느냐고 하면 그 말은 이치가 맞지 않는다. 그러므로 그분들의 자비가 필요하면 그 자비가 쏟아지는 곳으로 나아가야 한다.

그러면 또 부처와 보살이 어느 특정한 장소에서만 그 자비를 내리시는가 하고 생각할지 모른다. 여기에서의 장소는 그 자비를 받아들일 수 있는 마음의 준비를 뜻하고 있다.

사바세계는 사막에 비가 내리지 않는 것처럼 제불보살의 자비가 쉽게 내리지 않는 곳이다. 그 이유는 여기에 살고 있는 중생들이 그

자비를 진심으로 바라지 않기 때문이다.

술이 아무리 좋지마는 아이들에게는 판매하지 않듯이 자비는 자비를 받아들일 수 있는 그릇이 갖춰져야 내리는 법이다. 진정으로 그 자비를 구하는 자들이 있는 곳이면 그 자비는 언제나 어김없이 적시에 내린다.

그분들의 자비를 받아들일 수 있는 그릇은 10주에서부터 시작된다는 사실을 알아야 한다. 그러므로 범부는 아무리 울고 보채도 그분들의 자비를 받아들일 수 없다.

그래도 제불과 보살이 범부에게 나타나실 때가 있다. 발심을 하기 위한 사무치는 발원이 섰을 때 그분들은 나타나신다. 그 사무치는 발원은 삼매를 이룬다. 그때 부처의 자비가 작용한다.

그런 자비는 중생의 삶에 섞이지 않는다. 즉 중생의 삶에 관여하지 않는다는 말씀이다. 만약에 관여한다면 그분들은 맥없이 죽어가는 중생들의 죽음에 개입하는 것이기 때문이다.

起信論 或因正法欲滅 以護法因緣 能自發心
혹은 정법이 멸하고자 하므로 정법을 보호하는 인연으로 발심케 한다.

정법이 없어지는 것인가. 그것은 아니다. 정법은 영원히 그대로 있다. 단지 사람들의 마음이 바뀌는 것이다. 그들이 정법을 등지고 있기 때문에 정법이 없어진다고 하는 것이다.

밤이 되면 태양이 없어지는 것인가. 태양은 그 자리에 있다. 단지 사람들의 눈에 의해 태양이 보이지 않을 뿐이다.

그래도 곡식을 말리는 사람들은 오늘 해가 빠지기 전에 빨리 말려야 한다고 한다. 마찬가지로 불법은 영원하지만 변덕스런 인간들이 설치는 이 시대에는 어쩌다 정법이 없어질지도 모른다.

그러면 후일 도서관에 가서 불경을 찾아봐야 할 것이다. 그것도 그나마 다행일지 모른다. 잘못하다가는 도서관창고에서 먼지 덮어쓴 경전을 힘들게 찾아내야 할지 모르기 때문이다.

그러므로 삼보의 가피와 경전이 지천에 깔려 있을 때 어떻게든 빨리 발심해야 하는 것이다. 그런 마음을 일으키면 그렇게 하도록 제불과 보살은 기꺼이 도와주신다는 것이다.

起信論 如是信心成就得發心者 入正定聚 畢竟不退 名住如來種中正因相應

이와 같이 신심이 성취되어 발심을 하는 자는 정정취에 들어간다. 그러면 끝까지 불퇴하여 여래의 종성 가운데 안주한다. 그것은 正因이 상응하기 때문이다.

잘 아셔야 한다. 발심은 신심이 성취되어야 한다는 사실을 명심하여야 한다. 그렇게 신심을 이룬 자가 발심을 하게 되면 정정취에 들어간다.

정정취는 부처가 되는 코스에 안전하게 진입한 무리들이다. 항상 하는 말이지만 서울이 열반이라면 서울 가는 특급열차에 올라탄 것과 같다. 그러면 반드시 서울에 도착하게 되어 있다.

정정취는 이제 뒤로 물러섬이 없다. 언제나 앞으로 나아간다. 서

울행 열차는 뒤로 물러나지 않는다. 끝까지 앞으로만 간다. 그러면 서울에 도달한다. 그것이 바로 여래의 종성 가운데 들어간다는 뜻이다.

그 이유는 열차와 목적지가 정확히 상응하듯이 발심과 열반이 正因으로 서로 상응하기 때문이다. 그래서 **법성게**에서 초발심시변정각이라고 하였다.

起信論 若有衆生 善根微少 久遠已來煩惱深厚

만약에 선근이 미소한 중생이라면 수많은 세월을 살아오면서 깊고 두꺼운 번뇌에 덮여 있다.

어찌 어찌해서 겨우 대승의 법에 들어갔다 하더라도 그 복덕이 미치지 못하면 비록 상근기라 하더라도 더 위쪽에서 보면 선근이 미소한 중생이 된다.

그런 범부는 비록 대승을 배운다 하더라도 아득한 옛날 그 옛날부터 오로지 죄업과 번뇌를 쌓아온 자들이다. 그러다보니 선근이 미소할 수밖에 없다.

미소하다는 말은 미미하게 적다는 뜻이다. 사람들은 가끔 자기는 복이 많다고 한다. 지금 행복하고 넉넉하면 복이 많다고 하지만 그 비교 상대는 불쌍한 중생들이라는 것이다. 그것은 꼭 거지보다 나는 부자라고 위안하는 것과 같다.

起信論 雖值於佛亦得供養 然起人天種子

그러면 비록 부처를 만나 공양을 올리게 되더라도 자연히 인천의 종자를 일으키거나

복 없는 사람들은 부처를 만나도 딴 생각을 한다. 딴 생각이란 부처에게 잘 보이면 이보다 더 잘 살 수 있는 기회가 오지 않을까 하는 뜻에서 작게나마 공양을 올리고자 한다.

부처는 중생들에게 생사의 고통을 벗어나는 방법을 가르쳐주시는 명분으로 부처가 되셨다. 그런데 고작 그분에게서 중생의 삶을 살아가는 방법을 얻으려고 하면 되겠는가. 그것은 마치 대궐 같은 저택을 주고자 하는데도 기어이 벼룩이 들끓는 문간방에서 살겠다고 하는 것과 같다.

이승은 성문과 연각이다. 이 둘의 공통점은 自利다. 自利는 이기적의 대명사다. 성문은 홀로만의 깨달음을 구하고 연각은 홀로만의 自適자적을 즐긴다. 그래서 연각은 교단을 만들지 않는다.

自利는 소승의 수행자들만 그런 것이 아니다. 소승과 대승을 가리지 않고 이기적 사고를 갖고 있는 모든 자들이 여기에 속한다.

절에 가면 잘 알 것이다. 모두 다 소승의 이기적 기도를 한다. 나와 내 가족만의 안위와 행복만을 원한다. 그렇게 하도록 부추기고 도와주는 대승의 절 관계자도 다 소승적 마음에 속한다.

계속해서 말하지마는 대승불교에서는 개인적인 기복의 기도는 없다. 모두 다 공공의 이익과 중생세계 전체의 안위를 목적으로 하는 기도만 있다. 왜냐하면 중생 모두는 같은 뿌리에서 나온 잎과도 같은 관계이기 때문이다.

起信論 或起二乘種子

혹은 이승의 종자를 일으킨다.

　自利를 구하려거든 반드시 自利를 버려야 한다는 **대보적경**의 말씀은 정말 의미심장하다. 진정 自利를 버릴 때 그 결과가 自利가 된다는 말씀이다. 전사들이 전쟁터에서 죽으려고 하면 살고 살고자 하면 죽는다는 말과 같다.

　소승의 종자를 심으면 다음에 또 소승의 행위를 한다. 씨가 그런데 열매가 그렇게 안 맺힐 리가 없다. 그러므로 소승의 종자를 심으면 안 된다. 그것은 열반으로 향하는 상가에 균열을 일으키기 때문이다.

　상가는 열반으로 나아가는 수행자들의 공동체다. 거기에 한 명이라도 개인적 이기심을 가진 자가 있다면 그 단체의 안전이 위험할 수 있다. 그것은 마치 이기적인 한 명의 보초병이 자기만 생각할 때 부대 전체가 위험에 빠지는 것과 같다.

起信論 設有求大乘者 根則不定 若進若退

설사 대승을 구한다고 해도 그 근기가 결정되지 않으면 앞으로 나아갔다가 뒤로 물러섰다가 한다.

　대승의 수행은 모두를 우선으로 한다. 모두는 개인의 이익을 뛰어넘는다. 그렇다고 전체주의를 말하는 것은 아니다. 일체중생이 한 뿌리라는 관점에서 시작한다는 말이다.

그래서 대승의 법에서는 중생을 구하기 위해 언제나 복을 우선 지으라고 한다. 복이 있어야 현재보다 더 좋은 사람들을 만나 불법을 배우고 더 높은 세계를 넘볼 수 있다. 그러려면 복이 일단 뒷받침되어야 한다.

그렇지 않으면 호기있게 시작했다가 슬그머니 빠져버린다. 자기 혼자도 못 먹고 사는데 뭔 인류의 번영과 중생의 행복인가 하는 딜레마에 빠지기 때문이다.

그러므로 복덕이 구족되지 않는 자들은 늘 위 아래로 오르내린다. 대승의 이타행을 하는 듯하다가 어느 날 홀연히 그만두어 버린다. 그러다가 또 다시 대승의 수행에 합류한다.

그런 사람들은 자신의 이익과 명예가 걸린 일이라면 목숨걸고 기도에 매달린다. 그것이 바로 소승의 이기적 기복이다. 그러면서 입으로는 대승이 되어 일체중생을 제도하겠다는 의식용 발원을 한다.

衆生無邊誓願度

중생이 끝이 없지마는 모두 다 구제하겠습니다. 대다나다. 정말!

起信論 或有供養諸佛未經一萬劫 於中遇緣亦有發心
혹은 모든 부처님께 공양을 1만겁 동안 올리기 전에 어떤 인연을 만나 발심할 수도 있다

부처님께 공양을 올리는 것을 보고 발심하는 자가 있는가 하면 불

법을 파괴하는 자들을 보고 발심할 수도 있다.

많은 악한 비구들이 나의 법을 파괴하고 있다. 여타의 다른 외도들은 나의 법을 파괴하지 못한다고 하신 **대보적경** 말씀처럼 불법은 불교인들이 파괴한다. 이걸 보고 분노가 차오르지 않으면 열정을 잃은 불자이거나 무력한 신자임이 틀림없다.

정법을 보호해 지니는 경우 이 사람은 세상에서 가장 뛰어난 자다. 그 누구도 그와 비길 수 없다. 그러므로 차라리 목숨을 잃을지언정 정법을 배반치 말아야 한다고 **제법집요경**은 말씀하시고 있다. 그러므로 정법을 지키고자 할 때 발심이 일어난다.

起信論 所謂見佛色相而發其心
그것은 부처님의 형상을 보고 그 마음을 일으킬 수도 있다는 것이다.

신성취발심은 십신과 십주를 동시에 겸하여 있다고 했다. 정상적인 발심은 10주에 올라서야만 가능하다. 하지만 가끔가다 10주에 오르기 전에 어떤 인연을 만나 발심할 수도 있다고 하는 것이다.

그런 인연들 중 하나가 바로 부처님을 뵙고 발심하는 경우다. 부처님은 32상과 80가지의 공덕상을 갖고 계신다. 그러므로 그분을 직접 뵙게 되면 엄청난 감동을 받는다. 그 인연으로 발심을 하게 된다는 것이다.

명심해야 한다. 그렇다고 해서 모두 다 부처를 보면 발심하는 것은 아니다. 천성이 착하고 덕성이 있어야 부모를 봐도 무한으로 존경하고 사모한다. 그렇지 않으면 똑같은 부모라 해도 그렇게 보이지 않는다. 그러면 효도가 결코 일어나지 않는다.

마찬가지로 부처님을 봐도 전생부터 지어온 복덕이 있어야 감동하고 발심한다. 그렇지 않으면 천만 부처님이 출생해도 아무 느낌이 없다. 부처님이 설법하시던 당시에도 좀도둑들이 회중에 모인 신도들의 물품을 훔쳐 달아나는 일이 있었다는 것을 알면 이 말이 바로 이해가 될 것이다.

起信論 或因供養衆僧而發其心 或因二乘之人敎令發心

혹은 중승에게 공양을 올리는 것을 보고 발심할 수도 있고, 또는 이승인의 가르침으로 해서 발심할 수도 있으며

중승은 수행하는 무리들이다. 그분들께는 공양을 올려야 한다. 그분들이 있어야 중생세계의 질서가 잡힌다. 그런 분들이 없으면 중생들은 모두 가 다 이기적으로 사나워지고 이악해진다.

한때 방콕에서는 걸식하는 승려들이 5만 명 이상이나 되었다. 그렇게 많은 수행자들이 모두 다 신심어린 신도들의 공양에 의해 수행을 하였다.

아침마다 머리를 삭발한 수행자들이 황색가사를 걸치고 맨발로 발우를 든 채 줄을 지어 공양을 받는 그 모습은 이 세상 어디에서도 볼 수 없는 일대 장관이었다. 그래서 그 모습을 유네스코에서 인류의 보물로 지정해 놓았다.

그것을 본 서양인들은 도대체 저 불교 속에 무엇이 들어 있기에 수십만의 방콕 시민들이 아침마다 저렇게 수행자들을 위해 공양을

328

올리는가 하면서 너무 신기해하였다. 그중에서도 가슴이 뭉클할 정도로 감동을 받은 자들이 방콕으로 날아가 출가를 하기도 하였다.

여담이지만 방콕 시민들은 그렇게 수천 년 동안 수행자들에게 공양을 올린 공덕으로 그들의 수도는 단 한 번도 외적에게 빼앗긴 적이 없다고 한다. 그 사실에 그들은 대단한 긍지를 가지고 있다.

발심은 또 전혀 예상치 못한 일로 일어날 수 있다. 이승의 가르침을 듣다가 이 수준 말고 더 큰 것은 없는 것인가 하는 의문을 일으킬 때 대승으로 회향하는 인연을 만날 수도 있다. 그러면 대승보살도의 발심을 하게 된다.

起信論 或學他發心

혹은 타인에게 배워서 발심할 수도 있다.

마지막 예로 사람에게서 배워 발심하는 경우를 언급하였다. 이것은 정말 드문 일이면서도 거의 불가능한 일이다. 그것은 사람은 가르쳐서 바뀌어지는 것이 아니기 때문이다.

하지만 이것 역시 전생부터 익혀 온 수행이 그 바탕이 되어 있다면 한 순간에 큰 발심으로 이어질 수가 있다. **원각경**에 보면

方便隨順

其數無量

중생을 발심시키는 방편은

그 수가 무량하다

고 하셨다. 그런 자들이 있다면 제불보살들이 그냥 두지 않으신다. 그러므로 아직 나에게 그런 방편의 인연이 없다면 나의 문제가 뭔지 먼저 살펴보시기 바란다.

개별 발심에 대한 자세한 풀이는 **기신론필삭기**를 참고하시면 더없이 좋을 것이다.

起信論 如是等發心 悉皆不定 遇惡因緣 或便退失墮二乘地
이와 같은 발심은 전부 결정지어진 것은 아니다. 혹은 악한 인연을 만나면 퇴실하거나 이승의 지위에 떨어지게 된다.

천만다행히 기상천외한 인연으로 범부가 발심을 하였다 하더라도 그것은 진짜의 발심이 아니다. 그것은 버럭 발심이다. 참 발심은 발심이 될 수밖에 없는 바탕이 갖춰져야 한다.

보살은 온갖 여래의 종성을 끊어지지 않게 하기 위해 발심하며 온갖 중생을 건지기 위해 발심한다고 **화엄경**에서 말씀하신 것만 봐도 버럭 발심하고는 완전 차이가 난다.

그러므로 위에서 말한 그런 발심들은 순간적인 의협심에서 일어난 충동적인 발심인 것이지 진정으로 중생을 구제하기 위해 발심하는 것은 아니라는 것이다.

왜냐하면 그런 발심은 조그마한 외풍을 만나거나 자신에게 이익이 되지 않으면 금방 그만두어 버리기 때문이다.

대승기신론을 배우러 오는 사람들도 마찬가지다. 주위에서 어디를 가느냐고 물었을 때 기신론해동소를 배우러 간다고 한다. 그러면 보통 그런가 하지만 어떤 사람들은 반드시 거기에 태클을 건다.

그것 배운다고 뭐 밥이 생기나 떡이 생기나 하면서 차라리 구청이나 사찰 문화교실에 가서 생활문화를 배우는 것이 더 낫다고 비틀어 버린다.

그러면 그럴까 하고 바로 그쪽으로 가 버린다. 이런 경우는 보통 내면에 복이 없을 때 다른 사람들의 말이 직통으로 가슴에 파고드는 것이다.

海東疏 初中亦二 先問 後答 問中言依何等人者 是問能修之人

처음 가운데 또한 둘이 있다. 먼저 묻고 뒤에 답한다. 물음 중에서 어떤 사람들에 해당하느냐 하는 것은 바로 여기에 해당하는 수행자들을 물은 것이다.

초등학생은 초등교육을 받고 중학생은 중등교육을 받는다. 그렇다면 신성취발심하고자 하는 자들은 어떤 수준의 범부들을 말하고 무슨 수행을 하는가이다.

신성취발심하고자 하는 사람들은 믿음을 성취하기 위하여 발심을 하고자 하는 사람들이기 때문에 보통의 범부들과는 확연히 다른 목적을 가지고 있다.

보통의 범부는 그저 잘 먹고 잘 사는 것으로 끝이 나지만 지금 여기서 말하는 자들은 그 이상의 목적을 둔 자들이다. 그들은 육신의 차원을 넘어 마음의 세계까지를 넘보고 있기에 그렇다.

海東疏 修何等行者 問其所修之行
어떤 종류의 행을 닦아야 하는가 라는 것은 그 수행할 바의 행을 물은 것이고,

　　일반 범부들은 누구나 수행을 하면 부처가 되는 깨달음을 이루는 줄 알고 있지만 그것은 어불성설이다. 범부의 수행은 발심을 하기 위한 기초단계일 뿐 그 이상의 과보는 없다.
　　작은 나무는 연약하다. 뿌리도 깊게 내리지 못하고 있다. 나무가 살려면 무엇보다 먼저 땅속에다 뿌리를 깊이 박아야 한다. 그것이 우선이다.
　　그처럼 범부가 살려면 불법의 바탕에다 신심의 뿌리를 깊이 내려야 한다. 그러면 살 수가 있다. 그게 바로 無信不立이라는 말이다. 즉 믿음이 없으면 뿌리를 내릴 수 없다는 뜻이다.

海東疏 得信成就堪能發心者 對發心果 問其行成也
믿음을 성취하고 발심을 감당할 수 있는 자라고 한 것은 발심한 결과로 그 수행이 이루어지는 것을 물은 것이다.

　　발심이라는 말은 발결정심의 준말이다. 발결정심은 결정되고자 하는 마음을 일으킨다는 것이다. 그것은 10주를 말한다. 10주가 되어야 결정이 된다.

발심을 하는 경우는 반드시 어떤 공식이 있다. 이 공식을 벗어나면 진로를 이탈한다.

그 발심은 복덕을 지음으로 해서 얻어진다. 그러면 어떻게 해야 복덕을 지을 수 있느냐 하는 것이다. 그 다음 어떻게 수행해야 발심이 일어나고 믿음이 성취되느냐다.

[海東疏] 答中有二 一者正答所問 二者擧劣顯勝 正答之內 對前三問
답 중에 둘이 있다. 첫째는 물은 바에 바르게 답한 것이고 둘째는 저열함을 들어 수승함을 나타내었다. 답 속에는 앞에 세 가지 질문을 상대하고 있다.

질문은 세 가지다. 하나는 누구냐는 것이고 둘은 어떤 수행을 해야 하는 것인가 이며, 셋째는 신성취를 해서 발심을 어떻게 감당하는 가였다.

지금부터는 그 질문한 것에 개괄적으로 답해 주는 것이다. 그리고 범부들에게도 저열한 범부가 있고 수승한 범부가 있다는 것을 답하고 있다.

[海東疏] 初言依不定聚衆生者 是答初問 顯能修人
처음에 말한 부정취중생이라는 말은 첫 질문에 대한 답이니 직접 수행하는 사람을 나타낸 것이다.

이제 신성취해서 발심하는 자들에 대해 설명한다. 그러니까 일반적으로 절에 다니면서 기복하고 참회하는 그런 자들은 여기에 해당되지 않는다.

지금은 위에서도 말했지마는 대승보살의 일원으로 어떻게든 복덕을 지어 믿음을 성취하고자 하는 분들을 거론하고 있다.

그러므로 보통의 신자들은 이 대목과 사실 무관하다. 그래도 언젠가는 이 과정을 따라 수행해야 하기 때문에 미리 알아놓는 것도 잘못될 거 없다고 했다.

현재 절에 다니는 사람들은 그럼 어떻게 해야 가장 이상적인 신행을 할 수 있단 말인가. 그 문제는 **혈맥기** 7권 수행신심분에서 자세히 나온다.

海東疏 分別三聚 乃有多門 今此文中 直明菩薩十解以上 決定不退名正定聚

삼취를 분별하면 여러 가지가 있다. 지금 이 문장에서는 곧 보살 십해 이상은 결정되어져 불퇴하기에 정정취라고 한다.

중생은 모든 사람과 동물을 통틀어 이르는 뜻이라고 국어사전은 말한다. 그렇지만 불교는 좀 더 그 범위가 넓고 크다. 정식있는 동물과 본능으로 움직이는 모든 생명체를 다 중생이라고 한다. 정식은 감정과 의식이다.

하지만 일반적으로 우리가 중생이라고 하면 인간만을 지칭한다. 그 인간을 세 등분으로 나누면 삼취가 된다. 삼취는 세 무리라는 뜻이다. 취는 무리 聚 자다.

세 무리는 바로 정정취와 부정취, 그리고 사정취다. 여기서는 먼저 정정취를 밝혔다. 정정취는 10해 이상의 수행자들이다. 그분들은 이제 뒤로 물러나지 않는다. 마치 우주로 날아가는 우주선처럼 뒤로는 퇴전하지 않고 앞으로만 나아간다.

그러니까 대승의 보살들은 이 10해부터 10지 전체에서 수행하는 분들이다. 물론 범부들도 보살이라고 하지마는 아직 그 보살이라는 씨만 갖고 있지 그 싹을 틔우지는 못하고 있는 자들이다.

海東疏 未入十信 不信因果 名邪定聚

십신에도 들어가지 못하여 인과를 믿지 않는 자들을 사정취라고 한다.

십신은 일반 범부들로서 불교를 배우는 자들의 지위다. 불교를 배우는 이유가 무엇일까. 깨달음을 이루어 부처가 되고자 한다. 이것은 지렁이가 용이 되고자 하는 것과 같다. 너무 거창하고 너무 허황하다.

고등학교를 졸업하면 대학에 들어갈 자격이 주어진다. 그들에게 묻는다. 왜 공부하느냐 물으면 좋은 대학에 들어가기 위해 불철주야 공부한다고 한다. 대단히 합리적인 대답이다. 그 정도 원함이 되어야 하는데 범부가 깨달음을 이뤄 부처가 된다고 하는 것은 정말 나가도 한참을 나갔다.

사정취는 간단히 말해서 인과를 믿지 않는 자들이다. 인과가 무엇인가. 콩 심은 데 콩 나고 팥 심은 데 팥 난다는 논리다. 그러니까 죄를 지으면 죄과를 받고 복을 지으면 복을 받는다는 것이 인과의 이치다.

그런데 이것을 믿지 않는 자들이 있다. 정말 무서운 사람들이다. 어떻게 자기가 지은 행위에 대한 결과를 믿지 않을 수 있단 말인가.

이런 사람들도 문제지만 그 인과를 바꿔줄 수 있다고 꼬드기는 자들도 있다. 신의 이름을 빌려 죄업의 결과를 받지 않도록 해주겠다고 한다. 웃기는 자들이다.

불교 속에서도 사정취의 짓을 하는 자들이 있다. 지은 죄를 없애주겠다는 거다. 더 가관은 그 말을 믿고 설레발치는 자들이다. 이런 신앙 브로커들과 잘못된 믿음 때문에 세상이 이렇게도 무섭고 흉흉하게 되어버렸다.

海東疏 此二中間 趣道之人 發心欲求無上菩提 而心未決或進或退

이 중간에 불도에 나아가는 사람이 발심을 하여 무상보디를 구하고자 하나 결정심이 없어서 앞으로 나아가고 뒤로 물러서고를 하는 자들이 있다.

중간은 정정취와 사정취의 중간이다. 지금 정신없이 살아가는 보통의 범부는 앞날이 어떻게 될지 모른다. 죄를 많이 지으면 지옥에 가 있을 것이고 복을 많이 지으면 천상에 가 있을 것이다.

현생에도 죄를 지으면 교도소에 가는 것이고 복을 많이 지으면 천상처럼 여유있는 삶을 살게 된다. 그런데 어찌 내생에 갈 곳이 없단 말인가. 천칭에 죄와 복을 달면 반드시 한 쪽으로 기울어진다. 그처럼 자기가 행한 과보에 따라 지옥과 천상으로 가게 되어 있다.

죄를 안 지으면 될 것 아닌가 한다. 인생에 죄 안 짓고 살아갈 방법은 없다. 누구나 다 죄를 짓고 산다. 죄업으로 인해 태어났기 때문에 죄업의 힘에 의해 또 죄업을 짓도록 프로그램화 되어 있다.

복을 지어 천상에 태어났다 하더라도 기쁨을 누리는 시간은 잠깐이다. 재미있는 분위기 속에서는 한 시간이 훌쩍 지나간다. 그처럼 얼마간의 복을 지어 다행히 천상의 복을 누린다 해도 정말 눈 깜짝할 사이에 그것을 다 써버린다.

海東疏 是謂十信 名不定聚
그들을 십신이라고 하며 부정취라고 한다.

지옥이거나 천상은 둘 다 갈 곳이 못된다. 지옥은 우선 두들겨 맞지만 조금 있으면 나아지는 곳이고 천상은 우선은 좋지만 조금 있으면 두들겨 맞아야 하는 곳이다. 그렇다면 여러분들은 어느 쪽을 택할 것인가.

많은 사람들은 후자를 택한다. 그것은 우선은 편히 살 수 있지 않느냐 한다. 하지만 다른 사람들은 전자를 택한다. 맞을 거면 차라리 먼저 맞겠다는 것이다.

먼저 맞으면 때리는 사람이 힘이 남아 있기 때문에 더 아프게 때리지마는 뒤에 맞으면 힘이 빠진 상태로 때리기 때문에 맞는 사람이 더 수월하다고 한다. 그렇게 생각하시는가?

때리는 사람은 때릴 때 감정이 더 격해지고 분노의 게이지가 더 올라간다. 그러므로 때리면 때릴수록 악에 받혀 더 심하게 때릴 수도 있다. 때리는 사람들이 그렇게 양심있고 이성적이지 않다는 사실을 학교 다닐 때 충분히 경험하지 않았던가.

그렇다면 어찌하면 좋단 말인가. 이래도 두들겨 맞고 저래도 두들겨 맞는다면 안 맞는 방법은 무엇인가. 그게 바로 수행을 해서 발심을 하는 것이다. 그렇다면 이 얻어터지는 굴레에서 벗어날 수 있다.

하지만 그 과정과 시간이 만만치 않다. 그래서 시작은 호기있게 다 잘 하지마는 이내 그만두어 버린다. 그런 중생들을 십신에 있는 부정취라고 한다. 아직 어디로 떨어질지 결정되지 않는 어중간한 자들이라는 뜻이다.

海東疏 今依此人明所修行也
지금 이런 사람들을 상대해 수행할 바를 밝혀 주는 것이다.

기신론의 이 대목은 삼취중생 가운데서 부정취중생을 위한 수행과정을 설해 주고 있다.

부정취중생은 무한 발전할 가능성이 있고 또한 반대로 무한 타락할 수도 있다. 그렇기 때문에 금생에 스승과 동료를 잘 만나면 로또를 맞는 것이고 반대로 스승과 동료를 제대로 못 만나면 그 인생은 차라리 살지 않은 것만 못하게 된다.

하지만 좋은 스승을 만날 수 있는 복이 얼마나 있느냐 하는가 이다. 복이 없으면 설령 복에 겨운 스승을 만났다 하더라도 반드시 그 스승을 떠나거나 그 가르침을 거부하게 된다.

그리고서는 그보다 한 수 낮은 스승을 찾거나 비슷한 동료들끼리의기투합해서 독자적인 신행을 하려고 한다. 그 결과는 자기들 수준을 결코 넘어서지 못한다는 것이다.

[海東疏] 有熏習以下 次答第二問 明不定人所修之行

훈습이 있어서 한 그 이하 부분은 다음으로 두 번째 질문에 답한 것인데, 그것은 부정취 중생들의 수행할 바를 밝힌 것이다.

원문에 보면 선근을 훈습하는 힘이 있기 때문에 라는 대목이 나온다. 그 밑으로의 문장은 두 번째 질문에 대한 답이다. 그러니까 부정취 중생은 어떤 수행을 해야 신성취를 이루는가 하는 질문이다.

부정취중생은 우리 같은 사람들이라고 했다. 우리 같은 이 라고 했는데 사실 우리는 여기에 해당되지 않는다고 했다.

부정취중생 속에 두 부류가 있다고 했다. 한 부류는 수승하고 다른 한 부류는 열등하다고 했다. 수승은 복 많고 똑똑한 부류고 열등은 복 없고 멍청한 부류라고 했다.

우리는 이 중 어느 부류에 속하느냐 하면 물론 뒤 부분에 속한다. 그게 근근이 먹고사는 우리들이다. 그러므로 우리는 훈습의 힘이 거의 없다. 그래서 **혈맥기** 7권을 기다려야 한다. 거기에 우리가 해야 할 적합한 수행이 나온다.

[海東疏] 言有熏習善根力者 依如来藏内熏習力

선근을 훈습하는 힘이 있다는 것은 여래장 속에 훈습력이 있다는 것이다.

여래장은 우리 마음이다. 그 속에 선근을 훈습하는 힘이 있어야 하는데 악업을 훈습하는 힘만 잔뜩 들어 있다.

6도를 떠돌다가 천만다행히 인간 세상에 태어났다. 그것은 마치 움막거지로 살다가 횡재수로 고급아파트에 들어간 것과 같다.

그러다보니 노숙해서 번 돈을 다 투자했다. 거기다가 빚까지 내었다. 윗돌을 빼서 아랫돌로 박고 아랫돌을 빼서 윗돌을 채우는 방식으로 자식도 낳고 빚도 갚으면서 자동차도 샀다.

자식 돈 아파트 자동차 토지 같은 소유물은 다 내가 갖고 있지만 엄격히 말하자면 내 것은 아니다. 조금 있으면 나에게서 떠나 다른 사람들에게 넘어간다. 그러고 보면 정말 나에게는 아무것도 없다.

그나마 내 것이라고 하는 것은 나와 내 육신이다. 그런데 육신도 제멋대로고 마음도 따로 논다. 내 것이지만 둘 다 내 말을 듣지 않는다. 그렇게 어정쩡한 상태로 한 평생을 살아간다.

그런 가없은 인생이라 해도 과거 전생에 선지식을 만난 인연이 있었다면 그때에 선근을 심는 일을 조금은 했을 것이다.

수십 년 전에 넣어놓았다가 잊어버린 예금이 있다면 지금 목돈으로 찾을 수 있다. 그처럼 지난 세상에 어쩌다 조금의 선근을 지어놓은 선행이 있었다면 지금 엄청난 이자로 찾을 수 있다.

다행히 그런 것이 있다면 금생에 그 선근의 힘 때문에 전혀 예상치 못한 상태에서 좋은 스승을 만나 신심을 수행할 기회를 맞이할 수 있다.

海東疏 復依前世修善根力 故今得修信心等行也

340

이것은 전생에 선근을 닦은 힘에 의하여 금생에 신심 등의 행을 닦게 된다는 것이다.

바꾸어 말하자면 선근의 힘이 없으면 신심이 일어나지 않는다. 신심은 自信己性이다.

"자신이성이 뭡니까?"
"띄웅!"

선근은 선행을 행할 수 있는 뿌리다. 뿌리가 있으면 싹이 트고 잎이 무성해진다. 그리고 열매를 맺는다. 선행의 뿌리는 선행을 일으키고 악행의 뿌리는 악행을 일으킨다.

선행은 십선행을 말한다. 복이 없으면 돈이 많아도 좋은 일을 할수가 없다. 그런 자들은 신심을 수습할 수 없다. 고작 죽어버리면 썩어질 조그마한 육신을 챙기고 거두는 데 전 인생을 쏟아 붓는다.

海東疏 言信業果報能起十善者 起福分善也 厭生死苦求無上道者 發道分心也

죄업의 과보를 믿어 십선을 일으킨다는 것은 복분이 되는 선을 일으키는 것이고 염생사고 해서 무상도를 구한다는 것은 도분의 마음을 드러내는 것이다.

깨달음의 세계로 나아가고 싶어도 넉넉한 시간과 경제적인 여건이 허락하지 않으면 불가능하다. 그러므로 불도를 닦고자 한다면 반드시 먼저 복덕을 지어 이 두 가지를 충족시켜야 한다.

그렇지 않으면 시간에 쫓기고 경제에 매달리게 된다. 그런 사람은 고요한 선원에 앉아 있어도 마음은 세속의 삶에 가 있으므로 전혀 진전이 없다.

사람들은 욕심이 많아 무조건 깨달으려고 덤벼든다. 날개에 힘도 붙지 않은 둥지 안의 새 새끼가 날고 싶어서 방정을 떨면 땅바닥에 떨어진다. 그러면 족제비의 밥이 된다. 마찬가지로 복덕도 없이 마음을 깨달으려고 달려들면 반드시 魔의 무지막지한 칼날에 당한다. 결코 피해나갈 수 없다.

十善은 복을 닦는 행위고 염생사고 求無上道는 도를 닦는 수행이다. 그러므로 십선부터 먼저 지어 복을 짓고 그 후에 도를 닦아야 한다는 것이다.

[海東疏] 得値諸佛修行信心者 正明所修道分

제불을 만나 신심을 수행한다는 것은 정확히 수행하는 도분을 밝힌 것이다.

복을 닦는 자에게는 부처가 나타나지 않는다. 그 이유는 부처가 나타날 복이 아직 구비되지 않았기 때문이다.

밤하늘에 별들이 수없이 많지만 도시에서는 볼 수가 없다. 도시의 불빛과 오염된 공기가 걷혀야만 그 반짝이는 별들이 보인다.

범부의 마음에 죄업과 번뇌가 있으면 부처가 보이지 않는다. 대신 복덕과 지혜가 쌓이면 부처가 나타난다. 그리고 수행으로 이끄신다. 그러므로 복을 빌고 있는 자나 복을 쌓고 있는 자에게는 부처가 나타나지 않는다.

가끔가다 선행을 많이 하는 자들이 어려움에 처하면 부처의 무정함에 서운해 한다. 왜 자신을 도와주지 않으시냐 하며 푸념어린 한탄을 토한다.

바짝 마른 연못에는 어지간히 물을 부어도 다 땅속으로 스며들어가 버린다. 그 스며듦이 바로 악행을 해왔던 괴리를 매우는 작업이다. 그 틈을 다 매워야 그때부터 물이 담긴다.

그처럼 선행도 꾸준히 오랫동안 해야 그 결과가 나타난다. 몇 번 하다가 말아버리는 선행은 땅속으로 스며들어간 몇 바가지의 물과 같다.

그 선행이 쌓이고 쌓이면 그때서야 부처가 나타난다. 그러므로 부처는 절대로 복 없는 자에게는 나타나지 않으신다는 사실을 제발 명심해 주시기 바란다.

海東疏 善根所謂修行十種信心 其相具如一道章說也

선근은 이를테면 10종 신심을 수행하는 것이다. 그 양상을 잘 갖추어 설명한 것은 일도장에 있다.

동지근대冬至根袋라는 말이 있었다. 사찰에서 동짓날을 의미있게 보내기 위하여 신도들에게 돌리던 누런 종이봉지였다.

동지는 태양이 부활하는 날이라고 해서 동서양의 종교에서나 민간에서나 어디든 이 날을 특별한 기념일로 정해 놓고 있다.

음양으로 도교의 영향을 많이 받고 있는 한국의 사찰에서도 동지를 새로운 한해가 시작되는 날로 보았다. 그래서 신도들에게 다가올 새해를 준비하는 마음에서 선업의 인연을 지어라고 동지근대의 방편을 행하였다.

근대는 주로 노보살 중심으로 내려졌다. 사원에서 그들에게 마을 한 구역씩 배당을 주었다. 그들은 근대를 들고 집집마다 찾아다니면서 권선을 하였다. 권선은 선업을 닦도록 권하는 행위다.

농촌에서는 추수를 하고 나면 동지근대를 대비해 밥을 지을 때마다 한 숟갈씩 따로 쌀을 모아두기도 하였다. 그렇게 시주한 곡식으로 스님들은 혹독한 겨울을 보내면서 나름대로 정진할 수가 있었다.

그러나 이제는 그런 풍습도 거의 없어지고 있다. 사찰마다 옹기종기 모여 도란도란 얘기꽃을 피우며 새알을 비비고 팥죽을 끓이던 그 따뜻하고 정감어린 동지 모습들은 점점 사라져가고 있다.

모두 다 바쁘다거나 아니면 남에게 권선하기를 꺼려하거나, 아니면 내가 왜 남을 위하여 궂은일을 해야 하나 하는 이기적인 마음이 앞서서이다.

그래서 이제 동짓날이 되어도 팥죽을 끓이지 않는 절들이 생겨나고 있다. 그들은 주로 팥죽을 파는 가게에 신도 수만큼 팥죽을 주문해서 동지불공을 봉행한다.

말하고자 하는 의도는 동지팥죽이 아니다. 한해를 시작하는 동지에 선근을 지을 인연인 근대가 없어지고 그 선근을 심는 취지가 사라지는 데 있다. 서로가 선근을 짓지 않으면 그만큼 인간세상은 팍팍하고 어려워지기에 노파심에서 해본 소리다.

성사가 말씀하신 10종신심은 정확히 무슨 뜻인지 알 길이 없다. 그분이 써놓으신 **일도장**이 안타깝게도 중간에 유실되어 버렸기 때문이다. 글로 보면 십신위의 수행 같지만 원문이 십선을 말하고 있으므로 십선일 가능성이 있다.

물론 성사가 십신을 말씀하셨다고 해서 괴이하게 생각할 것도 없다. 십신행 전체가 이미 십선을 포함하고 있기 때문이다.

[海東疏] 逕一萬劫以下 答第三問 明其信心成就之相

경일만겁 이하는 세 번째 질문에 대한 답이다. 그것은 신심이 성취되는 바탕을 밝힌 것이다.

범부 중에는 상근기가 있고 하근기가 있다고 했다. 상근기를 중심으로 이 분별발취도상은 씌어졌다고 했다.

그런 상근기가 신심을 이루는 데 걸리는 시간은 1만겁이라고 했다. 그것은 정말 어마어마한 세월이다.

똑같은 공장에서 나온 자동차도 뽑기 잘못하면 수시로 정비공장에 드나들어야 한다. 똑같은 여인에게서 나온 육신도 뽑기 잘못하면 매양 병원을 들락거려야 한다.

그러다 큰 병에 걸리면 수술을 받아야 한다. 수술! 정말 겁나는 일이다. 그래도 살려면 수술을 받아야 한다. 그렇게 하는 데는 세밀한 검사에 의해 전처치가 필요하다.

그리고서는 수술대에 오른다. 여기서 믿음이 나온다. 사람들은 하느님을 믿고 부처님을 믿는다고 하지만 그보다 더 중요한 것은 그 집도 의사를 믿어야 하는 것이다.

간호사가 핏줄에다 쇠바늘을 꼽는다. 평소에는 모기 침 하나에도 벌떡 일어나는데 쇠바늘을 꽂으라고 팔뚝을 내어준다. 액체로 된 이 물질이 핏줄을 타고 흐른다. 실로 그 느낌이 기묘하다.

차갑고 서늘하면서도 소독 냄새가 진동을 하는 수술실은 정말 무섭다. 수술가운을 입고 마스크를 쓴 간호사와 의사들이 분주히 오고 가면서 몇 번인가 신원을 확인한다. 그러는 사이 자기도 모르게 마취가 된다.

이제 시퍼렇게 날이 선 칼을 든 의사에게 자신을 온전히 맡기는 것이다. 죽이든 살리든 이제 그 의사에게 달려 있는 것이다. 거기서 자신이 할 수 있는 것은 아무것도 없다. 그저 온전히 의사를 믿는 것뿐이다.

자기 손으로 코털 하나를 뽑아도 오만상이 구겨지는데 자기의 육신 한 부분을 도려내도 좋다고 전신을 의사에게 맡긴 것이다. 그것은 의사를 전적으로 믿는다는 전제하에서다.

그렇게 병든 육신을 살리기 위해 칼을 든 외과의사에게 자신을 맡기는 것처럼 자신의 영혼을 살리기 위해 부처님께 자신을 맡기는 것이 바로 믿음이라고 하는 것이다.

그런 믿음을 한 번이 아니라 1만겁 동안 계속해서 이어 나가야 한다. 외과수술을 감당하는 것보다 마음수술을 당하는 것이 더 겁나고 더 두려운 법이다. 외과수술은 한 몸에 그치지마는 마음수술은 진짜 영겁을 두고 계속해야 하기 때문이다.

원문 첫 글자의 逕은 經의 뜻이다. 이것은 책 經이 아니고 지날
경 字다.

海東疏 於中有二 一者舉時 以明信成發心之緣

그 가운데 둘이 있다. 첫째는 시간을 들었는데 믿음이 성취되어 발심하
는 인연을 밝혔다.

신성취하고 발심하는 데는 자기 혼자서 할 수가 없다. 누가 도와주
지 않으면 불가능하다.

그래서 위에 훈습을 말할 때 나무를 비유로 들었다. 나무 스스로가
불의 성품을 갖고 있다고 해도 혼자서는 불을 일으킬 수가 없다고
했다. 그것을 도와주는 것이 用훈습이라고 했다.

그 용훈습이 바로 첫 번째의 문장이다. 부처의 용훈습은 오로지
부처로 만들 때 작용한다. 햇빛을 받고 싶으면 해 쪽으로 방향을 틀
면 바로 햇빛을 받듯이 부처의 가피를 받고 싶다면 부처 쪽으로 방향
을 바꾸면 거기에 바로 부처의 용훈습이 다가오는 것이다.

海東疏 二者約聚 顯其發心所住之位

둘째는 무리를 말하였는데 발심해서 안주하는 지위를 드러내었다.

둘째 번 문장은 제불보살의 도움을 받아 신성취를 이루면 자신이
어떻게 바뀌느냐에 대한 것이다. 그것은 중생의 족보에서 이제 부처
의 족보로 옮겨지는 것이다. 마치 땡감나무에다 단감나무를 접붙이

면 다음부터 단감이 열리는 것과 같다.

신성취하게 되면 드디어 중생의 마음이 안주하게 된다. 그 전에는 결코 그 마음이 편안하게 정지되지 않았는데 이때가 되면 요동치던 마음이 안정되게 된다. 이 지점이 **금강경**에서 말씀하신 마음의 안주가 성취되는 자리다.

海東疏 初中言至一萬劫信心成就者 謂於十信逕十千劫 信心成就 即入十住

첫 번째 가운데서 말한 1만겁에 이르러야 신심이 성취된다는 것은 십신에서 십 천겁을 지나야 신심이 성취되어 십주에 들어간다는 말이다.

곧 죽어야 할 육신을 위해 산삼 한 뿌리를 얻는 데도 상상할 수 없는 고난과 여정을 겪어야 한다. 그런데 하물며 자신의 생명을 영원히 보장받는데 고작 몇 년이나 몇 생으로 그치겠는가.

그러므로 부정취중생이 신성취하려면 1만겁 동안 수행을 해야 한다. 그러므로 우리 주위에 신심이 성취된 자는 아무도 없다고 하는 것이다.

스님들은 신심이 성취되어 있지 않느냐 하지마는 전혀 그렇지 않다. 그들도 신심이 성취되기 위해서 노력하고 있는 분들일 뿐이다. 그런데 어찌 하물며 일반 신도들이겠는가.

사람들은 스님들이 무결한 자들이라고 생각한다. 완전 넌센스다. 훈련소에 있는 훈련병들은 완전한 군인이 아니다. 그들은 훌륭한 군인이 되기 위해 훈련을 받고 있는 자들이다.

스님들도 마찬가지다. 그들은 수행자가 되기 위해 지금 신심의 훈련을 받고 있는 자들이다. 그들보고 완전한 수행자라고 하는 것은 일반인들 보고 완전한 인간이어야 한다는 논리와 같다.

사람들은 천태만상의 생각과 행동을 한다. 스님들도 마찬가지다. 일반인이 사회의 구성원이라면 스님들은 승단의 구성원일 뿐이다. 둘 다 미숙하기는 마찬가지다. 그러므로 스님들께 스님 그 이상의 면모를 요구해서는 안 된다.

그 이상의 면모는 신심이 성취된 것을 말한다. 신심이 성취되면 그분은 이미 스님이 아니다. 그러므로 스님들은 훈련병처럼 지금 신심을 훈련하고 있는 분들일 뿐 그 이상도 그 이하도 아니다는 사실을 알아두면 좋겠다.

海東疏 如本業經云 是信想菩薩 於十千劫行十戒法 當入十住心 入初住位

본업경에서 말씀하시기를, 이 신상보살은 십 천겁 동안 십계의 법을 행해야 십주의 마음에 들어갈 수 있다고 하셨다.

본업경은 대표적인 대승불교의 경전이다. 이 경전에 보살이 지켜야 하는 삼취정계와 10중금계가 있다. 그래서 **범망경**과 함께 대승불교의 戒經이라고 중요시 하고 있다.

원효성사도 이 경전을 무척이나 좋아하셨던 것 같다. 그분의 여러 저술에 이 경전을 다분히 인용하고 있기에 그렇다. 그뿐만 아니라 그분은 이 경전을 2권으로 풀이까지 하셨다. 그것이 다행하게도 지금까지 **영락본업경소**라는 이름으로 남아 있다.

신상보살이라는 이름이 참 특이하다. 어떻게든 믿음을 성취해야 되겠다는 생각을 품은 보살이라는 뜻이다. 그러니까 아직 신성취가 되지 않은 후보보살이라는 뜻이다. 그래서 그분들을 일명 假名가명보살이라고도 한다.

그런 신상보살은 10천겁을 수행해야 믿음이 성취된다. 그러므로 힘주어 불교를 믿는다거나 불교를 믿은 지 오래되었다고 나대는 소리는 다 쓸데없는 도그소리다.

"불교를 믿습니까?"
"믿으려고 열심히 배우고 있는 중입니다."

이런 마음씨가 불교를 신행하는 범부들의 겸손한 자세다. 불교를 믿는다는 사람치고 제대로 믿는 사람이 내가 볼 때는 하나도 없었기 때문이다.

그래서 나는 절 일을 시키기 위해 인부를 구할 때도 불교를 믿는다고 떠들면 일단 경계부터 한다. 불교 속에서 뭔가의 이득을 취하고자 믿음을 들먹이는 사람이 대부분이어서 그렇다.

공무원이 국민들의 세금을 한 푼이라도 아껴 써야 되듯이 나도 회원들의 돈을 10원이라도 소중하게 써 줘야 하기 때문에 얼렁뚱땅 일하고 돈을 달라는 사람을 좋아하지 않는다.

그 사람들은 신자들의 돈이 하늘에서 그저 떨어지는 줄 알고 있다.

그들은 삼보를 위해 진심으로 일하지 않는다. 그러므로 차라리 불교를 모르는 순수한 사람에게 일을 맡기는 것이 보는 속이 더 편하다.

십계법은 **화엄경**에서 말한 보살십계법이라고 하는 사람들도 있지마는 여기서는 십선법이라고 하면 무난하다. 왜냐하면 이런 보살들은 아직도 근기가 약한 가명보살이므로 진짜의 보살들이 닦는 **화엄경** 속의 십계법 하고는 거리가 멀어서 그렇다.

海東疏 解云 此中所入初住位者 謂十住初發心住位

풀이할 것 같으면, 이 말씀 가운데 초주위에 들어간 자를 십주라고 하셨는데 그것이 초발심주의 계위다.

성사는 **영락경**의 말씀을 근거로 십주가 바로 초발심이 된다고 하셨다. 그러므로 통상 우리가 초발심이라고 하는 개념과 상당히 큰 차이가 있다.

보통 절에 처음 다니는 자들을 초발심자라고 하는데 사실 **영락경**이나 **화엄경** 같은 또 다른 대승경전들을 보면 십주에 들어간 자를 초발심보살이고 부른다는 것이다.

"그럼 범부로서 처음 발심한 자를 뭐라고 불러야 합니까?"
"버럭 발심한 자들입니다."

그들의 발심은 순간적이다. 그렇지 않으면 대부분 충동적이다. 그것은 오래가지를 못한다. 순전히 자기 기분에 움직이고 자기감정에 휘둘려 발심하기에 그렇다.

海東疏 此位方得不退信心 是故亦名信入十心

이 계위라야 완전히 신심이 불퇴한다. 그래서 믿음으로 십심에 들어간다고 하였다.

누가 부처의 말씀을 믿지 않는단 말인가. 불자라면 모두 다 믿는다고 한다. 하지만 그들은 머리로만 믿고 가슴으로는 믿지 않는다.

불교는 머리로가 아니라 가슴으로 믿어야 한다. 머리는 이해를 하고 가슴은 믿음을 일으킨다. 머리는 뭔가를 말하려고 하고 가슴은 뭔가를 행동으로 옮기고자 한다.

사랑도 마찬가지다. 머리로 사랑하는 자들은 사랑을 이용하는 자들이다. 가슴으로 사랑을 느끼는 자들이 진정 사랑을 하는 자들이라 말할 수 있다.

海東疏 非謂十解以前十信 何以得知而其然者

이것은 십해 이전의 십신을 말하는 것이 아니다. 어찌 그렇다는 것을 알 수 있는가?

복 없는 사람들은 머리로 경전을 읽는다. 그리고 다 배우고 다 안다고 한다. 그것은 마치 나쁜 사람이 도덕 책 속의 윤리를 너무 잘 알고 있다고 하는 것과 같다.

이 **혈맥기**도 가슴이 아니라 머리로 읽는 자들이 있다. 그래서 책장

352

여기저기를 뒤적거린다. 쉬운 것은 대충 읽고 어려운 부분은 이해하려는 노력이 없다. 그저 눈으로 슬쩍슬쩍 훑어보고 머리로 대충대충 파악한다.

머리가 아니라 가슴으로 읽으면 얼마나 많은 이익이 생기는지 모른다. 그처럼 부처님도 가슴으로 깊이 믿으면 그 깊이만큼 이익이 돌아온다. 머리로써 느끼지 못하던 그 무엇이 내면에서 일어나기에 그렇다. 그런 느낌으로 1만겁을 수행해 나아가면 신성취가 이루어진다.

신성취가 되어야 그 신심이 뒤로 물러나지 않는다. 한번 굳은 시멘트는 다시 물에 풀어지지 않는다. 그만큼 신심이 성취되면 불퇴전의 자리에 안전하게 오르게 된다.

海東疏 如仁王經云 習種姓有十心 已超二乘一切善地

인왕경에서, 습종성에 십심이 있다. 그들은 이미 이승의 일체선지를 뛰어넘어 있다.

습종성과 성종성이 있다. 습종성은 부처가 되기 위해 십선을 닦아야만 부처의 종성에 들어간다는 이론이다.

성종성은 십선을 닦지 않더라도 이미 부처가 될 수 있는 성품이 중생 속에 들어 있다는 이론이다.

습종성은 주로 연기경전에서 설하시고 성종성은 실상경전에서 말씀하시고 있다.

아무리 우리 마음에 부처가 될 수 있는 성품이 있다 하더라도 그것을 계발해 내지 않으면 아무런 소용이 없다는 뜻으로 연기경전이 설해진 것이다. 거기에 습종성이 있다.

습종성은 수행을 해서 십주에 올라간다. 그러므로 그 경지는 아라한과 연각의 수준을 넘어선다. 사실은 같은 수준이지만 습종성으로 신성취발심한 자들은 대각을 이루겠다는 서원이 들어 있기 때문에 그렇다.

善地는 善으로 이루어진 바탕이다. 초발의보살들은 오랜 세월 동안 악을 멀리하고 선을 지은 결과로 그 자리에 올라섰다. 그래서 이승들의 선지를 뛰어넘어서 있다 라고 하였다.

此習忍已前行十善菩薩 有退有進 猶如輕毛 隨風東西
이 습인 이전에 십신을 행하는 보살은 나아가고 물러남이 있다. 마치 가벼운 털이 바람을 따라 동서로 날리는 것과 같다.

습종성에 올라가기 전의 신자들은 절에 잘 다니다가도 어느 순간에 그만두어 버린다. 한창 불교에 재미를 붙여 쫓아다니다가도 자기 기분에 맞지 않으면 미련없이 그만둬 버린다.

아니면 스님이 그들을 훈시하기 위해 몇 마디 귀에 거슬리는 소리를 하면 즉시 입을 삐죽거리면서 나가버린다. 그리고서 자기들의 기분과 정서에 맞는 또 다른 절을 찾아다닌다.

그런 자들을 **인왕경**에서 마치 가벼운 털이 바람으로 인해 동서로 나부끼는 것과 같다고 하신 것이다.

이런 보살들은 불교에 기준을 두고 신행하는 것이 아니라 자기 기준에 의해 신행하는 자들이다. 그러니까 자기 기준에 맞지 않으면 결코 받아들이지 않는다. 그러므로 평생 절에 다녀도 자신이 향상되거나 더 나아지지 않는다.

그들은 이 절 저 절 휘젓고 다니면서 소란과 분란만 피운다. 그러면서 불교를 믿은 지 얼마나 되었다고 연륜을 들먹인다. 그들 가슴에는 신심은커녕 불교의 찌꺼기들만 가득 들어 있다. 그들은 그것을 갖고 쓸데없는 허세와 교만을 부린다.

海東疏 雖以十千劫行十正道 發菩提心 乃當入習忍位 以是文證 故得知也

비록 십천 겁에 십정도를 행하더라도 보리심을 발하여야만 마땅히 습인위에 들어간다고 하셨다. 이 글로 증명되기 때문에 알 수가 있는 것이다.

아주 아름다운 어귀 하나가 나왔다. 십정도를 행하더라도 깨닫고자 하는 마음을 일으키지 않으면 습종성에 들어가지 못한다는 말씀이다.

고등학교를 다니면서 어떻게든 대학에 들어가야 되겠다는 생각을 가지면 무슨 수를 써서라도 대학에 들어가게 된다. 하지만 대학에 들어가지 않겠다고 한다면 고등학교로 끝난다.

부처가 되려면 실로 엄청난 시간과 정열, 그리고 수행과 난행이 있어야 한다. 그렇기 때문에 백 번 죽어도 부처가 꼭 되어야 되겠다는 서원이 없으면 이승의 지위에 그치고 만다.

그래서 비록 10선업을 1만겁이나 거침없이 닦더라도 깨닫고자 하는 발심을 일으키지 않으면 성문이나 연각의 수준에 머물 뿐 더 이상의 진전은 없어진다고 하신 것이다.

그렇기 때문에 근기가 수승한 범부는 수행에 임할 때마다 반드시 결정코 나는 부처가 될 것이라는 서원을 발해야 한다. 그럴 때마다 시방의 부처와 보살이 기뻐하시며 무한한 호념으로 지켜보시게 된다.

海東疏 經言十千 卽此一萬也
경에서 말씀하신 10천은 여기서 1만이다.

경은 **인왕경**이다. 거기서는 1만을 10천겁으로 표현하셨다. 부처님이 바로 1만겁이라고 하면 중생들이 놀라 기겁할 것 같으므로 일부러 천을 열 개로 나누어서 설명하신 것 같다. 여기라는 말은 이 땅이다.

정말 놀랍고 충격적이지 않는가. 10년 100년 1,000년도 아니고 1겁도 아니고 1천겁도 아니다. 1만겁을 닦아야 겨우 신심이 성취된다고 하는 이 말씀은 사실 충격을 넘어 경악스럽다.

이런 말씀을 듣게 되면 누구나 다 두 손 두 발을 들고 만다. 절에서 간단하게 기초교리를 배우고 재일 때 몇 번 친구 따라 동참하면 불교를 다 믿는 줄 알았는데 그것이 아니라 1만겁을 줄기차게 수행해야 믿음이 성취된다고 하니 이거야 원 누가 불교를 믿으려 하겠는가. 지레 겁을 먹고 다 도망가 버리고 말 것이다.

나고 죽고 또 죽고 나고를 끝없이 반복하면서 부처가 되겠다는 서원으로 십선업을 계속해서 지어나가야 믿음이 성취된다고 하신 이 말씀에 누가 전적으로 동의하고 선뜻 따라나설 수 있겠는가.

출가인인 나도 손절을 해버렸는데 어느 일반인이 이 말씀에 선뜻 따라나서겠는가. 차라리 목숨을 끊을지언정 대 보디심에서 물러나지 말아야 한다고 **사법경**은 그 신심을 독려하시지마는 그렇게 되지 않는 것이 범부의 가녀린 신심인데 어떡하겠는가.

그렇다면 어떻게 할 것인가. 불교를 신행이 아니라 그냥 문화로 즐기면서 취미로 절에 다녀야 한단 말인가. 박복한 범부가 더 이상 어떻게 할 수가 없지 않는가.

하지만 뜻이 있는 곳에 다 길이 있다. 이렇게 어렵고 힘든 길인데 부처님이 그냥 두실 리가 없다. 박복한 범부에게는 그 무량한 세월이 결코 감당할 수 없는 시간이라는 것을 잘 아시고 계실 부처님께서 대책없이 가만히 지켜만 보고 계시겠는가.

그래서 **二敎論**에 이런 글이 있다. 대승현교의 수행자는 3대 무수겁이라는 오랜 세월을 지나야 무상보디를 증득한다. 그러므로 열이면 아홉이 중간에서 다 탈락한다며 **十進九退**라고 했다.

그래서 부처님은 그런 근기의 중생들을 위해 특별한 방법을 모색해 두셨다. 그 길만 따라가면 **千無一失**이 된다고 했다. 즉 천이면 천 모두 다 구제가 되어 한 명도 중간에서 잃지 않는다 한 것이다.

우리는 이제 그 특별한 길을 따라나설 것이다. 그러니 이 **영락경**의 말씀에 너무 쫄거나 풀죽지 마시기 바란다.

海東疏 言佛菩薩敎令發心等者 發心之緣 乃有衆多 今略出其三種

勝緣也

말한 불보살님이 가르쳐서 발심하게 된다는 것은 발심하는 인연이 많고도 많지만 여기서는 간략히 세 가지 수승한 인연만 드러내었다.

　중생이 끝없기 때문에 부처와 보살이 중생을 발심케 하는 방법도 말할 수 없이 다양하고 각별하다.

　때는 물론 장소에 따라 중생들의 근기와 복덕에 맞는 교묘한 방편과 가르침이 내려진다.

　의사가 온갖 환자들의 상태를 파악해 갖가지 치료방법을 처방하듯이 부처님과 보살들도 중생의 근기를 파악해 다양한 종류의 가르침을 내리신다.

　의사가 사람의 육신을 살려주는가. 살리는 것은 환자 자신의 몫이다. 살려고 하는 의지가 없으면 의사도 살릴 수가 없다.

　의사는 처방을 내리고 환자는 그 방법대로 약을 먹고 섭생할 때 질병은 치유된다. 그래서 **불유교경**에

　我如良醫 知病設藥 服與不服 非醫咎也

　나는 유명한 의사와 같아서 병을 알고 약을 주노니
　약을 먹고 안 먹고는 환자에게 달렸을 뿐 의사의 잘못이 아니다

고 하셨던 것이다. 그처럼 부처가 중생을 제도한다 하지마는 제도를 거부하는 자들에게는 어떻게 할 도리가 없다.

사람들은 불보살의 그런 가르침이 왜 나에게는 이렇게 더디고 오래 걸리는지 모르겠다고 한다.

내 육신에 붙어 있는 병든 장기 하나 치료 받기 위해서도 명의를 만나려면 길게 줄을 서야 되는데 억겁으로 병들어 온 생사병을 치료 받는데 그리 쉽게 부처가 맞이해 줄 것인가 라고 생각하면 기다림의 조급함이 사라진다.

海東疏 如是以下 顯其發心所住之位

여시 이하 부분은 발심해서 머무르는 지위를 나타낸 것이다.

상근기의 범부가 발심해서 1만겁 동안 십선업을 닦으면 그때서야 믿음이 성취된다고 했다. 정말 상상할 수 없는 시간과 공력이다. 이것은 도끼를 갈아 바늘을 만드는 간단한 차원이 아니다. 이것은 설악산 울산바위를 징으로 쪼아서 한 개의 바둑돌을 만들어 내는 세월보다도 더 길고 더 오래 걸리는 수행이다.

저녁을 먹고 산책을 나서도 다시 오던 길을 되돌아서 집으로 간다. 그런데 하물며 수백억 겁보다도 더 오랜 세월 동안 중생의 세계를 돌고 또 헤매고 다녔는데 그 왔던 길로 회귀하려면 그 정도의 오랜 세월은 걸려야 할 것이 아닌가.

온 길도 가물거리고 살던 곳도 잊어버렸다. 6도를 돌아다니면서 얼마나 이사를 많이 다녔는지 다 셀 수가 없다. 여기서도 발로 차이고 저기서도 두들겨 맞아 온 마음이 만신창이가 되어 있다.

이래서는 도저히 안 되겠다 싶어 이제 원래 살던 고향집으로 돌아가려고 한다. 그러면 혼신을 다 바쳐 귀향 경비를 마련해야 한다. 그리고 극적으로 같은 고향으로 돌아가는 눈 밝은 선지식을 찾아 그분과 동행해야 한다.

그렇게 한량없는 세월 동안 걷고 또 걷고 또 걷고 또 걷고 해서 마음의 고향으로 돌아가는 것이다. 그러면 희미한 기억 속에서 고향의 궤도가 보인다. 그때가 신성취하는 단계다. 그렇게 3대겁아승기야 동안 쉴 새 없이 꾸준하게 환원의 길로 걸어가야 한다.

하지만 현재 우리는 그렇게 근기가 수승하지 못하다. 어디를 봐도 그런 장구한 수행의 길로 나아가지 못한다. 우리는 우리가 잘 안다. 머리는 둔하고 가진 것은 없다. 그러므로 그렇게 가다가는 분명히 중도에 지쳐 쓰러지거나 포기할 수밖에 없다.

그래서 다른 방법을 찾을 것이다. 엄청나게 돈 많고 힘 있는 분의 도움을 받을 것이다. 그분은 마하단위를 천만 배나 뛰어넘는 광속제트기 이상의 멋진 금대비행기를 가지고 계신다.

거기에 탑승하면 즉시에 신성취하는 지위에 도달할 수 있다. 그러니까 단번에 1만겁의 시간을 뛰어넘어 버리는 매우 특별한 방법이 따로 있다는 것이다.

여기에 관심이 없으신가. 우리는 그 금대비행기를 예약하고 있다. 그런데 물론 그 비행기의 요금과 그분께 간절한 부탁이 있어야 한다.

그 방법 외에는 우리같이 복 없는 범부가 세세생생 이 땅에서 나고 죽는 윤회의 고리로부터 결코 벗어날 수 없다. 분명히 그렇다 그건.

海東疏 言信心成就乃至入正定聚者 卽入十解初發心住 以之故言

畢竟不退也

신심이 성취되면 이어 정정취에 들어간다고 한 말은 곧 십해인 초발심 주에 들어간다는 뜻이다. 그렇기 때문에 필경에 불퇴한다고 한 것이다.

작으면서도 까맣고 딴딴한 수박씨에서 여리고 부드러운 싹이 텄다. 부지런한 농부가 그것에다 알맞게 물을 주어 정성껏 키우면 땅에다 뿌리를 내린다.

그때부터 그 모종은 있는 힘을 다해 땅속에 들어 있는 수분을 끌어당겨 수박을 만든다. 생각해 보면 정말 가공할 흡수의 힘이다. 그 결과 그 연약한 넝쿨에 사람 배보다도 더 큰 수박이 몇 개씩이나 달린다.

벼도 마찬가지다. 일단 못자리를 해서 싹을 틔워 키운다. 어느 정도 자라면 이제 논에다 옮겨 심는다. 정확히 무논에다 5센티 정도로 꽂는다. 더 깊이 꽂으면 성장이 더디고 더 얕게 꽂으면 물결에 뜨는 수가 있다.

그러다 보름 정도가 지나면 드디어 뿌리가 내린다. 그러면 사람이 뽑아도 뽑히지 않는다. 그때부터 지기와 물을 빨아올려 낟알을 만든다.

수박이나 벼 모종이 비록 가냘프지만 일단 뿌리가 내려지면 엄청난 기세로 살려고 한다. 그리고 그 종족을 보존하기 위해 무서운 힘을 발휘한다.

그러면 그 모종은 안정권에 든다. 이제 스스로 죽을 일은 없다. 그러면 틀림없이 그들이 원하는 결과를 맺게 된다.

이때가 수행으로 말하자면 믿음이 성취되는 단계다. 이제 제 길에 올라서는 것이다. 이제 한 걸음씩 뗄 때마다 한 걸음 더 마음의 근원에 가까워지게 되는 것이다.

海東疏 卽時正在習種性位 故言名住如來種中也

그러면 정확히 습종성의 지위에 있게 된다. 그런 까닭으로 여래의 종성 가운데 머문다고 한 것이다.

수박모종이 산에 심어지면 산짐승들에 의해 훼손된다. 안전한 밭에 옮겨 심어져야 한 줄기의 수박이 된다. 벼도 마찬가지다. 벼를 자갈밭에 심으면 바로 말라 죽는다. 무논에다 심어야 한 포기로서 자기 역할을 다한다.

밭과 무논은 수박과 벼가 성장하는 최적의 환경이다. 거기에 들어가야 주인의 보호와 관리를 받아 내일을 기약한다. 그 기약은 완전 익음이다. 익어야 썩지 않는다. 덜 익은 씨는 썩고 만다. 익어야만이 다음 세상을 기약한다.

마찬가지로 수행자도 십주의 계위에 들어가야 비로소 익는 수행을 할 수가 있다. 그렇지 않으면 바로 탈락한다. 그 탈락을 막아주는 방책이 상가Sangha의 보호막이다. 거기야말로 수행자의 집단이다. 그곳에 들어가면 부처와 보살의 가르침과 가피를 받는다. 그러면 언젠가는 반드시 습종성의 지위에 들어간다.

海東疏 其所修行隨順佛性 是故亦言正因相應 上來正答前三問竟

그 닦는 행위가 불성에 수순하기 때문에 쉽게 정인과 상응한다고 하였다. 위에서 오면서 앞에서 질문한 세 가지를 정확히 답하였는데 그것을 마친다.

불성은 부처의 성품이다. 그 성품에는 어떤 것들이 들어 있을까. 그것은 조금 후 해행발심에 잘 나온다.

수순이라는 말은 거부없이 자연적으로 따른다는 말이다. 그러니까 불성에 수순한다는 말은 불성에 자연적으로 순응한다는 뜻이다. 그것을 쉽게 正因과 상응한다고 하였다. 위 亦은 또 역 자가 아니라 쉬울 亦 자이다.

신성취발심에 대하여 세 가지 질문을 하였다. 어떤 사람이 이 수행을 하는가가 첫 번째이고, 어떤 수행을 하는가가 두 번째이며, 그렇게 수행하면 어떻게 되는 것인가가 세 번째 질문이었다. 거기에 대한 답을 이제까지 해 주었는데 그것을 이제 마친다.

海東疏 若有以下 舉劣顯勝 十信位內 有勝有劣

약유 이하는 열등을 들어 수승을 나타내고 있다. 십신위 내에 수승함이 있고 열등함이 있다.

약유는 원문에 있는 대목이다. 중생 속에 인간이 있다. 인간 중에서도 열등한 자와 수승한 자가 있다고 했다. 열등한 자를 우둔한 범부라고 하고 수승한 자를 수승한 범부라고 한다고 했다.

십신위는 십신에 있는 범부들을 말한다. 이 십신을 넘어가면 정정취가 되고 이 십신에서 떨어지면 사정취가 된다. 우리는 그 중간인 부정취라고 했다.

똑같은 나무에 달린 과일이지만 좋은 열매가 있고 안 좋은 열매가 있듯이 똑같이 이 세상에 사는 중생이지만 앞으로 더 좋아지는 중생이 있고 계속해서 더 나빠지는 중생이 있다

더 좋아지는 중생을 상품이라 하고 더 나빠지는 중생을 하품이라고 한다. 상품을 편의상 수승한 범부라고 하고 하품을 열등한 범부라고 한다. 우리는 어디에 속해 있을까.

우리는 하품 중에서 하품에 있다. 까딱 잘못하다가는 사정취에 떨어질 수 있다. 그러면 교회를 다녀야 한다. 그러니까 여기서 복 없는 자들은 교회를 다녀야 하는 후보군이다.

교회를 가게 되면 자신의 의지는 없어진다. 모든 것은 하느님의 뜻대로 살아야 한다. 내 자신을 내가 책임지는 것이 아니라 하느님이 내 자신을 책임진다. 그러면 우리는 졸지에 지주를 모시는 노예와 같은 신세가 되어 버린다.

그렇게 하고 싶으신가. 그렇지 않다면 어떻게든 위쪽으로 올라가 붙어야 한다. 그러려면 지금부터 복을 지어야 한다. 그리고 그 고리를 위쪽에다 걸어야 한다.

海東疏 勝者如前進入十住 劣者如此退墮二乘地

승자는 앞과 같이 십주에 진입하게 되고 열자는 그와 같이 이승의 지위에 떨어진다.

같은 바다에서 잡은 조기라 하더라도 상품은 임금님 수라상에 올라가고 하품은 평민들이 먹는다. 설사 하품이 상품에 들어갔다 해도 다시 중간에서 걸러져 하품처리 되고 만다.

분명히 기억하고 있어야 할 것은 지금 신성취하고자 하는 자들은 모두 범부들 중에 상품인 수승한 자라는 것이다. 그러므로 우리 하품 중생들하고는 그 차원이 맞지를 않다고 했다.

하품중생들은 자기를 위하는 말은 곱게 듣지 않는다. 대신 자신을 파괴하는 말에는 지대한 관심을 기울인다. 범부의 마음은 나쁜 소리에는 귀가 번쩍 뜨인다는 **아사세왕경**의 말씀이 이것이다. 그만큼 우리는 아주 오랫동안 오로지 자신을 파괴하는 삶에 이골이 나 있는 불출이다.

그러므로 부처는 하품의 인간들을 진짜 조심해서 가르치신다. 그들을 잘못 건드렸다가는 도리어 큰 봉변을 당하거나 해코지를 당할 수 있기 때문이다.

밤마다 절 모퉁이에 숨어 들어와 담배를 피우는 여중학생이 있다. 어떻게 해야 하나. 저 아이를. 뭐라고 해야 하나. 뭐라 하면 좋게 받아들이겠는가. 그렇다고 해서 그냥 두자니 마음이 무겁고 찜찜하다.

이 아이에게 금연을 권하는 것도 이렇게 주저되는데 부처님이 일체 중생들을 상대로 그들의 잘못을 꾸짖을 때는 얼마나 깊이 생각하고 깊이 고뇌하셨을까를 생각하니 면목이 없어 그저 고개만 숙여진다.

海東疏 如攝大乘論云 諸菩薩在十信位中 修大乘未堅固 多厭怖生死

섭대승론에 이르기를, 십신위 가운데 있는 모든 보살들은 대승을 닦지마는 견고하지 못하다. 그래도 다분히 생사를 싫어하고 두려워한다.

이게 우리의 모습이다. 우리는 대승불교 속에 있다. 대승불교의 교재를 갖고 공부는 하지마는 수행은 그렇게 하지를 않고 있다.

참 희한하고 이상한 한국불교다. 교재는 대승불교면서도 신행은 소승불교나 조사불교를 하고 있다.

받드는 경전은 대승경전인데 수행은 조사어록으로 한다. 이론은 타력신앙에 의존해 관음보살을 찾고 지장보살을 찾으면서 수행은 자력신앙인 참선수행을 하고 있다.

신도들에게는 끊임없이 타력의 가피를 말하면서도 자기들은 정작 자신의 깨달음을 이루려고 하는 것이 한국불교의 현 주소기 때문에 그렇다.

주창하는 교리는 본질의 空사상이다. 그런데 신도들은 연기법을 내세워 가르친다. 신도들은 삶이 괴로워 번뇌로 허덕이는데 그들은 매양 마음은 없는 것이고 세상은 허위라고 설법한다.

이때 신도들은 헷갈린다. 보살들의 가피를 받는 신행을 해야 하는 것인가. 아니면 스님들처럼 참선을 해야 하는 것인가 방황한다. 스님들이 타력신앙에 의존하지 않고 자력수행을 한다면 타력신앙은 가치가 없기 때문에 그런 것이 아닌가 하는 의구심을 일으키게 된다.

그들이 내세우는 성불론도 허접하다. 대승경전에는 일개 범부가 참선해서 부처가 된다는 내용은 없다. 그런데도 그들은 그것이 가능하다고 설법하고 수행한다.

그들이 교과서로 삼고 있는 조사어록 어디에도 수행자가 깨달아 부처가 되었다는 말이 없다. 고작해야 조사고 선사다. 그런데도 자꾸 깨달으면 부처가 된다고 한다. 이거 참!

금강경의 도리를 깨달은 육조가 부처가 아니라 조사가 되었다는 사실을 알면 空 도리를 깨우쳐서 부처가 된다는 조사선의 기치는 그냥 워드플레이에 지나지 않는다.

부처가 되려면 수기를 받아야 한다고 대승불교는 말씀하신다. 그런데 조사불교는 수기 같은 것은 필요 없다. 그냥 절구통처럼 앉아 용을 써서 대의문을 터뜨리면 대각을 이룬다고 한다. 도대체 어느 장단에 춤을 춰야 하는 것인가.

내세관도 정확하지 않다. 그들은 극락이나 천상세계는 모두 다 마음속에 있다고 한다. 그런데 정작 스님이나 신도들이 죽으면 염불을 해서 그들을 천상이나 극락세계로 보내려 한다.

종교가 기본적으로 갖추고 있는 것이 세 가지다. 즉 교리 수행 내세관이다. 그런데 이 셋이 대승경전과 현재 우리들의 신행이 모두 다 어긋난다.

이런 논리로 불교를 펴고 있으니 불교가 망하지 않을 수가 없다. 이런 신앙체계는 더 이상 합리적이지 않고 더 이상 논리적이지 않기에 그렇다. 답답한 심정이다.

海東疏 慈悲衆生心猶劣薄 喜欲捨大乘本願 修小乘道

그들은 중생에게 자비를 베풀지만 아직도 그 마음이 저열하고 얕다. 그래서 대승의 본원을 버리려 하고 소승도를 즐겁게 닦는다고 하였다.

대승불교는 일명 보살불교고 보살불교는 자비행을 우선으로 한다. 그 자비행은 일체중생을 내 몸이라고 보는 데서 시작한다.

뿌리는 하나지만 거기서 나온 잎들은 백 천 개로 나눠져 있다. 하지만 그 모든 잎들의 근원은 뿌리다. 그처럼 일체중생도 모두 다 불성의 뿌리에서 파생된 모습들이다. 그러므로 보살은 그들에게 자비를 내린다.

중생은 우리와 적이 아니라 동지며 핏줄이다는 시각으로 중생을 구제한다. 우리도 그렇게 해야 한다. 하지만 그렇게 되지 않는 게 복 없는 보통 범부들의 마음이다.

모두 다 남을 위하는 데는 귀를 닫고 남을 꺾어 누르는 데는 신바람이 나는 심보를 갖고 있다. 그런 자들에게 남을 죽이는 것은 자기를 죽이는 것이고 남을 살리는 것은 자기를 살리는 것이라고 말씀하신 **육도집경**이 통하겠는가.

우리 전부는 엉덩이에 몽고반점을 찍고 태어난 단군의 후손이지만 서로 할퀴고 뜯고 찌지고 볶으면서 아득바득 살아가고 있다. 그런 우리로서는 절대로 그렇게 되지를 않는다.

중생은 고사하고서라도 한 가족도 원수처럼 지내고 한 가정도 情이라는 것 없이 데면데면하게 살아가는데 이런 거창한 말씀이 어디 가당키나 한 말씀인가.

海東疏 故言欲修行小乘

그러므로 원문에서 소승을 수행하고자 한다고 한 것이다.

그래서 권역은 보살불교인 대승불교 속에 살지마는 하는 신행은 모두 소승불교의 신행을 하고 있는 실정이다.

이것은 꼭 어린아이가 어른흉내를 내는 것처럼 소승불교의 마음으로 대승불교의 보살이론을 떠들고 있는 셈이다. 하루빨리 우리의 분수와 그릇을 알고 그에 맞는 수행을 해야 한다. 그런 수행은 뭔가. 혈맥기 7권을 보시면 된다.

海東疏 大意如是 文相可知 上來明信成之行
큰 뜻은 이와 같으니 문맥의 양상을 보면 알 수 있을 것이다. 위로부터 오면서 믿음을 성취하는 수행을 밝혔다.

보살도는 자리이타행이다. **기신론**은 대승불교의 교과서라고 할 만큼 대승불교의 핵심을 집약해 놓았다. 그러기에 마명보살이 **기신론**을 쓰면서 그 대의를 述意 대목에서 利他自利로 내세웠다.

범부들은 자신밖에 모른다. 그러다 삼현이 되면 자리이타행을 한다. 한 수 더 올라가면 이제 10지보살이 나온다. 그분들은 이타자리를 한다. 그것은 집안에 기르는 가축이 편안해야 주인의 잠자리가 평안하듯이 중생들이 편안해야 그분들의 마음이 평안해지기에 그렇다.

세상에 윈윈할 수 있는 것 중에서 가장 이상적인 것이 바로 이 보살행이다. 언뜻 보면 이타하는 쪽이 손해를 보는 것 같지마는 그렇게 해야 만이 무한복을 이룰 수 있다.

자리이타도 굉장한데 이타자리를 한다면 그 공덕은 태산같이 크고 바다같이 깊어질 것이기 때문이다.

起信論 復此信成就發心者 發何等心 略說有三種 云何爲三

다시 이 신성취발심하는 자들은 어떤 마음을 일으켜야 하는가. 간략히 말하자면 세 가지가 있다. 이를테면 무엇이 셋이 되는가?

신성취하기 위해 발심하는 자들은 범부 중에서 上에 속하는 무리들이라고 했다. 그들을 원문에서는 범부 중에서 수승한 자라고 했다.

우리는 불행하게도 下에 속한다고 했다. 그러므로 우리는 열등한 범부들이다. 그러므로 이 대목 역시 우리에게는 해당되지 않는다.

사회 같으면 이런 자들은 자리가 잡힌 회사원과도 같고 우리는 견습생과도 같다. 하지만 우리도 언젠가는 이 수련과정을 거쳐서 정직원이 되고 임원이 되어야 할 것이기 때문에 미리 이런 과정이 있다는 것을 알아두는 것도 잘못될 것이 없다고 했다.

자력으로 깨달음을 이루려면 누구든 이 과정을 거쳐서 불도에 오르고 십지의 계위를 거쳐 가야 한다. 참 멀고도 험난한 깨달음의 여정이다.

그렇게 하기 위해서는 먼저 어떤 마음을 가져야 하는가. 거기에 세 가지가 있다고 했다.

起信論 一者直心 正念眞如法故

첫째는 직심이다. 올바로 진여법을 생각하는 것이다.

직심은 곧은 마음이다. 곧고 정직한 마음으로 진여의 법을 생각하는 것이다. 진여는 내 진짜의 마음이다. 나는 지금 가짜의 마음을 쓰고 있다. 그러니까 나는 가짜의 마음에 의해 태어나서 늙고 병들어 죽는다.

그 가짜의 마음이 만들어 내는 생로병사의 고통이 싫어서 이제는 진짜의 마음으로 살아가겠다는 생각을 곧게 가지는 것이 직심이다.

그런데 그게 그리 간단히 되는 것은 아니다. 가짜의 마음이 그렇게 쉽게 자기 자리를 내어놓지 않기 때문이다. 세속의 점포도 몇 년 하면 권리금이 붙는데 어찌 하물며 그렇게 오랫동안 자기행세를 해 온 가짜가 쉽게 자신을 포기하고 물러나겠는가. 어림도 없다.

그러면 어떻게 해야 한단 말인가. 목숨을 걸어놓고 가짜의 자기와 죽기 살기로 치열한 전투를 치르는 수밖에 없다. 그럴 용기와 투지鬪志는 복력에서 나온다. 복력이 장기전을 대비한 군수물자가 되는 셈이다.

起信論 二者深心 樂集一切諸善行故

둘째는 심심이다. 즐겁게 일체의 모든 선행을 모으는 것이다.

심심은 깊고 깊은 마음이다. 얕은 마음은 외풍에 쉽게 흔들리거나 크게 휘청거린다. 그것은 젊은이들끼리의 풋사랑과도 같다. 조그마한 일에도 삐치거나 토라진다.

깊은 마음은 그렇지 않다. 그런 마음은 바다처럼 깊고도 깊다. 그것은 부모의 마음과도 같아서 어지간한 충격에도 끄떡없이 견뎌내고 감내한다.

얕은 마음은 작은 창고고 깊은 마음은 큰 창고다. 작은 창고에는 적은 개수가 들어가지만 큰 창고에는 많은 것들이 들어간다.

그처럼 얕은 마음으로 선행을 하나라도 하면 바로 교만으로 넘쳐 버린다. 깊은 마음을 가져야만 온갖 선행들이 차곡차곡 끊임없이 들어갈 수 있다.

그러므로 깊은 마음으로 시작해야 한다. 그런데 범부의 마음 용적이 그리 넓지 않다는 데 문제가 있다.

起信論 三者大悲心 欲拔一切衆生苦故

셋째는 대비심이다. 일체중생의 고통을 뽑아줘야 되겠다는 마음이다.

대비심은 대자대비심이다. 즉 보살의 지대한 원력을 가져야 한다는 말씀이다. 일체중생은 언제나 무한의 고통 속에서 살다가 서글픈 죽음의 결과를 맞이한다. 그것을 어찌 그냥 두고만 보고 있을 수 있느냐 하는 것이다.

고통은 언제 어디서나 중생을 힘들게 한다. 번뇌와 괴로움, 슬픔과 고뇌에 이어 춥고 배고프고 병들고 하는 것들이 다 이 고통에 해당된다.

"가족의 평안을 위해서 불교를 믿습니다."
"그렇다면 군대나 공무원을 믿으면 됩니다."

여름 밤 자식의 안락한 수면을 위해 부채를 든 어미가 파리와 모기를 내쫓아 주듯이 보살은 일체중생에게 달려드는 생로병사의 뿌리를 뽑아주고자 한다.

누구든 대승의 보살을 거치지 않고 부처가 되는 일은 완전 불가능하다. 그러므로 이런 마음을 가져야 대각을 이루는 부처가 될 수 있기 때문에 반드시 이 대비심을 가져야 한다.

이 세 가지 마음가짐이 필수적으로 갖춰져야 믿음이 성취될 수 있다. 이 중에서 단 한 개라도 빠지면 신성취가 될 수 없고 발취도상에 올라갈 수도 없다.

起信論 問曰 上說法界一相 佛體無二

묻겠다. 위에서 법계는 한 모습이고 불체는 둘이 없다고 했다.

허공은 한 모습이고 바다도 한 모습이다. 인간들이 영역을 나눠 구분해 놓다보니 이 영공 저 영공으로 갈라져 있지 원래는 한 덩어리 하늘이다.

땅도 원래는 한 필지다. 그것을 인간들이 나누고 쪼개서 다 자기 역량만큼 분할해 갖고 있는 것이지 원래는 큰 필지 한 덩어리다.

세상 우주도 마찬가지다. 크게 보면 우주는 원형으로 된 한 덩어리로 하나다. 그것을 세분해서 보니 상하와 좌우가 있는 것이지 원래는 단 한 개인 한 뭉치다.

起信論 何故不唯念眞如 復假求學諸善之行

그러면 오직 진여만 생각하면 되는 것이지 어찌해서 다시 모든 선행의 수행을 해야 한단 말인가.

마음도 마찬가지다. 한 개의 진여를 갖고 서로 쪼개서 쓰고 있다 보니 수 십 억만의 마음이 생겨나 있는 것이지 원래는 한 덩어리다.

그 한 개가 진여고 그것은 불체다. 불체는 부처의 바탕이고 몸이다. 그것이 우리의 진짜 마음이다.

그러니까 세상 모든 것은 다 내 마음 진여 속에 들어 있는 것이다. 알겠다. 그렇게 알고 있으면 되는 것이지 거기에 또 뭐 선행을 닦을 필요가 어디 있는가. 善조차 이미 내 마음이 다 갖고 있는 것인데 하는 질문이다.

起信論 答曰 譬如大摩尼寶 體性明淨 而有鑛穢之垢

답해 주겠다. 비유하자면 큰 마니보의 체성은 밝고 청정하지만 광석의 거친 흙에 덮여 있다.

여기서 말하는 마니보는 천상의 보물이다. 그러므로 지상에는 없다. 마니보는 천상에서도 절대무비한 희귀의 보석이다. 지상의 최고 보석이라는 다이아몬드는 거기다 대면 그저 흔해빠진 잡석에 지나지 않는다.

도리천궁이 단 한 번도 무지막지한 아수라군에게 점령당하지 않았던 것은 그들에게 자명고와 금강저의 무기가 있었기 때문이다.

아수라군을 비롯해서 다른 행성의 천군들이 쳐들어오면 자명고가 그 위험을 먼저 알리고 그와 동시에 밀적금강과 그 부하들이 즉시 금강저를 들고 전투에 임하므로 절대 도리천궁은 함락되지 않는다.

밀적금강은 도리천궁의 막강한 수호대장이다. 그가 가지고 있는 무기가 금강저다. 금강저는 마니보주를 얻기 위해 제련하다 떨어져 나온 부산물로 만들어진 무기다. 이것은 다이아몬드에서 떨어져 나온 부산물이 쇠를 깎는 공업용바이트가 되는 것과 같다.

지도론에서 그 금강저가 아수라군들의 무기들과 부딪칠 때 불꽃이 일어나는데 거기서 튕기는 불티가 지상에 떨어지면 다이아몬드가 된다고 했다. 그것은 마치 하늘에서 떨어진 콜라병이 부시맨에게 횡재가 되는 것처럼 그렇게 다이아몬드는 인간들에게 최고의 값비싼 보석이 되는 것이다.

起信論 若人雖念寶性 不以方便種種磨治 終無得淨

만약 사람이 그 보석의 성품만 생각하고 다양한 방법으로 갈고 닦지 않으면 결코 청정함을 얻지 못하는 것과 같다.

말은 다들 잘도 한다. 우리 마음이 부처라고 아무 때나 떠벌린다. 당신이 어떻게 부처냐고 물으면 원래 부처라고 한다. 그냥 내지르는 소리라서 영양가가 없다. 신행이 받쳐지지 않는 이런 말들은 단지 소음만 일으키고 시끄럽기만 하다.

모든 보물은 광석 속에 있다. 광석은 온갖 물질들로 뒤범벅이 되어 있다. 그 속에 보물이 들어 있다. 그처럼 세상 제일인 마니보주가 우리 마음속에 들어 있다. 우리 마음은 억 천겁을 살아오면서 적집된 죄업과 번뇌의 광산이다. 그 속에 마니보주가 들어 있다.

그것을 찾아내야 한다. 고작 다이아몬드 몇 캐럿에 울고 웃는 수준을 넘어 자신 속에 함장되어 있는 그 마니보주를 캐내어야 한다. 자

신의 마니금광을 두고 중생의 폐품을 주우러 다니는 어리석은 짓은
이제 그만두어야 한다.

起信論 如是衆生眞如之法體性空淨 而有無量煩惱染垢
이와 같이 중생의 진여법도 그 체성이 공하고 깨끗하지만 무량한
번뇌와 오염과 죄업에 덮여 있다.

진여법은 대승에 의해 나타난다. 법은 훈습하는 법력이다. 그것은
공적하고 청정하다.

중생의 마음속에 진여는 깊이 파묻혀 있고 그 진여의 작용인 대승
도 힘을 잃고 있다. 어지간하게 번뇌에 시달리고 오염되었으면 회복
이 가능할 수도 있겠지마는 이제 그 자체로는 어떻게 동력을 일으킬
수가 없다. 정말 아사 직전의 상태까지 와 있다.

아사라는 말은 배고파 죽는다는 말이다. 엎드려 있는 진여는 배가
고프다. 기계가 녹이 슬어 잘 돌아가지 않으면 기름을 치듯이 진여를
일으키는 대승이 생기를 찾으려면 선업의 양식이 공급되어야 한다.

기계가 고물이 되면 고물상에 간다. 거기서 완전 분해된다. 중생이
선업이 없으면 어디로 가겠는가. 지옥에 가 있게 된다는 것은 자명한
이치가 아니겠는가. 거기서 사지가 발기발기 찢기고 죄업이 분해되
는 것이다.

起信論 若人雖念眞如 不以方便種種熏修 亦無得淨
만약에 사람이 진여만 생각하고 다양한 방법으로 훈습하고 닦지 않으

면 결코 청정함을 얻을 수 없다.

　얼룩진 보석을 그냥 두고 보는 자는 없다. 그런 자가 있다면 천치 바보거나 그 가치를 전혀 모르는 땡칠이다.

　우리 마음의 진여가 세상 제일의 마니보주보다도 더 값지고 더 영롱한 것인데도 오염에 뒤덮여 있다. 그것을 닦지 않고 방바닥이나 창문만 닦는다면 그 사람은 바보라 할 수밖에 없다.

　몰랐을 때는 모르니까 닦지 않았다 하더라도 이제 그 가치를 가르쳐 주셨는데도 그것을 닦지 않으면 그 사람은 자신의 무한가치를 심각하게 학대하고 방기하는 자가 된다.

　그런 자들이 대체적으로 자존심이 강하다. 그 자존심은 도대체 누구를 지키기 위한 자만심일까. 누구를 보호하기 위해서?! **우다나** Udana의 말씀이다.

This mankind is possessed by conceit,
Fettered by conceit, bound by conceit.
Speaking vindictively because of their views,
They do not go beyond samsara.

인간들은 자만심에 빠져 있다.
자만심에 구속되었고 자만심에 묶여 있다.
자기들의 견해로 서로를 공격하고 있다.
그들은 결코 죽음의 세계로부터 벗어나지 못한다.

起信論 以垢無量徧一切法故 修一切善行以爲對治

그것은 오염이 한량없도록 일체법에 두루하기 때문에 일체의 선행을 닦아 그것을 대치해야 한다.

내 기분이 좋으면 세상이 관대하게 보이지마는 내 기분이 나쁘면 세상 모든 것이 다 짜증나게 보인다.

회사에서 스트레스를 잔뜩 받은 아버지가 어머니를 들볶는다. 어머니가 성질이 나 죄 없는 아이들을 잡는다. 아이들은 가만히 있는 개를 걷어찬다. 졸지에 얻어맞은 개가 아파서 깨갱거린다. 온 집안이 불안하고 시끄럽다.

이런 가정이 모여 사회를 이룬다. 그러기에 중생세계는 조금도 편안할 날이 없다.

그러기에 내 마음이 오염되어 있으면 어느 세상에 가 있어도 세상은 척박하고 누굴 만나도 그 사람은 나쁘게 보일 수밖에 없다. 그러므로 세상과 사람을 제대로 만나려면 내 마음부터 먼저 깨끗해져야 한다.

마음의 때는 어떻게 닦아야 하는 것인가. 마음은 형체가 없기 때문에 직접 닦을 수는 없다. 그래서 간접적인 방법을 써서 마음을 닦아야 한다. 그것이 바로 십선행이다.

起信論 若人修行一切善法 自然歸順眞如法故

만약에 사람이 일체의 선법을 수행하면 자연히 진여법에 귀순하게 된다.

378

몇 번이나 말했었다. 고향에서 어렵게 살던 사람이 객지에서 출세하면 반드시 고향을 찾는다고 했다. 여우도 죽을 때는 자기가 태어난 굴을 향해 머리를 둔다고 하는데 하물며 사람이겠는가.

모든 생명은 자기가 태어난 곳을 향하는 회귀본능이 있다. 그것이 귀순성이다. 귀순은 반항하던 마음을 꺾고 순종하는 자세로 돌아가는 것이다.

자신을 공격하기 위해 호시탐탐 엿보던 적이라도 귀순하면 대단한 결정을 했다고 칭찬하고 치켜세운다. 그리고 용사라는 칭호를 붙여준다.

자신의 진짜 적은 지금 현재 자신이라고 내세우고 있는 나我다. 그 적부터 먼저 무찔러야 한다. 그러려면 선법을 닦아야 한다. 그러면 가짜의 적이 힘을 잃게 되고 숨어 있던 진짜의 내가 힘을 쓰기 시작한다.

그럴 때 가짜가 이제 진짜인 나에게 귀순하게 된다. 그러면 가짜는 사라지고 진짜만 남는다. 그렇게 자신을 살리는 자가 진정한 용사라 할 수 있다.

起信論 略說方便有四種 云何爲四 一者行根本方便

간략히 말하면 방편에는 네 가지가 있다. 무엇이 네 가지냐. 첫째는 행근본방편이다.

방편은 善法을 수행하는 것이다. 그러니까 선법을 어떻게 수행하는가 하는 방법이다.

그중 첫 번째가 근본을 수행하는 것이다. 근본은 일체법을 관찰하는 것인데 일체법은 심법이라고 했다. 즉 내 마음과 세상이다. 그러니까 내 마음과 세상을 관찰하는 것이다.

起信論 謂觀一切法自性無生 離於妄見 不住生死

일체법에는 자성이 없음을 관찰하여 망견을 떠나 생사에 머물지 않는다는 것이다.

범부는 관찰을 하고 삼현보살 이상은 직관한다. 여기서는 범부를 상대로 그 방법을 말하기 때문에 관찰이라고 보면 무난하다. 관찰은 눈앞에 나타난 현상을 주의하여 잘 살펴보는 것이다.

어떻게 관찰하느냐 하면 일체법에는 자성이 없다는 사실이다. 내 마음은 망념이다. 그 망념에 비치는 모습은 다 망견의 허상이다. 그러므로 사람이나 세상은 그림자처럼 자체적인 실존성이 없다. **아함경** 말씀이다.

All Dhamma are without a Self.
천하 만물은 실체가 없다.

그런데도 범부는 거기에 실존성이 있다고 여기고 집착한다. 거기서 탐진치가 일어난다. 그 죄과로 생사에 유전한다. 하지만 일체법에 실존성이 없다는 것을 알면 거기에 매달리지 않는다. 그러면 자연적으로 생사에 머물지 않는다는 것이다.

起信論 觀一切法因緣和合 業果不失

일체법은 인연으로 화합하여 업과가 틀어지지 않는다는 것을 관찰하는
것이다.

선법은 선한 행위다. 선을 닦는 데 기본이 되는 것은 행근본방편이
다. 방편은 최고의 방법이라고 했다. 그러니까 선을 닦는 데 있어서
기본적인 최고의 방법이 행근본방편이다.

선을 일으키고자 하면 먼저 일체법을 정확하게 관찰해야 한다. 나
를 둘러싸고 있는 모든 생명체건 아니건 다 인연으로 화합되어 있다.
잠깐이면 사라지고 또 바뀌어질 것이지만 그것들이 나에게 끼친 인
과는 절대로 바뀌거나 없어지지 않는다.

그래서 선을 닦아 그 업인으로부터 벗어나야 한다. 하지만 죄짓지
않고 살 방법이 없다. 죄는 페인트와 같다. 그것은 나에게 잘 튄다는
사실을 알고 있어야 한다. 나도 모르게 내 새하얀 명품 옷에 튀어버
린다.

그러면 바로 그것을 지워야 한다. 그렇지 않으면 그것을 제거하는
데 엄청난 힘이 들거나 아니면 페인트로 오염된 옷을 입고 살아야
한다.

起信論 起於大悲 修諸福德 攝化衆生 不住涅槃

그래서 대비를 일으키고 모든 복덕을 닦아 중생을 섭화하며 열반에
주착하지 않는다.

우리 마음이 그렇다. 새하얀 마음에 페인트 같은 죄업이 묻어 있다. 범부들은 그것을 제거하는 방법을 몰라 모두 다 그대로 산다. 그러다보니 이제 바탕이 하얀 마음이라는 것을 잊어버렸다. 그래서 각양각색의 얼룩진 중생들이 되었다.

그런 마음의 얼룩을 빼 내기 위해서는 선을 행해야 한다. 거기에 네 개의 마음가짐이 있다. 대비와 복덕, 중생섭화와 열반무주다.

중생섭화는 중생을 교화한다는 말이고 열반무주는 나 혼자 열반에 안주하겠는 생각을 버린다는 것이다. 왜냐하면 법성은 열반에만 있는 것이 아니기 때문이다.

起信論 以隨順法性無住故
그것은 무주라는 법성에 수순하기 때문이다.

주착은 어느 한 곳에만 머무른다는 뜻이다. 그러니까 무주는 주착함이 없다는 말이다.

법성은 법계의 성품이다. 그것은 우리의 근본마음인 진여다. 진여는 생사와 열반을 벗어나 있으면서 두 세계를 끼고 있다. 그러므로 열반에만 주착할 수 없다. 왜냐하면 제도해야 할 중생이 있기 때문이다.

행근본방편은 반드시 행해야 하는 근본수행이다. 그것은 직심에서 이루어진다. 직심만이 이런 수행을 꾸준하고 결기있게 계속해서 나아가도록 하기에 그렇다.

起信論 二者能止方便 謂慚愧悔過 能止一切惡法不令增長

둘째는 능지방편이다. 말하자면 죄과를 참괴하고 후회하는 일이다. 그래서 일체악법을 그치고 증장시키지 않는다.

능지방편은 자발적으로 그만두는 방법이다. 자발적이라는 말이 중요하다. 어떤 힘에 의해 강압을 당해 그만두게 되면 또 그렇게 할 가능성이 있다.

하지만 강압이 아니라 자발적이기 때문에 지나간 세월 동안 끝없이 지어온 죄과에 대해 진심으로 참괴하고 깊이 후회하는 것이다.

참괴는 자신에게 창피하고 귀신에게 부끄러워 한다는 것이다. 아무도 모르게 죄를 지은 것 같지마는 귀신은 다 보고 있었을 거 아닌가. 그래서 귀신들에게 얼굴을 들 수 없다고 하는 것이다.

진정으로 이런 생각을 하게 되면 두 번 다시 죄를 짓지 않는다. 담배가 몸에 해롭다는 것을 확실하게 안다면 더 이상 흡연은 하지 않게 되는 것과 같다.

나의 몸은 흡연을 원하지 않듯이 내 본성은 그런 모든 죄과와 함께 하지 않으려 하기에 그렇다.

起信論 以隨順法性離諸過故
그것은 모든 죄과를 벗어난 법성에 수순하고자 하기 때문이다.

능지방편을 실천하려면 深心을 가져야 한다. 그래야만이 다시는 죄업을 짓지 않는다. 그러면 법성에 수순할 수 있다. 진여의 본성은 모든 죄업과 과실過失로부터 벗어나 있다.

계율은 일반적인 도덕과 그 차원을 달리한다. 일반 도덕은 사회에서나 학교에서 모두 다 같이 배운다. 하지만 계율은 복 있는 자만이 배우고 익힌다.

계율을 지켜 악한 행위를 하지 않는 것은 법성과 하나가 되기 위해서이다. 그것은 법성에 수순하기 위해 죄악을 반복해서 짓지 않겠다는 다짐이 있을 때 가능하다.

善行無轍迹
惡事傳千里

선행은 자국이 없다.
악행은 천리를 간다.

선하다는 말을 들으면 평온이 스며든다. 선한 행실은 자국이 남지 않는다. 그것은 자연의 이치에 맞는 것이기 때문에 사람의 눈에 잘 띄지 않는다. 하지만 후일 이자가 붙어서 돌아오면 엄청난 이익을 얻는다.

악이라는 말을 들으면 소름이 돋는다. 악녀 악처 악질 악랄 악마 악독 악행 무섭고 겁난다. 이것은 자연의 이치에 어긋나는 것들이기에 그에 대한 자국이 남는다. 뒤에 이자가 붙어서 돌아오면 엄청난 손해를 입는다.

起信論 三者發起善根增長方便 謂勤供養禮拜三寶 讚歎隨喜 勸請

諸佛

셋째는 선근을 발기해 증장시키는 방법이다. 삼보께 공양과 예배를 부지런히 올리고 찬탄하며 수희한다. 그리고 제불께 권청한다.

발기는 일으킴이다. 그러니까 선근을 일으켜 더 보태도록 하는 방법이다. 삼보는 부처님과 그 말씀, 그리고 청정하게 수행하는 분들이다.

삼보를 믿어야 하는 이유는 **아비달마비바사론**에 잘 나와 있다. 능히 중생에게 진리를 밝혀주셨으므로 먼저 부처님을 믿는다. 그리고 열반의 세계에 다다르게 하므로 그 가르침을 믿는다. 그리고 좋은 반려자이기에 수행자들을 믿는다고 하였다.

선근을 증장하는 방법은 이런 삼보께 다함없는 공양과 지성스런 예배를 부지런히 행하고 삼보의 고귀함을 찬탄하며 그분들의 행업을 따라 기뻐하는 것이다.

권청은 청함을 권한다는 말이다. 권은 해 주십시오 라는 말이고 청은 바랍니다 는 뜻이다. 무엇을 그렇게 권청하느냐 하면 부처님의 법문이다. 어떻게든 중생들을 위해 법문을 설해 주십시오 라고 공경스레 부탁하는 것이 권청이다.

起信論 以愛敬三寶淊厚心故 信得增長 乃能志求無上之道

그렇게 삼보를 사모하고 공경하는 순수하고 후덕한 마음 때문에 믿음이 증장된다. 그런 의지로 무상의 도를 구해 나간다.

물고기가 물이 없으면 살아갈 수 없듯이 범부가 삼보를 등지면 살아날 수가 없다. **육바라밀경**에 삼보만이 나를 살릴 수 있다고 하신 말씀을 기억하고 있는지 모르겠다.

그러므로 삼보는 내 생명이고 내 은인이다. 그래서 언제나 잊지 않고 고맙게 생각하고 사모하여야 한다. 그리고 정성을 다해 공경해야 한다.

그런 마음은 순수하고 후덕한 마음이다. 그런 마음을 가질 때 신심은 증장된다. 신심이 증장되어야 염생사고하고 구열반락해서 깨달음의 세계로 나아갈 수 있다.

무상의 도는 대각이다. 이보다 더 위가 되는 깨달음은 없다는 뜻이 無上이다. 펼치면 아누다라삼먁삼보디가 되고 줄이면 정각인 대각이 된다.

起信論 又因佛法僧力所護故 能消業障善根不退 以隨順法性離癡障故

또한 불법승의 힘으로 보호를 받으므로 업장이 소멸되고 선근이 증장된다. 그것은 법성에 수순하여 치장을 벗어나기 때문이다.

믿음이 증장되면 불법승이 도와주신다. 그분들에게는 위신력이 있다. 위신력은 범부로서는 상상할 수 없는 영묘하고도 불가사의한 힘이다. 그 힘을 받으면 업장이 녹는다.

업장이 녹으면 자동적으로 선근이 증장된다. 얼음이 녹으면 그만큼의 부피로 물이 생기는 것과 같다. 선근이 증장되어야 무상의 도를 구하고자 하는 마음이 일어난다. 복이 있어야 염생사고구열반락하는 지혜로운 마음이 생긴다는 것이다.

발기선근증장방편을 실천하려면 심심을 가져야 한다. 그때 삼보의 고귀한 가치가 드러난다. 그래서 삼보를 공경 예배 수희 찬탄할 수 있다.

그러면 선근이 증장되고 죄업이 소멸되어 법성에 수순한다. 왜냐하면 진여의 본성은 어리석음의 장막을 원천적으로 벗어나 있기 때문이다.

起信論 四者大願平等方便所謂發願盡於未來 化度一切衆生使無有餘皆令究竟無餘涅槃

넷째는 대원평등방편이다. 미래세가 다하도록 일체중생을 남김없이 교화하고 도탈시켜 모두 다 구경에 무여열반에 들도록 발원하는 것이다.

대원평등방편은 평등하게 큰 원을 일으키는 방법이다. 열반에는 무여열반과 유여열반이 있다. 무여열반은 남음없는 열반을 말한다. 남음이 없다는 말은 완전한 열반을 의미한다.

유여열반은 아직도 얻어야 할 열반이 남아 있다는 뜻이다. 그것은 마지막 열반이 아니다. 그것은 중간치 열반이다. 그래서 소승의 열반을 유여열반이라고 한다.

무여열반은 대각의 상태다. 즉 대각을 이루면 무여열반에 들어간다. 들어간다니까 어느 지점을 생각하면 안 된다. 무여열반은 법계 전체기 때문에 어느 특정장소라고 말할 수 없다.

그것은 범부의 사고로 가늠되어지는 세계가 아니다. 그러므로 범부의 머리로 자꾸 그곳을 알려고 해서는 안 된다. 그냥 믿고 나아가는 것이다. 그러면 더 성장하고 성장한 것만큼 더 깊이 이해가 된다.

起信論 以隨順法性無斷絕故
그것은 단절이 없는 법성에 수순하기 때문이다.

법계의 성품은 공기와 물처럼 단절이 없다. 복 없는 인간은 사회와 단절한다. 복이 많고 넉넉한 사람은 사회와 하나가 되고자 한다.
가족도 복이 없으면 단절하고 복이 넘치면 화합한다. 남녀 간의 사랑도 마찬가지다. 사랑이 넘치면 깨어지지 않고 사랑이 마르면 단절한다.
그러므로 복을 지으면 중생 모두를 내 몸같이 품게 된다. 그러면 모두 다 고통을 벗어나 열반의 즐거움을 얻도록 한다. 왜냐하면 법성은 너와 나라는 단절이 없기 때문에 그렇다.

起信論 法性廣大 徧一切衆生 平等無二 不念彼此 究竟寂滅故
법성은 광대하여 일체중생에 두루하고 평등하며 둘이 없어서 피차를 생각하지 않는다. 그래서 구경에 적멸하다고 한다.

법성은 常住다. 법성은 시간적으로 과거 현재 미래가 없다. 그뿐만 아니라 공간적으로 부분을 떠나 광대하다.
허공은 상주한다. 허공은 둘이 아니라 하나다. 그러므로 일체중생에게 두루하다. 허공은 상대를 두어 편을 가르지 않는다. 그 허공 같은 성품이 바로 법성이다. 그 법성이 우리의 진짜 마음인 진여다.

법성은 끝까지 적멸하다. 법성은 인연따라 수많은 중생을 일으키지만 그 본성은 적멸하다. 그 법성이 일체법이다. **능가경** 말씀이다.

以一切法本際來寂靜
일체법은 본래부터 적정하다.

대원평등방편을 실천하려면 대비심을 가져야 한다. 일체중생과 나는 한 몸이기 때문에 시간과 공간을 초월해서 끝까지 그들을 고통에서 구제해 열반에 들게 하겠다는 마음을 가질 때 법성에 수순하게 된다. 왜냐하면 진여의 본성은 단절이 없기 때문에 그렇다.

海東疏 第二顯發心之相 於中有二 一者直明 二者往復除疑
두 번째는 발심의 양상을 나타낸 것이다. 그중에 둘이 있다. 첫째는 바로 밝히는 것이고 둘째는 왕복으로 의심을 제거하는 것이다.

바로 밝힌다는 것은 발심에 세 가지가 있다는 대목이다. 즉 직심과 심심과 대비심이다.
왕복으로 의심을 제거해 주는 대목은 원문에서 묻겠다 한 그 이하 부분이다. 즉 일체의 선법을 닦으면 진여법에 수순할 수 있다고 하면서 네 가지 실천수행을 제시한 문장들이다.

이제 분명히 아실 것이다. 악을 버리고 선을 닦으면 우리의 진짜 마음인 진여와 하나 될 수 있다는 사실을 분명히 이해하셨을 것이다.

그래서 모든 악행을 그치고 선업을 지어라 고 불교에서 그렇게도 간절하게 당부하고 있는 것이다.

[海東疏] 初中言直心者 是不曲義 若念眞如 則心平等 更無別岐

처음에 직심이라고 한 것은 불곡의 뜻이다. 만약 진여만 생각한다면 마음이 평등해져서 다시 별다른 길이 없게 된다.

불곡은 그릇되지 않는다는 말이다. 진여만 생각하는 마음을 곧게 가지면 똑바로 나아간다.

그런 마음에는 갈림길이 없다. 그러면 도중에 길을 잃어 헤매고 방황하는 일이 없어진다.

목적지로 곧게 나아가는 자는 옆으로 새지 않는다. 옆으로 새거나 중도에서 그만두는 자는 그 목적이 순수하지 못하거나 결의가 없어 서 그렇다. 그래서 직심이 필요하다고 한 것이다.

평등은 처음부터 끝까지라는 말이고 별다른 길은 두리번거리거나 의심이 없는 것을 말한다.

[海東疏] 何有迴曲

거기에 어찌 헤맴이 있고 굴곡진 길이 있겠는가.

믿음 없이 깨달음을 이룰 수 있는가. 초등교육을 마치지 않고 중학생이 될 수 없듯이 믿음이 없이는 깨달음을 이룰 수 없다.

그래서 지혜가 있어도 청정한 믿음이 결여되어서는 안 된다. 믿음 없는 지혜는 諂曲첨곡만 키우게 된다고 **대비바사론**은 경고하고 있다.

올곧은 마음을 갖고 굳건한 믿음, 결연한 의지, 지칠 줄 모르는 직심의 정진만 있다면 어떤 깨달음인들 얻지 못하겠으며 무슨 경지인들 증득하지 못하겠는가.

海東疏 故言正念眞如法故 即是二行之根本也
그렇기 때문에 올바로 진여법을 생각하라고 한 것이다. 곧 이것은 二行의 근본이다.

깨달음을 향해 신심을 굳히는 자들은 오로지 진여법만 생각하여야 한다. 진여법은 우리의 본각진성이다.

우리의 본래 마음이 죄업과 오염에 덮여 있기 때문에 고통의 세계를 윤회한다는 것을 정확히 알고 어떻게든 이 오염을 벗겨내어야 되겠다는 생각을 할 때 그 방법을 찾게 된다. 그 방법이 바로 二行이다.

二行은 자리이타행이다. 이것은 가짜의 我를 떨쳐내고 나의 참 마음을 회복하는 데 꼭 필요한 방법이고 최선의 도구다.

海東疏 言深心者 是窮原義 若一善不備無由歸原
말한 심심은 궁원의 뜻이다. 만약 한 개의 선이라도 다 갖추지 않으면 근원에 돌아간다는 것은 있을 수 없다.

마음의 근원은 아려야식 이전의 참 나다. 궁원은 근원을 찾는다는 말이다. 구경각은 마음의 근원을 찾을 때 이루어진다고 하였다.

그러므로 궁원을 찾으려면 먼저 深深한 공덕을 가져야 한다. 그 궁원이 진여 자체다. 거기엔 모든 공덕들이 완벽하게 구비되어져 있다. 그러므로 근원에 계합하려고 하면 나 자신이 그에 맞도록 선이라는 선은 모두 갖추어야 한다는 것이다.

海東疏 歸原之成 必具萬行
근원에 돌아감을 이루고자 한다면 반드시 만행을 갖추어야 한다.

다른 말로 하자면 나의 본성을 찾으려 한다면 그 본성을 둘러싸고 있는 일체의 죄업과 죄과를 모두 털어낼 때라야만이 청정무구한 내 모습이 완연하게 드러난다는 것이다.

대통령들과 사귀려면 내가 대통령이 되어야 하고 재벌총수와 사귀려면 내가 먼저 재벌총수가 되어야 한다. 마찬가지로 생사를 벗어난 부처를 만나려면 내가 먼저 차원을 높여야 한다.

부처를 만나려면 기본적으로 만행을 행하여야 한다. 그 만행이 바로 억만 가지 선업이다. 그때가 되면 자동적으로 나의 부처와 다른 부처를 만날 수 있다. 그러니까 다함없는 선업은 안팎의 부처를 만나게 해 주는 길이 되고 역할이 되는 것이다.

海東疏 故言樂集一切諸善行故 即是自利行之本也

그렇기 때문에 일체의 모든 선행을 모아야 한다고 하였다. 곧 이것은 자리행의 근본이다.

선행을 행하는 것을 보면 타인을 위하는 것처럼 보인다. 하지만 그것은 표면적인 모습이다. 사실은 자신을 위해서 하는 것이다. 선행을 할 때마다 덮여 있던 자신의 참모습인 진여가 조금씩 드러나기 때문이다.

모든 선행을 모은다는 것은 완벽을 말한다. 치아도 하나라도 빠지면 씹는 데 문제가 있다. 모든 치아가 건강하게 작용해야 몸 전체가 온전하게 지탱되는 것이다.

그러므로 선행은 자신을 살리는 방법이다. 그래서 이것을 자리행의 근본이다 고 하였다. 자리행은 자신을 위한 행위라는 말이다. **법구경** 말씀이다.

Hold not a deed of little worth, thinking this is little to me.
The falling of drops of water will in time till a big water-jar.
Even so the wise man becomes full of good,
although he gather it little by little.

작은 가치라고 조그마한 선행을 가볍게 여기지 말라.
조금씩 떨어지는 물방울이 큰 물동이를 채운다.
현명하신 분이 선행을 구족한 것은
비록 작은 것이지만 조금씩 조금씩 모아 온 것이다.

海東疏 大悲心者 是普濟義故言欲拔衆生苦故 卽利他行之本也

대비심은 널리 구제하는 뜻이다. 그러므로 중생의 고통을 뽑아버리고자 하는 것이다. 이것은 곧 이타행의 근본이 된다.

대비심은 무연大慈와 동체大悲를 말한다. 뒤에 두 자씩을 따면 대자대비가 된다. 대비심은 대자대비심의 약어다. 중생을 상대로 이런 마음을 가지지 않으면 부처가 될 수 없다.

그런데도 부처가 된 분이 있다면 그분들은 연각이다. 그래서 그분들은 중생을 제도하지도 않고 중생을 제도하는 교리도 남기지 않는다.

대각으로 완전한 부처가 되어서 생사를 벗어나 시방허공계를 유영하면서 중생을 인연따라 제도하고 싶다면 대자대비한 마음을 일으켜야 한다.

일체중생과 나는 그 본성이 같다. 부모형제는 그 핏줄이 같다. 핏줄이 같은 것은 한 당대에 끝나지마는 본성이 같은 것은 영원하게 이어진다. 그러므로 타 중생이 고통을 받고 있다면 응당히 그 고통과 원인을 뽑아주어야 한다.

그것은 중생들의 고통은 곧 우리 자신의 고통이다. 우리가 그들이고 그들이 우리라는 동질성이 있기 때문이다. 그것이 바로 이타행을 하는 근본 이유이다.

海東疏 發此三心 無惡不離 無善不修 無一衆生所不度者

이 삼심을 일으키면 악이라는 악은 떠나지 아니함이 없고 선이라는 선은 닦지 아니함이 없어서 한 중생도 제도되지 않는 자가 없다.

신성취를 하려면 三心개발은 필수다. 삼심개발은 직심과 심심과 대비심이다. 이것을 개발하면 자연적으로 악은 짓지 않고 선은 닦게 된다. 그 궁극적 목표는 위없는 깨달음을 이루기 위해 십주에 오르는 것이다.

칠불통게라는 게송이 있다. 칠불은 과거 장엄겁 가운데서 998번째 비바시불 999번째 시기불 1000번째 비사부불과, 현겁에 1번째 구류손불 2번째 구나함모니불 3번째 가섭불 4번째 석가모니불이다.

그러니까 과거 여섯 부처님과 현재 석가모니부처님이 중생들에게 내리신 한결같은 게송이다. **아함경** 말씀이다.

諸惡莫作
衆善奉行
自淨其意
是諸佛敎

모든 악은 짓지 말라.
일체 선은 받들어 행하라.
자신의 생각을 깨끗이 하라.
이것이 모든 부처님의 가르침이다.

이 원시경전의 말씀이 대승으로 넘어오면 좀 달라진다. 즉 自利가

利他로 바뀌는 것이다. 그래서 원효성사가 세 번째 게송을 다르게 만드셨다. 自淨其意 대신

　　無一衆生所不度者
　　한 중생도 제도하지 않는 자가 없다

로 바꾼 것이다. 이 대비심이 바로 소승에 없는 대승보살도의 결정판이다. 즉 自淨其意는 자기 한 사람의 정화지만 대승의 이 문구는 전 중생을 상대로 하기에 그렇다.

海東疏 是名無上菩提心也
이것을 무상보디심이라고 한다.

　정리하자면 신성취를 이루는 데는 마음으로 三心개발을 먼저 해야 한다. 그리고 몸으로 네 가지 실천을 해야 한다. 그중 두 번째에는 두 가닥이 있었다. 하나는 止惡이고 또 하나는 善行이다.
　풀이하면 신성취발심하는 자들은 세 가지 마음을 가져야 한다. 첫 번째가 직심인데 이것은 행근본방편이다.
　두 번째가 심심인데 거기에 두 가지가 있다. 하나는 능지방편이고 둘은 발기선근증장방편이다. 칠불통게로 능지방편은 제악막작이 되고 발기선근증장방편은 중선봉행이 된다. 제악막작이 止惡이며 중선봉행이 修善이다.
　세 번째는 대비심인데, 대원평등방편이다. 큰 원으로 중생을 고루

거두는 것이다. 칠불통게로는 자정기의가 된다.

① 직심 : 시제불교 – 行根本 – 무주

신성취발심 ② 심심 : 제악막작 – 止惡 – 무과

중선봉행 – 修善 – 무치

③ 대비심 : 자정기의 – 대원평등방편 – 無一衆生所

不度者 – 무절

불교는 無住를 가르친다. 즉 가도 가는 곳이 없고 와도 오는 곳이 없다. 왜냐하면 세상은 한 덩어리기 때문이다. 그 속에 열반도 있고 사바도 있다. 구름은 하늘에 주착하지 않는다. 그처럼 근본을 행하면 특정장소에 얽매임이 없어진다.

죄악을 그쳐버리면 과실이 없다. 과실은 잘못과 실수다. 잘못은 의도적인 것이고 실수는 무지해서 일어난다. 이 두 개가 죄업이 되어 고통을 만든다. 그러므로 악을 그치면 과실이 없어진다.

선을 행하면 어리석음이 없어진다. 그것이 무치다. 어리석음은 마음의 요동에서 일어난다. 선을 닦아 공덕이 많아지면 마음이 안정된다. 그러면 어리석음으로부터 벗어날 수 있다.

중생과 나는 그 뿌리가 같다. 그러므로 내가 살려면 병든 뿌리부터 살피고 치료해야 한다. 그것이 대원평등으로 중생을 대하는 것이다. 그것은 언제까지라는 한정된 시간이 있을 수 없다. 내가 있는 한 그 것은 계속된다. 그래서 단절이 없다고 한 것이다.

이런 수행을 1만겁 동안 하면 10주에 올라간다. 겨우 10주에 올라간다는 것이다. 그래서 난 다른 길을 모색하였다. 이 길로는 죽어도 못 간다고 하면서 특별히 다른 루트가 있는지를 면밀히 탐색하였다.

결국 그 길을 찾았다. 그것은 **기신론** 수행신심분 막판에 아주 조그마한 부피로 나온다. 그것이 **기신론** 전체의 핵심이다.

그것을 알려주기 위해 이렇게 긴 말을 하고 있다. 눈이 번쩍 뜨일 정도로 반갑지 않으신가. 가슴이 쿵쾅거리지 않으시는가. 기다려보시기 바란다.

海東疏 問曰以下 往復除疑 問意可見

문왈이하는 왕복으로 의심을 제거하는 부분이다. 묻는 뜻은 잘 드러나 있다.

법계는 하나라서 佛體는 둘이 없다고 했다. 불체가 진여다. 진여와 법계는 하나다. 그렇다면 이미 진여가 세상 모든 것을 다 가지고 있는데 구태여 다시 선행을 해야 하는 이유가 무엇인가 하고 물은 것이다.

海東疏 答中有二 直答 重顯 初直答中 有喻 有合

답 중에 둘이 있다. 직설적으로 답하는 것과 거듭 드러내는 것이다. 처음 직설적으로 답한 가운데는 비유가 있고 결합이 있다.

답은 진여가 이미 모든 공덕을 다 갖추고 있다면 왜 선행을 다시 해야만 하는가에 대한 답변이다.

비유는 마니보주를 들었다. 흙무더기 속에 들어 있어도 마니보주
는 원래 그대로 마니보주다. 조금도 보석의 본질이 변질되거나 탈색
되지 않는다. 그냥 그대로 있다고 했다.

결합은 그처럼 진여도 무량번뇌에 뒤덮여 있지만 그 체성은 항상
그대로 공적하고 청정하다는 것이다. 그러니까 마니보주를 비유로
들어 진여의 본체를 드러낸 것이다. 그래서 결합이라고 하였다.

海東疏 略說以下 重顯可知
약설 이하는 거듭 나타낸 것이니 알 수가 있을 것이다.

약설 밑에는 직접 실천으로 수행하는 네 가지 방법을 제시하였다.
즉 행근본방편 능지방편 발기선근증장방편 대원평등방편이다.

그러니까 마음으로는 세 가지 결의를 가지고 몸으로는 네 가지 선
행을 1만겁토록 행하게 되면 마침내 신성취가 이루어진다는 것이다.
정말 험난하고 지난한 수행이 아닐 수 없다.

믿음은 이렇게 해서 이루어진다. 그러면 무궁한 보물을 얻을 수
있다고 성사는 말씀하셨다. 그 이유는 신성취는 정정취가 되므로 부
처가 되는 것은 때 논 당상이 되기 때문이다.

起信論 菩薩發是心故 則得少分見於法身
보살이 이러한 마음을 일으킨 까닭으로 적게나마 법신을 보게 된다.

이러한 마음은 三心개발이다. 삼심개발에서 네 가지 실천 수행이

나왔다. 그것을 자그마치 1만겁 동안 실천함으로 해서 이제 10주에 올라서게 된다.

기억하고 계시는지 모르겠다. 신성취발심은 십신범부와 10주의 지위를 함께 끼고 있다고 말했다.

그러므로 지금은 신성취를 한 상태로 드디어 삼현보살의 지위에 들어갔다. 그 공덕으로 법신을 적게나마 볼 수가 있다.

마치 장님이 개안수술을 받아 처음에 아주 희미하게 사물을 보는 것처럼 범부가 삼현에 올라서면 법신을 가까스로 미미하게나마 보게 될 수 있는 것이다.

믿음이 성취된 자도 부처가 이렇게 보이는데 어떻게 범부의 신분으로 자꾸 부처를 보려고 애를 쓰는지 모르겠다. **화엄경**에 믿음 없는 중생은 부처를 보지 못한다는 말씀을 좀 기억해 주시기 바란다.

起信論 以見法身故 隨其願力能現八種利益衆生
법신을 보면 법신은 그 원력을 따라 여덟 가지로 중생에 이익되게 나타난다.

부처가 보이기 시작하면 부처의 법신은 그 원력에 의하여 8상으로 중생들을 교화하시고 있다는 것이 어렴풋이나마 이해가 된다. 그 전에는 그냥 귀로만 들었는데 이제 드디어 그 의도를 가슴으로 느끼게 된다는 것이다.

법신은 원력을 가지고 있다. 그것은 어떻게든 중생을 제도하여 고통으로부터 구제하겠다는 자연스런 서원이다.

起信論 所謂從兜率天退入胎 住胎 出胎 出家 成道 轉法輪 入於涅槃

말하자면 도솔천에서 내려와 태에 들어가고 태에 머물다가 태에서 나와 출가하고 성도하여 법륜을 굴리다가 열반에 드시는 일이다.

석가모니부처님이 중생을 제도하신 과정이 이렇다. **팔상경**에서는 이것을 약간 다르게 나눴었다. 즉 도솔천에서 내려오시고 룸비니에서 탄생하셨다. 그리고 동서남북 일곱 자국씩 걷고 중앙에서

Aggo ham asmi lokassa
아꼬 함 아스미 로카싸

라고 소리쳤다. 팔리어로 천상천하유아독존이라는 뜻이다.

그리고 四門을 살피시고 출가하셨다. 설산에서 수행하실 때 모든 魔들을 굴복시키고 부처가 되어 불법을 펴시다가 열반에 드셨다고 하는 것이다.

이것은 그분만 이렇게 하시는 것이 아니다. 모든 부처님이 다 이런 방법을 쓰신다. 과거의 부처님들도 이런 방법을 쓰셨고 미래의 미륵불이 오시면 그분도 이런 과정을 밟으시면서 중생을 제도하실 것이다.

이런 일련의 모습들이 이제 가슴으로 보이게 된다. 마치 어린아이가 크면 부모가 어떻게 돈을 벌어 자식들을 먹여 살리는지 그 보육과정을 이해해 나가는 것과 같다.

起信論 然是菩薩未名法身 以其過去無量世來有漏之業未能決斷

그런 보살들이라 해도 법신은 아니다. 그것은 과거 무량한 세상을 살아오면서 수많은 죄업을 지어 왔는데 그것을 끊지 못하고 있기 때문이다.

　비록 어렵게 신성취를 한 보살이라 하더라도 법신보살이라고 하지는 않는다. 그것은 내면에 아직도 없애지 못한 수많은 죄업과 습기가 잔뜩 들어 있기 때문이다.

　법신보살은 본각이 완전히 불각을 누른 분들이다. 하지만 삼현보살은 이제 겨우 본각이 불각을 눌러놓은 상태다. 그 본각에 힘을 주기 위해 끊임없는 수행을 계속해서 해나가야 한다.

　원문 한자에 유루라는 말은 번뇌를 말한 것이다. 그 결과가 죄업이기 때문에 번뇌와 죄업을 같이 통칭하고 있다. 그래서 죄업이라고 번역하였다.

起信論 隨其所生與微苦相應 亦非業繫 以有大願自在力故

그러므로 태어날 때마다 미미한 고통은 받지마는 죄업에 묶여 있는 것은 아니다. 그것은 대원으로 자재한 힘을 가지고 있기 때문이다.

　그럼 여기서 이런 질문이 나온다. 신성취를 한 보살은 윤회를 하는 것인가. 윤회를 한다면 엄청난 고통이 수반되는데 어떻게 되는 것인가 하고 궁금해 할 것이다.

　신성취를 하게 되면 십주에 오른다고 했다. 십주는 삼현보살이라고 했다. 삼현은 십주 십행 십회향에 있는 현자들이다. 이분들은 윤회를 할까. 하지 않을까.

삼현보살도 윤회를 한다. 하지만 반쪽 윤회다. 그분들은 악도에 떨어지지는 않는다. 악도는 지옥 아귀 축생이다. 대신 선도에서 윤회한다. 선도는 인간과 수라 그리고 천상의 세계다.

십주보살은 당연히 생사에 자유자재하지 못한다. 그러므로 비록 삼선도에 태어나더라도 고통을 받는다. 하지만 그 고통은 다른 중생들에 비하면 미미하기만 하다. 그 이유는 大願이 있기 때문이다.

봉사활동하는 자들이 있다. 비록 힘들고 고생스럽더라도 그들은 자기가 하고 싶어서 하는 자들이다. 그러므로 힘은 들지만 봉사하는 일에 보람을 느낀다.

봉사자들은 어떤 조건으로 어느 단체에 소속되거나 묶여 있는 자들이 아니다. 언제든 그만두고 쉴 수가 있다. 그것을 일컬어 죄업에 묶여 있는 것은 아니다 라고 하는 것이다.

起信論 如脩多羅中 或說有退墮惡趣者 非其實退
저 수다라에서 혹은 퇴락해 악취에 떨어진다고 하셨는데 그것은 진실로 퇴락한 것은 아니다.

수다라는 **보살영락경**이다. 그 경전에서 비록 십주인 초주에 올랐다 하더라도 뒤로 퇴락할 수 있다 고 하셨다. 십주인 초지는 초발심주다.

그러니까 신성취를 했다고 하더라도 어떤 좋지 않은 인연을 만나면 다시 그 밑으로 떨어진다는 것이다.

이것은 놀라운 일이다. 어째서 그런 일이 일어날 수 있나 하고 궁금해 할 것 같아서 성사는 이것은 진실로 그런 것이 아니다 고 하셨다.

중학교를 정식으로 졸업하고 고등학교에 들어갔는데 성적이 좋지 않다고 다시 중학생이나 초등학생으로 떨어질 수 있는가 하는 의문과 같다. 그런데 경전에는 그럴 수도 있다고 하시니 성사께서 그것은 사실 그런 것은 아니다 고 하신 것이다.

起信論 但爲初學菩薩未入正位而懈怠者恐怖 令彼勇猛故
단지 초학보살들이 정위에 들어가지 못하고 게으름을 피울까 봐 공포심을 주고자 하신 말씀이다. 그것은 그들로 하여금 용맹스럽게 정진하도록 하기 위함에서다.

어른들은 언제나 젊은이들의 나태와 나약함을 꾸짖는다. 느슨해지는 그들의 마음을 야물게 다잡고 단단히 조이기 위해서이다.

공부를 등한시 하는 아들에게 부모들은 그렇게 공부해서 어떻게 그 대학에 들어갈 수 있겠나. 어림없는 일이다 고 겁을 준다.

우리도 귀가 따갑도록 들었다. 그 따위 마음가짐으로 뭘 하겠다는 거냐. 아예 집어치워라는 빈정거림도 수없이 들었다.

"그런 정신머리로 지나가는 귀신 뺨따귀라도 때리겠나?!"

이런 말도 수시로 들었다. 다 우리에게 나태를 걱정해서 정신무장을 시키려는 어른들의 노파심이었다. 그런 가르침으로 인해 우리는 더욱 강인하게 성장하고 무한한 도전정신을 가질 수 있었다.

起信論 又是菩薩一發心後 遠離怯弱 畢竟不畏墮二乘地
또 이 보살은 일단 발심한 이후에는 겁내거나 나약함으로부터 멀리 벗어나기에 끝까지 이승의 지위에 떨어질까 두려워하지 않는다.

스승은 나를 무자비하게 다뤘다. 거침없이 꾸짖었고 사정없이 짓밟았다. 장작으로 두들겨 패는 것도 서슴지 않았다. 제자의 자존심은 허락지 않았고 인권도 살피지 않았다. 그렇게 나를 차갑고 독하게 훈련시켰다.

나의 시봉생활은 거의 혼이 나간 상태였다. 가라면 가고 오라면 왔다. 앉으라면 앉고 누우라면 누웠다. 먹으라면 먹었고 굶으라면 굶었다. 분노와 원망의 틈을 주지 않았고 변명과 대듦의 싹을 잘라버렸다.

"죽어도 비겁하게는 살지 마라."

스승은 나에게 법명도 지어주지 않았다. 속가 이름 그대로 쓰라고 했다. 나에게 단 한 벌의 법복도 주지 않았다. 가사 장삼도 건네지 않았고 발우도 내려주지 않았다. 退俗하는 사형의 물품을 그대로 받아쓰라고 했다.

그렇게 스승은 나에게 독자생존하는 법을 가르쳤다. 그 냉혹한 눈길과 매정한 가르침으로 나는 이 황막한 세상에 사형도 없고 사제도 없고 사숙도 없고 상좌도 없고 절도 없고 신자도 없이 지금까지 혈혈단신으로 살아남았다.

나는 정말 목불석전木不石傳이며 사고무친이다. 그래도 죽반승을 넘어 밥을 먹고 사는 것을 보면 정말 독하게 배운 그 은혜 덕분인 것 같다.

스승은 절이 없었다. 사유재산도 없었다. 그 바람에 나는 오갈 데가 없어서 오랫동안 아시아불교국가를 떠돌아다니며 수도원 거지신세로 유랑하였다.

내가 오랜만에 귀국하여 스승을 뵈었을 때 낯선 절 구석방에서 외로이 병마와 싸우고 계셨다. 그러면서 가진 돈 10만 원을 주시면서 눈물을 글썽이셨다. 그 돈을 받고 산길을 내려오면서 나는 하염없이 눈물을 흘렸다.

그리고 얼마 후 스승의 부고를 방콕에 있는 국제수도원에서 전해들었다. 나는 하늘을 우러러보며 비통하게 통곡하였다.

세월이 흘러 한국에 들어와 스승의 유품을 찾았을 때 그분의 흔적은 하나도 없었다. 그분이 계시던 골방에는 곰팡이 냄새가 배인 퀴퀴한 공기만 가득하였다.

스승께 감사와 경배를 드린다. 그렇게 혹독하게 나를 단련시킨 그 덕분에 나는 온갖 시련과 고통 속에서도 이제까지 비겁하지 않게 살아올 수 있었기에 그렇다.

起信論 若聞無量無邊阿僧祇劫 勤苦難行乃得涅槃 亦不怯弱

만약 무량무변아승기겁을 부지런히 고행하고 난행해서 열반을 얻는다고 들어도 또한 겁내거나 나약하지 않는다.

그런 깡다구로 감히 겁 없이 이제 여기서 십만 억 국토를 넘어 극락세계까지 가려고 한다. 나 혼자만 아니라 나를 따르는 사람들까지 다 데리고 가려고 한다. 그 배짱과 그 의지는 모두 다 스승의 가없는 가르침 덕분이다.

나도 스승의 세수를 넘어가고 있다. 그분의 뒤를 따라 초연히 가는 것만 남아 있다. 허나 가는 방향은 달라졌다. 그분은 철저히 조사선 수행을 하셨기 때문에 마음바다에 계시지마는 나는 또 다른 수행처인 극락세계로 방향을 잡았기 때문이다 .

스승의 은혜를 다 갚지 못하고 고작 **대승기신론해동소 혈맥기** 하나로 수행을 회향하는 이 못난 제자가 마음바다에 계시는 스승의 매질을 피해 극락세계로 가는 것만 해도 나에겐 또 다른 행운이라 아니할 수 없다.

나 같이 우매한 자도 이렇게 깨달음의 길을 쉽게 포기 않는데 신성취를 하고 발심한 보살들이야 오죽 하시겠는가. 그분들에게는 포기도 없고 후퇴도 없다. 오로지 앞으로만 나아간다.

그래서 그분들은 3대아승기겁을 수행한다 해도 겁내거나 나약하지 않는다. 그분들은 이미 그런 난행을 견딜 만한 수련을 십신 범부 때부터 충분히 하였기에 그렇다.

起信論 以信知一切法從本已來自涅槃故

해석분 **407**

그것은 일체법은 종본이래로 그 자체가 열반이라는 것을 믿고 있기 때문이다.

삼현보살들은 이미 이 세상은 가짜라는 것을 알고 있다. 그러므로 이 세상을 만들어내는 마음의 근원을 찾아 떠난 상태다. 그러므로 이 세상에 아쉬움도 없고 미련도 없다.

그 근원을 찾는데 설령 3대겁아승기야보다도 더 많은 세월이 걸린다 하더라도 그분들은 개의치 않는다.

그것은 이 세상에서 그만큼의 세월만큼 더 살아도 어차피 덧없고 허망한 가짜의 인생이라는 것을 잘 알고 있기 때문이다.

海東疏 第三顯其發心功德 於中有四 初顯勝德 次明微過 三通權敎 四歎實行

세 번째는 그 발심공덕을 나타내었다. 그 가운데 넷이 있다. 처음은 수승한 복을 나타내었고, 다음은 미미한 허물을 밝혔다. 셋째는 권교를 회통하고 넷째는 실행을 찬탄하고 있다.

세 번째다. 그렇다면 첫째와 둘째는 무엇이었던가. 첫째는 신성취하는 수행을 밝히고 둘째는 수행으로 발심이 이루어지는 양상을 나타내었다.

이제 세 번째로 발심해서 얻어지는 공덕을 찬탄하는 것이다. 그러므로 이 대목에서는 그 발심한 공덕이 무엇인지를 드러내고 있다. 거기에 세 문단이 있다는 것이다.

회통은 모아서 통하게 한다는 뜻이고 실행은 실교의 수행을 말한다.

海東疏 初中二句 則得少分見法身者 是明自利功德

처음 가운데에 두 구절이 있다. 그런 즉 적게나마 법신을 볼 수 있다고 한 것은 自利의 공덕을 밝힌 것이다.

너무 너무 힘들게 올라간 10주의 계위다. 거기에 올라서면 드디어 법신부처님의 옷자락이 보이기 시작한다. 이것은 범부로 있을 때는 상상도 하지 못한 일이다.

형제 아이들은 방안에서 자기 물건들을 두고 싸운다. 그것을 보는 부모는 아무것도 아닌 것으로 싸우는 형제들의 좁은 이기심을 꾸짖는다. 마찬가지로 이 세상을 벗어난 분들은 농구공만한 이 세상을 두고 싸우는 인간들에게 제발 좀 시야를 넓히라고 꾸짖는다.

인간은 평생 이 땅을 벗어날 것처럼 쉴 새 없이 뛰어다니지만 결과적으로 보면 다 제자리를 벗어나지 못하고 있다. 마치 던져 올려 진 공이 포물선을 그리며 제자리에 떨어지는 것과 같다.

공은 지구의 인력에 의해 떨어지고 육도의 세계에 떨어지는 범부는 죄업의 끌어당김에 의해 떨어진다는 것이 다를 뿐이다.

한 계단 올라가면 올라간 것만큼 세상이 보인다. 그 세상은 계단을 올라가기 전에는 결코 보이지 않았던 공간이다. 그것은 어렵게 올라간 보상이다. 그때 엄청난 희열이 생긴다. 그것이 自利라는 것이다.

十解菩薩 依人空門見於法界 是相似見 故言少分也

십해보살은 인공문을 의거해 법계를 본다. 그것은 상사견이다. 그러므로 소분이라고 했다.

人空은 자신이 가짜라는 상태를 깨달은 것이다. 그러니까 자신의 잣대를 없애고 세상을 보는 시각을 말한다. 그래도 아직 그 없앴다는 생각이 내면에 남아 있기 때문에 세상이 제대로 보이지 않는다.

이 상태는 마치 거울에 낀 때를 닦은 것과 같다. 때는 닦았지만 사용한 걸레자국이 남아 있으면 사물이 정확하게 보이지 않는다. 그래서 상사견이라고 했다.

상사견은 정확하지는 않지만 그래도 비슷하나마 본다는 뜻이다. 그래서 소분이라고 했다. 소분은 어느 정도다.

隨其願力以下 顯利他德 能現八種利益衆生者

원력을 따라 라고 한 이하는 이타의 덕을 나타낸 것이다. 능히 8종으로 중생을 이익되게 하는 것이다.

利他의 덕은 두 방면으로 나눈다. 하나는 부처님이 8종으로 중생을 교화하시는 행업인 것이고, 또 하나는 그 행업을 보고 중생이 환희를 일으키는 것이다.

여성들은 모른다. 군인의 세계가 어떤 것인지를 상상하지 못한다. 군장을 갖추고 천리행군을 하거나 집총자세로 경계근무를 서고 있는 보초병의 심정을 그들은 결코 알지 못한다.

그들에 의해 나라는 안전하게 보호되고 국민은 걱정없이 생업에 종사할 수 있다. 하지만 휴전국가인 우리나라만큼 군인에 대한 예우가 없는 나라도 없다. 그래도 비가 오나 바람이 부나 눈이 오나를 가리지 않고 어느 귀한 집 아들은 자신과 국민을 위해 총을 들고 적을 경계하고 있다. 그들은 누가 알아주든 안 알아주든 그들에게 주어진 그들의 임무를 이행하고 있다.

부처도 마찬가지다. 우리 5천년 역사에 불교문화만큼 민족 속에 깊숙이 뿌리내린 사상이 없는데도 사람들은 부처를 홀대하고 있다. 그래도 부처는 서운해 하지 않으신다. 중생이 알아주든 알아주지 않던 부처는 부처의 일을 묵묵히 하고 계신다. 그 때문에 아직도 세상 민심은 황량하고 삭막하지만은 않다.

군인은 국민을 보호하기 위해 무기를 들고 부처는 중생을 구제하기 위해 자비를 쏟아 붓고 계시기 때문이다.

海東疏 如華嚴經歎十住初發心住云 此發心菩薩 得如來一身無量身

저 화엄경에서 십주인 초발심주를 찬탄해 말씀하시기를, 이 발심보살은 여래의 일신이 무량신이 되어

잘 아셔야 할 것이다. 부처는 한 몸이 아니다. 촛불은 하나지만 수십 개의 거울을 갖다 놓으면 중중무진으로 반사되어 무량한 촛불이 나타난다.

중생들의 숫자가 얼마나 된다고 생각하는가. 지구상의 인간만 하더라도 80억이나 된다. 그러면 한 분의 부처가 80억의 부처로 나타

나 중생을 제도한다는 것이다.

믿어지지가 않을 것이다. 그러므로 이런 사실은 10주의 계위에 들어가야 산뜻하게 믿어진다는 것이다. 그 전에 범부들은 그저 그러려니 하고 듣고 있을 뿐이다.

"부처가 몇 명이라고?"
"중생 수만큼 많습니다."

그런데도 중생들은 가장 가까이에서 자신을 애타게 지켜보고 있는 부처를 보지 못한다. 그게 비극 중 상비극인 것이다. 결코 있어서는 안 될 비극인 것이다.

海東疏 悉於一切世間示現成佛故
일체세간에 성불함을 나타내 보인다는 것을 아는 자들이다고 하셨다.

세상에 박사가 얼마나 많은지 모른다. 하지만 산골 오지에 사는 사람들은 그 사람들을 만나지 못하고 있다. 그런 사람들이 인류사회를 위해 뭘 기획하고 뭘 연구하고 있는지 그들은 전혀 모르고 있다.

"부처를 보려면요?"
"눈을 뜨면 부처가 보입니다."

아무리 부처가 많이 있다 하더라도 장님에게는 보이지 않는다. 눈을 뜨면 바로 보이는데 눈을 뜨는 시간이 그렇게도 오래 걸리는 것이다.

[海東疏] 然是以下 顯其微過 如脩多羅以下 第三會通權敎

그러나 이 라고 한 이하는 미세한 과실을 나타낸 것이고, 저 수다라하고 한 이하는 세 번째로 권교를 회통한 것이다.

설사 십주에 올라갔다 하더라도 아직 무량전생에 지어 온 죄업이 남아 있다. 비록 거친 죄업은 1만겁 동안 다 털어내었다 하지마는 그래도 미세한 과실의 죄업은 그대로 남아 있기에 그렇다.

원문에 수다라라고 한 그 이하는 권교다. 권교는 방편교를 권교라고 한다. 방편교는 진실된 실교를 설하기 위해 일시적으로 가설한 가르침이다.

성장하는 아이들에게 그에 맞는 동화가 있듯이 근기가 낮은 중생들에게 설해진 가르침이 있다. 그것이 권교다. 그것은 불설 45년 설법 대부분이다.

실교는 극히 일부분에 그친다. 하지만 그 일부분도 본질에서 보면 역시 권교가 된다.

기독교 성서는 일점일획이 다 하느님 말씀이라고 하지마는 불교는 팔만사천법문이 다 부처를 드러내는 언어에 불과하다. 그래서 그것은 모두 실교가 아니라 권교라고 한 것이다.

[海東疏] 如本業經云 七住以前爲退分 若不値善知識者 若一劫乃至

十劫 退菩提心

저 본업경에서 말씀하시기를, 7주 이전은 뒤로 물러날 확률이 있다. 만약 선지식을 만나지 못하면 1겁에서 10겁 사이에 그 보디심이 퇴락되는 것이다.

7주는 10주 중에서 불퇴주다. 그래서 자꾸 이 계위가 언급된다. **영락경**에서는 10주의 초발심주는 십신에서 닦은 공덕의 힘으로 올라간 자리다.

그러므로 이것은 진정한 불퇴주가 아니다. 불퇴주인 7주가 되어야 뒤로 물러남이 없다고 하셨다.

그러나 그것은 사실이 아니다. 10주에 올라가면 불퇴는 되지 않는다. 그 계위는 이미 발사대를 떠난 로켓이다. 결코 그 발사대로 돌아오지 않는다. 그런데도 왜 그런 말씀을 하셨을까.

海東疏 如淨目天子 法才王子 舍利弗等欲入第七住 其間値惡知識因緣故

저 정목천자와 법재왕자, 사리불들이 제 7주에 들어가고자 했으나 그 사이에 악지식을 만난 인연으로

정목천자와 법재왕자 사리불들은 다 소승의 수행자들이다. 그들도 전생에 모두 대승의 과정을 수행하였다.

그런데 지금은 소승법을 수행하고 있다. 그 이유는 나쁜 스승을 만나 7주인 불퇴주에 안전하게 들어가지 못했기 때문이다고 하셨다.

하지만 그것은 그저 말씀일 뿐이지 실재로는 그렇지 않다는 것이다.

낡고 닳은 타이어를 새것으로 갈아 끼우고 가야 할 방향을 잡는다. 그때 타이어 바퀴를 바짝 조인다. 어설프게 조였다가는 절단이 난다. 그처럼 수행자의 마음을 다시 바짝 조이겠다는 취지의 말씀이지 사실은 그런 뜻이 아니다는 것이다.

海東疏 退入凡夫不善惡中 乃至廣說

퇴락해 범부의 불선한 악 가운데 들어갔다 고 하시면서 널리 설하신 것이 있다.

영락경이 말씀하시고자 하신 이유가 바로 이런 것이다. 까딱 잘못하다가는 이제까지 쌓아온 모든 것이 헛일이 될 수 있으므로 정신을 바짝 차려라 하는 경고성 말씀이라고 할 수 있다.

그러니까 그 말씀은 느슨해지고 해이해지는 정신을 새롭게 다그치고 더 야물게 다잡고자 하신 것이지 결코 그분들이 7주에 올라가지 못해 소승의 신분으로 퇴락한 것은 아니라는 뜻이다.

海東疏 今釋此意但是權語 非實退也

여기서 이 뜻은 단순이 권어일 뿐 실제로는 물러나지 않는다는 것을 풀이하였다.

권어는 권교의 말씀이다. 이것은 사실이 아닌데도 사실인 것처럼 말하는 것이다.

군대훈련소에서 훈련병들이 귀가 따갑도록 듣던 소리가 있었다. 그것은 조교가 그들을 겁주기 위해서 유급을 받으면 재입소를 해서 다시 훈련병이 된다고 한 것이다.

학교도 마찬가지였다. 선생님이 그랬었다. 숙제를 안 해오고 결석을 자주 하면 내년에 상급학년으로 올라갈 때 같이 따라가지 못하고 한 학년 아래로 떨어진다고 했다.

군대훈련소 조교나 국민학교 교사의 말은 진실이 아니었다. 단지 나태하고 게으른 자들의 마음을 다그쳐 계속 앞으로 나아가게끔 탄력을 주기 위한 선의의 거짓말이지 진짜로 그런 뜻은 아니었던 것이다. 그것이 권어이다.

海東疏 又是菩薩以下 第四歎其實行 永無怯弱 卽成彼經是權非實也
우시보살이라고 한 그 이하는 네 번째로 그 실행을 찬탄한 것이다. 영원히 겁약함이 없다고 했으니 저 경은 권교이지 실교가 아니라는 것을 입증한 것이다.

원문에 우시보살이라고 한 이하 문장은 네 번째다. 이 대목은 신성취한 공덕에 대한 네 번째 문장이 된다.

첫째는 신성취하는 수승한 공덕을 드러냈었고, 둘째는 미미한 허물을 밝혔다. 그리고 셋째는 권교를 회통하고, 넷째는 신성취하는 실행을 찬탄한 것인데 지금 그 넷째를 말하고 있다.

믿음을 성취한다는 것은 정말 대단한 업적이다. 이것은 3대아승기겁 동안 대웅의 건물을 세우는 기반작업이 완성된 것과 같다. 이제

416

거기다 52층이나 되는 깨달음의 빌딩을 세우는 것이다.

② 해행발심

起信論 解行發心者 當知轉勝
해행발심은 당연히 한 단계 더 수승한 것임을 알아야 한다.

한 평생을 살기 위해 교육받는 기간이 16년이 넘는다. 그런데도 막상 사회에 나오면 인생의 길이 보이지 않는다. 그런데 영원히 사는 길을 찾으려면 얼마나 많은 세월을 배우고 익혀야 할까.

그것이 바로 신성취하는 기간이다. 무려 1만겁 동안이다. 그렇게 고된 교육과 실천수행을 하고나서야 드디어 앞길이 보이기 시작한다. 그것이 이제 해행발심이다.

잘 알아두어야 한다. 대승불교에는 사실 구도라는 뜻이 없다. 구도는 힘들게 길을 찾는다는 말이다. 그 길은 헤매어 찾아지는 것이 아니라 신성취를 하면 자연적으로 보이게 되는 길이다.

갓 태어난 강아지가 어미를 보려고 해도 봐지는 것이 아니다. 젖을 잘 먹고 잘 자면 자연적으로 눈이 떠져서 어미 개가 그대로 보이는 것과 같다.

그렇다면 범부도 이 해행발심을 할 수 있는 것인가. 그렇지 않다. 해행발심은 신성취발심을 하고 난 뒤에 하는 것이다. 그래서 이 발심은 신성취발심보다 한 계단 더 수승한 발심이라고 하였다.

起信論 以是菩薩從初正信已來 於第一阿僧祇劫將欲滿故

이런 보살은 처음부터 正信으로 시작해 제1 아승기겁을 꽉 채우려 하는 자들이다.

이제부터 진짜의 수행이 시작된다. 그 수행의 바탕은 正信이다. 正信은 올바른 믿음이다. 이 믿음을 성취하기 위해 상근기의 범부가 1만겁 동안 복덕과 지혜를 닦아 왔다. 그래서 신성취를 했다.

그 신성취를 바탕으로 이 해행발심 수행을 1대아승기야 동안 하는 것이다. 결코 멈추거나 물러나지 않는다. 오로지 앞으로만 나아간다.

바다로 들어가는 강물은 중도에서 마르거나 머무르지 않듯이 열반을 향해 나아가는 이 수행은 중도에서 그치거나 좌절하지 않고 1대 겁아승기야 동안 계속해서 앞으로만 꾸준하게 나아간다.

起信論 於眞如法中 深解現前 所修離相

그들은 진여법 중에 나타난 것들을 완벽히 알기에 수행으로 그 허상을 벗어나려 한다.

그들은 이제 분명히 알고 있다. 눈앞에 나타나 있는 이 세상 모든 것은 전부 다 허상이라는 사실을 완벽하게 안 상태다.

그래서 그 허상으로부터 벗어나고자 한다. 마치 눈병으로 사물이 흔들리게 보이는 사람은 어떻게든 그 증상으로부터 벗어나고자 치료를 받고자 하는 것과 같다.

起信論 以知法性體無慳貪故 隨順修行檀波羅密

법성 자체에는 간탐이라는 것이 없다는 것을 알았다. 거기에 수순하고자 단바라밀을 수행한다.

법성은 우리 마음의 진여자성이다. 진여 그 자체는 완전하고 완벽하다. 하나도 모자람이 없고 부족한 것이 없다. 거기에는 인색하고 간탐하는 속성이 없다. 이제 그것을 알았다.

그런데 우리는 무엇이든지 아까워하고 탐욕을 부린다. 그런데도 완전히 내 것으로 만들 수도 없다. 그러면 진여자성을 찾아야 한다. 그렇게 하기 위해서 단바라밀을 수행한다.

단바라밀은 보시의 행으로 이 고통 세계를 넘어 피안으로 가고자 하는 방법이다. 단이라는 말은 범어 Dana의 음역이며 한역하면 보시다.

그렇다면 범부도 이 보시바라밀을 행할 수 있을까. 그것은 앞에서도 말했지마는 불가능하다. 그냥 있는 것을 나눠주고 생색내는 수준이다. 그래도 그 나눠준 공덕은 유루복이 되어 언젠가는 되돌려 받는다.

起信論 以知法性無染 離五欲過故 隨順修行尸波羅密

법성에는 오염이 없어서 다섯 가지 욕망의 과오를 벗어나 있다는 것을 알았다. 거기에 수순하기 위해 시바라밀을 수행한다.

우리의 진여본성에는 오염이 없다는 것을 알았다. 오염은 잘못되게 물들었다는 뜻이다. 어느 것에 물들여졌는가 하면 크게 五欲이다. 그것은 財色食名壽다. 재물과 이성, 맛있는 음식과 명예, 그리고 장수하고자 하는 욕망이다.

내 마음이 오염될 때 이것들은 강한 욕망으로 일어난다. 마치 술 취한 사람이 기름진 안주를 찾는 것과 같다. 이런 욕망은 끝나지 않는다. 술이 결국 사람을 망쳐버리듯이 이 오욕은 결국 사람을 지옥에 처박아 버린다.

그리고 다시 태어나서 또 이 오욕을 탐하게 한다. 그것은 미완으로 끝난 업이 마음속에 도사리고 있기 때문이다. 그러므로 이것은 소금물을 마시는 것처럼 그치질 않는다. 이제 이 짓은 그만두어야 한다. 그러면 거기에 진짜 좋은 것들이 드러난다.

흡연하는 자가 담배를 끊으면 자기도 좋고 남도 좋다. 금연자가 한결같이 하는 소리가 왜 진작 이것을 끊지 않았을까 하는 후회다. 그들은 금연을 하고 나서야 그것이 좋았다는 것을 아는 것과 같다.

오욕을 상대하는 데는 시라바라밀이 적격이다. 시라는 범어로 Sila라고 하고 한역으로는 계율이다. 내 진여와 하나가 되기 위해서는 계율로 이 욕망들을 억압하고 제압해야 한다.

起信論 以知法性無苦 離瞋惱故 隨順修行羼提波羅密
법성에는 고뇌가 없어서 성냄과 괴로움이 없다는 것을 알았다. 거기에 수순하기 위해 찬제바라밀을 닦는다.

우리의 진여본성에는 원래 고뇌가 없다. 그런데 우리는 늘 성냄과 괴로움에 젖어 산다. 나를 거슬리게 하는 것이 왜 그리 많고 나를 힘들게 하는 일이 왜 그리 많은지 한시도 마음 가뿐할 날이 없다.

그 고뇌로부터 벗어나기 위해 찬제바라밀을 닦는다. 찬제는 범어로 ksanti며 한역으로는 인욕이라고 한다.

起信論 以知法性無身心相 離懈怠故 隨順修行毗梨耶波羅密

법성에는 身心이라는 것이 없어서 해태를 벗어나 있다는 것을 알았다. 그것에 수순하기 위해 비리야바라밀을 수행한다.

우리가 갖고 있는 몸과 마음은 적재된 죄업이 만들어 낸 한시적인 모습이다. 이것은 원래 내 모습이 아니고 내 마음도 아니다. 그래서 이것을 내 것이라고 하는 자들을 범부라고 한다.

몸은 끊임없이 무엇을 해달라고 하고 마음은 천리만리를 들쑤시고 다닌다. 그러다 지치면 송장처럼 쓰러져 잔다. 아침이 되어 기력이 충전되면 또 다시 그렇게 나를 종일토록 부려먹는다.

그러므로 죄업으로 만들어진 껍데기 身心으로부터 벗어나야 한다. 왜냐하면 이 身心은 지칠 줄 모르고 나를 애먹이기 때문이다.

身心으로부터 벗어나려면 열심히 수행해야 한다. 그럴 때 죄업이 피곤하다며 나의 갈 길을 막는다. 그때 필요한 것이 비리야수행법이다. 비리야Viriya는 범어고 한역으로는 정진이다.

결연한 마음으로 이 정진에 나아가지 않으면 한 걸음도 자신을 향상시킬 수 없다. 그러면 다시 억겁을 두고 죄업의 身心에 묶여 사바세계를 떠돌아야 한다.

起信論 以知法性常定 體無亂故 隨順修行禪波羅密

법성은 항상 안정되어 그 본체에 산란함이 없다는 것을 알았다. 거기에 수순하기 위해 선바라밀을 수행한다.

진여자성은 언제나 안정되어 있다. 그런데 우리의 마음은 바람 앞에 밀가루처럼 분분하게 흘날린다. 육신이 평화롭고 마음이 안정되어야 하는데 육신은 6도에 정처없이 떠돌고 마음은 있지도 않은 허상을 쫓느라 바쁘기만 하다.

이런 산란스런 마음을 가라앉히는 데는 무엇보다도 선바라밀을 닦아야 한다. 그러면 어지럽게 날뛰는 마음이 고요하게 안정을 찾는다.

선은 범어로 Dhyana며 한역으로 선나라고 한다. 그것을 줄여서 선이라고 한다. 그러니까 선의 어원은 다냐인 셈이다.

起信論 以知法性體明 離無明故 隨順修行般若波羅密

법성의 본체는 밝아서 무명을 벗어나 있다는 것을 알았다. 거기에 수순하기 위해 반야바라밀을 수행한다.

진여자성의 본체는 밝고 청명하다. 그런데 우리의 마음은 어리석음과 혼탁함으로 덮여 있다. 거기서 무슨 아름다움이 나오고 무슨 진실됨이 나오겠는가.

이제 원래의 우리 마음은 밝고 청명하여 각조의 기능을 갖고 있다는 것을 알았다. 그렇다면 어떻게든 그것을 찾아야 한다. 그렇게 하기에 가장 적합한 수행이 바로 반야바라밀이다.

반야는 범어 Prajna의 음역이고 지혜라고 한역한다. 누구든 자신이 어리석고 우매하다고 느낀다면 이 반야를 찾아야 한다. 그렇지 않으면 멀쩡한 눈에 검은 비닐봉지를 덮어쓰고 사는 것처럼 평생 실상을 보지 못하고 죽는다.

海東疏 第二解行發心中 言第一阿僧祇將欲滿故於眞如法深解現前者

두 번째인 해행발심 가운데서, 제1 아승기겁을 꽉 채우려 한 자들은 진여법 중에서 나타난 허상들을 완벽하게 이해한 자들이다.

초발심부터 부처가 되는데 3대겁아승기야가 걸린다고 했다. 이제 1대겁아승기야가 어디에 해당되는지 그 계위가 드러났다. 그러니까 십주 십행 십회향의 30계단이다.

이 30계단을 넘어가는데 정확히 1대겁아승기야가 걸린다. 정말 무량한 세월이고 한량없는 시간이다. 마음을 깨달아 부처가 된다는 것이 얼마나 어렵고 요원한 일인지 새삼 알게 해주는 대목이다.

여기 계위에서 수행하는 분들을 삼현보살이라고 부른다. 이분들은 세상의 모든 법들이 실체가 없는 허상이라는 사실을 알고 있다. 하지만 아직 그것으로부터 벗어나지를 못한 상태다. 마치 TV는 허상이라는 사실을 잘 알면서도 그 끌어당기는 영상으로부터 완전히 초연하지는 못하는 것과 같다.

海東疏 十迴向位 得平等空 故於眞如深解現前也

그들은 십회향의 계위에서 평등공을 얻는다. 그래서 진여법 중에서 나타난 눈앞의 허상들을 깊이 이해하고자

그래서 이 계위가 끝날 때까지 쉼 없는 수행을 계속해 나아간다. 그러다 10회향 말미에 다다르면 드디어 평등공을 증득한다. 평등공은 세상과 내가 함께 공하다는 俱空의 자리다.

이 구공을 깨달으면 空은 없다. 이 空은 삼현에서 끝이 나고 十地에서는 묘유가 드러나기 시작한다.

인물이 수려하고 머리가 아주 좋은 청년 하나가 있었다. 집안은 대대로 만석꾼을 뛰어넘고 뼈대는 우주에서 제일가는 황상의 핏줄을 타고 났다.

그런데 어쩌다 자기도 모르게 마음에 들어간 불각의 기생충으로 인해 완전히 미쳐버렸다.

그는 집을 나와 중생세계를 정처없이 떠돌아다녔다. 그렇게 오랫동안 미친 신분으로 헤매다보니 그 자신이 원래 그렇게 천박스런 신분인 줄 알았다.

그러다 인간 세상에 태어나 천만다행히 부처라는 분을 만났다. 부처가 그를 보더니 너무 안타까워하면서 그대의 본 모습은 지금 그 모습이 아니다고 했다. 그러므로 빨리 원래대로 회복하라고 하셨다.

그런데 그 말씀이 처음에는 결코 믿기지 않았다. 뭐 저런 분이 다 있나 라고 의심을 했다. 그런 의심으로 그 말씀을 온전히 믿는 데 1만겁이 걸렸다.

그분을 완전히 믿고 의지하니 그 불각이 저지른 병폐의 치료법을

알려주셨다. 그것은 마음속에 들어 있는 독성을 우선 빼내는 일이었다. 그것이 바로 6바라밀이다.

마음에는 원래 간탐이라는 것이 없기 때문에 보시바라밀을 행해서 간탐의 독을 없애야 한다.

마음에는 원래 오염과 오욕, 그리고 잘못된 것이 없기 때문에 계율바라밀을 행해서 그 독성을 빼내야 한다.

마음에는 원래 고통도 없고 성냄도 없고 고뇌도 없기 때문에 인욕바라밀을 행해서 그 독성을 빼내야 한다.

마음에는 원래 범부의 몸과 마음 같은 것은 없고 게으르고 나태한 것이 없기 때문에 정진바라밀을 행해서 그 독성을 없애야 한다.

마음에는 원래 산란한 망념 같은 것이 없기에 선정바라밀을 행해서 그 독성을 빼내야 한다.

마음에는 원래 어리석음인 무명이 없는 것이기에 지혜바라밀을 행해서 그 독성을 없애야 한다고 하였다.

걸어가는 신발 속에 모래알 한 개 들어 있어도 한없이 불편하고 고통스럽다. 그런데 이런 독소들이 내 마음속 깊이 들어 있는데 어떻게 마음 편히 지낼 수 있겠는가. 생각해 보면 끔찍하다.

그래서 이 여섯 가지 바라밀을 수행함으로 부처가 되어 자유인이 된다. **서응경**에서는 이 바라밀을 到無極이라고 표현하셨다. 즉 무극에 이르게 한다는 말씀이다. 무극은 그 이상의 세계는 없다는 뜻이다. 그러니까 무극이 열반인 셈이다.

육바라밀은 춘원의 애인이라는 詩로도 유명하다. 그 詩가 해행발심의 바라밀 원뜻과 얼마나 다른지 인터넷으로 한번 찾아보시기 바란다.

海東疏 地前一阿僧祇欲滿故也 是擧解行所得發心

지전에서 1아승기를 가득 채운다. 그것을 해행으로 얻게 되는 발심이라고 한다.

지전은 10지 전을 말한다. 그러니까 1대아승기겁을 꽉 차게 흔들림 없는 수행을 하게 되면 마침내 눈앞의 緣起 세상에 현혹당하지 않는다. 세상이 뒤집어지고 하늘이 깨어져도 조금도 거기에 놀라거나 동요되지 않는다.

범부는 쥐 한 마리에도 놀라서 자기도 모르게 펄쩍 뛰지마는 신성취가 되어 삼현을 넘어가면 중생세계에서 일어나는 천재지변 같은 것들은 아무것도 아니다. 그것은 마치 TV에 나오는 괴물을 보고 아이들은 울음을 터뜨리지마는 어른들은 그런 영상에 자유로운 것과 같다.

海東疏 次言以知法性無慳貪故隨順修行檀等行者 十行位中得法空故

다음에 말한 법성에는 간탐이 없는 것임을 알아 그에 수순하고자 단檀 등의 바라밀행을 수행하는 자는 십행의 계위 가운데서 법공을 증득하게 된다.

십주에서 아공을 얻고 십행에서 법공을 증득해 십회향에서 그것을 중생들에게 베푼다.

보통 십회향 끝에서 법공을 증득한다고 하는데 여기서는 십행이라고 했다. 그것은 십회향은 수행이 아니라 자연적인 베풂으로 보았기 때문이다.

엄청나게 많은 재산을 가졌는데 십주에서 我가 없다는 것을 알았다. 그렇다면 나는 누구이며 나를 상대하고 있는 객관세계는 무엇인가를 관찰한다.

그렇게 수행해 나아가면 나뿐만 아니라 세상도 없다는 것을 깨닫는다. 그러면 내가 가지고 있는 모든 것이 다 허상이라는 것을 통달한다.

그러면 거기에 아까운 마음이 일어나지 않는다. 그러므로 그 단계에서 그것을 아낌없이 다른 중생들에게 베풀 수가 있다. 그게 십회향에서의 수행이다.

[海東疏] 能順法界修六度行 是顯發心所依解行也

법계에 수순하고자 6도행을 닦는 것은 발심에 의거한 해행을 나타낸 것이다.

법계는 나의 진여자성을 말한다고 했다. 거기에 계합하려면 6度行을 닦아야 한다. 6도행은 6바라밀이다. 度는 건널 도 자이기 때문에 고통의 세계를 건넌다는 뜻으로 度라고 한역하였다.

이제 6바라밀을 닦는 이유와 그 방법이 하나하나 다 드러났다. 즉 보시바라밀은 자비로 하고 지계바라밀은 순응으로 한다.

그리고 인욕바라밀은 섭화로 하고 정진바라밀은 不斷으로 한다. 그리고 선정바라밀은 안정으로 하고 지혜바라밀은 관찰로 하는 것이다.

섭화는 중생들을 차별없이 끌어들여 교화한다는 뜻이고 부단은 중생이 있는 한 영원히 구제하겠다는 뜻이다. 그리고 관찰은 중생들의 근기와 행업을 상대로 적절한 방편을 내리는 것이다.

이런 여섯 가지 수행의 결과를 밑천으로 드디어 十地에 들어간다. 그러면 3賢의 현자에서 십지보살의 성자가 된다. 즉 신분이 완전히 바뀌게 되는 것이다.

海東疏 △證發心中 在文有二 一者通約諸地明證發心 二者別就十地顯成滿德

증발심 글에는 둘이 있다. 첫째는 통틀어 모든 지위를 잡아 증발심을 밝혔고 둘째는 따로 십지에 나아가 이루어진 성만의 공덕을 드러내었다.

통틀어 라는 말은 10지 전체를 말한다. 그러니까 10지 전체가 증발심으로 이루어져 있다는 것을 먼저 밝힌다.

두 번째는 따로 증발심의 결과를 나타내었다. 10지가 다하면 공덕이 성만된다. 성만은 완전히 이루어졌다는 것이다. 그러니까 증발심을 한 최종의 결과가 어떻게 되는지를 설명한 부분이다.

③ 증발심

起信論 證發心者 從淨心地 乃至菩薩究竟地 證何境界 所謂眞如
증발심은 정심지로부터 보살의 구경지 까지다. 그들은 어떤 경계를
증득한다는 것인가? 말하자면 진여다.

신성취발심에서 그림 그리는 법을 배웠다. 그리고 삼현의 지위에
서 복덕을 쌓아 우주보다도 더 큰 도화지를 구했다.

이제 거기다 드디어 그림을 그리기 시작하는 것이다. 한 터치 한
터치 붓을 움직이면 그림이 완성되듯이 이 증발심에서 한 단계 한
단계 올라가면서 수행을 완성시켜 깨달음을 이룬다.

정심지는 초지로써 마음이 드디어 깨끗해진 지위라는 뜻이다. 그
것을 환희지 또는 정승의락지라고도 한다고 하였다. 법운지는 보살
의 구경지다. 그러니까 초지부터 10지까지 전부가 다 이 증발심에
해당된다.

이 증발심에서 무엇을 증득하면서 발심해 나아간단 말인가 라고
물었다. 그러자 그것은 진여다고 했다.

진여는 우리 마음의 본체다. 그것이 어떤 것인지 계속해서 깨달아
올라가는 것이다. 마치 파초가 무엇인지 한 잎 한 잎 끝까지 벗겨나
가는 것과 같은 수행이다.

起信論 以依轉識說爲境界 而此證者無有境界 唯眞如智 名爲法身
전식에 의해 경계를 말하였지만 이 증득에는 경계가 있을 수 없다.

오직 진여의 지혜만 있다. 그것을 법신이라고 한다.

경계는 상대적이다. 뭘 깨달았다고 하느냐고 물은 것은 벌써 주체에 대한 객체를 말하고 있다. 그러다 보니 그 기준을 전식으로 본 것이다. 전식은 나의 주체다.

주체가 나타나면 객체가 일어난다고 했다. 내가 나오면 객체가 보인다. 그래서 대상이라고 하지만 사실은 그런 객체의 세계는 있을 수 없다.

남녀 간에 주고받던 사랑은 없다. 헤어지고 나면 원래부터 사랑은 없었다. 마찬가지로 마음이라는 것은 객체가 없는 것이기 때문에 증득한다고 해서 어떤 무엇이 있는 것은 아니다.

정신을 산만케 하던 여인이 떠나가면 나 혼자 오롯이 남게 되듯이 마음에 먼지를 일으키던 전식이 빠지면 지혜가 온전히 드러난다. 그러면 법신보살이 되는 것이다.

起信論 是菩薩於一念頃 能至十方無餘世界 供養諸佛 請轉法輪
이 보살은 한 생각에 시방의 남음 없는 세계에 다다른다. 거기서 모든 부처님께 공양을 올리고 법륜을 굴려줄 것을 청한다.

법신보살들은 한 생각에 그 어떤 세계든지 다 갈 수 있다. 그분들은 삼세와 시방을 관통한다. 그러므로 어디든 못 가는 데가 없다. 그래서 남음이 없는 세계라고 했다. 그 세계는 부처의 세계와 중생의 세계 모두를 말한다.

석가모니부처님이 인도에 출현하셨을 때도 셀 수 없는 수많은 법신보살들이 시방허공계에서 구름처럼 몰려들었다. 그리고 그분들은 부처님께 설법을 해 달라고 청원하였다.

대승의 모든 경전들이 모두 그런 보살들의 질문과 요청에 의해 설해졌다. 단 세 가지 경전만을 빼고 그렇다는 것이다.

법륜은 상징적으로 부처님의 말씀이다. 바퀴의 기능은 멈추는 것이 아니라 구르는 것이다. 부처님의 말씀도 멈추는 것이 아니라 시방 중생 속으로 굴러다니면서 악을 굴복시켜 선을 일으키도록 한다.

그 법 바퀴가 나에게 굴러왔다. 그래서 불법을 알았다. 이제 내가 그것을 굴려 다른 중생에게 보내야 한다. 그래야 그들도 불교의 무한 이익을 얻는다.

그런데 사람들은 그 법바퀴를 굴리지 않고 자기에게서 정지시켜버린다. 바퀴는 멈추면 쓰러진다. 그들은 그것을 보고 있다. 그래서 불교가 이렇게 쇠퇴하고 있다. 참 이기적이고 무책임한 자들이다.

그것은 마치 큰 홍수를 피해 사다리를 타고 지붕 위로 올라가는데 자기만 올라갔다고 사다리 밑 부분을 잘라버리는 것과 같다. 밑 부분이 없으면 사다리는 서 있지 못한다. 그러면 결국 자기도 죽고 다른 사람도 다 죽이게 되는 것이다.

그런 상태에 처한 것이 지금 한국불교다. 모두 다 불법을 배웠다고는 하는데 전법은 가족에게도 애써서 하지 않는다. 굴려야 하는 법 바퀴를 밟고 있든지 아니면 혼자서만 껴안고 있다. 안타까운 일이다.

起信論 唯爲開導利益衆生 不依文字

그것은 오직 중생들을 이익케 하기 위해 개도하려는 것이지 문자를 남기고자 하는 것은 아니다.

개도는 열어 보여서 인도한다는 뜻이다. 마음과 세상에 대해서 전혀 모르고 있는 중생들에게 그 생태를 직접 열어 보이면서 가르치시는 것을 개도라고 한다.

모르면 질문도 못한다. 그러므로 다른 사람이 대신 질문을 해 줘야 한다. 부처님께 이런 보살들이 마음에 대해 문의하고 세상에 대해 질문한다.

그리고 세상을 어떻게 살아야 할 것인지를 묻고 세상에 대한 대처 방법도 여쭙는다. 또 마음은 어떻게 깨달아야 하는지 그 수행방법도 공손하게 묻는다.

그런 질문에 부처님은 소상히 답변해 주신다. 그것은 질문자들보다도 간접적으로 듣고 있는 일반 중생들을 염두에 두고 자비롭게 답해 주시는 것이다. 그 대화들을 묶어놓은 것이 대장경이다.

그로 인해 무지렁이인 우리 같은 범부들이 그분들의 차원 높은 대화에 크나큰 음덕을 입게 되었다. 그분들이 아니었으면 어떻게 수많은 대승경전이 쏟아져 나왔겠는가.

대승경전은 문자로 되어 있다. 문자가 중요한 것이 아니라 문자의 뜻이 중요한 것이라고 했다. 팔만대장경각과 경판이 중요한 게 아니고 거기에 새겨진 내용이 중요하다는 의미에서 문자를 남기고자 하는 것은 아니다 고 하신 것이다.

그런 의미에서 불교는 개념적인 연구대상이 아니라 실질적인 수행을 목적으로 설해진 가르침이라는 사실을 반드시 알아야 한다.

起信論 或示超地速成正覺 以爲怯弱衆生故

혹은 단계를 뛰어넘어 빠르게 정각을 이루기도 한다. 그것은 겁약한 중생들을 위해서이다.

그런 십지보살들은 시방의 중생들에게 부처가 되는 여러 가지 방법들을 보여주신다. 그중에 대표적인 예가 두 가지 있다. 하나는 정해 진 52단계를 무시하고 속성으로 성불하는 것이다.

하나는 바로 **법화경**의 용녀다. 용녀는 용왕의 딸이다. 그녀는 8살의 나이로 문수보살의 설법에 진리를 깨닫고 남자의 몸으로 바꾼다. 그리고 보살행을 속성으로 닦아 남방 무구세계에서 성불한다.

이런 내용은 **수마제보살경 대보적경 무소유보살경** 같은 데서도 비슷하게 언급하시고 있다. 이것은 점차적인 수행을 강조한 대승불교에서 아주 쇼킹한 사건이라 아니할 수 없다.

그것을 지금 마명보살이 직접 풀어주는 것이다. 그것은 일반적 사실이 아니고 겁약한 중생들을 위해 특별한 일례를 보여주신 말씀이라는 것이다. 겁약은 겁이 많고 나약하다는 뜻이다.

중생들에게 정식으로 성불은 3대겁아승기야를 지나야 할 수 있다고 하면 지레 겁을 먹고 시작조차 하지 않거나 중도에서 포기해 버린다.

그러므로 이런 일례를 제시해 나도 한 순간에 성불이 가능하겠구나 하는 희망을 주기 위해서 하신 방편 말씀이라는 것이다.

起信論 或說我於無量阿僧祇劫當成佛道 以爲懈慢衆生故
혹은 나는 무량아승기겁이 지나서야 불도를 이루겠다고 하는데 그것은 해이해지고 게으른 중생을 위해서 한 말이다.

또 하나의 예는 우리가 잘 아는 **지장보살본원경**이다. 줄여서 보통 **지장경**이라고 한다.

이 경전은 부처님이 도리천에서 모친인 마야부인을 위해 설법한 것이다. 주 핵심은 지장보살이 지옥의 한 중생이라도 고통을 받는 자가 있으면 성불하지 않겠다는 내용이다. 그리고 모든 중생이 다 성불하고 난 다음에 성불하겠다는 서원을 하였다.

이 보살 역시 부처가 되는 공식적인 시간인 3대겁아승기야를 어기게 된다.

그러므로 이 말씀 역시 사실은 그런 뜻이 아니라는 것이다. 단지 게으르거나 핑계대기 좋아하는 중생들을 다그치기 위한 방편으로 말씀하신 것이지 지장보살이 영원하게 지옥에 계신다는 것은 아니라는 것이다.

起信論 能示如是無數方便 不可思議
그들은 능히 그와 같은 무수한 방편과 불가사의를 보여준다.

10지 보살들은 무량한 세계에서 중생들을 깨달음으로 이끈다. 사람이 있는 곳이면 어디든 학교가 세워지고 교사가 아이들을 가르치듯이 범부가 있는 곳이면 어디든 보살들은 그들에게 무수한 방편과 불가사의한 신통력을 보여주시면서 열반의 세계로 이끈다.

사람이 사는 곳에 교사가 없을 수 없듯이 범부가 사는 곳이라면 보살은 언제나 그들과 함께 있다. 교사가 있어도 교육을 받지 않겠다는 사람은 교사가 필요없다.

그처럼 보살이 있어도 교화를 받기 싫다는 범부가 있으면 그분들의 행업은 보이지 않는다.

교사는 사람의 육신이 살아가는 데 필요한 정보를 주고 보살은 범부의 정신이 살아가는 데 필요한 지혜를 준다.

그러므로 교사의 교육을 받는 자들은 한 차원 더 올라가 반드시 보살의 교육을 받아야 한다.

起信論 而實菩薩種性根等 發心則等 所證亦等

진실로 말하자면 그런 보살들은 종성과 근기가 균등하고 발심도 균등하며 깨달음도 균등하다.

교사는 모두 똑같은 신분인데 학급이나 학교마다 다 다른 모습으로 가르친다. 그렇지만 교육과정은 일정하고 교육목적도 동일하다.

그처럼 보살들도 범부의 수준에 맞게 아주 다양한 모습으로 나타난다. 어떤 때는 문수보살로 어떤 때는 관음보살로 나타나고 또 어떤 때는 지장보살로 나타난다. 하지만 분명히 알아야 할 것은 그분들은 다 똑같은 법신보살의 신분이라는 사실이다.

이름이 다른 경찰들이 그렇게 많아도 다 똑같은 복장을 하고 똑같이 국민을 위하고 똑같이 재산을 지킨다. 마찬가지로 10지보살들은 이름이 다 달라도 똑같은 수준과 똑같은 발심으로 중생을 교화한다는 것이다.

起信論 無有超過之法 以一切菩薩皆經三阿僧祇劫故

그러므로 기간을 초과하는 법은 있을 수 없다. 일체보살은 모두 3아승기겁을 보내야 하는 것이다.

초과는 신분과 지위를 초월하거나 지나치는 것이다. 모든 교육에는 과정이 있고 절차가 있다.

학생들도 똑같은 수순을 밟는다. 초등생은 중학교에 들어가고 중학생은 고등학교에 들어가며 고등학생은 대학교에 간다. 초등생이 대학생이 되는 법은 없다. 된다면 그것은 천재 아니면 영재다.

보살도 마찬가지다. 모두 다 초발심으로 시작해서 법운지를 거쳐 부처가 된다. 그 과정을 무시하거나 뛰어 넘는 자들은 연각이 된다. 그러므로 부처가 되는 데는 이 정해진 코스 밖에 없다.

명심해야 한다. 부처가 되는 데 얼마나 많은 시간이 소요되는가? 3대겁아승기야다. 정말 무량한 시간이다. 밤하늘에 별을 다 보태고 땅덩어리에 있는 모래를 다 보탠 수보다도 더 많은 세월 동안 수행을 해야만 부처가 된다.

부처는 조사불교에서 말하는 것처럼 용맹한 정진으로 뚝딱 되는 것이 아니다. 결코 그렇지 않다. 그렇게 생각하는 자들은 참 간 큰 자들이다. 간이 배 밖으로 나온 자들이다. 정식으로 대승불교의 교리를 되받아친 자들이다.

그런 교리로 혹독한 징을 맞았다. 바로 이조 5백 년 동안에 벌어진 유생들의 모진 탄압이다. 그 원인은 바로 고려 중기부터 물밀듯이 들어온 조사불교의 폐해 때문이다고 말해도 과언은 아니다. 그 이유를 깊이 생각해 봐야 한다.

起信論 但隨衆生世界不同 所見所聞根欲性異 故示所行亦有差別
단지 중생의 세계가 같지 않아 보고 듣는 근기와 욕망의 성품이 다르기 때문에 행하는 바 역시 차별이 있는 것이다.

관세음보살은 자비의 상징이고 문수보살은 지혜의 상징으로 사람들에게 각인되어 있다. 그렇지 않다. 관음보살이 문수보살이 되고 문수보살이 관음보살이 된다.

아버지의 역할과 어머니의 역할은 정해져 있지 않다. 때에 따라 부모의 역할이 달라지는 것처럼 중생에 따라 보살들의 역할이 바뀌는 것이다.

나는 관음기도만 한다거나 나는 지장기도만 한다는 말은 다 자기의 근기에 적합한 보살을 부르는 것이지 보살들은 정해진 틀 속에서 움직이는 것이 아니라는 말씀이다.

그것은 배우가 시나리오에 따라 여러 캐릭터를 은막에 선보이는 것과 같다. 사람은 한 사람이지만 관객을 상대로 다양한 모습을 보이는 것이다. 그러므로 보살의 역할을 어느 특정한 상징에다 고정시켜서는 안 된다는 것이다.

起信論 又是菩薩發心相者 有三種 心微細之相 云何爲三

또 이런 보살들이 발심하는 양상에는 세 가지가 있다. 그 마음은 미세한 모습이다. 이를테면 어떤 것이 세 가지인가?

　이런 보살들은 십지보살들이다. 즉 초지인 환희지부터 마지막 지위인 법운지까지다.

　계위로 말하자면 41위부터 50위까지가 여기에 해당된다. 그중에서 45위 이상자들을 법신보살이라고 부르고 48위 이상을 법신보살, 또는 보살마하살로 일컫는다.

　그런 10지보살들은 미세한 마음을 가지고 있다고 했다. 미세는 미묘하고 섬세하다는 말이다. 부처에 가까워질수록 그 마음은 미묘하고 또 섬세하게 된다. 거기에 세 가지가 있다는 것이다

起信論 一者眞心 無分別故 二者方便心 自然徧行利益衆生故

첫째는 진심이어서 분별이 없다. 둘째는 방편심이어서 자연적으로 중생이 이익되도록 두루 행하신다.

　십지보살 중에서도 부처가 되기 전 마지막 단계에 있는 보살들이 모두 여기에 해당된다. 이런 보살들을 보살마하살이라고 했다.

　그분들은 眞心을 갖고 있다. 진심은 무분별지다. 범부에게는 진심이 없다. 아니 있지만 그것을 사용하지 못한다. 그것은 잠든 자의

안경과도 같다. 그 안경을 끼려면 일단 깨어나서 완전히 눈을 떠야 한다.

십지보살들은 방편으로 중생을 제도하면서 이타행을 한다. 그 이타행은 자연적이고 순응적이다. 인위적이거나 조작적이지 않다. 그러면서 내면으로는 업식을 없애기 위해 부단히 自利行을 한다. 자리행은 지혜를 닦는다는 말이다.

起信論 三者業識心 微細起滅故

셋째는 업식심이어서 미세하게 기멸한다.

마음의 근원을 파헤쳐보면 제일 처음으로 시작되는 주체의식이 바로 이 업식심이다. 이것을 뿌리로 해 중생의 생멸이 계속된다.

발바닥 속에 깊이 박혀 있는 티눈은 걷는 것조차 힘들게 한다. 그것을 빼내기 위해 고약을 붙인다. 시간이 지나면 그 자리에 티눈의 핵이 나온다. 그것을 파내어버리면 고통은 없어진다.

업식심은 모든 중생들에게 다 깊이 박혀 있다. 하지만 이 십지보살들에게는 티눈의 핵이 밖으로 삐져나와 있는 것처럼 업식심이 거의 다 드러나 있다.

그러므로 그것만 뽑아버리면 아픔의 중생은 끝나는 것이다. 그러면 부처가 된다.

그러니까 그분들의 경지는 거의 부처의 지위까지 다 올라선 셈이다.

海東疏 初中有四 一標位地 二明證義 是菩薩以下 第三歎德 發心相

以下 第四顯相

앞부분에 네 뜻이 있다. 첫째는 지위를 표시하고 둘째는 증득의 뜻을
밝혔다. 이 보살이하는 셋째로 공덕을 찬탄하고 발심상 이하는 넷째로
양상을 드러내고 있다.

증발심의 원문을 나누면 거기에 네 부분의 뜻이 들어 있다. 첫째
는 증발심의 계위를 표시하고 둘째는 무엇을 증득하는지를 밝히고
있다.

그리고 셋째는 그분들이 닦아 얻는 공덕을 찬탄하고, 마지막에는
그들이 어떤 마음을 갖고 무슨 일을 하며 그 자신들은 어떤 처지에
있는지 그 양상을 나타내고 있다는 것이다.

海東疏 第二中言以依轉識說爲境界者 轉識之相 是能見用 對此能
見說爲境界

둘째 가운데서 전식에 의해 경계가 된다는 것은 전식의 모습이 바로
능견의 작용이다. 이런 상대로 능견이 경계가 된다고 한 것이다.

전식은 識이고 능견은 작용이다. 그러니까 전식은 아려야식의 파
생식이고 능견은 주체적인 의식이다.

그러므로 전식이 나타나면 능견이 작용하는 것이다. 능견이 작용
하면 소견이 나타나게 되어 있다. 그 소견이 바로 경계상이고 그것
이 바로 깨달음의 대상이다. 그러므로 깨달음의 상대가 있게 되는
것이다.

以此諸地所起證智 要依轉識而證眞如 故對所依假說境界

이 모든 지위에서 증득한 지혜는 반드시 전식에 의하여서만 진여를 증득하는 것이다. 그래서 상대적인 소의를 가설로 경계라고 말한 것이다.

전식은 주체라고 했다. 주체가 생기면 객체가 있게 된다고 했다. 증득한 지혜는 주체를 상대한 객체다. 즉 能覺이 주체라면 所覺이 객체가 되는 셈이다.

그러므로 증득한 지혜는 전식에 의해 얻어지지만 그것은 사실 얻어지는 것이 아니라 주체의 확장이다.

그렇지만 그것을 설명하자니 증득하였다고는 하나 그것은 객체를 가설로 두고 한 말이다. 그 가설이 所依인 경계라고 했다.

海東疏 直就證智 卽無能所 故言證者無境界也

직설로 말하자면 증득한 지혜는 능소가 없기 때문에 이 증득은 경계가 없다고 해야 한다.

단도직입적으로 말하자면 증득한 지혜는 주체와 객체가 없다. 주체와 객체를 나누어서 분별로 얻어지는 것은 지혜가 아니라 지식이다. 그러므로 십지보살은 능의인 깨닫는 주체도 없고 깨달아지는 객체도 없다는 것이다.

그러므로 사실 증득한 지혜는 외부의 인연에서 깨달아지는 것이 아니라 주체인 내부에서 자연적으로 일어나는 것이므로 경계가 없다고 해야 옳은 말이 된다.

그러니까 증득한다 해도 증득하는 자도 없고 증득 된 그 무엇도 없다. 이것을 **반야심경**에서는 無智亦 無得 以無所得故 라고 했다.

[海東疏] 第四中言眞心者 謂無分別智 方便心者 是後得智
넷째 가운데서 말한 진심은 말하자면 무분별지다. 그리고 방편심은 후득지다.

대승십지보살은 중생을 제도하는 데 분별없는 지혜를 쓴다. 그리고 행업은 분별없는 자비로 구제한다. 그런데 중생은 끊임없이 자기를 좀 특별히 봐달라고 분별을 요구하고 선택을 강요한다.

이것은 정말 무례한 짓이다. 성자가 갖고 계시는 무분별지를 버리고 범부의 분별지로 자신을 구제해 달라고 떼쓰는 것이다. 그렇게 기도라는 이름으로 신행을 하고 있다. 결코 있을 수 없는 일이기에 그분들의 자비가 내려지지 않는다.

몇 번이나 말했지마는 그분들의 자비를 그런 방식으로 받았다면 그 자비는 정상적인 가피가 아니다. 그것은 귀신이나 마구니가 그 사람을 나쁘게 쓰기 위해서 잠깐 내려준 것이다.

방편심은 중생을 제도하는 방법이다. 그 방법을 모르면 잘못 제도하게 된다. 상처를 치료한다는 것이 더 덧나거나 더 도지게 만들 수도 있다. 그러므로 후득지가 없으면 중생을 제도할 수 없다.

그러면 스님들은 어떠한가. 스님들은 후득지가 있는 것인가. 사실 그분들이 중생을 제도하는 것은 아니다. 그분들은 중생을 부처님께

442

인도하는 것이다. 부처님 말씀이 그들을 제도하는 것이다.

海東疏 業識心者 二智所依阿梨耶識

업식심이라는 것은 두 지혜가 의거하는 아려야식이다.

　두 지혜는 무분별지와 후득지다. 무분별지는 근본지며 조적혜다. 후득지는 중생세계를 관조하는 지혜라고 했다.

　이런 것들이 다 부처에게 들어 있다. 그와 동시에 아려야식에도 들어 있다. 아려야식은 중생의 마음이다. 그것이 얼마나 어떻게 작용하는지가 다를 뿐이지 중생의 마음속에도 이것이 들어 있기는 매한가지다.

海東疏 就實而言 亦有轉識及與現識 但今略擧根本細相

사실로 말할 거 같으면 전식과 및 현식에도 있지마는 다만 지금은 간략히 근본이 되는 미세한 모습만 들었다.

　무분별지와 후득지는 아려야식 뿐만이 아니라 전식과 현식에도 들어 있다. 하지만 그 기능이 현저히 떨어진다는 것이다.

　그런데 왜 이것들은 제쳐두고 아려야식만 언급했느냐고 의아해할까봐 근본이 되는 미세한 모습을 예로 들다보니 업식의 마음만 말했다고 한 것이다.

海東疏 然此業識非發心德 但爲欲顯二智起時 有是微細起滅之累

不同佛地純淨之德

그러나 이 업식은 발심의 덕이 아니다. 아직도 두 가지 지혜가 일어날 때 미세한 기멸의 번뇌가 있으므로 불지에 있는 순정의 덕과는 같지 않다.

비록 업식이 전식 현식의 위 단계이며 부처가 되기 일보 직전이라 해도 그 업식의 마음이 가지고 있는 공덕은 원만하지 않고 완전치도 않다.

중생 쪽에서 보면 엄청난 단계고 굉장한 수준이다. 그것은 수많은 수행의 결과로 얻어진 증과지만 아직도 두 지혜에 불순물이 끼어 있다. 그것은 불각이 만든 업식이 아직 떨어지지 않는 상태라서 그렇다.

그러므로 업식이 드러남은 나름대로 굉장한 결과이지만 부처에 비하면 아무것도 아니다. 왜냐하면 부처는 업식이 완전히 떨어진 순정의 공덕을 구비하고 있기 때문이다.

海東疏 所以合說爲發心相耳

조건이 그러하지만 합해서 발심상이라고 했을 뿐이다.

조건은 아직도 업식심을 가지고 있다는 거다. 앞에 두 가지는 완벽하다. 두 가지는 진심과 방편심이다. 그러나 증발심의 결과인 부처가 되기에는 하나가 부족하다. 그것이 바로 업식심이다.

하지만 두 개가 이미 완성되어 있기 때문에 한 개의 부족함을 내세우지 않고 같이 합해서 증발심의 양상이라고 하였다.

그러니까 증발심은 증득과 발심의 두 가지 뜻을 묶어서 명명했다는 것이다.

△以下第二別顯成滿功德 於中有二 一者直顯勝德 二者往復除疑

이하 밑으로는 둘째로 성만의 공덕을 특별히 나타내었다. 거기에 둘이 있다. 하나는 직설적으로 수승한 공덕을 나타내었고 둘은 왕복으로 의심을 없애고 있다.

성만은 공덕이 완전하게 이루어진 상태다라고 했다. 즉 신성취발심을 하고 난 뒤 3대겁아승기야 동안 수행하면 성만이 된다. 그 성만에 대해서 두 방면으로 설명한다.

하나는 직설적으로 성만의 결과는 수승한 공덕이 된다는 설명이고, 또 하나는 거기에 대한 가상의 질문자를 내세워서 그에 대한 답을 해주겠다는 것이다.

起信論 又是菩薩功德成滿

드디어 이 보살의 공덕이 원만하게 이루어지면

어류는 물속에서 태어나고 조류는 둥지에서 태어난다. 해달은 바다에서 태어나고 수달은 강가에서 태어난다. 돼지는 돼지우리에서 태어나고 사람은 산부인과에서 태어난다. 이거 모르는 사람은 아무도 없다. 그럼,

"부처는 어디에서 태어나는가?"

"부처 집에서 태어나겠지요?"

바로 그거다. 부처는 부처 집에서 태어난다. 그런데 왜 자꾸 중생
이 살고 있는 이 땅에서 부처가 태어난다고 하는가. 이치에 맞는 말
인가 이것이. 부처는 부처가 되는 곳이 따로 있다. 중생이 이 땅에서
만들어진다면 부처는 부처 땅에서 만들어져야 정상이다.

그런데도 수행자가 정진을 열심히 하면 이 땅에서 부처가 된다고
한다. 이게 말이 되는 소린가. 완전 허튼소리다. 그런데도 말은 늘
그렇게 한다. 범부가 참선해서 깨달으면 부처가 된다고.

그런데도 참선을 해서 부처가 된 자는 아무도 없다. 이거 완전 말장
난이다. 그게 조사불교의 한계다. 우리 불교가 이 황당한 논리 속에
빠져 있다. 그러니 어떻게 사람들에게서 신뢰받는 종교가 되겠는가.

커가는 아이들에게 착한 생활로 공부 잘하면 대통령이 된다고 하는
말은 그나마 희망적이다. 그중에서 대통령이 나올 수도 있기 때문이
다. 그러나 수행 잘하면 부처가 된다고 한다면 이것은 완전 생뚱맞은
거짓말이다. 왜냐하면 부처는 절대로 이 땅에서 되지 않기 때문이다.

"그래도 부처님 오신 날이라 하잖아요?"

"맞아. 부처님 오신 날이야. 정확히."

오신 날이라면 어디서 오셨다는 말이다. 여기서 실상론을 주장하
는 자들이 분명 태클을 걸겠지. 부처가 어디 오고 감이 있느냐고.

부처는 시방과 삼세에 상주한다고 하겠지.

실상론으로 말할 것 같으면 부처도 없고 중생도 없다. 제도하는 자도 없고 제도 받는 자도 없다. 사바도 없고 열반도 없다. 온 곳이 없으니 간 곳도 없다. 태어나지도 않았고 열반하지도 않았다. 그런데 그들도 부처님오신날 행사는 한다. 그게 선종이라 하는 한국불교의 모순이다.

연기론으로 보면 이렇게 중생이 있다. 생사에 윤회하면서 한없는 고통을 받고 있다. 중생이 이렇게 있는데 어떻게 부처가 없겠는가. 구원을 필요로 하는데 어떻게 구제가 이뤄지지 않겠는가. 그러므로 부처가 이렇게 오신 것이다 고 한다.

起信論 於色究竟處示一切世間最高大身

저 색구경처에서 일체세간에서 가장 고귀하고 위대한 몸으로 나타난다.

부처는 부처가 탄생하는 곳이 있다. 그곳이 바로 색구경처다. 처는 천을 말한다. 그러니까 색구경천이다. 색구경천은 색계의 마지막 하늘이다. 색계는 18천으로 되어 있으며 4등분으로 나눠진다.

아비달마순정이론에 의하면 초선천에 3개의 하늘, 2선천에 또 3개의 하늘, 3선천에 또 3개의 하늘과 4선천에 9개의 하늘이 중첩되어져 있다고 한다. 그러니까 색구경천은 욕계 18천 중에 제일 꼭대기 하늘이 되는 셈이다.

인간이 서 있는 땅보다 낮은 곳에 사는 생명체는 어류들이다. 그 어류들과 인간들의 삶을 비교해 보시기 바란다. 실로 엄청나게 차이가 난다. 그처럼 우리 위에 있는 사왕천 하늘에다 인간세상을 비교하면 딱 인간과 어류 정도의 차이다.

사왕천 위에 도리천 야마천 도솔천 화락천 타화자재천이 있다. 이 여섯 하늘을 욕계라고 부른다. 욕계는 욕심과 성냄, 그리고 어리석음이 치열한 세계다.

욕계 위에 색계 18천이 있다고 했다. 색계는 물질과 형태가 불가사의하게 아름답고 기묘한 세상이다고 했다. 그러니까 우리 범부의 식견으로써는 가히 상상할 수가 없는 세계다.

똑같은 인간세상에서도 움막에 사는 거지는 궁궐 안 세계를 결코 상상할 수 없다. 그런데 어떻게 인간이 사왕천에 있는 천인들의 삶과 그 하늘의 장엄함을 상상할 수 있겠는가. 이런 비교형식으로 욕계를 넘어 색계까지 對比해 가는 것이다.

욕계는 색계에 비하면 정말 늑대 굴 같은 곳이다. 그런 색계라도 한 하늘씩 올라갈 때마다 엄청나게 수준이 다르고 차원이 다르다. 그런 비례로 색계의 끝 하늘까지 올라간다. 거기가 색구경천이다.

색구경천은 형상 있는 것 중에서 제일 아름답고 모양 있는 것 중에서 가장 수승한 곳이다. 거기에 사는 천인들은 중생세계에서 최고로 복이 많고 최고로 지혜 많은 자들이다.

起信論 謂以一念相應慧 無明頓盡 名一切種智

이를테면 무명이 완전히 없어져서 일념이 지혜와 상응하니 그 이름을 일체종지라 한다.

보살 십지를 넘으면 등각이 된다. 그리고 정각을 이룬다. 그러면 부처가 된다. 그래서 색구경처에서 부처가 된다고 했다. 그때 부처에게서 일체종지가 나온다.

일체종지는 일체 모든 것을 다 아는 지혜다. 생물이건 무생물이건 어떤 종류든 간에 그 본질과 현상을 다 꿰뚫어 아는 능력이다. 이것은 근본지와 후득지의 통합지다.

분별심으로 망념과 상응하면 지식이 되고 한 생각이 지혜와 상응하면 일체종지가 된다.

起信論 自然而有不思議業 能現十方利益衆生
그러면 자연히 불가사의한 행업이 있어 능히 시방에 나타나 중생을 이익되게 한다.

그런 지혜의 힘을 가지고 중생을 이롭게 하기 위해 세상에 나타난다. 그리고 불가사의한 행업을 이룬다. 그 행업은 중생을 부처로 만드는 불사라고 했다.

그것은 불가사의하다. 왜냐하면 범부로서는 그분들의 행업인 작용을 알 수가 없기 때문이다.

海東疏 初中言功德成滿者 謂第十地因行成滿也
처음 가운데서 공덕이 원만하게 이루어졌다는 것은 제 十地에서 인행이 원만하게 이루어졌다는 말이다.

부처는 두 가지 원만을 가지고 있다. 그중 하나가 공덕이다. 허공이 일체의 만물을 다 가지고 있듯이 부처는 공덕이라는 공덕은 모두 다 가지고 있다. 그것은 선행과 자비로 형성된 결과물이다. 그래서 **승만경**에

> 惡盡曰功
> 善滿稱德

> 악이 다하여 공이 되고
> 선이 가득해 덕이 된다.

고 하셨다. 그 공덕은 백년 천년 만년에 이루어진 것이 아니다. 그것은 실로 무량 아승기겁 동안 지어 온 공덕이다. 그러므로 일체중생이 56억 7천만 년이나 쓰고도 남는다. 그런 공덕을 그분이 갖고 계신다.

그 공덕은 因行에 의해 이뤄졌다. 인행은 그런 공덕을 완성하여 부처가 되겠다는 발심의 바탕이다. 그것이 성취되었다는 것이다.

이제 그것을 나눠 주고자 한다. 누구든 공덕이 필요하면 그분께 엎드리면 된다. 그러면 그분은 공덕의 밭을 내려 주신다.

엎드린다는 말이 귀에 거슬리는가. 이 말은 진정으로 그 공덕이 필요하면 그분께 직접 달라하라는 뜻이다.

중생들 모두가 다 공덕결핍으로 힘들게 살지만 진정으로 그것을 구하지는 않는다. 진짜로 필요하다면 목숨을 걸고라도 부처에게 나아가 공덕배양과 증장방법을 배워야 한다.

왜 직접 공덕을 주지 않느냐고 원망하지 말라. 국민과 자식을 진정으로 사랑하는 국가와 부모는 다 큰 어른에게 돈을 나눠주는 것이 아니다. 돈을 벌 수 있도록 조건과 환경을 만들어준다. 그래야 모두 거지근성을 벗어나 자기완성을 이룰 수 있다.

그처럼 부처는 중생을 거지로 만들지 않는다. 모두 다 자기혁신을 이뤄 부처가 되도록 공덕의 밭을 분수에 맞게 내려 주신다. 거기다가 공덕을 심으면 된다.

그리고 형편에 따라 그 공덕의 밭을 넓혀 나가면 된다. 공덕을 어떻게 심는지에 대해서는 지혜를 배우면 된다.

그 공덕의 밭을 작게 일구고 있는 자는 삼현보살이고 많이 일구고 있는 자는 십지보살이다. 그럼 우리는? 우리는 뭐 가진 것이 없다. 그래서 아무것도 없는 우리가 그분께 엎드려야 한다는 것이다.

海東疏 色究竟處示高大身 乃至名一切種智等者 若依十王果報別門 十地菩薩第四禪王

색구경처에서 고귀하고 위대한 몸을 보인다 에서부터 그 이름을 일체종지라고 한다 까지를 십왕의 과보 별문에 대비해 보면 십지보살은 제 사선왕이 된다.

10왕은 욕계 6천과 색계 4천을 다스리는 각각의 왕이다. 중생이 살고 있는 곳은 세상 어디든 다 왕들이 있다.

과보 별문이라는 말은 공덕을 닦아 이룬 결과를 개별의 세계로 보면 이라는 뜻이다. 그러니까 10세계를 다스리는 왕들의 高下에 대비해 보면 이라는 말이 된다.

그래서 부처가 되는 후보는 최후에 왕 중에서도 왕인 제4선천의 왕이 되는 과정을 밟는 것이다.

海東疏 在於色究竟天成道 則是報佛他受用身

그분은 그 색구경천에서 성도하게 되는데 그 부처는 보신불의 타수용신이다.

그 왕은 색구경처에 머무르면서 최종적으로 부처가 된다. 그러니까 색구경천의 하늘 중심부인 색구경처에서 드디어 부처를 이룬다는 말씀이다. 그래서 원문에 색구경처라고 하였다.

부처를 이루는 그 부처는 독립적인 부처가 아니다. 그 부처는 보신불이 나툰 타수용신이다. 보신불은 한량없는 발원과 다함없는 수행으로 천만만덕이 갖추어진 부처다.

부처를 보통 삼신으로 나눈다. 법신과 보신 그리고 화신이다. 법신불을 하나의 바다라고 하면 보신불은 나눠진 바다다. 즉 인도양 태평양 대서양과 같이 한 구역을 맡고 있는 부처라고 보면 된다. 우리가 태평양 해상권에 살고 있듯이 우리는 노사나라고 하는 보신불의 영역권에 살고 있다.

그러니까 우리가 십주를 거쳐 십행 십회향 십지를 넘으면 부처가 되는데, 그 부처가 되는 장소가 색구경천의 색구경처가 되고 그 부처는 보신불의 타수용신이 된다는 것이다.

타수용신은 四佛身의 하나다. 그러니까 불신의 작용을 넷으로 나누면 자성신 자수용신 타수용신 변화신이다.

자성신은 진여를 증득한 본체의 부처고 자수용신은 부처 스스로가 누리는 법락이며 타수용신은 10지보살을 제도하기 위해 나타낸 모습이고 변화신은 이승과 범부에게 나타내는 화신과 응신이다.

海東疏 如十地經攝報果中云 九地菩薩作大梵王 主二千世界 十地菩薩作魔醯首羅天王 主三千世界

십지경 섭보과에서 9지보살은 대범천왕을 거느리면서 2천세계의 주인이 되고 십지보살은 마혜수라천왕을 거느리면서 3천세계의 주인이 된다고 하셨다.

십지경은 **화엄경** 속의 한 대목이라고 했다. 섭보과는 수행을 한 과보를 말한 것이다.

그러니까 9지보살은 대범천왕을 거느린다. 대범천왕은 보통 범천왕이라고 하는데 색계 초선천의 왕이다. 이 천왕은 불교를 위호하는 대표적인 왕으로 잘 알려져 있다.

석가모니부처님께 방편법을 써서라도 중생을 제도해 달라고 읍소를 한 왕으로도 유명하다. 그것을 듣고 제석천왕이 황색가사와 청석발우를 공양하게 된다.

9지보살은 정말 굉장하다. 최하위의 직급인 9급 공무원이 되고자 해도 머리를 싸매야 하고 중개사 자격을 따는 데도 코피를 흘려야 하는데 이분들은 대범천왕은 물론 2천의 하늘세계까지 다스리는 권능을 가지고 있으니 그 공덕과 지혜가 얼마나 대단한지 범부의 짧은

식견으로는 진짜 상상이 가지 않는다.

그 위 10지보살은 더하다. 그분은 마혜수라천왕까지 거느린다. 마혜수라천은 색계 마지막 하늘 대자재천이다. 즉 색구경천이다. 그분들은 색구경천 왕으로 있으면서 3천세계를 다스린다. 그러다가 색구경천의 중심부에서 부처가 된다.

海東疏 楞伽經言 譬如阿黎耶識 頓分別自心現身器世界等

능가경에서 말씀하시기를, 비유하자면 아리야식이 단번에 自心이 나타낸 몸과 기세계를 분별하듯이

아리야식은 아려야식이라고 했다. 아리야식에서 마음이 나오고 그에 맞는 육신이 나타난다. 그리고 그에 합당한 세상이 전개된다. 그것을 아리야식이 단번에 분별해서 안다고 했다.

아려야식이라고 해서 아려야식 하나만의 작용을 지칭하는 것은 아니다. 아려야식에서 분생된 여러 식들이 각각 분별작용을 하는 것 전부를 말한다.

器世界는 중생들이 사는 세상이다. 제각기의 업을 가지고 자기 그릇만큼 살아간다고 해서 기세계라고 했다. 우리에게 딱 맞게 지어진 이름 같아 흥미롭다.

海東疏 報佛如來亦復如是 一時成就諸衆生界 置究竟天淨妙宮殿 修行淸淨之處

보불여래 또한 다시 이와 같다. 일시에 모든 중생계를 성숙시켜 구경천

454

에 둔다. 그곳은 수행이 청정하게 완성되는 정묘궁전이다고 하셨다.

보불여래는 보신부처님이다. 보신부처님 또한 일시에 중생들을 교화시켜 구경천에 둔다. 왜냐하면 일체중생 모두 다 보신부처님에서 나온 혈통이기 때문이다.

一時라고 하니 의아해할 것이다. 보신부처님과 중생들은 일시도 떨어진 적이 없다. 비록 현상적으로 부처와 중생인 신분으로 나눠져 있지만 그 성품은 언제나 서로 이어져 있다.

시냇물과 강물은 서로 연결되어져 있다. 언뜻 보기엔 선후가 있는 것처럼 보이지만 하나로 흘러간다. 그처럼 보신부처와 우리는 떨어져 있는 것 같아도 하나로 연결되어져 있다.

정묘궁전은 최종적인 수행이 완성되는 곳이다. 즉 색구경천의 중심 궁전이다. 거기가 부처가 되는 자리다. 부처는 그렇게 아름다운 곳에서 장엄하게 이뤄진다. 사바세계의 어느 산골 구석진 선원에서 부처가 되는 것은 아니다.

성사는 **능가경**을 인용하시면서 성숙을 성취라고 옮기셨다. 성숙보다 성취가 더 의미가 깊지마는 성숙의 느낌이 더 친근한 글이라서 성숙이라고 번역하였다.

[海東疏] 又下頌言 欲界及無色 佛不彼成佛 色界中上天 離欲中得道
또 그 밑에 게송으로 말씀하시기를, 욕계와 무색계는 부처님이 성불하지 않으신다. 색계 가운데 상천에서 욕망을 떠나 불도를 이룬다고 하셨다.

여기서 확실히 알아두어야 한다. 부처는 아예 욕계에서 이뤄지지 않는다. 우리가 사는 이 세계에서는 누가 어떻게 수행해도 절대로 부처가 되지 않는다고 경전 중의 상경전인 **능가경**에서 아예 못을 박아 놓으셨다.

장좌불와로 살을 찢고 용맹정진으로 뼈를 깎는 고된 수행을 평생 동안 줄기차게 계속해도 부처는 되지 않는다. 산부인과에서 중생의 아이가 태어나듯이 부처는 부처가 되는 정묘궁전에서 부처가 된다는 사실을 좀 알았으면 한다.

그런데도 부처가 되려고 참선 수행하는가. 참 할 말을 잃는다. 그들의 롤모델인 6조나 임제도 부처가 아니고 조사나 선사로 있다. 누가 그렇게 자리매김하였나. 조사선의 후예들이 그렇게 칭하고 있다.

그런데도 그분들의 어록으로 교과서를 삼아 부처가 되겠다고 하고 있으니 이거야 원 갓난이가 왕이 되겠다고 용쓰는 것과 무엇이 다른지 이해가 가지 않는다.

달마가 중국으로 올 때 수많은 경전 중에서 오로지 **능가경** 한 권만을 갖고 왔다는 사실에 주목해야 한다. 선종의 초조가 손수 갖고 온 그 **능가경**의 말씀이 이러한데 어떻게 이 **능가경** 말씀을 반박하거나 부정할 수 있단 말인가.

부처는 무색계서도 이뤄지지 않는다. 오로지 색계 가운데 상천인 색구경천에서만 부처가 된다. 부처가 되면서 중생계에서 지어 온 모든 죄업과 習氣, 그리고 무명을 털어버린다. 이런 것들 전체를 욕망이라고 표현하셨다.

그래서 그분이 내리신 법이 離欲하는 방법이다. 그러므로 삼귀의

할 때 귀의법 이욕존이라고 한다. 이욕존은 욕망을 벗어난 분이 내리신 최고의 가르침이라는 뜻이다. 그 가르침이 이런 것이다. 그러므로 의심없이 받들어 믿어야 한다.

別記 今釋此經意云 若論實受用身之義 偏於法界無處不在 而言唯在彼天之身而成佛者

이제 이 경의 뜻을 풀이하자면, 만약 진실로 수용신의 뜻으로 말할 것 같으면 법계에 가득하여 있지 않는 곳이 없다. 하지만 오직 저 천에 있는 몸만 성불한다는 것은

실수용신은 자수용신이다. 보신부처의 자수용신은 세상천지에 없는 곳이 없다. 그래서 허공처럼 법계에 가득하다고 하셨다. 그러므로 그분을 묘사할 때 원만이라고 부른다. 원만은 전체라는 뜻이다.

그렇게 법계에 가득하다면 일체중생들도 모두 다 그분의 자수용신을 받아 성불할 수 있을 텐데 왜 하필 색구경천에 올라간 보살의 몸만 성불한다는 것인가 하는 의문이다.

別記 爲菩薩所現色相化受用身 非實報身唯在彼天爲顯此義 故言界也 別記止此

보살이 나타낸 색상이 화수용신이라서 그렇다. 실재의 보신이 오직 저 하늘에만 있다는 것은 아니다. 이 뜻을 나타내가 위해서 색계라고 했다. 별기는 여기서 마친다.

그것은 그 보살이 화수용신을 섭수해서 그렇다. 화수용신은 타수용신이다. 이 보신부처의 타수용신은 10지보살만이 받아들인다. 그러므로 색구경천에 올라간 부처의 후보보살인 10지보살만이 보신부처님의 색상에 상응한다.

실재 보신부처의 몸은 천지에 가득한 것이지 색계에만 있는 것은 아니다. 그렇지만 10지보살이 최종적인 수행을 거기서 마치다보니 성불하는 곳은 색계라고 말씀하신 것이다.

건강보험카드가 없는 집이 없다. 모든 집안에 다 있다. 그러다 몸이 아프면 그것이 쓰인다. 그 쓰이는 곳은 의사가 있는 병원이다. 그처럼 보신불은 천지에 다 계시지마는 10지보살이 있는 색계에서만 제대로 작용한다는 것이다.

海東疏 梵網經云 爾時釋迦牟尼佛 在第四禪魔醯首羅天王宮
범망경에 이르시기를, 그때 석가모니불이 제4선천인 마혜수라천왕궁에서

범망경은 120권이나 되는 엄청나게 방대한 경전이다. 그중에서 아주 일부분인 심지계품만 번역되어 유통되고 있다.

심지계품은 心地와 戒品으로 엮어진 것이다. 상하권으로 나눠져 있는데 상권에는 석가모니부처님이 마혜수라 궁에서 노사불의 심지법문을 설하신 심지의 내용이며 하권은 대승보살들이 지켜야 하는 10중금계와 48경계의 계품을 설한 것이다.

위 해동소의 글은 **범망경** 상권에 있는 심지법문 중에서 일부 원문

을 성사가 옮겨 놓으신 것이다.

마혜수라 궁은 색계 제4선천인 색구경천 중심부에 있는 색구경처의 정묘궁전이다. 마혜수라는 범어고 한역하면 그것이 정묘궁전이다.

海東疏 與無量大梵天王不可說不可說菩薩衆
무량한 대범천왕과 함께 가히 말할 수 없을 정도로 많고도 많은 보살의 무리들에 둘러싸여

무량한 대범천왕이라 함은 대범천왕을 위시해서 수많은 천왕들과 천인들을 공통으로 지칭하는 말이다.

그러니까 석가모니부처님이 말할 수 없는 세월 동안 수행을 해서 10지보살이 되었다. 거기서 또 한량없는 세월 동안 수행을 해서 색구경천에 태어났다. 이제 드디어 부처가 되려고 한다.

부처는 혼자서 되는 것이 아니다. 하늘의 천왕들과 보살들이 그 기회를 그냥 놓치지 않는다. 인간 하나가 태어나도 모든 가족들이 가슴을 졸이며 출생의 기쁨을 누리는데 항차 부처님이겠는가.

그래서 부처가 한 분 탄생하려고 하니 무량한 대범천왕과 불가설 불가설 보살들의 무리들이 그분의 주위로 구름처럼 몰려드는 것이다. 그리고 성불하는 것을 직접 보고 끝없는 환호와 탄성을 자아내는 것이다.

海東疏 說蓮華藏世界盧舍那佛所說心地法門品
연화장세계에서 노사불이 설하시는 심지법문품을 설하시었다.

위 문단들은 석가모니부처님이 애초에 부처가 된 장소와 그것을 목도한 대중들, 그리고 첫 설법을 말씀하시고 있다.

그러니까 석가모니불은 2천 5백여 년 전에 인도에서 성불한 것이 아니라 오래 오래 그 전에 이미 색구경천 마혜수라천왕궁에서 성불하셨던 분이라는 거다.

그런 분이 이 지구의 중생을 구제하시기 위해 화신으로 내려오신 것이다. 그러므로 4월 8일을 부처님 탄신일이 아니라 부처님오신날이라고 하는 이유가 여기에 있다.

석가모니부처가 부처가 되고 난 뒤에 처음으로 설법한 것이 바로 당신의 본신인 노사나불이 설하신 심지법문이다.

노사나불은 보신부처님이다. 노사나라는 말은 원만구족과 완전무결의 뜻을 가지고 있다고 했다. 그런 분이 한 분의 인격체로서 연화장세계에 계신다. 그와 동시에 일체에 두루하다 라고 할 때는 법신불이 된다.

그러니까 법신불은 그 바탕 자체가 되고 노사나불은 그 자체를 깨달은 인격체라 말할 수 있다.

연화장세계는 무량한 공덕과 광대한 장엄으로 이룩된 불국토다. 이 세계에 대해서는 **화엄경**에서도 자세히 설하고 있지만 지금 우리는 **범망경**에서 설하시는 연화장세계를 보고 있다.

연화장세계에서는 언제나 노사불이 설법하신다. 그 주된 내용은 심지다. 심지는 마음에 대한 내용이라고 했다. 그러니까 땅에서 온갖 생명들이 생겨나듯이 마음에서 일체세계가 나타난다는 뜻으로 땅 地자를 붙여 心地라고 하였다. 品은 心地의 대목이다.

是時釋迦身放慧光 從此天王宮乃至蓮華臺藏世界

그때 석가모니 자신이 지혜의 광명을 내뿜었는데 그 광명이 천왕궁에서 연화대장세계에까지 뻗치어 갔다.

석가모니부처님은 부처가 되어 그분을 둘러싸고 있는 무량대중들을 위해 첫 설법을 하셨다. 그것이 바로 심지법문이었다. 그분은 설법하시던 중간에 지혜의 광명을 놓으시었다.

그 지혜의 광명은 그분이 지금 설법하고 계시는 마혜수라천왕궁을 떠나 노사나부처님이 계시는 연화대장세계에까지 뻗치어 갔다.

그 광명으로 노사나부처님과 그 세계, 그리고 거기에 모인 대중들이 훤하게 드러나게 되었다. 마치 깜깜한 방에 서치라이트를 켜면 보이지 않던 물체가 또렷이 나타나는 것과 같다.

그러자 거기 모인 무수한 대중들이 그 부처님과 그 세계를 보고 너무나 감격해서 모두 다 한마음으로 노사나부처님께 직접 다가가 공양과 예배를 드리고 싶다고 하였다.

海東疏 是時釋迦牟尼佛 卽擎接此世界大衆 至蓮華臺藏世界百萬億紫金光明宮中

그때 석가모니부처님이 곧 그 세계의 대중들을 들어 올려 연화대장세계의 백 만억 자금광명 궁전 가운데로 나아가셨다.

그러자 석가모니부처님은 그들의 마음을 알고 그들을 허공으로 들어 올리셨다. 이런 내용을 모티브로 예수가 세상을 심판하려고 재림

할 때 구원받는 사람을 공중으로 들어 올린다고 하였는지 모른다.

옷기게도 사람들은 예수보다 5백 년이나 먼저 이뤄진 이 공중부양은 모르고 휴거만 알고 있다. 진짜 이것은 원조는 어디가고 뒤늦게 짝퉁이 원조가 되는 격이다.

내친 김에 하나 더 인용해야겠다. 바로 **법화경**에 있는 견보탑품이다. 석가모니부처님이 영취산에서 **법화경**을 설하실 때 저 멀리 땅 속에서 어마어마한 보배탑이 올라오고 있었다.

모든 대중들이 숨을 죽이며 그 기이한 광경을 바라보고 있는데, 하늘나라의 만다라꽃이 비오듯이 쏟아져 내리고 天龍과 야차 건달바 아수라 가루라 긴나라 마후라가 人非人 등 천 만억 대중들이 그 탑을 에워싸고 공양을 드리는 것이었다.

그때 탑 속에서 맑고 우렁찬 목소리가 들려왔다. 대단하십니다. 대단하십니다. 석가모니불이시여. 평등한 큰 지혜로 보살법을 가르치십니다. 대중들을 위해 모든 부처님이 호념하시는 **묘법연화경**을 설하시니 당신의 설법은 전부가 진실이십니다 라고 하였다.

하도 신기하고 놀라워서 대중들이 모두 다 입만 떡 벌리고 있는데 대요설보살이 석가모니부처님께 이게 도대체 어찌 된 영문이냐고 여쭙는다. 그러자 석가모니부처님은 다음과 같이 말씀하셨다.

저 탑은 여기서 동방으로 무량천만억아승기를 가야 닿을 수 있는 보정국에서 왔다. 저 속에는 다보부처님이 계시는데 그 부처님은 **법화경**으로 성불하셨기 때문에 어디든 **법화경**을 설하는 곳이 있으면 그것을 증명해 주시기 위해서 나타나신다.

그러자 대요설보살이 지금 너무도 희유하게 다보부처님이 계시는

탑이 땅에서 솟아 올라왔으니 이 기회에 저희들도 다보부처님을 뵙고 예경을 드리고 싶사옵니다. 석가모니부처님이시여. 저희들의 소원이 이러하오니 어떻게 좀 해 주시옵소서 라고 간청하였다.

석가모니부처님은 그렇다면 내가 시방허공계에 나툰 일체 화현불을 거둬들여야 한다고 하셨다. 대요설보살은 우리는 다보부처님을 친견하고 싶으니 그렇게라도 해 달라고 애원하였다.

석가모니부처님은 그들의 간절한 염원을 듣고 곧 그분이 나투신 일체 화현불을 거둬들이셨다. 그리고 그분의 신통력으로 거대한 탑 속의 다보부처님 눈높이로 대중들을 들어 올려 다보부처님께 예경을 드리도록 하셨다.

다보부처님은 석가모니부처님을 향해 훌륭하십니다. 석가불이여. 이리 들어와 여기에 앉으십시오 라고 하면서 그분의 자리 반을 내어 주셨다. 석가모니부처님이 그 자리에 앉으시니 하늘 위와 하늘 아래의 일체 모든 대중들이 두 부처님을 향해 지성스런 공경과 예배를 드렸다.

이런 인연으로 불국사 대웅전 앞에 두 탑이 세워져 있다. 하나는 석가탑이고 하나는 다보탑이다. 그렇게 건립한 이유가 바로 이 내용에서 기인한 것이다.

海東疏 盧舍那佛坐百萬蓮華赫赫光明座上

거기에 노사나부처님이 백만 연화에 앉으셨는데 그 자리는 너무나도 밝고 빛나는 자리였다.

모든 생명체는 자신의 자리가 있다. 작으면 작은 대로 크면 큰 대로 다 앉을 자리가 정해져 있다. 그 자리를 이탈하면 즉시에 위험해진다.

덩개는 땅바닥에 앉고 인간은 대청마루에 앉는다. 왕은 왕좌에 앉고 황제는 황좌에 앉는다. 덩개가 대청마루에 올라가면 걷어차이고 왕이 황제가 앉는 자리에 앉으면 전쟁이 일어난다.

두견새는 산에 있어야 한다. 두견새는 갈대밭에 내려오지 않는다. 용은 하늘에 있어야 한다. 지상에 내려오면 작디작은 개미들에게 큰 봉변을 당한다.

그만큼 다 자기 분수에 맞는 자리가 있다. 똑같은 중생인데도 땅바닥과 황제의 자리는 하늘과 땅 차이다. 그런데 중생을 뛰어넘어 부처 중의 부처인 노사나부처님 자리야 뭐 말할 게 있겠는가.

[海東疏] 時釋迦佛及諸人衆一時禮敬盧舍那佛
석가모니불과 모든 천인과 대중들이 그곳에 도착하여 일시에 노사나불께 예배와 공경을 드렸다.

노사나불은 백만 송이 연꽃 위에 앉아 계셨다. 그 자리는 눈이 부실 정도로 장엄하고 찬란했다.

석가모니부처님의 위신력으로 연화장세계에 간 천상의 대중들과 보살들은 모두 다 함께 노사나부처님을 향해 지성스런 예배와 끝없는 공경을 드렸다.

그리고 그분의 법문을 듣기 위해 공경한 마음으로 질서를 지키며 조용히 차례차례로 앉아서 그분의 설법을 기다리고 있었다.

海東疏 爾時盧舍那佛卽大歡喜 是諸佛子 諦聽

그때 노사나부처님은 크게 기뻐하시면서, 여기 온 모든 불자들이여.
자세히 들어라.

드디어 노사나불의 설법이 시작된다. 잘 알아 두어야 한다. 그분은
심지를 수행하여 부처가 되셨다. 우리도 지금 심지를 배우고 심지를
수행하고 있다.

그러므로 우리는 반드시 노사나불로 회향될 것이다. 즉 석가모니
불처럼 우리도 노사나불의 품안으로 들어갈 것이다.

이것 외에 다른 길은 없고 다른 방법도 없다. 다른 길을 애써 찾지
않으면 이런 수행으로 부처가 될 것이고 그러면 결국 노사나부처와
한 몸이 될 것이다. 이것은 언제나 말해 온 것처럼 한 방울의 빗방울
인 내가 부처가 되어 노사나불의 바다로 들어가는 것이다.

海東疏 善思修行 我已百萬阿僧祇劫修行心地以之爲因

그리고 잘 생각하고 수행하라. 나는 오래 전에 백만아승기겁 동안
심지를 수행하였다. 그 심지수행이 因이 되어

앞에서 이 길 말고 다른 길을 애써 찾지 않으면 이라고 했다. 다른
길은 또 무엇이 있는가. 이 길 말고?! 분명 있다.

단정코 말하지마는 이 수행은 자력수행의 결과다. 자력수행은 색

구경천에서 부처가 되어 석가모니부처님처럼 그곳에서 일단 심지법문을 설할 것이다. 그리고 그분과 하나가 될 것이다.

그런데 만약 타력수행을 하게 되면 어떻게 될까? 다른 길은 타력수행을 말한다. 우리는 이런 자력수행이 아닌 타력수행의 방향으로 나아갈 것이다.

海東疏 初捨凡夫 成等正覺 爲盧舍那 住蓮華藏世界海
처음으로 범부를 벗어나 마침내 등정각을 이루어 연화장세계에 앉아 있다.

노사나부처님도 처음에는 우리처럼 우매하고 미천한 범부였었다. 그런데 그분은 심지에 대한 수행을 하셨다. 그 수행이 익고 익어서 처음으로 범부를 벗어나는 전과를 이루셨다.

그러다가 삼현이 되고 십지보살이 되어서 등정각을 이루셨다. 등정각은 무상정등정각의 줄임말이다. 우리가 잘 아는 범어 아누다라삼막삼보디가 바로 이 뜻이다고 했다.

고려시대 야운스님이 자신에게 말했다. 모든 부처와 조사들이 옛날에 다 나와 같은 범부였다. 저분들은 이미 대장부가 되어 있고 나 또한 그럴 수 있다. 단지 내가 하지 않고 있는 것이지 그렇게 되지 않는 것은 아니다 고 경책하였다. 장부의 기질을 깨우는 정말 멋진 말씀이 아닐 수 없다.

海東疏 其臺周徧有千葉 一葉一世界 爲千世界 我化作爲千釋迦 據

千世界

이 연화대 둘레에 천 잎이 있는데 하나의 잎이 한 세계니 일천 세계가 된다. 내가 일천 석가로 변화해서 일천 석가가 되어 일천 세계를 담당하고 있다.

　노사나불은 백만 송이 연꽃 위에 앉아 계시고 있다. 그 연꽃 좌대 둘레에 큰 연잎 일천 개가 나와 있다. 그 한 개의 연잎이 하나의 세계를 상징하므로 일천 개면 일천 세계가 된다.
　그 일천 연잎에 노사나불이 석가모니로 화현해서 일천 세계의 연꽃 위에 앉아 계시고 있다는 말씀이다.

`海東疏` 復就千葉世界 復有百億四天下 百億菩薩釋迦 坐百億菩提樹下

거기서 다시 일천 연잎세계로 나아가고 다시 백억 사천하로 나아가다 보니 백억 보살 석가가 백억 보리수 밑에 앉게 되었다.

　그런 형식으로 계속 나아가면 그 숫자가 사방과 천하로 천 백억이나 된다. 즉 천 백억이나 되는 많고 많은 땅에 천 백억이나 되는 석가모니가 현현하여 천 백억이나 되는 보리수 아래 앉아 성불하는 것이다.
　그러므로 석가모니가 인도에 있는 보리수나무 아래에서 성불하실 때 천 백억이나 되는 우주 공간 전 세계에서 똑같이 석가모니가 성불하고 계셨다는 얘기가 된다.

스케일이 정말 장난이 아니다. 가히 상상할 수조차 없는 말씀들이기에 그냥 허구처럼 들리지마는 우리가 정신적으로 성숙하면 분명 이것을 이해할 수 있다고 생각한다.

한 번이라도 사찰에서 발우공양을 해 본 사람은 이 염불을 해보았을 것이다. 展鉢偈전발게를 하고 난 뒤 죽비를 한 번 치면 합장하고 십념염불을 한다.

청정법신 비로자나불
원만보신 노사나불
천백억화신 석가모니불 ……

이 염불이 끝나면 밥을 받는다. 그리고서 발우를 눈썹까지 받들어 올리고 奉鉢偈봉발게를 한다. 기억나실지 모르겠다.

海東疏 如是千葉上佛 是吾化身 千百億釋迦 是千釋迦化身 吾爲本源 名爲盧舍那

이와 같이 일천 연잎 위에 부처는 나의 화신이고 천 백억 석가는 바로 일천 석가의 화신이다. 내가 근본의 시원이 되기에 이름을 노사나라고 한다.

그러니까 노사나불 한 분이 천 명의 석가모니로 화현하고 다시 석가모니 한 분이 천 명의 석가모니로 화현한다. 그리고 그 천 명에서 점점 나아가 백억이나 되는 숫자로 분화한다.

이것은 꼭 촛불 하나가 천 개의 거울에 비친다. 거기에 비친 천 개의 촛불이 다시 천 개의 거울에 비친다. 이제 그 천 개의 촛불이 백억이나 되는 거울에 비춰진 것과 같다.

그런 형식으로 아무리 많은 촛불이 거울에 비춰진다 하더라도 결국 그 근원은 촛불 하나에서 파생된 것이다. 그러므로 그 시원을 노사나라고 한다 고 하신 것이다. 시원은 근원이다.

海東疏 偈言 我今盧舍那 方坐蓮華臺 乃至廣說

그러시면서 게송으로 말씀하시기를, 나 지금 노사나가 바야흐로 연화대에 앉아 하시면서 널리 설하시었다.

범부가 선근을 지으면 그 범부 마음속에 들어 있는 진여가 작동한다. 그러면 염생사고 구열반락하는 마음이 일어난다. 거기서 또 끊임없는 선업을 지어나가면 한 명의 상근기 범부가 된다.

거기서 三心을 개발하고 네 가지 수행을 일만겁이나 계속하면 십주에 올라선다. 거기서 발심을 하여 바라밀을 닦아 삼현을 넘어간다. 그러면 십지에 들어간다.

십지에서 무량한 세월 동안 공덕과 지혜를 닦아나간다. 그러면 십지가 완성되기에 이르는데, 그때 색구경천에 태어나 부처가 되는 마지막 담금질을 한다. 그리고 색구경천인 마혜수라천왕 궁전에서 한량없는 천인들과 무수한 보살들에 둘러싸여 드디어 부처가 된다.

부처가 되면 그들을 위해 제일 먼저 심지법문을 설하신다. 그것은 자기의 근본부처인 노사나부처의 설법을 대신하는 것이다. 그리고

서 그 부처에게로 섭입된다. 이것이 자력수행의 결과다.

海東疏 此等諸文 準釋可知

이런 문장들로 기준을 잡아 해석한 것이니 반드시 알아야 할 것이다.

이런 문장들은 **범망경** 경전에 입각한 말씀이다. 거기에 기준해 봤을 때 반드시 알아야 할 것은 두 말 없이 부처는 색구경처에서 이루어진다는 사실이다.

그런데도 누가 여기에 대해 시비를 붙일까 싶어서 성사는 대승경전 중에서 핵심경전이라 할 수 있는 **범망경**을 인용해서 그 시비를 잠재우고자 하셨다.

그러므로 한 명의 범부가 수행자가 되어 부처가 되려면 신성취발심부터 해행발심 그리고 증발심을 거쳐 제4선천 색구경천인 마혜수라천왕궁에서 성불하여 보신불로 섭입되는 것이 정상 코스다는 것이다.

그 누가 뭐래도 이것은 불변의 진리다. 아무리 주장자를 내리치고 고함을 지르며 할喝을 해도 이 코스 외에는 대각을 이룰 방법이 없다는 사실을 이 **범망경**에 의해 확실히 주지하시기 바란다.

起信論 問曰 虛空無邊故 世界無邊 世界無邊故 衆生無邊

묻겠다. 허공이 끝이 없으므로 세계가 끝이 없다. 세계가 끝이 없기에 중생이 끝이 없다.

허공은 무한하며 무변하다. 그러므로 우주 어디에 또 어떤 세상이 있는지 모른다. 세상이 있다면 거기에 또 다른 중생이 살고 있을 것이다. 그리고 그 중생세계 또한 천차만별로 천양지차일 것이다.

그렇게 크게 생각할 것도 없다. 사람 많이 왕래하는 번화가에 나가 그들을 가만히 눈여겨보면 정말 하고많은 사람들이 천태만상의 모습으로 움직이는 것을 볼 수 있다.

남녀와 노소는 말할 것도 없고 생긴 모습, 입은 옷, 신은 신발, 머리 모양, 팔다리의 움직임, 걷는 행동, 얼굴 표정 모두 다 다른 모습으로 제각기의 직업을 갖고 분수대로 살아간다.

起信論 衆生無邊故 心行差別亦復無邊

중생이 끝이 없기에 심행차별 또한 다시 끝이 없다.

심행차별은 사람들의 마음 씀씀이와 행동이다. 즉 생각과 움직임이다. 그렇게 세상에는 별 희한한 사람들이 아주 다양한 생각으로 살아간다.

그러므로 적대와 대립, 배신과 원망, 증오와 한탄들이 쏟아지는 곳이 인간세상이다. 그러다보니 세상은 조금도 잠잠하고 평온할 날이 없다. 다 내 맘 같지 않고 다 내 생각과 다르기에 그렇다.

그렇기에 절대로 세상 사람들을 나의 기준으로 생각하면 안 된다. 내 몸에도 나를 해롭게 하는 벌레들이 수없이 많고 원하지도 않은 트러블들이 수시로 일어나 나를 괴롭힌다. 하물며 세상이고 세상 사람들이겠는가.

起信論 如是境界 不可分齊 難知難解

이와 같은 경계는 분제가 불가하다. 그래서 알기도 어렵고 이해하기도 어렵다.

그래서 제각기의 업을 갖고 살아가는 사람들을 하나로 꼭 집어서 뭐다 라고 딱 부러지게 말할 수가 없다.

그것은 사람마다 다 느낌이 다르고 생존하는 직업이 다르며 추구하는 목적이 다르고 나아가는 취향이 다르기 때문이다. 그래서 인간 세상은 각양각색이고 각양각태라고 한다.

경계는 중생과 세계다. 분제는 분석이고 정리다. 중생세계와 중생들 제각기의 성질과 움직임을 분석하고 일목요연하게 정리하는 것이 가능한 일인가. 그것은 불가능하다. 그래서 알기도 어렵고 이해하기도 어렵다고 한 것이다.

起信論 若無明斷無有心想 云何能了名一切種智

만약에 무명이 끊어진다면 심상이 없어지는데 어떻게 능히 알 수 있어서 일체종지라 하는가?

무명은 분별과 분석을 하도록 만든다. 그래서 심상이 작동한다. 심상은 마음으로 생각하는 작용이다. 그러니까 무명이 없어지면 심상까지 사라지는데 어떻게 세상의 수많은 문제들과 모습들을 다 알 수 있단 말인가 라는 질문이다.

일체종지라고 했을 때 종은 종류다. 그러므로 생각이 끊어지면 어떻게 삼라만상의 모든 종류와 성질을 다 파악해 알 수 있다는 것인가 하는 질문이다.

起信論 答曰 一切境界 本來一心 離於想念 以衆生妄見境界 故心有 分齊

답하겠다. 일체경계는 본래 일심이라서 상념을 떠나 있다. 중생은 망령되게 경계를 보기 때문에 마음에 분제가 있다.

一心 속에 두 가지 마음이 있다고 했다. 하나는 진짜마음이고 둘은 가짜마음이다. 이 둘을 합쳐서 편의상 一心이라고 했다.

일체경계는 가짜로 나타나 있기 때문에 자체적인 생각이 없다. 그러기에 그것은 상념을 떠나 있다고 한 것은 진짜 마음에서 본 세상이다.

그런데 중생이 거기다가 익혀 온 습성과 배워 온 관념으로 의미를 부여해 분별하고 있는 것은 가짜마음이 본 세상이다.

가짜마음이 보는 세상은 망념에 기준을 두고 있다. 그러므로 보고 아는 것에 문제가 있다고 한 것이다. 분제는 한계다.

起信論 以妄起想念 不稱法性 故不能決了 諸佛如來離於見想 無所 不徧

망령되게 상념을 일으키면 법성에 맞지 않아 정확히 알지 못한다. 제불여래는 견상을 떠나 있어서 두루하지 않는 바가 없다.

천하만물은 一心이 만들어 내었다. 일심은 처음부터 오염되어져 있는 상태다. 거기에 원천적으로 불각이 들어 있기 때문이다고 했다.

그러므로 일심을 믿는 자기도 바보고 자기를 믿는 남들도 바보다. 일심은 결코 정의롭지도 않고 도덕적이지도 않다. 그래서 말이 좋아 일심회지 그 일심회는 반드시 깨어지게 되어 있다. 일심의 속성이 그렇다.

그런 일심이 상념인 망념을 일으키기 때문에 법성과 빗나간다. 법성은 무량한 공덕과 지혜를 갖고 있는 불성이다. 그러므로 법성에 어긋나면 모든 것이 굴곡지게 보이고 비틀리게 보인다.

제불여래는 객체를 보는 견상을 떠나 있다. 그분들은 부분에서 부분을 보는 것이 아니라 전체에서 전체를 본다. 그러므로 보는 주체와 보이는 객체가 없어 분별을 벗어나 있다. 그래서 모르는 것이 없고 통달하지 못함이 없다.

起信論 心眞實故 卽是諸法之性 自體顯照一切妄法 有大智用
마음이 진실하면 모든 법의 성품에 즉합하여 자체적으로 일체 망법을 밝게 비추는 大智의 작용이 있게 된다.

세상이 잘 보이지 않으면 범부는 온갖 정보를 끌어들인다. 하루하루 보태는 삶을 산다. 반대로 현자는 자기가 갖고 있는 온갖 정보들을 버린다. 나날이 버리는 삶을 산다.

억겁의 세월 동안 참 많이도 긁어모았고 쌓아왔었다. 그것을 버리는 데 무려 3대겁아승기야 플러스알파의 세월이 걸렸다. 다 버리고 나니 이제 명징한 마음이 드러났다. 그 진실한 마음이 바로 변조법계하는 진실식지다.

진실식지는 법계의 성품과 상응한다. 그러므로 세상천지에 모르는 것이 없다. 그것이 바로 大智의 작용이다.

起信論 無量方便隨諸衆生所應得解 皆能開示種種法義 是故得名一切種智

그러면 무량방편으로 모든 중생을 상대하는 대로 다 이해하고 능히 그들에게 종종의 법과 의를 다 열어 보일 수 있다. 그래서 일체종지라고 한다.

대지의 작용이 일체종지다. 이것의 기능은 두 가지다. 하나는 본인이 만상을 꿰뚫어 보는 것이고 둘은 중생의 근기를 알아 그에 맞는 法義의 방편법을 열어 보이는 것이다.

법의는 본질과 현상이다. 일체종지가 열리지 않으면 본질을 내 보일 능력이 나오지 않는다. 그러므로 중생을 제도하는 데 한계가 있다. 하지만 일체종지는 중생의 근기와 성향을 정확히 파악하므로 한 사람도 제도 안 될 자가 없다.

부처는 누구든 다 제도하실 수 있다. 그것은 일체종지를 가지고 계시기 때문이다. 일체종지는 절대로 틀리거나 오작하지 않는다. 억천만분의 영일프로도 오류가 없고 오차도 없다. 완벽하게 정확하고 명확하다. 그것이 귀경게에서 말한 변지다.

起信論 又問曰 若諸佛有自然業能現一切處利益衆生者 一切衆生
若見其身 若觀神變

또 묻겠다. 만약에 모든 부처님께는 자연업이 있어 능히 일체처에
나타나 중생을 이익되게 하신다면 일체중생이 만약 그 몸을 보거나
신변을 목도하거나

부처님의 몸은 아름답기가 이루 말할 수 없다. 그것은 만행으로
이루어졌고 불가사의한 훈습으로 성취되었다. 그분의 몸은 장애가
없이 자유자재하시다.

비록 아름다운 형상이 있으나 걸림이 없다. 32상 80종호가 끝도
없고 한도 없다고 성사는 말씀하셨다.

그러므로 부처는 언제 어디서든 마음만 먹으면 그 몸을 나타낼 수
있다. 그렇게 해서 중생들을 더없이 기쁘게 하고 발심하게 만드신다.
누구든지 그분의 몸을 보거나 신통으로 변화하는 위신력을 목도하거
나 하면 엄청난 가피를 입는다.

起信論 若聞其說 無不得利 云何世間多不能見

그 설하심을 들으면 이익되지 않음이 없을 텐데 어찌해서 세간에
많은 사람이 그런 모습을 보지 못하는가?

그뿐 아니라 직접 설법하시는 것을 듣는다면 정말 감격해 마지않
을 것이다. 그러면 굉장한 이익을 얻을 수 있다.

득도인연경에서 부처님의 신통으로 소경이 보게 되며 귀머거리가

듣게 되고 벙어리가 말하게 된다. 더 나아가 諸根이 부족한 장애인이
다 완전해지고 주정뱅이 미치광이가 깨달아 청정에 든다. 그러면 그
들의 마음에 더 이상 혼란스러움이 없어진다.

독에 중독된 사람은 독이 사라지며 노여움과 원한을 일으키던 사
람들은 자애로운 마음이 일어나 서로 바라보게 된다 고 하시지 않으
셨는가.

그런 무한한 이익을 얻을 수 있는데 왜 부처님이 세상 사람들에게
자주 안 나타나시는가? 자주자주 나타나시면 얼마나 좋은가. 그런데
왜 그렇게 하지 않으시는 건가?

다른 말로 하자면 부처님이 늘 중생을 위하신다고 하시면서 왜 그
모습을 바로 바로 나타내주시지 않는가. 사람들이 왜 그렇게 그분을
불러도 그 모습을 쉽게 내보이시지 않는 것인가?

간곡히 부르면 부르는 족족 즉각즉각 나타나 주시면 얼마나 좋으
실까. 왜 그리 꼭꼭 숨어서 사람들의 애간장을 태우시는가.

중생들의 한탄과 원망이 들리시지도 않고 보이시지도 않으시는가.
왜 그리 무정하고 냉정하신가 라고 한다.

起信論 答曰 諸佛如來法身平等 徧一切處 無有作意故 而說自然
但依衆生心現

답해 주겠다. 제불여래의 법신은 평등해서 일체처에 두루하면서 작의
가 없기에 자연이라고 한다. 그것은 단지 중생심에 의해 나타난다.

제불여래의 몸은 허공과도 같다. 그래서 어디 없는 곳이 없다. 우

주에 충만해 아니 계신 곳이 없고 삼세에 관통하여 단절됨이 없다.

그러면서 작의가 없으시다. 그분은 인위적으로 움직이지 아니하시고 의식적으로 중생을 상대하지 아니하신다. 그분은 지극히 자연적이시다. 들어 봤는지 모르겠다.

天道無心
無有親疎

하늘의 도는 무심해서
친하고 멀리 함이 없다.

이것이 자연이다. 하늘의 도는 누구누구를 선택하거나 가리지 않는다. 모두 다 하나같이 포용한다. 태양이 누구를 선택해서 빛을 내리는 것이 아니고 구름이 누구를 가려서 단비를 내리는 것이 아니다.

빛을 원하면 밝은 곳으로 나오면 되고 단비를 원하면 싹틀 준비만 하고 있으면 된다.

그러므로 빛과 단비는 필요한 사람에게 주어지는 것이다. 그래서 부처님은 중생심에 의해 나타나신다고 한 것이다.

起信論 衆生心者 猶如於鏡 鏡若有垢 色像不現 如是衆生心若有垢 法身不現故

중생심은 마치 거울과 같다. 거울에 만약 때가 있으면 색상이 나타나지 않는 것처럼 중생심에 만약 때가 끼어 있으면 법신이 나타나지 않는 것이다.

부처의 자비를 받아들이는 중생의 마음은 거울과도 같다. 거울이 오랫동안 진흙탕에 뒹굴면 온갖 오물들이 묻어서 물상을 나타내는데 한계가 있다.

그렇게 중생의 마음도 오랫동안 6도의 생사판에 뒹굴다보니 부처를 나타내는 기능이 거의 없어진 상태다.

거울에 때가 덮여 있으면 물상이 나타나지 않듯이 중생의 마음에 업장의 장막이 쳐져 있으면 부처의 모습은 나타나지 않는다.

물상이 거울에 나타나지 않는다고 물상을 탓할 수 없듯이 중생의 마음에 부처가 나타나지 않는다고 부처를 탓할 수는 없다.

부처를 탓하기 이전에 죄업으로 떡칠 된 자신의 마음부터 닦아 놓아야 한다. 그러면 부처는 즉시 거기에 나타나신다. 나타나지 마라고 해도 나타나시게 되어 있다.

海東疏 第二遣疑 二番問答 即遣二疑 初答中有三 先立道理 次擧非 後顯是

두 번째는 의심을 보내버리는 것이다. 거기에 두 번 묻고 답한다. 처음 답 중에 셋이 있다. 먼저 도리를 세우고 다음에는 그름을 들고 뒤에 옳음을 나타낸다.

첫 번째는 10지가 다한 보살이 색구경천에 태어나 부처가 되는 내용이다. 이제 두 번째다.

두 번째는 부처가 되었다면 어떤 마음으로 중생을 제도하며 어떤 작용으로 중생들에게 나타나는지에 대한 의문이 일어난다. 그에 대한 답이 두 가지다.

첫째 의문에는 세 부분으로 나눠 답해 준다. 먼저 정당한 도리로 그렇다는 것을 말하고 다음에는 잘못된 생각을 드러낸다. 그리고 마지막에 무엇이 옳은지를 밝혀주는 것이다.

海東疏 初中言一切境界本來一心離於想念者 是立道理

첫 번째 가운데서 말한 일체경계는 본래 일심이어서 상념을 벗어나 있다고 한 것은 도리를 내세운 것이다.

세상천지는 일심에 의해 나타난 물상들이다. 그것들은 생각과 망념을 벗어나 있다. 단지 그것을 대하는 중생의 마음이 문제라는 것이다.

꽃은 꽃이고 보석은 보석이다. 꽃은 이름없이 피고지고 보석은 하나의 광물로서 토석에 파묻혀 있다. 그런 꽃과 광물에다 이름을 붙이고 의미를 부여한다. 그리고 그것들에 의해 어떤 때는 슬프게 울고 어떤 때는 기쁘게 웃는다.

꽃과 보석이 무슨 말을 하는가. 아무 말도 하지 않는다. 단지 인간들이 그것들을 만들어 놓고 그것들에 조종당하고 있을 뿐이다. 누가 늠름한 왕자를 낳았다고 했다. 이름이 뭐냐고 물었더니

"샛별이라고 지었답니다."

"띠웅!"

태어난 아이는 이름이 없다. 그 이름은 부모가 자의적으로 붙였다. 아이 자체하고는 전혀 상관없는 이름이다.

아이는 이름을 바꿀 것이다. 반드시 개명하게 될 것이다. 아무래도 그 샛별의 의미는 서른 정도가 넘어가면 완전 소진될 것이기 때문이다.

어른이 되고 노인이 되어서도 그 이름을 계속해서 쓴다면 그 사람은 분명 좀 모자라거나 자아도취에 빠진 사람일 것이다. 틀림없이.

海東疏 謂一切境界 雖非有邊 而非無邊 不出一心故

이를테면 일체경계는 비록 끝이 있지 않지만 끝이 없는 것도 아니다. 그것은 일심을 벗어나지 않기 때문이다.

일체경계는 마음과 세상이라고 했다. 마음과 세상은 끝이 있는 것인가. 마음이 일어나서 세상이 나타나 있다. 그 세상이 다시 마음을 오염시킨다. 그러면 마음이 또 다른 세상을 만들어 낸다. 그런데 어찌 끝이 있겠는가.

하지만 일어나고 벌어지는 그 마음을 정지시켜 버리면 일시에 그런 心境의 세계는 없어진다. 그러므로 그것은 끝이 없는 것도 아니다.

끝이 있고 없고는 다 중생의 마음에 의해 나타나고 없어지는 것이다. 그래서 일체경계는 일심을 벗어나지 않는다고 하였다.

海東疏 以非無邊故 可得盡了 而非有邊故 非思量境 以之故言離想念也

끝이 없지 않기 때문에 다 알 수 있는 것이며 끝이 있지 않기 때문에 사량의 경계가 아니다. 그래서 상념을 벗어나 있다고 한 것이다.

끝이 없지 않다는 말은 끝이 있다는 말이다. 이것은 망념이 없어지면 끝이 난다는 뜻이다. 부처는 망념이 없는 분이다. 그러므로 일체 경계를 다 알 수 있다는 것이다.

일체경계는 몇 번이나 말했지마는 중생의 마음과 산하대지와 산천초목과 남녀노소와 일월성신 전체다. 이것을 간단히 心境이라고 한다. 그 심경은 부처의 실상에서 보면 다 거짓이기에 끝이 있다는 것이다.

끝이 있지 않다는 말은 끝이 없다는 말이다. 이것은 부처가 보는 중생세계의 緣起다. 그것은 부처만이 알 수가 있는 것이기에 범부의 상식 범위가 아니다. 그러므로 일체의 경계는 중생의 상념을 벗어나 있다고 하였다.

海東疏 第二擧非中 言以衆生妄見境界故心有分齊等者

두 번째는 그름을 든 것이다. 그 가운데서 중생이 망념으로 경계를 보기 때문에 마음에 분제같은 것들이 있다고 한 말은

망념으로 세상을 보면 세상이 전부 추하게 보인다. 망념없이 세상을 보면 세상은 그대로 싱그럽고 아름답다. 세상을 환희로 춤추게

482

하고 싶은가. 그렇다면 망념없이 세상을 보면 된다.

세상을 하나의 투견장으로 보고 싶은가. 망념이 가득한 시각으로 보면 그렇게 보인다. 그러면 개인 간으로는 싸움이 일어나고 단체적으로는 분쟁이 일어나며 국제적으로 전쟁이 일어난다.

이런 건 뻔히 알고 있는 사실이지만 범부는 이 망념을 인위적으로 없앨 수 없다는 데 거기 비극이 있다.

망념이 있는 한 범부는 보지 말아야 할 것들이 보이고 보아야 할 것들이 보이지 않는 법이다. 그렇게 해서 서로를 불신하고 공격하는 것이다

海東疏 明有所見故有所不見也
보는 바가 있기 때문에 보지 못하는 바가 있음을 밝힌 것이다.

내가 지금 무엇을 봤다는 말은 그 봤다는 물상 외에 다른 모든 것은 보지 못하고 있다는 것이다. 그것은 하나를 본 대신 나머지는 전부 보지 못하고 있다는 말이다.

부부가 싸울 때도 한 부분만 본다. 전체를 보지 않고 부분만을 헤쳐서 본다. 그 한 부분을 빼고 다른 좋은 부분은 다 숨어 있는데도 그것만 들춰내어 들들 볶는다. 그때는 빨리 좋은 부분을 떠올려야 한다. 그러면 그 잘못한 부분이 쉽게 상쇄되어 버린다.

전문가라는 사람도 한 부분만 본다. 그러므로 그들은 사실 최고로 좁은 시각을 가지고 있다. 그들은 자기 분야만 죽어라 공부해서 그렇다. 그 외의 것에는 완전 먹통이다. 그게 전문가다. 먹통이 아니라면

그 사람은 그 분야에 전문가가 아니다.

우리도 세상 전체를 보지 않고 늘 한 부분만 본다. 사람도 낱낱이 쪼개고 일일이 분석한다. 그러면 상대방의 허점과 실수만 보인다. 그리고 지적한다. 그러니 인간 세상에 늘 소란과 시비가 일어난다.

海東疏 第三顯是中 言離於見想無所不徧者 明無所見故無所不見也

세 번째로 바름을 나타낸다는 것 중에서 견상을 떠나면 두루하지 않는 바가 없다고 한 것은 보는 바가 없기 때문에 보지 못하는 바가 없다는 것을 밝힌 것이다.

견상은 본다는 생각이다. 이렇게 보는 것은 자연적이지 않다. 범부들이 그렇다. 범부는 망념으로 분별해서 보기 때문에 꼭 보는 것만 본다.

녹음기는 사람에 따라 녹음을 재생하지 않는다. 거울은 사람을 구별해 비추지 않는다. 그처럼 관음보살은 사람을 구별하지 않고 설하고 부처는 중생을 분별하지 않고 제도하신다.

그래서 관음보살의 설법은 들리지 않는 자가 없고 부처의 구제는 보이지 않는 중생이 없다고 하는 것이다.

왜냐하면 그분들은 견상을 떠나 설하는 것 없이 설하고 보는 것 없이 보기 때문이다. 이런 경지는 범부의 상식으로는 이해가 되지 않는다. 범부가 듣고자 하는 마음과 보고자 하는 마음을 벗어나 봐야 알 수가 있다.

海東疏 言心眞實故卽是諸法之性者 佛心離想 體一心原 離妄想故
名心眞實

마음이 진실하면 제법의 성품에 즉합한다는 말은 불심은 망상을 떠나
있으며 그 본체는 일심의 근원이 된다. 그러기에 망상을 떠난 그 이름이
심진실이 된다.

　마음이 진실한 상태가 바로 망념이 빠진 상태다. 마음에서 문제가
생긴 것이지 마음의 근원에는 그런 것들이 없다. 그래서 그 자리를
심진여라고 하고 심진실이라고 한다.

　심진여라는 말을 기억할 것이다. 그 심진여가 여기서 심진실로 표
현하였다. 이 심진실은 제법의 성품과 정확히 일치하므로 오염과 業
習이 없다. 그 자리가 마음의 근원이다.

　부처는 마음의 근원을 깨달아 구경각을 이루었다고 했다. 그러므
로 부처는 천지만물의 생각과 그 움직임을 모두 다 훤히 꿰뚫어 볼
수 있는 심진실을 가지고 계시는 것이다.

海東疏 體一心故 爲諸法性 是則佛心爲諸妄法之體

그 본체가 일심이기 때문에 모든 법계의 성품이 되는데 이것은 불심이
모든 망법의 바탕이 된다는 것이다.

　일심이 오염되면 모든 망법을 만들어 낸다. 생멸과 오염, 그리고
번뇌와 죄업 같은 것들은 모두 일심이 만들어 낸 것이다. 불심은 진
여와 같은 뜻이다.

그러니까 중생이 살고 있는 일체의 물질세계와 정신세계는 다 불심이 망념에 절어 만들어 낸 망상의 세계다. 그러므로 기세간의 세상 천지는 불심의 투영된 모습이며 그 모습은 병든 불심에서 나타난 것이라는 것이다.

海東疏 一切妄法皆是佛心之相 相現於自體

일체 망법은 모두 이 불심의 모습이며 그 모습은 자체에서 나타난 것이다.

그림자는 그 어떤 모습을 나타낸다고 해도 그것은 허상이다. 마찬가지로 중생은 그 어떤 모습을 띄고 있다고 해도 그것은 다 가짜다.

현재 신분이 어떠하든 간에 성별이 어떠하던 간에 젊었거나 늙었거나 잘났거나 못났거나를 가리지 않고 다 가짜의 모습이다. 뻐길 필요도 없고 기죽을 필요도 없다.

왜냐하면 앞에서 수없이 말해오다시피 우리 모두는 지금 죄업이 만들어 낸 드라마에 출연 중인 배우들이기 때문이다. 그럼 우리 진짜의 모습은 무엇인가. 그것이 불심이며 자체라고 하는 것이다.

海東疏 自體照其相 如是了知 有何爲難 故言自體顯照一切妄法

그 자체가 그 모습을 비추면 사실 그대로 깨달아 알게 된다. 거기에 무슨 어려움이 있겠는가. 그러기에 자체가 일체 망법을 훤히 비춘다고 하였다.

가만히 있던 화가가 갑자기 호랑이 생각이 났다. 그래서 심혈을 기울여 호랑이를 그렸다. 얼마나 정교하게 잘 그렸는지 금방이라도 어흥 하고 튀어 나올 것 같았다. 그것을 벽에다 걸어두고 외출을 했다.

가족들이 그 그림을 보고 깜짝 놀랐다. 하지만 화가는 놀라지 않았다. 자기가 그린 것이어서 놀랄 일이 아니기 때문이다.

마찬가지로 세상이 다 자기의 마음이 만들어 낸 것이라는 것을 알면 봐야 할 것도 없고 또 보지 못할 바가 없다.

남이 만들어 낸 것이라면 봐야 할 것이 있고 보지 못할 바도 있겠지만 자기가 다 만든 것이기에 그럴 일이 없다는 것이다. 그러므로 무엇이든지 다 훤히 알 수 있다.

그런데도 알지 못하는 것은 자기치매에 걸려 남들이 그려놓은 것이라고 생각하고 있기 때문에 거기에 문제가 있는 것이다.

海東疏 是謂無所見故 無所不見之由也

이것을 말해 보는 바가 없기 때문에 보지 못하는 바가 없다고 하는 이유다.

부처와 중생은 세상을 보는 방법이 다르다. 부처는 세상을 봐도 있는 그대로 본다. 보는 기준이 없다. 그래서 정확하다.

중생은 세상을 의식적으로 본다. 자기 기준이 있다. 그래서 정확하지 않다.

부처는 맨눈으로 세상을 보고 중생은 죄업의 안경을 끼고 본다. 그러므로 부처는 봐도 정확하게 보고 중생은 봐도 틀린다.

범부는 그 틀린 정보를 자기 지식저장고인 아리야식에 집어넣는다. 그것이 죄업이 된다. 그 죄업을 기준으로 또 세상을 본다. 그러므로 보는 것이 또 틀릴 수밖에 없다.

부처는 지식창고가인 아려야식이 없다. 그러므로 저장된 지식이 없다. 지식이 없으니 죄업이 없다. 그러므로 죄업의 안경을 통하지 않고 맨눈으로 현재를 정확히 볼 수 있다.

그래서 망념이 사라진 일체종지는 세상을 보는 바도 없고 보지 못하는 바도 없다고 하였다.

- 7권으로 계속 -

공파 스님 (국제승려)

현재 원효센터에서『대승기신론해동소』32번째 강의 중

cafe.daum.net/wonhyocenter

zero-pa@hanmail.net

대승기신론 해동소 혈맥기 6

초판 1쇄 인쇄 2023년 1월 2일 | 초판 1쇄 발행 2023년 1월 10일
공파 스님 역해 | 펴낸이 김시열
펴낸곳 도서출판 운주사

    (02832) 서울시 성북구 동소문로 67-1 성심빌딩 3층

    전화 (02) 926-8361 | 팩스 0505-115-8361

ISBN 978-89-5746-722-0 04220 값 25,000원

ISBN 978-89-5746-528-8 (세트)

http://cafe.daum.net/unjubooks 〈다음카페: 도서출판 운주사〉